国家出版基金项目
绿色制造丛书
组织单位 | 中国机械工程学会

制造系统碳流动态模型及碳效率评估方法

曹华军　李洪丞　著

碳达峰与碳中和已经成为全社会关注的热点，也是我国的一项重要发展战略。我国碳排放超过50%来源于制造业，本书面向我国制造业碳达峰、碳中和需求，系统总结了制造系统碳流动态建模及碳效率评估的基础理论与方法，包括低碳制造的内涵、典型制造工艺碳排放特性、碳流动态建模方法、碳效率评价指标体系及模型、制造系统碳效率优化与精益管控方法等，并结合该理论与方法在压铸、半导体基材、陶瓷制造系统的应用，开发了一种制造系统碳排放智能云管理系统。

本书可作为高等学校机械工程、智能制造、工业工程、制造工程等相关专业研究生的教材或参考书，也可供制造企业工程技术人员和管理人员参考。

图书在版编目（CIP）数据

制造系统碳流动态模型及碳效率评估方法/曹华军，李洪丞著．—北京：机械工业出版社，2022.6
（绿色制造丛书）
国家出版基金项目
ISBN 978-7-111-70667-0

Ⅰ.①制…　Ⅱ.①曹…　②李…　Ⅲ.①制造工业-二氧化碳-废气排放量-研究-中国　Ⅳ.①F426.4　②X510.6

中国版本图书馆CIP数据核字（2022）第074756号

机械工业出版社（北京市百万庄大街22号　邮政编码100037）
策划编辑：郑小光　责任编辑：郑小光　杨晓花　王　荣
责任校对：张　征　张　薇　责任印制：李　娜
北京宝昌彩色印刷有限公司印刷
2022年6月第1版第1次印刷
169mm×239mm·21印张·396千字
标准书号：ISBN 978-7-111-70667-0
定价：98.00元

电话服务　　　　　　　　　　网络服务
客服电话：010-88361066　机　工　官　网：www.cmpbook.com
　　　　　010-88379833　机　工　官　博：weibo.com/cmp1952
　　　　　010-68326294　金　　书　　网：www.golden-book.com
封底无防伪标均为盗版　机工教育服务网：www.cmpedu.com

“绿色制造丛书” 编撰委员会

“绿色制造丛书”　编撰委员会办公室

丛书序一

制造是改善人类生活质量的重要途径，制造也创造了人类灿烂的物质文明。

也许在远古时代，人类从工具的制作中体会到生存的不易，生命和生活似乎注定就是要和劳作联系在一起的。工具的制作大概真正开启了人类的文明。但即便在农业时代，古代先贤也认识到在某些情况下要慎用工具，如孟子言："数罟不入洿池，鱼鳖不可胜食也；斧斤以时入山林，材木不可胜用也。"可是，我们没能记住古训，直到20世纪后期我国乱砍滥伐的现象比较突出。

到工业时代，制造所产生的丰富物质使人们感受到的更多是愉悦，似乎自然界的一切都可以为人的目的服务。恩格斯告诫过：我们统治自然界，决不像征服者统治异民族一样，决不像站在自然以外的人一样，相反地，我们同我们的肉、血和头脑一起都是属于自然界，存在于自然界的；我们对自然界的整个统治，仅是我们胜于其他一切生物，能够认识和正确运用自然规律而已（《劳动在从猿到人转变过程中的作用》）。遗憾的是，很长时期内我们并没有听从恩格斯的告诫，却陶醉在"人定胜天"的臆想中。

信息时代乃至即将进入的数字智能时代，人们惊叹欣喜，日益增长的自动化、数字化以及智能化将人从本是其生命动力的劳作中逐步解放出来。可是蓦然回首，倏地发现环境退化、气候变化又大大降低了我们不得不依存的自然生态系统的承载力。

不得不承认，人类显然是对地球生态破坏力最大的物种。好在人类毕竟是理性的物种，诚如海德格尔所言：我们就是除了其他可能的存在方式以外还能够对存在发问的存在者。人类存在的本性是要考虑"去存在"，要面向未来的存在。人类必须对自己未来的存在方式、自己依赖的存在环境发问！

1987年，以挪威首相布伦特兰夫人为主席的联合国世界环境与发展委员会发表报告《我们共同的未来》，将可持续发展定义为：既满足当代人的需要，又不对后代人满足其需要的能力构成危害的发展。1991年，由世界自然保护联盟、联合国环境规划署和世界自然基金会出版的《保护地球——可持续生存战略》一书，将可持续发展定义为：在不超出支持它的生态系统承载能力的情况下改善人类的生活质量。很容易看出，可持续发展的理念之要在于环境保护、人的生存和发展。

世界各国正逐步形成应对气候变化的国际共识，绿色低碳转型成为各国实现可持续发展的必由之路。

中国面临的可持续发展的压力尤甚。经过数十年来的发展，2020 年我国制造业增加值突破 26 万亿元，约占国民生产总值的 26%，已连续多年成为世界第一制造大国。但我国制造业资源消耗大、污染排放量高的局面并未发生根本性改变。2020 年我国碳排放总量惊人，约占全球总碳排放量 30%，已经接近排名第 2~5 位的美国、印度、俄罗斯、日本 4 个国家的总和。

工业中最重要的部分是制造，而制造施加于自然之上的压力似乎在接近临界点。那么，为了可持续发展，难道舍弃先进的制造？非也！想想庄子笔下的圃畦丈人，宁愿抱瓮舀水，也不愿意使用桔槔那种杠杆装置来灌溉。他曾教训子贡："有机械者必有机事，有机事者必有机心。机心存于胸中，则纯白不备；纯白不备，则神生不定；神生不定者，道之所不载也。"（《庄子·外篇·天地》）单纯守纯朴而弃先进技术，显然不是当代人应守之道。怀旧在现代世界中没有存在价值，只能被当作追逐幻境。

既要保护环境，又要先进的制造，从而维系人类的可持续发展。这才是制造之道！绿色制造之理念如是。

在应对国际金融危机和气候变化的背景下，世界各国无论是发达国家还是新型经济体，都把发展绿色制造作为赢得未来产业竞争的关键领域，纷纷出台国家战略和计划，强化实施手段。欧盟的"未来十年能源绿色战略"、美国的"先进制造伙伴计划 2.0"、日本的"绿色发展战略总体规划"、韩国的"低碳绿色增长基本法"、印度的"气候变化国家行动计划"等，都将绿色制造列为国家的发展战略，计划实施绿色发展，打造绿色制造竞争力。我国也高度重视绿色制造，《中国制造 2025》中将绿色制造列为五大工程之一。中国承诺在 2030 年前实现碳达峰，2060 年前实现碳中和，国家战略将进一步推动绿色制造科技创新和产业绿色转型发展。

为了助力我国制造业绿色低碳转型升级，推动我国新一代绿色制造技术发展，解决我国长久以来对绿色制造科技创新成果及产业应用总结、凝练和推广不足的问题，中国机械工程学会和机械工业出版社组织国内知名院士和专家编写了"绿色制造丛书"。我很荣幸为本丛书作序，更乐意向广大读者推荐这套丛书。

编委会遴选了国内从事绿色制造研究的权威科研单位、学术带头人及其团队参与编著工作。丛书包含了作者们对绿色制造前沿探索的思考与体会，以及对绿色制造技术创新实践与应用的经验总结，非常具有前沿性、前瞻性和实用性，值得一读。

丛书的作者们不仅是中国制造领域中对人类未来存在方式、人类可持续发展的发问者，更是先行者。希望中国制造业的管理者和技术人员跟随他们的足迹，通过阅读丛书，深入推进绿色制造！

华中科技大学　李培根

2021 年 9 月 9 日于武汉

丛书序二

在全球碳排放量激增、气候加速变暖的背景下，资源与环境问题成为人类面临的共同挑战，可持续发展日益成为全球共识。发展绿色经济、抢占未来全球竞争的制高点，通过技术创新、制度创新促进产业结构调整，降低能耗物耗、减少环境压力、促进经济绿色发展，已成为国家重要战略。我国明确将绿色制造列为《中国制造2025》五大工程之一，制造业的“绿色特性”对整个国民经济的可持续发展具有重大意义。

随着科技的发展和人们对绿色制造研究的深入，绿色制造的内涵不断丰富，绿色制造是一种综合考虑环境影响和资源消耗的现代制造业可持续发展模式，涉及整个制造业，涵盖产品整个生命周期，是制造、环境、资源三大领域的交叉与集成，正成为全球新一轮工业革命和科技竞争的重要新兴领域。

在绿色制造技术研究与应用方面，围绕量大面广的汽车、工程机械、机床、家电产品、石化装备、大型矿山机械、大型流体机械、船用柴油机等领域，重点开展绿色设计、绿色生产工艺、高耗能产品节能技术、工业废弃物回收拆解与资源化等共性关键技术研究，开发出成套工艺装备以及相关试验平台，制定了一批绿色制造国家和行业技术标准，开展了行业与区域示范应用。

在绿色产业推进方面，开发绿色产品，推行生态设计，提升产品节能环保低碳水平，引导绿色生产和绿色消费。建设绿色工厂，实现厂房集约化、原料无害化、生产洁净化、废物资源化、能源低碳化。打造绿色供应链，建立以资源节约、环境友好为导向的采购、生产、营销、回收及物流体系，落实生产者责任延伸制度。壮大绿色企业，引导企业实施绿色战略、绿色标准、绿色管理和绿色生产。强化绿色监管，健全节能环保法规、标准体系，加强节能环保监察，推行企业社会责任报告制度。制定绿色产品、绿色工厂、绿色园区标准，构建企业绿色发展标准体系，开展绿色评价。一批重要企业实施了绿色制造系统集成项目，以绿色产品、绿色工厂、绿色园区、绿色供应链为代表的绿色制造工业体系基本建立。我国在绿色制造基础与共性技术研究、离散制造业传统工艺绿色生产技术、流程工业新型绿色制造工艺技术与设备、典型机电产品节能减排技术、退役机电产品拆解与再制造技术等方面取得了较好的成果。

但是作为制造大国，我国仍未摆脱高投入、高消耗、高排放的发展方式，资源能源消耗和污染排放与国际先进水平仍存在差距，制造业绿色发展的目标尚未完成，社会技术创新仍以政府投入主导为主；人们虽然就绿色制造理念形成共识，但绿色制造技术创新与我国制造业绿色发展战略需求还有很大差距，一些亟待解决的主要问题依然突出。绿色制造基础理论研究仍主要以跟踪为主，原创性的基础研究仍较少；在先进绿色新工艺、新材料研究方面部分研究领域有一定进展，但颠覆性和引领性绿色制造技术创新不足；绿色制造的相关产业还处于孕育和初期发展阶段。制造业绿色发展仍然任重道远。

本丛书面向构建未来经济竞争优势，进一步阐述了深化绿色制造前沿技术研究，全面推动绿色制造基础理论、共性关键技术与智能制造、大数据等技术深度融合，构建我国绿色制造先发优势，培育持续创新能力。加强基础原材料的绿色制备和加工技术研究，推动实现功能材料特性的调控与设计和绿色制造工艺，大幅度地提高资源生产率水平，提高关键基础件的寿命、高分子材料回收利用率以及可再生材料利用率。加强基础制造工艺和过程绿色化技术研究，形成一批高效、节能、环保和可循环的新型制造工艺，降低生产过程的资源能源消耗强度，加速主要污染排放总量与经济增长脱钩。加强机械制造系统能量效率研究，攻克离散制造系统的能量效率建模、产品能耗预测、能量效率精细评价、产品能耗定额的科学制定以及高能效多目标优化等关键技术问题，在机械制造系统能量效率研究方面率先取得突破，实现国际领先。开展以提高装备运行能效为目标的大数据支撑设计平台，基于环境的材料数据库、工业装备与过程匹配自适应设计技术、工业性试验技术与验证技术研究，夯实绿色制造技术发展基础。

在服务当前产业动力转换方面，持续深入细致地开展基础制造工艺和过程的绿色优化技术、绿色产品技术、再制造关键技术和资源化技术核心研究，研究开发一批经济性好的绿色制造技术，服务经济建设主战场，为绿色发展做出应有的贡献。开展铸造、锻压、焊接、表面处理、切削等基础制造工艺和生产过程绿色优化技术研究，大幅降低能耗、物耗和污染物排放水平，为实现绿色生产方式提供技术支撑。开展在役再设计再制造技术关键技术研究，掌握重大装备与生产过程匹配的核心技术，提高其健康、能效和智能化水平，降低生产过程的资源能源消耗强度，助推传统制造业转型升级。积极发展绿色产品技术，研究开发轻量化、低功耗、易回收等技术工艺，研究开发高效能电机、锅炉、内燃机及电器等终端用能产品，研究开发绿色电子信息产品，引导绿色消费。开展新型过程绿色化技术研究，全面推进钢铁、化工、建材、轻工、印染等行业绿色制造流程技术创新，新型化工过程强化技术节能环保集成优化技术创新。开展再制造与资源化技术研究，研究开发新一代再制造技术与装备，深入推进废旧汽车（含新能源汽车）零部件和退役机电产品回收逆向物流系统、拆解/破碎/分离、高附加值资源化等关键技术与装备研究并应用示范，实现机电、汽车等产品的可拆卸和易回收。研究开发钢铁、冶金、石化、轻工等制造流程副产品绿色协同处理与循环利用技术，提高流程制造资源高效利用绿色产业链技术创新能力。

在培育绿色新兴产业过程中，加强绿色制造基础共性技术研究，提升绿色制造科技创新与保障能力，培育形成新的经济增长点。持续开展绿色设计、产品全生命周期评价方法与工具的研究开发，加强绿色制造标准法规和合格评判程序与范式研究，针对不同行业形成方法体系。建设绿色数据中心、绿色基站、绿色制造技术服务平台，建立健全绿色制造技术创新服务体系。探索绿色材料制备技术，培育形成新的经济增长点。开展战略新兴产业市场需求的绿色评价研究，积极引领新兴产业高起点绿色发展，大力促进新材料、新能源、高端装备、生物产业绿色低碳发展。推动绿色制造技术与信息的深度融合，积极发展绿色车间、绿色工厂系统、绿色制造技术服务业。

非常高兴为本丛书作序。我们既面临赶超跨越的难得历史机遇，也面临差距拉大的严峻挑战，唯有勇立世界技术创新潮头，才能赢得发展主动权，为人类文明进步做出更大贡献。相信这套丛书的出版能够推动我国绿色科技创新，实现绿色产业引领式发展。绿色制造从概念提出至今，取得了长足进步，希望未来有更多青年人才积极参与到国家制造业绿色发展与转型中，推动国家绿色制造产业发展，实现制造强国战略。

中国机械工业集团有限公司　陈学东

2021 年 7 月 5 日于北京

丛书序三

绿色制造是绿色科技创新与制造业转型发展深度融合而形成的新技术、新产业、新业态、新模式，是绿色发展理念在制造业的具体体现，是全球新一轮工业革命和科技竞争的重要新兴领域。

我国自 20 世纪 90 年代正式提出绿色制造以来，科学技术部、工业和信息化部、国家自然科学基金委员会等在“十一五”“十二五”“十三五”期间先后对绿色制造给予了大力支持，绿色制造已经成为我国制造业科技创新的一面重要旗帜。多年来我国在绿色制造模式、绿色制造共性基础理论与技术、绿色设计、绿色制造工艺与装备、绿色工厂和绿色再制造等关键技术方面形成了大量优秀的科技创新成果，建立了一批绿色制造科技创新研发机构，培育了一批绿色制造创新企业，推动了全国绿色产品、绿色工厂、绿色示范园区的蓬勃发展。

为促进我国绿色制造科技创新发展，加快我国制造企业绿色转型及绿色产业进步，中国机械工程学会和机械工业出版社联合中国机械工程学会环境保护与绿色制造技术分会、中国机械工业联合会绿色制造分会，组织高校、科研院所及企业共同策划了“绿色制造丛书”。

丛书成立了包括李培根院士、徐滨士院士、卢秉恒院士、王玉明院士、黄庆学院士等 50 多位顶级专家在内的编委会团队，他们确定选题方向，规划丛书内容，审核学术质量，为丛书的高水平出版发挥了重要作用。作者团队由国内绿色制造重要创导者与开拓者刘飞教授牵头，陈学东院士、单忠德院士等 100 余位专家学者参与编写，涉及 20 多家科研单位。

丛书共计 32 册，分三大部分：① 总论，1 册；② 绿色制造专题技术系列，25 册，包括绿色制造基础共性技术、绿色设计理论与方法、绿色制造工艺与装备、绿色供应链管理、绿色再制造工程 5 大专题技术；③ 绿色制造典型行业系列，6 册，涉及压力容器行业、电子电器行业、汽车行业、机床行业、工程机械行业、冶金设备行业 6 大典型行业应用案例。

丛书获得了 2020 年度国家出版基金项目资助。

丛书系统总结了“十一五”“十二五”“十三五”期间，绿色制造关键技术与装备、国家绿色制造科技重点专项等重大项目取得的基础理论、关键技术和装备成果，凝结了广大绿色制造科技创新研究人员的心血，也包含了作者对绿色制造前沿探索的思考与体会，为我国绿色制造发展提供了一套具有前瞻性、系统性、实用性、引领性的高品质专著。丛书可为广大高等院校师生、科研院所研发人员以及企业工程技术人员提供参考，对加快绿色制造创新科技在制造业中的推广、应用，促进制造业绿色、高质量发展具有重要意义。

当前我国提出了2030年前碳排放达峰目标以及2060年前实现碳中和的目标，绿色制造是实现碳达峰和碳中和的重要抓手，可以驱动我国制造产业升级、工艺装备升级、重大技术革新等。因此，丛书的出版非常及时。

绿色制造是一个需要持续实现的目标。相信未来在绿色制造领域我国会形成更多具有颠覆性、突破性、全球引领性的科技创新成果，丛书也将持续更新，不断完善，及时为产业绿色发展建言献策，为实现我国制造强国目标贡献力量。

中国机械工程学会　宋天虎

2021年6月23日于北京

前言

气候变暖问题已经成为全球共同关注的问题。联合国政府间气候变化专门委员会（Intergovernmental Panel on Climate Change，IPCC）研究表明：工业革命后，人类社会工业化活动导致的大气中碳储量增加是所观测到的气候变化的主要驱动力。为应对气候变暖问题，欧美等发达国家正发动一场以高能效、低排放为核心的“低碳革命”，英国、美国、日本、德国等纷纷提出了减排目标，制定了碳中和发展计划。在此背景下，一种全新的可持续制造模式应运而生——低碳制造。低碳制造不同于绿色制造、可持续制造、环境意识制造，它是一种综合考虑产品全生命周期资源消耗以及碳排放的可持续制造模式，其目标是实现产品在生产、制造、使用过程中的低资源消耗、低排放、低污染，实现制造企业经济效益、社会效益、环境效益的统一，其实质是提高制造业能源、物料等资源的利用效率和创建清洁能源结构，核心是制造业的技术创新、制度创新和发展观的转变。

2020 年 9 月 22 日，我国在第 75 届联合国大会一般性辩论上郑重承诺：中国将力争于 2030 年前实现碳达峰，2060 年前实现碳中和。制造业的快速发展是造成我国整个工业领域的能源消耗与碳排放量激增的主要源头。国家统计局数据表明，我国碳排放超过 50%来源于制造业。为了实现我国的碳达峰与碳中和目标，亟须开展低碳制造。中国科学技术部部长王志刚在香山科学会议上表示，碳达峰碳中和将带来一场由科技革命引起的经济社会环境的重大变革，其意义不亚于三次工业革命。开展低碳制造对于优化我国制造业结构、推动制造业转型升级、实现制造强国战略具有重要意义。然而，低碳制造基础理论与先进技术仍较缺乏，如何理解和识别制造工厂生产过程碳排放状况、机理，揭示制造系统及过程的碳排放静动态特性、碳源分布与流量、碳排放全过程时空动态变化及扰动规律，构建制造系统碳排放动态模型及评估方法是首先需要解决的问题。

在国家自然科学基金“基于广义特性函数集的制造系统碳流动态模型及碳效率评估方法研究（No. 51075415）”“面向低碳制造的激光加工工艺及系统优化基础理论与关键技术（中英 NSFC-UKRI_EPSRC 项目，No. 51861165202）”

“挤压成形工艺能耗与产品质量强耦合机理及多源协同调控（No. 51805066）”，以及国家重点研发“新能源汽车齿轮绿色精密加工关键技术与成套装备研制（战略性科技创新合作专项，No. 2020YFE0201000）”等项目的支持下，课题组自 2010 年开始持续、系统地开展了低碳制造研究，对制造系统及其生产过程碳排放特性、碳源广义特性函数、制造系统碳流动态模型及制造系统碳效率分析、评估、优化、管控方法等进行了系统的研究与应用。

本书共 11 章。第 1 章介绍了低碳制造发展的背景及内涵；第 2 章分析了低碳制造的技术体系以及国内外研究现状、未来发展趋势等；第 3 章揭示了制造系统碳排放源分布与驱动力、碳排放动态输入输出特性、碳流的时域与空域特性以及碳流交汇特性等；第 4 章针对工艺碳源，提出了制造系统碳源广义特性函数的概念，提出了金属切削工艺、砂型铸造、CO_2气体保护焊接、自由锻造等典型机械工艺的碳源特性函数，并建立了一种制造系统低碳工艺规划模型；第 5 章介绍了制造系统碳排放动力学过程参考模型，并分别基于 Petri 网、价值流等建立了制造系统碳流动态模型；第 6 章提出了制造系统碳效率概念及评价指标体系，提出了基于生命周期的机床设备碳效率动态评估模型，以及基于 Petri 网、状态空间方法的生产线、生产车间碳效率评价模型；第 7 章研究了基于工艺路线决策的碳效率优化方法，以及基于生产调度的碳效率优化方法，并通过能量价值流理论实现了制造系统碳效率精益管控；第 8 ~ 10 章分别面向压铸制造系统、蓝宝石衬底制造系统、陶瓷制造系统进行了理论、方法、模型应用；第 11 章介绍了一种制造系统碳排放智能云管理系统及应用。

本书是对课题组 10 年低碳制造研究成果的系统总结。除本书主要作者外，感谢尹瑞雪教授以及陈二恒、葛威威、文旋豪、李成超、李彦妮、何凯、曾丹、尹久、程海琴、罗毅等多位研究生的参与。本书内容为一种学术与实践探讨，加之时间仓促，难免存在不当之处，敬请读者指正。

作　者

2021 年 12 月

目录 CONTENTS

第1章

概　　论

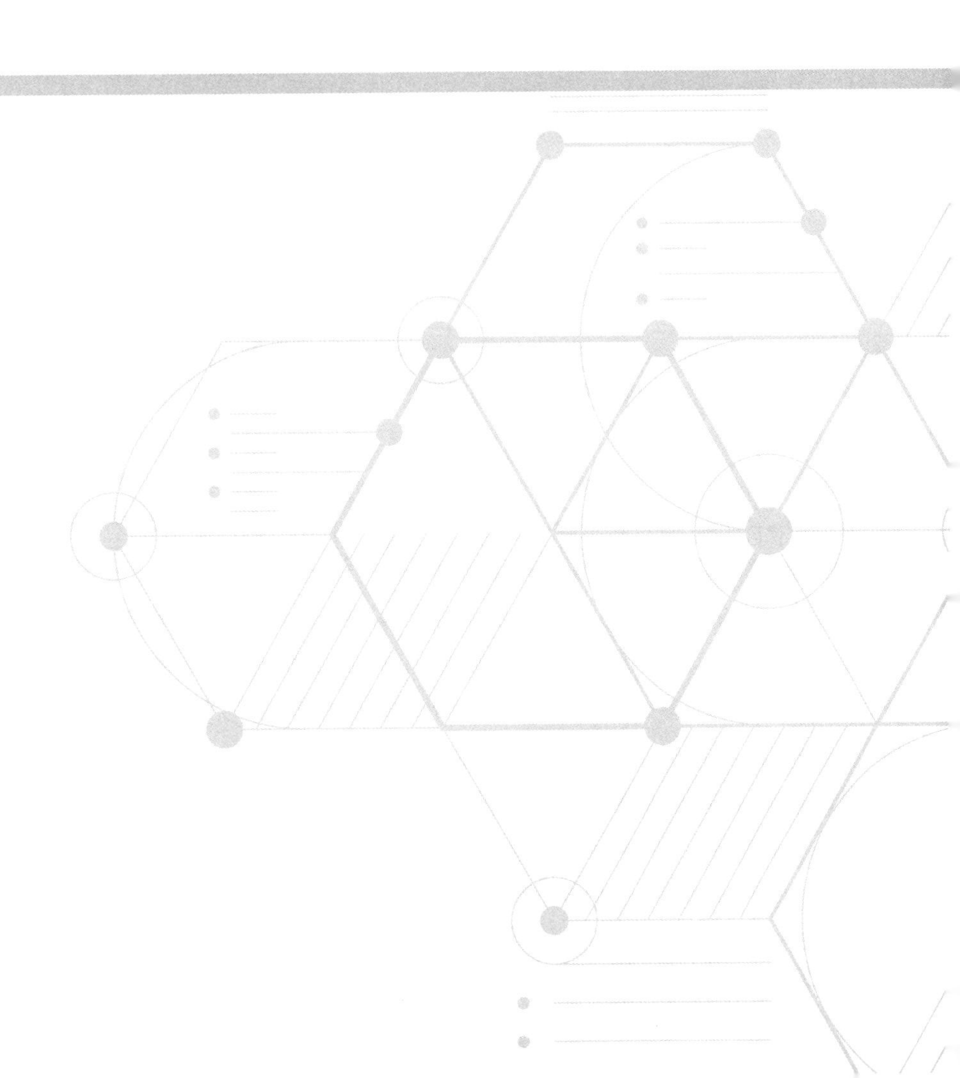

1.1 全球碳排放现状

碳排放是关于温室气体（Greenhouse Gas，GHG）排放的一个总称或简称。温室气体是指大气中促成温室效应的气体成分，主要包括二氧化碳、氧化亚氮、甲烷、六氟化硫等温室气体以及其他类气体，其中主要是氢氟碳化物和全氟化碳。温室气体中最主要的气体是二氧化碳，碳排放总量可以用二氧化碳当量（二氧化碳当量等于给定气体的质量乘以它的全球增温潜势）来衡量，即二氧化碳以外的气体可以根据联合国政府间气候变化专门委员会（Intergovernmental Panel on Climate Change，IPCC）定义的 100 年全球增温潜势（Global Warming Potential，GWP）值（GWP_{100}）换算成二氧化碳当量，见表 1-1。

表 1-1　IPCC 定义的 100 年全球增温潜势

气体名称	化学式符号	GWP_{100}
二氧化碳	CO_2	1
甲烷	CH_4	25
氧化亚氮	N_2O	298
六氟化硫	SF_6	22800
氢氟碳化物	HFC	124~14800
全氟化碳	PFC	7390~12200

IPCC 研究表明：工业革命后，人类社会工业化活动导致的大气中碳储量增加是所观测到的气候变化的主要驱动力。人类在近一个世纪以来大量使用矿物燃料（如煤、石油等），排放出了大量的 CO_2 等多种温室气体，由于这些温室气体对来自太阳辐射的可见光具有高度透过性，对地球反射的长波辐射具有高度吸收性，因此形成所谓的温室效应，导致全球气候变暖。IPCC 根据气候模型预测，至 2100 年，全球气温将上升 1.4~5.8℃，从而将给全球环境带来潜在的重大影响。全球气候变暖将带来一系列的生态灾难，会使全球降水量重新分配，冰川和冻土消融，海平面上升等，既危害自然生态系统的平衡，更威胁人类的食物供应和居住环境。根据国际能源署（International Energy Agency，IEA）统计数据，83%的碳排放（包括 CO_2 93%，CH_4 6%，N_2O 1%）来自化石能源的燃烧，具体如图 1-1 所示。

受人口和经济活动强劲增长的推动，2018 年全球燃料燃烧产生的二氧化碳排放量达到 33.5 亿 t 的历史最高水平，2019 年则略有下降（低于 1%），这主要

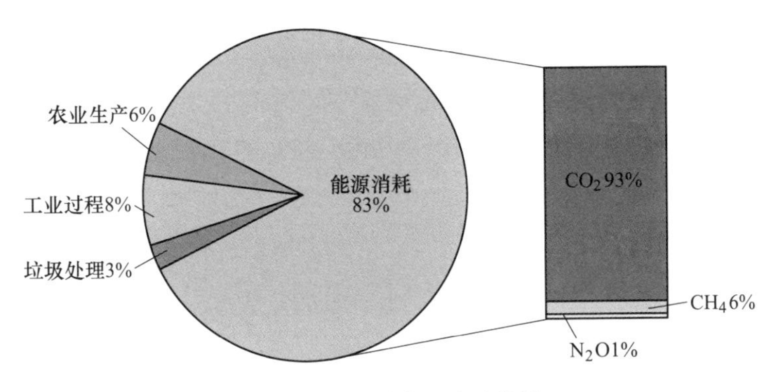

图 1-1 碳排放来源统计数据

受益于发达经济体电力部门的减碳化和各大洲的气候条件较为温和。图 1-2 为 2000~2019 年全球主要经济体燃料燃烧碳排放的变化趋势。我国近 20 年的碳排放量持续增长，期间碳排放量超过美国，位居世界第一。

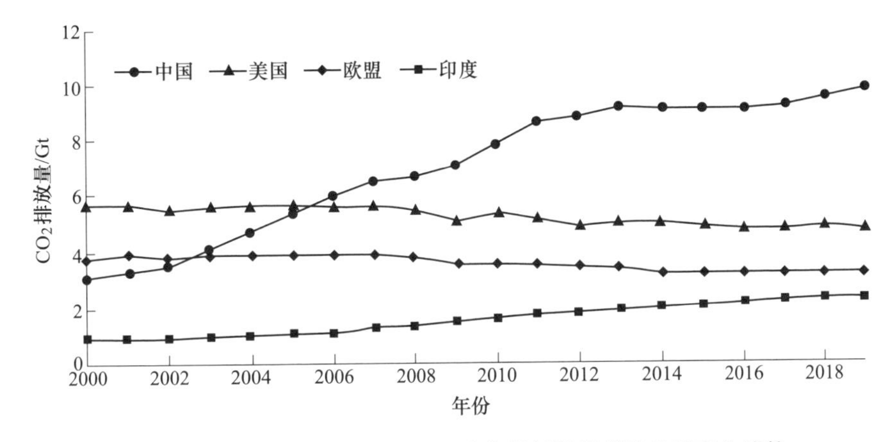

图 1-2 2000~2019 年全球主要经济体燃料燃烧碳排放的变化趋势

与过去几年类似，2018 年的碳排放增长主要由以我国和印度为首的非经合组织国家推动。2010~2018 年我国和印度的燃料燃烧碳排放如图 1-3、图 1-4 所示。可以看出，我国和印度的煤燃料碳排放远高于其他燃料的碳排放。此外，如图 1-5 所示，美国的碳排放量增长超过 3%，扭转了自 2015 年以来的下降趋势，而日本和德国的碳排放量继续下降，如图 1-6、图 1-7 所示。2019 年的临时数据显示，不同地区的碳排放趋势相反，发达经济体的碳排放量有所下降，其中包括美国、德国和日本等主要碳排放国，我国的碳排放量继续增加，印度的碳排放量水平稳定。图 1-8 为全球主要经济体 2011~2020 年的发电碳排放强度。可以看出，全球主要经济体的发电碳排放强度逐年降低。

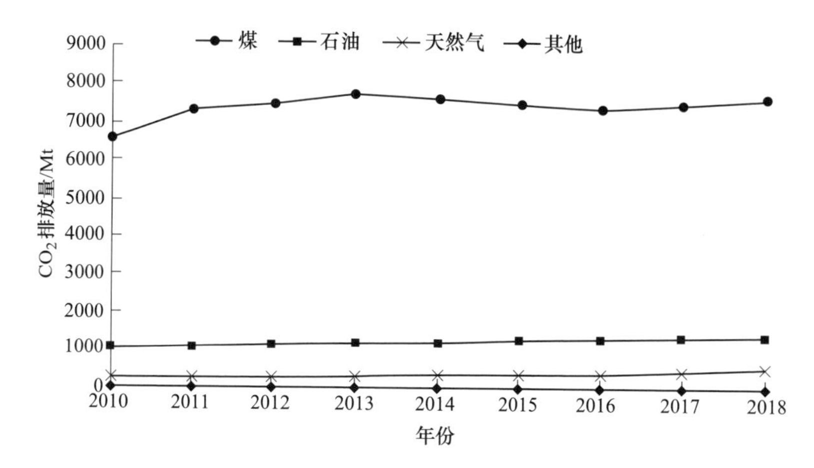

图 1-3　2010~2018 年我国的燃料燃烧碳排放

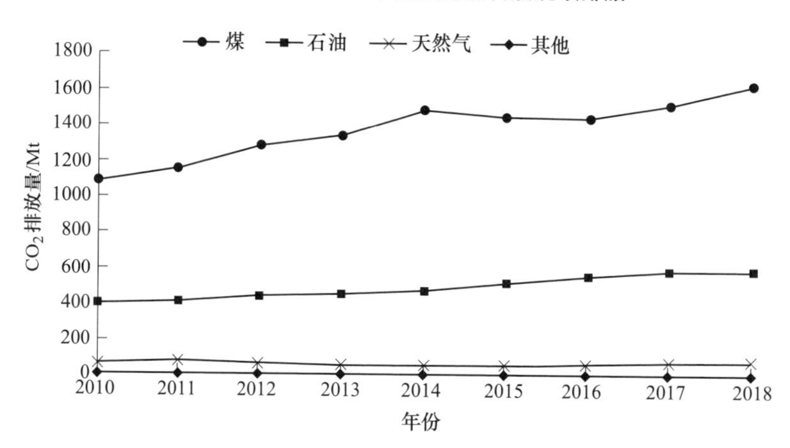

图 1-4　2010~2018 年印度的燃料燃烧碳排放

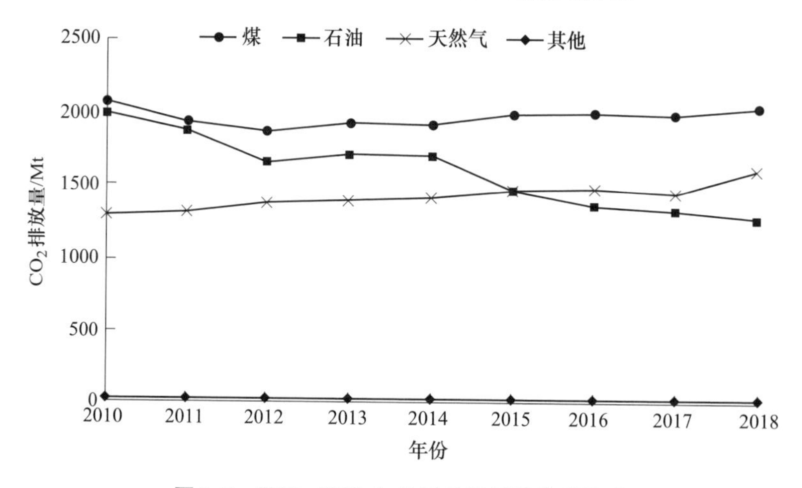

图 1-5　2010~2018 年美国的燃料燃烧碳排放

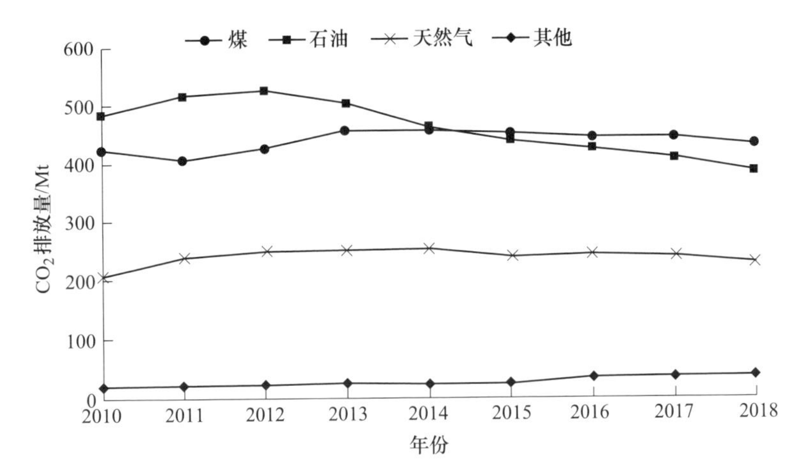

图 1-6　2010~2018 年日本的燃料燃烧碳排放

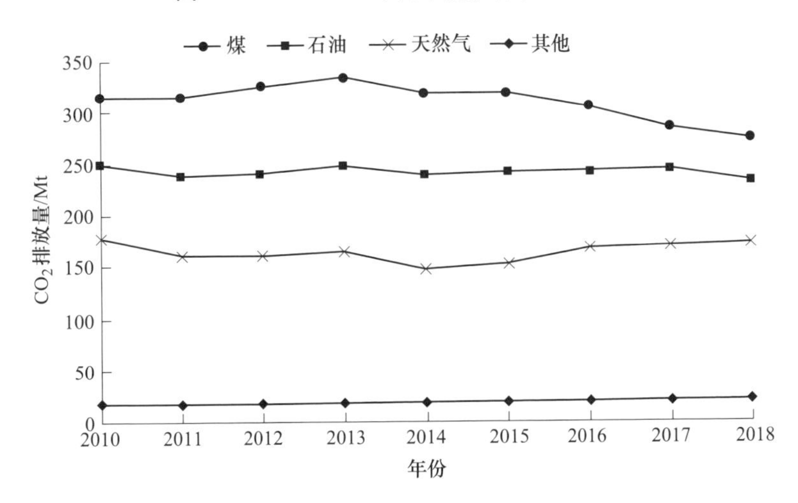

图 1-7　2010~2018 年德国的燃料燃烧碳排放

显然，经过长期的发展，我国人均碳排放仍比较低，但由于产业结构和产业发展模式相对落后，我国 2018 年 CO_2 的排放量为 95.7 亿 t，持续 10 余年位居世界第一，而且从 2000 年开始，我国的 CO_2 排放量持续快速增长。如何在国民经济快速增长的背景下有效控制 CO_2 排放，实现国民经济的低碳化发展，已经成为我国未来经济发展所面临的重大挑战。2020 年 9 月 22 日，我国在第 75 届联合国大会一般性辩论上郑重承诺，中国力争于 2030 年前二氧化碳排放达到峰值，努力争取 2060 年前实现碳中和。

我国的碳排放主要来自制造业对化石能源的需求，制造业发展模式仍比较粗放、技术创新能力薄弱、产品附加值低，高能耗与高污染已成为制约我国制造业发展的主要因素。从我国的能源消费和碳排放现状来看，我国的能源结构

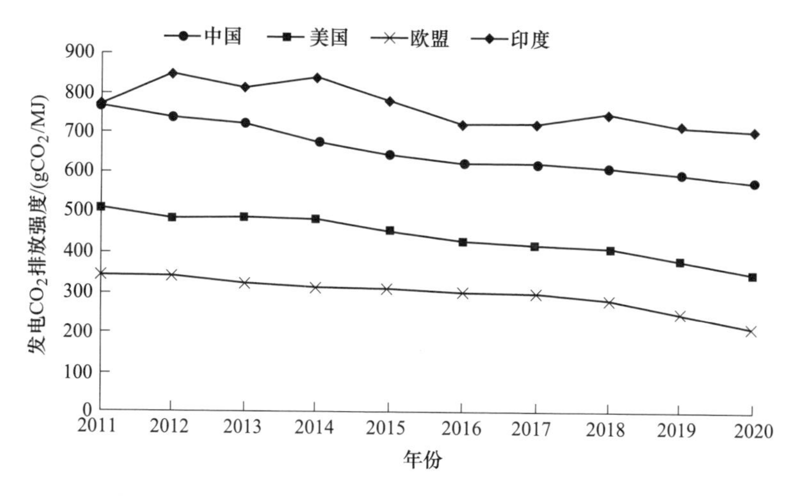

图 1-8　2011~2020 年全球主要经济体的发电碳排放强度

仍然以化石能源为主。2019 年，我国煤炭消费占比 57.5%，石油消费占比 18.9%，天然气消费占比 8.1%，化石能源消费总量占比接近 85%。不断增长的能源需求以及化石能源为主的能源消费结构导致我国 CO_2 排放量较高。2018 年，我国由化石能源消费产生的碳排放量接近 100 亿 t。而从分品种化石能源碳排放来看，煤炭消耗导致的 CO_2 排放量已经超过 75 亿 t，占总化石能源碳排放的比例超过 75%；其次为石油和天然气消耗导致的 CO_2 排放，其占比大致为 14% 和 7%。制造业是我国碳排放的主要源头，如图 1-9 所示，我国 2018 年制造业产生

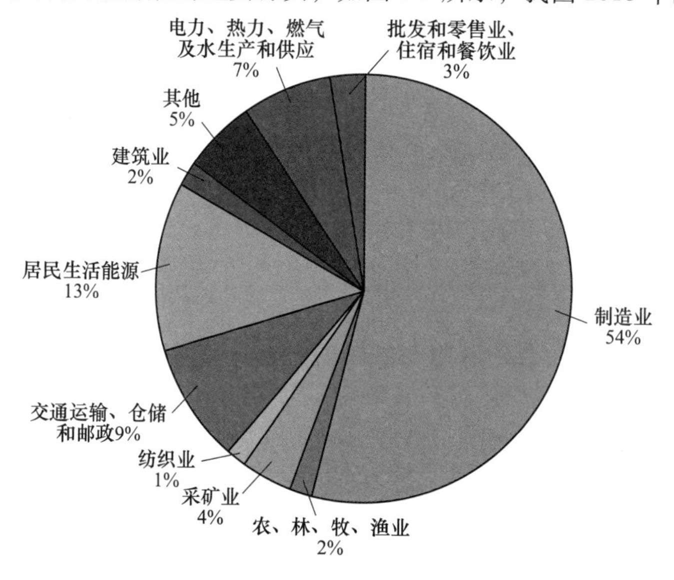

图 1-9　2018 年行业碳排放

的碳排放超过50%，制造业已成为我国实现中长期减排任务的主战场之一，因此积极推进制造业低碳化进程，实现低碳制造与产业转型是在应对全球气候变化新形势下对我国制造业提出的新要求与新挑战。

低碳制造不同于绿色制造、可持续制造、环境意识制造，低碳制造是一种综合考虑产品全生命周期资源消耗以及碳排放的可持续制造模式，其目标是实现产品在生产、制造、使用过程中的低资源消耗、低排放、低污染，实现制造企业经济效益、社会效益、环境效益的统一，其实质是提高制造业能源、物料等资源的利用效率和创建清洁能源结构，核心是制造业的技术创新、制度创新和发展观的转变。目前，低碳制造已受到各国制造业的广泛重视，低碳产品正逐渐受到越来越多消费者的青睐。

1.2 全球低碳发展战略

目前，国内外已掀起一场以高能效、低排放为核心的低碳革命，大力发展低碳经济，为自身经济发展寻找新的增长动力。所谓低碳经济，是指在可持续发展理念指导下，通过技术创新、制度创新、产业转型、新能源开发等多种手段，尽可能地减少煤炭、石油等高碳能源消耗，减少温室气体排放，达到经济社会发展与生态环境保护双赢的一种经济发展形态。

1992年6月，在巴西里约热内卢召开的联合国环境与发展大会上，150多个缔约方签署了《联合国气候变化框架公约》（以下简称《公约》）。该公约是世界上第一个为全面控制二氧化碳等温室气体排放、应对全球气候变暖给人类经济和社会带来不利影响的国际公约。1997年12月，《公约》第三次缔约方大会在日本京都召开，大会通过了《联合国气候变化框架公约的京都议定书》，是《公约》的补充条款，《京都议定书》于2005年2月16日开始强制生效，其为缔约方规定了量化的减排目标，确保2005~2012年期间缔约方个别地或共同地实现其温室气体排放总量在1990年的基础上再减排5.2%。作为全球第一大经济体，美国曾于1998年签署《京都议定书》，但2001年布什政府以“减少温室气体排放将会影响美国经济发展”和“发展中国家也应该承担减排和限排温室气体的义务”为借口，拒绝签署《京都议定书》，而作为全球最大的发展中国家，我国于1998年5月签署并于2002年核准了《京都议定书》。欧盟及其成员国在2002年也正式批准了《京都议定书》，到2005年全世界共有180个国家签署了《京都议定书》。《京都议定书》标志着各国政府对气候变化的重视和关心，但并没有使排放量明显减少，甚至没有达到预期减缓排放增长速度的效果，且由于缺乏法律约束力，《公约》确定的减排目标也并未被发达国家普遍执行。

2007年12月，《公约》第十三次缔约方大会在印度尼西亚巴厘岛举行，通过了“巴厘岛路线图”，启动了加强《公约》和《京都议定书》全面实施的谈判路程。“巴厘岛路线图”的意义在于将美国纳入到旨在减缓全球变暖的未来新协议的谈判进程中，要求所有发达国家必须履行可测量、可报告、可核实的温室气体减排责任。另外，“巴厘岛路线图”还强调必须重视适应气候变化、技术开发和转化、资金三大问题。

2009 年 12 月，《公约》第十五次会议在丹麦哥本哈根开幕，通过了《哥本哈根协议》，为促成协议的通过，我国发挥了关键作用，但是该协议仍然没有包含任何有法律约束力的内容，也没有提及将协议转化为最终有法律约束力协定的时限。2009 年哥本哈根世界气候大会的召开，虽然未取得实质性的进展，但使人们逐步意识到气候变化问题给人类带来的巨大挑战，使得低碳经济得到各国政府的广泛关注。

2015 年 12 月，联合国巴黎气候变化大会通过了《巴黎协定》。该协定旨在将全球平均气温较前工业化时期上升幅度控制在 2℃以内，并努力将温度上升幅度限制在 1.5℃以内。《巴黎协定》是继 1992 年《联合国气候变化框架公约》、1997 年《京都议定书》之后，人类历史上应对气候变化的第三个里程碑式的国际法律文本，形成 2020 年后的全球气候治理格局。

为应对全球气候变化，全球各个国家也基于自身的发展需求纷纷制定了一系列低碳发展战略。

1. 欧盟

1991 年，欧盟在荷兰海牙发起《能源宪章》，于 1994 年开始签署《能源宪章条约》，该条约于 1998 年 4 月生效，是第一个具有法律约束力的覆盖投资、保护和贸易的多边协定，包括了一系列国际能源贸易、投资的原则，其中原则之五为最大限度地降低能源污染，鼓励提高能源效率。当前欧盟的能源政策重点转向开发有利于环境保护的低碳技术，更多地开发、利用环境友好的可再生能源。2006 年签署的《欧盟能源政策绿皮书》强调在欧洲内部抑制能源需求，开发具有竞争力的可再生能源和其他低碳能源和载体，特别是替代运输燃料，领导全球共同阻止气候变暖，改善空气质量。

欧盟在 2010 年制定了“欧盟 2020 战略”，提出到 2020 年，欧盟的二氧化碳排放要在 1990 年的基础上减少 20%，再生能源的占比要达到 20%，能效提高 20%。2011 年 12 月，欧盟又提出了“2050 能源战略路线图”，目标是到 2050 年，欧盟的二氧化碳排放比 1990 年减少 80%~95%。

2013 年，欧盟公布了《2030 能源和气候政策框架绿皮书》，决定就有关能源和气候问题征求成员国意见，为制定欧盟下阶段能源战略提供决策依据。绿皮书指出，到 2011 年，欧盟已实现减排 16%，尽管欧盟的 GDP 总量同期增长了 48%；再生能源占比已超过 12.7%，比 2005 年增加了 1 倍以上；在提高能效方面，欧盟2011年的能耗为1490亿t油当量，比2005年的1825亿t油当量减少了335亿t。绿皮书认为，要实现减排80%以上的目标，到2030年必须减排40%；再生能源占比要达到30%。而协调欧盟成员国之间的不同能源政策更是刻不容缓。

在2015年签署的《巴黎协定》框架下，欧盟于2018年提出到2050年实现净零碳排放（即碳中和）愿景。

2018年11月，欧盟提出希望在2050年成为全球首个有竞争力的"气候中和"大型经济体，旨在通过减排技术创新等手段，实现欧盟国家整体净零碳排放。

2019年12月，欧盟委员会发布"欧洲绿色协议"，以期通过利用清洁能源、发展循环经济、抑制气候变化、恢复生物多样性、减少污染等措施提高资源利用效率，实现经济可持续发展。

2020年3月，欧盟委员会、欧洲议会、欧洲理事会通过了首部《欧洲气候法》，并提出2030年的减排目标，即在1990年基础上减少50%~55%。

2. 美国

美国政府的低碳经济政策以"能源主导"概念为核心，能源安全被美国列为优先事项，低成本的页岩气加上不断下降的成本和对可再生能源的政策支持，使燃煤发电导致的碳排放降低，但是整体上却对环境放松管制。作为碳排放及政治经济大国的美国也早已意识到低碳技术在未来世界政治经济竞争中的重要作用，力图依托其在能源效率和可再生能源方面的技术和市场优势，大力发展低碳技术，继续从根本上主导未来世界经济的发展。2005年出台的《能源政策法》设置了高达145亿美元的各种激励措施，用于加速清洁能源等的部署与应用。

2007年7月，美国参议院提出《低碳经济法案》，直接以低碳经济为名，提出到2020年美国碳排放量减至2006年水平、2030年减至1990年水平的碳排放总量控制目标，并依托美国能源部成立了智能制造创新机构，以制造业提效、减排为主线开展智能制造。

小布什执政期间签署了《2005年能源政策法》和《2007年能源独立安全保障法》两个重要的能源法案，后者拟提高燃料效率和开发可替代能源，使得"今后十年削减20%的汽油消费量"，目的是保障能源安全。小布什曾经提出了2002~2012年温室气体减排18%的目标（不具约束力），联邦政府为此推出了"行业自主创新行动计划""气候领袖""能源之星"和"高效运输伙伴计划"等项目，这些项目全部由企业通过与政府合作，自愿减少温室气体排放量。

奥巴马上任后推出的低碳政策主要有：①推动《复苏和再投资法案》（American Recovery and Reinvestment Act，ARRA）获得通过，实施以能源战略转变为核心的经济刺激计划；②积极推动《美国清洁能源安全法案》，在众议院已经获得通过。《复苏和再投资法案》总额达到7871亿美元，其中约580亿美元投入环境与能源领域。通过投资环境和低碳产业来刺激经济复苏，拉动就业，这就是奥巴马“绿色新政”的思路。《美国清洁能源安全法案》于2009年6月以微弱优势获得美国众议院通过，法案明确设定了美国的减排目标，即到2020年比2005年减排17%，2050年的碳排放量比2005年减少83%。另外，法案在美国联邦层面引入了温室气体排放权交易机制，并大量投资能效和清洁能源，提出“可再生电力标准”，要求2020年前，所有年供能超过40亿kW · h的电力供应商所提供的电力，20%以上必须来自风能、太阳能、地热能等可再生能源。法案还提出了国家燃油经济性标准，以及对高碳排产品征收碳关税。

特朗普于2017年6月1日首次宣布，美国将退出《巴黎协定》，2019年，美国正式通知联合国，美国将正式启动退出《巴黎协定》进程，成为至今唯一一个要退出这项协议的国家。2020年11月4日，美国正式退出《巴黎协定》。2021年1月20日，拜登签署行政令宣布美国将重返《巴黎协定》，同年2月19日，美国重新加入应对全球气候变化的《巴黎协定》。

3. 英国

英国是最早提出“低碳”概念并积极倡导低碳经济的国家。2003年政府白皮书《我们能源的未来：创建低碳经济》中提出了低碳经济的概念，该白皮书着眼于降低对石化能源的依赖和控制温室气体排放，提出了英国将以实现低碳经济作为能源战略的首要目标。2006年，英国政府发布《能源回顾——能源挑战》，在确认2003年白皮书四大目标的同时，进一步指出了两大挑战，即与其他国家一起应对气候变化的国际行动，保证安全、清洁和合理的国内能源供应。

2007年，英国公布了全球首部应对气候变化问题的专门性国内立法文件——《气候变化法案》草案，通过制定中长期限额减排规划，为二氧化碳总排放设置上限。根据《气候变化法案》，英国还成立了一个独立于政府部门之外的具有政策权威的气候变化委员会，其主要职能是为政府设立碳预算和达到预期目标提供独立的建议，同时从事独立的气候变化研究。

2009年7月15日，英国政府正式发布了名为“Low Carbon Transition Plan”（英国低碳转换计划）的国家战略文件，提出到2020年将碳排放量在1990年的基础上减少34%，其内容涉及能源、工业、交通和住房等多个方面。

2019年6月，英国政府在《巴黎协定》全球应对气候变化目标的基础上，提出了2008年《气候变化法案》的《2050年目标修正案》。该法案当月即在议会通过，法案最核心的修订内容是将原定的温室气体排放量减少80%的目标修订为减少100%，即到2050年英国也实现净零碳排放。这使得英国与法国及北欧国家（除芬兰）一道，成为目前少数对2050年碳中和目标立法的国家。

4. 德国

德国环境部在2009年6月公布了发展低碳经济的战略文件，强调低碳经济为经济现代化的指导方针，为欧盟气候变化行动计划、德国国家能源效率行动计划、德国能源与气候一揽子计划等三大成套政策框架共同提供强力政策支持，以能源效率和可再生能源为重点，通过德国高技术战略提供资金支持。此外，德国联邦教育与研究部早于2007年在"高技术战略"框架下制定了气候保护高技术战略。

《2050年气候行动计划》确定了德国的国家气候变化战略，作为能源转型的一部分，该计划为部门具体减排制定了一个较长期的途径。与1990年基准年相比，主要目标是到2020年，温室气体排放量至少减少40%，到2030年减少55%，到2040年减少70%，到2050年减少80%~95%，届时温室气体排放量将基本保持中性。这些目标与能源消费和能源效率以及可再生能源供应的短期和中期目标相辅相成。

作为欧盟成员国，德国气候政策以2020年能源和气候一揽子计划和2030年能源和气候框架为指导。为实现2020年温室气体减排总体目标，联邦政府于2014年12月通过了《2020年气候行动纲领》。该行动纲领包含了国家能效行动计划、建筑物能效战略、运输部门措施（包括公路货运车辆的里程收费和联邦长途公共交通基金），以及电力部门的措施（增加可再生能源、化石燃料发电厂现代化和发展更多的热电厂）。截至2018年，德国的温室气体排放总量比1990年减少了约31%，离2020年减排40%的目标还很遥远。

随后，德国扩大和制定了新的政策和措施，以期实现国家温室气体减排目标。德国计划大力发展可再生能源并逐步淘汰煤炭（以及参与欧盟ETS）将有助于确保电力部门取得进展。然而，需要更多的政策来支持电力部门以外的减排，特别是在运输和供热领域。

在2019年3月，德国成立了一个由财政大臣领导的气候内阁，就实现2030年目标的一揽子新减排措施达成共识。根据气候内阁的建议，政府于10月9日通过了《2030年气候行动计划》，其中包括对欧盟ETS（供暖和运输）未涵盖的某些部门实行分阶段碳定价制度、税收减免和其他提高能效的建筑翻新奖励措施，提高对电动汽车的补贴，增加公共交通的公共投资。政府还同意利用新碳定价体系的部分收入，通过提供税收减免和降低电价费用，降低家庭和企业的成本。该一揽子计划是朝着德国实现2030年目标的正确方向迈出的明确一步。

5. 日本

日本政府在2009年4月发布了《绿色经济与社会变革》的政策草案，欲通过削减温室气体排放等措施，强化日本的绿色新政，并提出到2015年将环境产业的市场规模扩大到100万亿日元，这一领域的就业人员增至220万人。

6. 中国

时任国务院总理温家宝于2009年11月25日主持召开国务院常务会议，研究部署了应对气候变化工作，决定到2020年我国单位国内生产总值二氧化碳排放比2005年下降40%~45%，作为约束性指标纳入国民经济和社会发展长期规划中。到2025年，产业结构、能源结构、运输结构明显优化，绿色产业占比显著提升，基础设施绿色化水平不断提高，清洁生产水平持续提高，生产生活方式绿色转型成效显著，能源资源配置更加合理、利用效率大幅提高，主要污染物排放总量持续减少，碳排放强度明显降低，生态环境持续改善，市场导向的绿色技术创新体系更加完善，法律法规政策体系更加有效，绿色低碳循环发展的生产体系、流通体系、消费体系初步形成。到2035年，绿色发展内生动力显著增强，绿色产业规模迈上新台阶，重点行业、重点产品能源资源利用效率达到国际先进水平，广泛形成绿色生产生活方式，碳排放达峰后稳中有降，生态环境根本好转，美丽中国建设目标基本实现。

2013年6月，全国首个碳排放权交易平台在深圳启动，随后北京、上海、广东、天津、湖北、重庆先后启动碳排放权交易，形成全国七大碳排放交易试点。2017年12月，国家发展改革委出台《全国碳排放权交易市场建设方案（发电行业）》，标志着全国统一的碳排放交易体系正式启动。

2014年12月，国家发展改革委颁布了《碳排放权交易管理暂行办法》，全国碳排放实行配额制度，根据计划，全国碳市场将在2016—2020年期间全面启动实施和完善。

为应对气候变化，我国制定了一系列的相关政策文件，部分政策文件见表1-2。

表1-2 我国应对气候变化主要的相关政策文件

序号	文　件	部门
1	《中华人民共和国国民经济和社会发展第十二个五年规划纲要》 《中华人民共和国国民经济和社会发展第十三个五年规划纲要》	全国人大
2	《“十二五”控制温室气体排放工作方案》《“十三五”控制温室气体排放工作方案》	各级地方政府
3	《关于开展碳排放权交易试点工作的通知》	国家发展改革委
4	《碳排放权交易管理暂行条例》（征求意见稿）	生态环境部
5	《关于加快发展服务业的若干意见》	国务院
6	《国务院关于加快培育和发展战略性新兴产业的决定》	国务院

（续）

序号	文　件	部门
7	《关于做好2019年重点领域化解过剩产能工作的通知》	国家发展改革委
8	《工业绿色发展规划（2016—2020年）》	工业和信息化部
9	《关于印发2018年各省（区、市）煤电超低排放和节能改造目标任务的通知》	国家能源局
10	《清洁能源消纳行动计划（2018—2020年）》	国家发展改革委
11	《打赢蓝天保卫战三年行动计划》	国务院
12	《关于构建现代环境治理体系的指导意见》	国务院
13	《美丽中国建设评估指标体系及实施方案》	国家发展改革委

关于碳达峰，我国2030年碳排放的峰值大约是140亿t，单位国内生产总值二氧化碳排放将比2005年下降65%以上，非化石能源占一次能源消费的占比将达到25%左右，森林的蓄积量将比2005年增加60亿m^3，风电、太阳能发电装机容量将达到12亿kW以上。碳达峰的主要措施是大幅提高非化石能源的比例，提高能源利用效率和效益，推动终端部门的电气化，引入碳市场机制，加大低碳能源开发的力度。为实现碳达峰与碳中和目标，国务院、生态环境部、国家发展改革委、工业和信息化部等政府部门也相继出台了一系列的指导性文件，见表1-3。

表1-3　我国碳达峰碳中和相关的部分指导性文件

时间	文　件	部门
2021.10.24	《2030年前碳达峰行动方案》	国务院
2021.11.15	《“十四五”工业绿色发展规划》	工业和信息化部
2020.11.2	《全国碳排放权交易管理办法（试行）》（征求意见稿）	生态环境部
2020.11.2	《全国碳排放权登记交易结算管理办法（试行）》（征求意见稿）	生态环境部
2020.12.30	《2019—2020年全国碳排放权交易配额总量设定与分配实施方案（发电行业）》	生态环境部
2020.12.30	《纳入2019—2020年全国碳排放权交易配额管理的重点排放单位名单》	生态环境部
2020.12.30	《关于做好发电行业配额预分配工作的通知》	生态环境部
2021.1.5	《碳排放权交易管理办法（试行）》	生态环境部
2021.1.6	工业和信息化部将制定钢铁、水泥等重点行业碳达峰行动方案和路线图	工业和信息化部

（续）

时间	文　　件	部门
2021.1.11	《关于统筹和加强应对气候变化与生态环境保护相关工作的指导意见》	生态环境部
2021.7.1	《“十四五”循环经济发展规划》	国家发展改革委
2021.1.25	2021年全力做好工业领域节能减排，鼓励工业企业、园区建设绿色微电网	工业和信息化部

1.3 产品碳足迹

在全球大力发展低碳经济，积极推动低碳革命的背景下，“碳足迹（Carbon Foot-Print，CFP）”的概念一经提出并很快被政府、媒体、工商业者及科技工作者等使用。尽管碳足迹得到了广泛使用，但是碳足迹的概念依然没有一个统一、明确的定义，碳足迹的概念最早来源于生态足迹的概念，生态足迹是以面积为单位来衡量对生态环境的影响，而碳足迹则代表了与人类生产活动和消费活动相关的各种温室气体排放量，因此根据生态足迹的概念来定义碳足迹也是不准确的。随着对全球变暖问题的关注和对碳排放的研究，世界各地的许多研究机构和组织都对碳足迹进行了研究与定义，见表1-4，虽然他们对碳足迹定义的侧重点不同，但大多数定义都认为碳足迹是二氧化碳或温室气体排放的同义词。

表1-4　不同研究机构和组织的碳足迹定义

来源	定　　义
BP（2007）	“碳足迹是人们日常活动所排放的二氧化碳量——从洗一大堆衣服到开车送孩子上学”
British Sky Broadcasting（2006）	“碳足迹被计算通过测量来自于公司办公楼、汽车、商业旅行以及废弃物填埋等的二氧化碳当量排放”（Patel 2006）
Carbon Trust	“一种以碳当量形式评估产品整个生命周期温室气体排放的方法，即来自原材料生产到产品废弃过程中的碳排放（除去使用中的排放）”（2007）“一个碳足迹衡量由个人、组织、活动或产品直接或间接排放的温室气体”（2009）
Energetic（2007）	“由您的商业活动造成的直接和间接的二氧化碳排放量的严重程度”
ETAP（2007）	“碳足迹是一种人类活动对环境影响的度量，以其所产生的温室气体量的形式，用吨二氧化碳来衡量”
Global Footprint Network	“指生态能力需求，被要求隔离（通过光合作用）化石燃料燃烧产生的二氧化碳排放”（GFN2007）

（续）

来源	定　义
Grub & Ellis（2007）	“碳足迹是化石燃料燃烧排放二氧化碳量的一种度量。对于商业组织它是其每天运行过程中直接或间接排放二氧化碳量。它也可以反映到达市场上的某种产品或商品的化石能源代表量”
Paliamentary Office of Science and Technology	“碳足迹是一个过程或产品整个生命周期内排放的 CO_2 和其他温室气体总量。它被表达成每千瓦时克二氧化碳当量，这说明了其他温室气体不同的全球变暖影响”（POST 2006）
ISA（2007）	“碳足迹是某活动直接和间接产生的或某产品整个生命周期阶段积累的二氧化碳总量的度量”
JRC（2009）	“是在产品供应链阶段、使用阶段、生命终止回收阶段和废弃阶段二氧化碳和其他温室气体排放的总量（如甲烷、氧化亚氮等）”
BSI（PAS 2050）	“产品碳足迹这个术语是指某个产品在其整个生命周期内的各种 GHG 排放，即从原材料一直到生产（或提供服务）、分销、使用和处置/再生利用等所有阶段的 GHG 排放。其范畴包括二氧化碳、甲烷和氮氧化物等温室气体以及其他类气体，其中包括氢氟碳化物和全氟化碳”

除了表 1-4 所给出的不同碳足迹概念外，还有一部分文献及研究为了更直观地表达碳足迹的含义，提出了碳重量与碳中性的概念。Geoffrey Hammond 认为“碳足迹实际上是每人或活动吨或千克碳重量”，他认为碳重量的概念能更直观、准确地表达碳足迹的意义。碳中性是另外一个比较常用的概念，指某个产品的碳足迹为零，例如，如果一个组织希望降低它的气候变暖影响，必须先计算它的碳足迹，然后找出能降低碳足迹的环节。然而事实上，要使碳足迹减少为零是不可能的，因此很多组织利用碳补偿来降低其碳足迹。

《PAS 2050 规范》是由英国碳信托（Carbon Trust）和英国环境、食品和乡村事务部（Defra）联合发布，由英国标准协会出版并作为评价产品生命周期内温室气体排放而编制的一套公众可获取的规范。该标准已受到多家公司的检验。产品的碳足迹应包括产品生命周期内直接和间接排放的所有温室气体，且碳足迹是一个用于描述某个特定活动或实体产生温室气体排放量的术语，它是供各个组织和个体评价温室气体排放对气候贡献的一种方式，为了减少温室气体排放，有必要认识这些气体排放及其排放源，所以碳足迹的概念应把产品生命周期考虑进去。因此，结合《PAS 2050 规范》中碳足迹的概念，碳足迹定义为在产品整个生命周期内直接和间接排放的各种温室气体总量，即从原材料提取一直到生产（或提供服务）、分销、使用和处置/再生利用等所有阶段的温室气体排放，并以二氧化碳当量来衡量。

其中，温室气体种类包括《京都议定书》中规定的所有温室气体，即除二氧化碳、甲烷及一氧化二氮外，还包括氢氟碳化物、全氟化碳、六氟化硫等温室气体（考虑到部分温室气体排放数据不易计算且属于微量气体，计算产品碳足迹时可主要考虑 CO_2、CH_4、N_2O 三种气体），产品包括各种商品和服务等。

随着对碳足迹概念的认识与应用，如何评估和计算产品的碳足迹成为新的问题。目前评估和计算产品碳足迹的方法主要有两种，一是自下而上基于工艺的生命周期评价法；二是自上而下的基于经济投入产出模型的经济投入产出法。

基于过程分析的生命周期评价法侧重于了解产品从“摇篮”到“坟墓”整个生命周期内对环境的影响，对于生命周期任意给定的阶段都需要列出其输入（如物料、能源等资源）与输出（如各种温室气体等）。对于一个简单的产品，在其生产过程的某个阶段能比较容易地对该阶段的资源输入情况和各种废弃物的输出情况进行清单分析，从而能够详细地了解产品生命周期各个阶段对环境的影响因素，易于发现导致碳排放的薄弱环节。对于结构比较简单的产品，如陶瓷等，由于资源消耗和废弃物排放情况比较简单，因此进行生命周期评价比较容易；而对于结构比较复杂的产品，如汽车等，由于资源消耗和废弃物排放情况比较复杂，则很难进行生命周期其评价分析。因此，基于过程分析的生命周期评价法存在如下缺陷：一是需要定义合适的系统边界，系统边界限定了研究的范围，从而增加了评价结果的不确定性；二是不适用于评价系统复杂的产品，如一间学校、一个家庭等。

经济投入产出法是研究经济体系（国民经济、地区经济、部门经济、公司或企业经济单位）中各个部门之间投入与产出的相互依存关系的数量分析方法。该方法是通过编制投入产出表并建立相应的线性代数方程体系来综合分析和确定国民经济各部门之间错综复杂的联系，分析重要的宏观经济比例关系及产业结构等基本问题。将整个经济系统作为系统边界，结合已有的环境报告数据，可以以一种全面可靠的方式估算碳足迹，一旦模型被建立，将只需要很少的时间及人力去评估碳足迹。然而，经济投入产出法在评价简单的商品或过程时就会显现出局限性，这是因为该方法从部门层面上假设价格、产出及其碳排放情况，而忽略了很多细节信息。

从上面的描述可知，基于过程分析的生命周期分析法能够详细地评估产品生命周期内各个阶段的资源消耗及碳排放情况，但仍存在耗时、耗力等缺点。经济投入产出法相比生命周期分析法能够节约一定的时间和人力，但它从部门层面上来计算碳足迹，从而忽略了很多关键的细节信息。为了综合利用这两种方法的优点，美国卡耐基梅隆大学等提出了投入产出生命周期评价法。这种方法来源于 Wassily Leontief 20 世纪 30 年代的研究，发展了美国的经济投入产出模型的思想，并在理论上将其扩展到应用非经济数据，然而该种方法依然存在着自身的局限性。因此，选择什么方法来评估产品的碳足迹要依具体的研究及应用而定。

1. 生命周期评价理论框架

生命周期评价（Life Cycle Assessment，LCA）是由国际环境毒理学与化学学会（SETAC）在1990年系统提出的，是一种对产品、生产工艺及活动及其环境负荷进行评价的过程，它通过对能源与物质消耗以及由此造成的废弃物排放进行辨识和量化，来评价能量与物料利用对环境的影响，以寻求改善产品或工艺的途径。LCA考虑产品的整个生命周期，即从原材料的获取、能源和材料的生产、产品制造和使用到产品生命末期的处理以及最终处置（GB/T 24040—2008）。LCA研究主要包括四个阶段，其相互关系如图1-10所示。

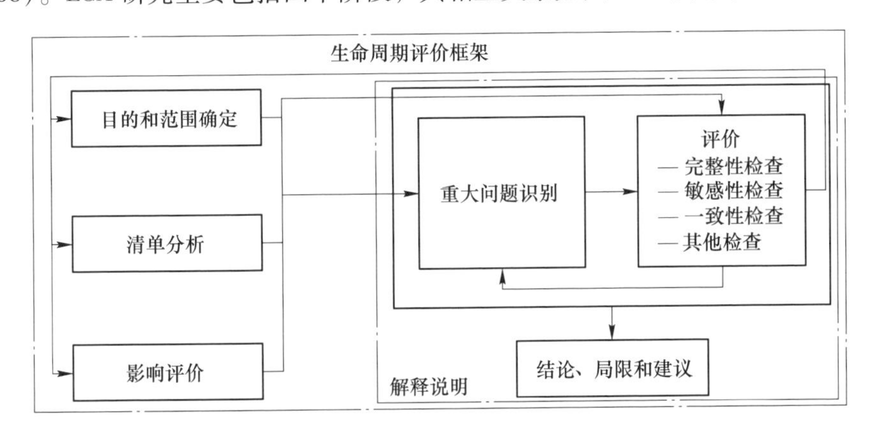

图1-10　生命周期评价框架及各阶段的关系

（1）目的和范围确定

确定研究目的和范围是生命周期评价的第一步，它决定了为何要进行某项生命周期评价，并表述所要研究的系统和数据类型。研究目的应包括一个明确的关于LCA研究的原因说明及未来结果的应用；研究范围应定义所研究的产品系统、系统边界、功能单元、数据要求等。

（2）清单分析

清单分析是LCA基本数据的一种表达，是进行生命周期评价的基础。清单分析是对产品、工艺或活动在其整个生命周期阶段的资源、能源消耗和向环境的排放（包括废气、废水、固体废弃物等）进行数据量化分析，建立清单分析即在所确定的产品系统内，针对每个过程单元，建立相应功能单元的系统输入和输出，且每个功能单元要满足物质平衡原理。

（3）影响评价

通过清单分析已得到生命周期内的全部输入和输出数据，为了将生命周期评价应用于各种决策过程，就必须对各种输入输出的潜在影响进行评估，从而说明各种环境交换的相对重要性，以及每个生产阶段或产品每个部件的环境影响贡献大小，这就是生命周期影响评价。影响评价实质是对清单分析阶段的数据进行定性及定量排序的一个过程，主要包括特征化、标准化等步骤。其目是通过使用与清单结果相关的影响类型和类型参数，从环境的角度审察所研究的产品系统，并为后面的生命周期解释阶段提供信息。

（4）解释说明

生命周期解释的目的是根据 LCA 前几个阶段的研究或清单分析的发现，以透明的方式来分析结果、形成结论、解释局限性、提出建议并报告生命周期解释的结果，尽可能提供对 LCA 或 LCI 研究结果易于理解的、完整的和一致的说明。如图 1-10 所示，解释说明主要包括三个要素，即识别、评估和报告。识别主要是基于 LCA 中清单分析和影响评价的结果识别重大问题；评估主要是对整个生命周期评价过程中的完整性、敏感性和一致性进行检查；报告主要是形成结论，提出建议。

2. PAS2050 碳足迹评价方法

根据对目前各种用于评价产品碳足迹方法优缺点的比较，基于工艺的生命周期评价法适合简单结构系统的产品，且能够反映产品生命周期各个阶段对环境的影响，因此该方法目前应用较多，并且已经制定了相关的规范和标准，如《PAS 2050 规范》，ISO 14067 标准等。《PAS 2050 规范》采取生命周期评价方法，评价与商品或服务有关的 GHG 排放，使公司能找出办法，最大限度地减少整个产品系统的 GHG 排放，其计算产品碳足迹的主要步骤如图 1-11 所示。

步骤 1：设定目标及选定产品。该阶段在 PAS 2050 碳足迹评价方法中属于启动阶段，主要针对企业制定。在该阶段要确定对产品进行碳足迹评价的目的和要达到的效果，选择要进行碳足迹评价的产品并指定功能单元，其中指定功能单元是保证或得到比较准确碳足迹评价结果的基础。

步骤 2：绘制过程图。该步骤的目的是确定对所选产品生命周期有贡献的所有材料、活动和过程。过程图在整个碳足迹计算过程中作为一种重要的工具，提供了走访的起点，并提供了指导收集数据和计算碳足迹的图示参考。为了绘制一个产品的过程图，首先要通过大量使用内部的专业知识和现有的数据，把所选产品的功能单元分解为各个组成部分。

步骤 3：确定边界和优先顺序。该阶段的主要任务是确定系统边界及实质性排放源，系统边界定义了产品碳足迹计算的范围，即哪些生命周期阶段、输入和输出宜纳入评估。一旦绘制了高水平的过程图，就必须确定碳足迹分析的相关边界。

步骤4：数据采集。该阶段主要是收集计算碳足迹的相关数据，所收集的数据主要有两种：活动水平数据和排放因子。活动水平数据是指产品生命周期中涉及的所有材料和能源（物料输入和输出、能源使用、运输等）；排放因子是一种联系，可将这些数量转换成温室气体排放量，即“单位”活动水平数据排放的温室气体数量（如每千克输入量或每千瓦时能源使用量的温室气体）。

步骤5：碳足迹计算。该阶段是利用步骤4采集的数据计算产品的碳足迹，即计算整个产品生命周期中所有活动的所有材料、能源和废物乘以其排放因子之和，且每一项活动的温室气体排放一经计算出来，则利用全球增温潜势值（见表1-1），将其换算为二氧化碳当量，并利用数理统计工具对该阶段的结果进行分析评价。

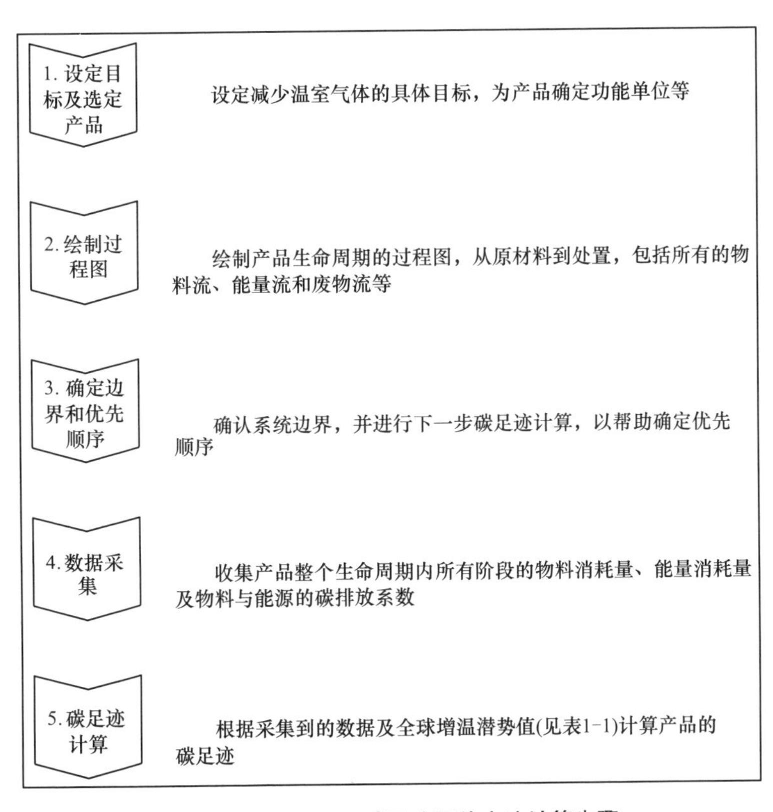

图1-11　PAS 2050碳足迹评价方法计算步骤

1.4 低碳制造的提出及其内涵

近年来，针对制造业的高能耗、高排放问题，已提出一系列的新型制造模式或概念，如清洁生产、绿色制造、环境友好制造、可持续制造等。但低碳制造与绿色制造、环境友好制造、可持续制造等概念有着一定的区别。低碳制造综合了全生命周期与资源及环境效率的基本思想，属于绿色制造与可持续制造范畴，但低碳制造突出了以碳排放减量化为主线的特征，强调从原材料获取、能源生产、产品设计、制造、使用、报废处理全生命周期中实施碳排放的减量化与控制，而不考虑废水、有毒有害物质以及噪声、振动等造成的其他环境影响与人体安全及健康危害。

目前，国外对低碳制造的概念、内涵以及实现途径等理论模型进行了研究。英国布鲁内尔（Brunel）大学先进制造与工业工程系 Tridech 及 Cheng 教授对低碳制造进行了定义，并提出了基于资源效率与效力的低碳制造概念，认为低碳制造应致力于降低制造过程的碳排放强度，同时高效地利用能源和资源；实现低碳制造的途径包括：减少加工机床和相关设备的能量损耗，提高工艺能量效率，减少制造过程因空闲、等待和排队而发生的碳排放浪费，提高原材料利用效率并减少供应链库存等。英国克兰菲尔德大学 Ball 教授等提出了零碳制造的概念，并集成物料流、能量流、废物流建立了一种系统框架模型来分析碳流的输入与输出关系，讨论实现零碳制造的可能性。

当前，国内还未对低碳制造的概念、内涵等进行深入的分析，主要研究还集中于绿色制造、环境友好制造、可持续制造等领域。综合国内外关于低碳制造的论述，本书将低碳制造定义如下：低碳制造是一种综合考虑产品全生命周期能源消耗以及碳排放的可持续制造模式，其目标是实现产品在生产、制造、使用过程中的低能耗、低排放、低污染，实现制造企业经济效益、社会效益、环境效益的统一，其实质是提高制造业能源/资源利用效率和创建清洁能源结构，核心是制造业的技术创新、制度创新和发展观的转变。

低碳制造是一个以保证经济效益而实现碳排放减量化为目标的制造模式，涉及产品全生命周期（包括市场分析、产品设计、工艺规划、加工工艺过程、运输、产品销售及售后服务、回收处理等）或部分环节。面向产品全生命周期过程，低碳制造的关键技术主要包括低碳材料替代、低碳设计、低碳工艺与装备、低碳装配及包装、低碳产品开发、回收及再制造等。低碳制造的目标最终可细化为通过提高资源利用率及能源利用率、减少废弃资源排放、选用碳足迹较小的原材料替代传统材料、优化制造企业能源结构等，实现制造企业碳排放的减量化，最终实现企业经济效益及社会效益的统一。图1-12概述了低碳制造的内涵。

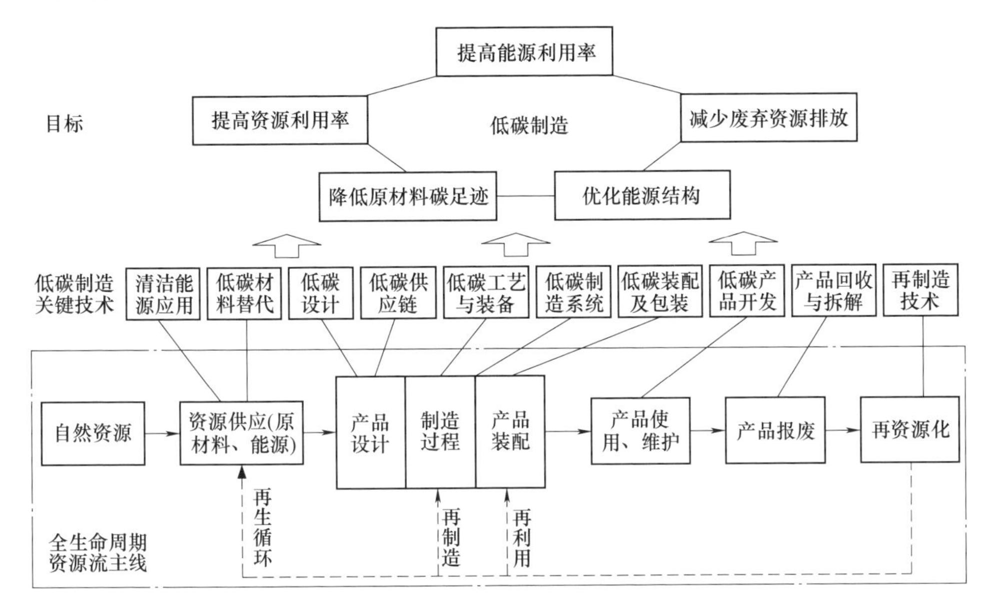

图1-12 低碳制造的内涵

参考文献

[1] 李亚建，吴莲．美国低碳战略的转变及对中国的启示［J］．中共天津市委党校学报，2011，13（4）：55-58.

[2] 门丹．美国低碳经济政策转向研究：原因，定位及经济绩效［D］．沈阳：辽宁大学，2013.

[3] HMG. The UK low carbon transition plan［EB/OL］．［2013-12-30］．http：//www. decc. gov. uk/en/content/cms/publications/lc_ trans_ plan/lc_ trans_ plan. aspx.

[4] HMG. The UK low carbon industrial strategy［EB/OL］．［2013-12-30］．http：//www. berr. gov. uk/files/file52002. pdf.

[5] 张庆阳．德国低碳经济走在世界前列［EB/OL］．［2013-12-20］. http：//www. weather. com. cn/climate/qhbhyw/06/573469. shtml.

[6] 中华人民共和国商务部．德国经济低碳转型的政策环境和主要成就［EB/OL］．［2013-12-25］. http：//www. mofcom. gov. cn/aarticle/i/dxfw/jlyd/201109/20110907741928. html.

[7] 唐丁丁．日本发展低碳经济的启示［J］．世界环境，2009（5）：62-64.

[8] 新华网．国务院会议研究决定我国控制温室气体排放行动目标［EB/OL］．（2009-11-26）http：//news. xinhuanet. com/politics/2009-11/26/content_ 12544697. htm.

[9] 朱松丽，朱磊，赵小凡，等．十二五以来中国应对气候变化政策和行动评述［J］. China Population Resources and Environment，2020，30（4）：1-8.
[10] 生态环境部．中国应对气候变化的政策与行动 2019 年度报告［R/OL］. http：//www. huanjing100. com/p-10203. html.
[11] THOMAS W，JAN M. A Definition of ‘carbon footprint’ ISAUK Research Report，2007.
[12] European Commission. Carbon footprint-what is it and how to measure it［J］. 2009，92（4）：193-195.
[13] 英国标准协会．《PAS2050 规范》使用指南：如何评价商品和服务的碳足迹［M］. 伦敦：英国标准协会，2008.
[14] JESSICA A. What is a Carbon Footprint?［R］ISAUK Research Report，2008.
[15] KENNY T，GRAY N F. Comparative performance of six carbon footprint models for use in Ireland［J］. Environmental Impact Assessment Review，2009，29（1）：1-6.
[16] 中华人民共和国国家质量监督检验检疫总局，中国国家标准化管理委员会．环境管理—生命周期评价—原则与框架：GB/T 24040—2008［S］. 北京：中国标准出版社，2008.
[17] 杨建新．产品生命周期评价方法及应用［M］. 北京：气象出版社，2002.
[18] TRIDECH S，CHENG K. Low carbon manufacturing：characterization，theoretical models and implementation［C］. 2008.
[19] TRIDECHANDK S. An investigation of the EREE-based low carbon manufacturing on CNC machine［J］. Proceedings of the 36th International MATADOR Conference，2010：395-399.
[20] BALL P D，EVANS S，LEVERS A，et al. Zero carbon manufacturing facility-towards integrating material，energy，and waste process flows［J］. Proceedings of the Institution of Mechanical Engineers Part B-Journal of Engineering Manufacture，2009，223（9）：1085-1096.

第 2 章

低碳制造理论体系及研究现状

2.1 低碳制造理论体系

低碳制造作为一种全新的可持续制造模式，是推动制造业实现 2030 碳达峰以及 2060 碳中和目标的重要抓手，其理论体系框架如图 2-1 所示。

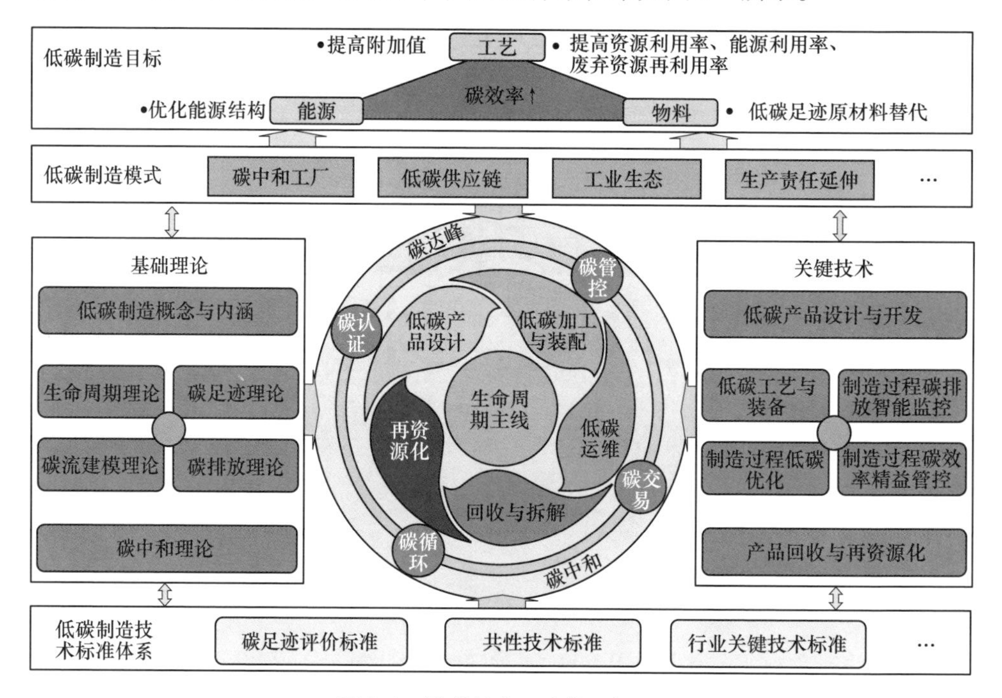

图 2-1 低碳制造理论体系框架

（1）生命周期主线

低碳制造以产品生命周期为主线，涉及低碳产品设计、低碳加工与装配、低碳运维、回收与拆解、再资源化全过程或部分环节。

（2）基础理论

基础理论包括低碳制造概念与内涵、生命周期理论、碳足迹理论、碳流建模理论、碳排放理论、碳中和理论。

（3）关键技术

关键技术包括低碳产品设计与开发、低碳工艺与装备、制造过程碳排放智能监控、制造过程低碳优化、制造过程碳效率精益管控以及产品回收与再资源化。

（4）发展模式

发展模式包括碳中和工厂、低碳供应链、工业生态、生产责任延伸等模式。

（5）发展目标

从工艺、能源、物料三个维度提升制造过程碳效率，在能源维度以优化能源结构为目标，在物料维度以降低原材料碳足迹为目标，在工艺维度以提高资源利用率、提高能源利用率、提高废弃资源再利用率以及提高附加值为目标。

（6）标准体系

低碳制造技术标准体系包括产品碳足迹评价标准、共性技术标准、行业关键技术标准等。

目前，针对制造环节，国内外低碳制造科技创新主要集中于制造系统碳排放量化与碳足迹评估、产品低碳设计与开发、低碳加工工艺及装备、低碳制造系统建模与优化等。

2.2 碳排放量化与碳足迹评估

碳排放具有多源性、动态性等特点，而且制造业碳排放大多属于间接碳排放，因此，对碳排放量的计算与分析是低碳制造面临的一个技术难点，如何对制造业碳排放及碳足迹进行定量分析是制造业低碳化迫切需要解决的科学问题。目前关于制造业碳排放定量分析以及碳足迹的计算还未有统一的计算方法。评估和计算产品的碳足迹主要有两种方法：一种是自下而上基于过程的生命周期评价（Process-Based Life Cycle Assessment，Process-Based LCA）法；一种是自上而下的基于经济投入产出模型的生命周期评价法（Economic Input-Output Life Cycle Assessment，EIO LCA）。常见的生命周期评价软件工具见表2-1。

表2-1 常见的生命周期评价（LCA）软件工具

工具名称	国家	开发单位	用途简介
Gabi	德国	PE International	生命周期评价、物质流分析、可协助碳足迹计算
CA eco Software	美国	CA Technologies	能源、碳排放、可持续发展管理
SimPro	荷兰	Leiden 大学环境科学中心	生命周期评价、可协助碳足迹计算
eBalance	中国	亿科环境科技有限公司	生命周期评价、产品碳足迹计算、产品Ⅲ型环境声明
Clean Air-Cool Planet（CA-CP）	美国	新罕布什尔州 CA-CP 组织	校园碳足迹计算
Seattle Cliamate Partnership（SCP）	美国	西雅图气候合作伙伴计划	企业碳排放计算
Boustead	英国	Boustead Consulting Ltd.	生命周期评价、可协助碳足迹计算
Bottomline	澳大利亚	悉尼大学	基于投入产出模型完成碳排放计算

美国劳伦斯伯克利国家实验室（Lawrence Berkeley National Laboratory，LBNL）分析了美国1960~1993年的能源消耗及碳排放变化趋势，并对美国制造业的能源消耗及碳排放趋势进行了预测分析。该实验室采用过程框架和统计建模方法，建立了化石燃料生命周期中温室气体排放的不确定性评价模型。

美国卡耐基梅隆大学采用生命周期评价工具对整个供应链的碳排放进行了分析，指出直接的碳排放仅占总排放的14%左右，并基于此分析了碳足迹评价边界的重要性。

美国普渡大学提出建立产品功能影响矩阵（Function Impact Matrix，FIM），利用全生命周期评价技术评价产品环境影响，并对改进产品环境性能进行分析。

美国麻省理工学院制造与生产力实验室致力于面向制造和生产相关的环境效应检测，研究领域包括制造工艺与系统的生命周期分析、生产过程及回收系统。

美国俄勒冈州立大学利用产品基本信息与加工信息，建立了产品制造过程的能耗预测模型，通过对产品的环境绩效分析，降低了其生命周期中能源及原材料的消耗，并减少了废弃物的排放，提高了产品的环境性能。

英国赫瑞-瓦特大学从供应链的角度指出碳足迹计算及实行碳标签的难度及存在的问题，并对碳足迹和碳标签的潜在利益进行了阐述，通过研究相关文献、访问企业领导、考察个人经验，权衡了产品碳足迹和碳标签的成本及环境利益。

英国拉夫堡大学将生产产品所需能耗分解为直接能耗、间接能耗、理论能耗和辅助能耗，建立产品生产过程所需能源模型，在理论的基础上开发评估能源消耗的决策支持工具，提出新的节能制造方法，从而减少生产设施的能源消耗。

英国牛津大学建立了英国交通碳模型（The UK Transport Carbon Model，UK-TCM），阐述了全碳足迹外部成本的计算方法，以技术、经济、能源系统模型为基础，研究系统内的能量循环机理，提出了碳排放预测和评估方法。

意大利帕多瓦大学针对许多企业的碳排放管理存在的问题，提出了一种识别企业生产及供应链中影响气候变化的主要过程的生命周期方法，可对影响气候的直接或间接过程进行分析。

澳大利亚新南威尔士大学对碳足迹的概念进行了专门的研究，认为尽管碳足迹已提出并应用多年，但其准确的概念却仍是混淆的。他们对碳足迹进行了重新定义和界定："碳足迹是一项活动或产品全生命周期直接或间接发生的二氧化碳排放总量的衡量指标"，出于数据的可用性和完整性，认为碳足迹仅计算二氧化碳排放量是符合实际的。

加拿大皇后大学研究指出产品制造过程的碳排放与制造过程的耗电量相关

联，并提出一种基于电厂的碳排放指数及零部件制造的耗电量的碳排放计算方法。

日本国立环境研究所采用 AIM 模型，以生态经济因素为指标对能源服务需求进行预估，并对已有的技术数据和能量数据做出对比和决策。

香港在世界自然基金会的支持下发起了低碳制造计划（Low Carbon Manufacturing Program，LCMP），其主要工作包括开发碳排放量审计软件、推行最佳实践行动计划以及碳排放认证，帮助企业积极应对全球供应链温室气体排放限制要求。

上海交通大学评估了机械产品使用阶段的碳足迹排放量值，构建了生命周期清单数据参数和评价分析目标范围，进行了产品方案生态影响比较。

上海大学提出了一种基于产品生命周期流程的碳足迹分析模型，以冷镦机为例验证了该模型在装备产品碳足迹分析的有效性。

中国科学院城市环境研究所对国内外现有的碳足迹研究进行了系统的回顾，从碳足迹的概念内涵、计算方法、研究尺度及研究内容等四个方面对碳足迹研究进行了展望。

重庆大学等高校针对设备—制造单元—产线—车间等多层级制造系统的碳排放动态特性，基于扩展一阶混合 Petri 网的离散事件建模方法构建了碳流动态模型，实现了制造过程碳排放的动态核算与评估。

2.3 产品低碳设计与开发

通常情况下，产品设计以生产费用最低、获得的经济效益最高为目的，同时要保证产品的功能、性能、质量合格，但随着人们对环境和资源意识的提高，设计产品时还应当做到符合低碳的要求，而产品设计对产品生命周期碳排放起着至关重要的作用。低碳设计是低碳制造技术的重要组成部分，其综合考虑产品设计、制造、使用和回收等整个生命周期过程中的资源、环境及碳排放特性，选择碳足迹较小的低碳材料及制造工艺，产品使用过程中能耗低并且不产生有害物质，报废后可进行回收与再制造。

美国国家标准与技术研究院（NIST）正在进行的制造过程碳排放分析研究，试图将碳排放计算值集成到产品设计中，成为 BOM 表中的一项技术参数，旨在探索和开发一项计算零部件及装配体制造过程碳排放的新方法。该项研究将零部件工艺链的概念用于分析零部件制造过程的碳排放，并将公差的概念用于描述碳排放数据的统计值。

模块化设计是在分析一定范围内不同功能或相同功能不同性能、不同规格产品的功能性的基础上，划分并设计出一系列功能模块，通过模块选择与组合，构成不同的产品，以满足市场的不同需求。在低碳设计技术中，模块化设计也是一个重要的环节，利用模块化设计降低产品研发、生产过程中的碳排放，从而提高能效，正逐渐成为低碳设计研究人员的主要研究方向之一。得克萨斯理工大学运用公理化设计和模块化设计理论分析产品生命周期能耗因素，并从能量节约的角度提出一种基于能量因子的产品低碳设计方法。

意大利帕多瓦大学等以总体环境影响为优化目标，将工艺的数字仿真与零件的结构分析相结合，提出一种注塑件节材优化设计方法。

韩国亚洲大学在产品低碳设计领域做了开创性的工作，提出了基于嵌入式温室气体排放量的物料清单 g-BOM 的低碳产品设计系统，并提出应用全球变暖和经济性两个指标进行低碳设计评估改进的方法，将外部成本作为衡量产品低碳性能的指标，并与生命周期成本方法进行集成。

目前，我国低碳设计研究在国家自然科学基金、国家“863”计划 CIMS 主题研究项目支持下，浙江大学、浙江工业大学、四川大学、大连理工大学、哈尔滨理工大学、北京航空航天大学、四川大学等高校及科研院所都在从事这方面的研究工作。

浙江大学开展了复杂定制装备低碳与结构变异的融合进化设计方法研究，提出并深入研究了零件工艺失效模式关联建模与工艺方案绿色性能分析技术，围绕零件工艺失效模式建模、工艺设计过程的分层递阶规划与工艺再生、工艺参数多目标绿色决策、工艺方案的多目标绿色满意评估等技术开展研究，并在复杂汽车零配件产品的工艺设计中进行应用，提出以产品生命周期碳排放作为约束，基于概念设计阶段碳足迹评估模型与功能结构展开模型的产品概念设计方法。

哈尔滨理工大学对机械加工过程中低碳制造的相关理论和技术方法进行了分析，从机械产品低碳设计、低碳生产过程和低碳能源开发三个部分建立了机械加工低碳制造技术体系。

北京航空航天大学基于功能的局部综合性，与低碳的全球优化相结合，建立了一种基于知识库的分层低碳框架，以协调产品功能域低碳问题之间的矛盾，并提出了一种结合案例式推理、粒子群优化算法和逼近理想排序法的混合低碳产品设计方法来优化产品，最后以液压机低碳产品设计为例，证明了其有效性。

四川大学开展了产品低碳创新设计方法与工具研究，基于对产品低碳设计过程中决策信息的构成及对应设计策略的研究，构建了一种融合碳足迹的产品低碳设计信息模型，并在分析低碳设计决策信息内涵的基础上提出了一种基于产品结构树和详细设计参数的双重递进碳足迹根源特征定位方法。该方法基于定性/半定量矩阵的简约式生命周期评估（Streamlined Life Cycle Assessment，SL-

CA）法，对碳排放关键结构单元进行初筛，并采用赋权关联图方法定位低碳设计的关键特征和设计参数。针对设计参数矛盾，利用 TRIZ 冲突解决理论进行求解，从而实现低碳设计目标。

大连理工大学开展了信息未确知的制造装备低碳优化设计理论及方法研究，为清晰描述能耗构成，表达能量信息与设计信息之间的映射关系是实施机械装备节能设计的基础。在分析机械装备运行过程能耗因素的基础上，提出一种开放的能量信息描述模型——能量分解结构（Energy Breakthrough Structure，EBS），并建立设计-能量信息集成模型以表达设计信息的能量特征。通过在 EBS 基础上提取力、位移、压力、流量等能量特征，并映射相关的几何特征、运动特征、动力特征等设计特征，实现能量信息和设计信息的本质关联。

山东大学提出并研究了基于碳足迹特征的产品方案设计表达模型，分析了产品方案设计阶段的特点及其设计流程，对方案设计中存在的碳足迹特征进行分解提取及归类，在对产品设计单元分析的基础上，运用碳足迹特征建立了产品方案设计结构模型，有效分析了产品设计方案中隐含的碳足迹信息，将有限的方案设计信息与碳足迹进行关联。

江南大学提出了产品低碳设计的概念，并系统论述了其内涵与低碳设计的有效方法，将产品碳足迹评估法引入产品低碳设计方法中，应用生命周期评价技术进行低碳设计，设计的唯一目标为减少温室气体排放量；提出了产品低碳设计模型，该模型不但利用了产品碳足迹评估法，而且采用生命周期评价技术，并结合整个产品开发的流程，降低产品碳足迹。

浙江工业大学开展了面向产品低碳设计冲突协调的科拓知识演化方法研究，针对有容量约束的低碳选址-路径问题（LRP），提出了一种基于蚁群选择机制的超启发算法用于模型求解，即将蚁群选择机制作为超启发算法的选择策略。同时针对这一问题，提出了一种以低碳排放量、配送中心选址规划和车辆路径规划为目标的双目标 LRP 模型。

哈尔滨工业大学针对 CAD/CAE 环境中的机器设计和分析提出了一种面向可持续设计指数的方法，期望以定量分析为导向，并以工业可行的方式适用于工程制造。该分析模型使用生命周期评估和层次分析法对环境、经济、社会和技术四个方面的机床设计方案进行定量评估。

内蒙古工业大学通过对产品零部件的连接特性进行分析，提出了一种面向低碳产品结构设计的产品碳足迹确定方法。

尽管从总体研究现状来看，国内低碳设计研究工作与国外基本处于同一水平，但仍缺乏可支持节能低碳产品设计的数据库、知识库等，并未形成系统的低碳设计理论与方法体系，还缺乏具有市场竞争力的低碳产品。

2.4 低碳制造工艺及装备

制造加工过程是碳排放的主要物化、具体化的过程。要实现低碳制造，必须考虑产品的加工过程如何实现低碳，开发和选用低碳加工工艺及装备。

国外对节能低碳加工技术及装备非常重视，并加大了对该领域的资金投入。国际标准化组织（ISO）制定了 ISO/NP 14955 机床环境评估标准，旨在提高机床的能效水平，实现机床产品的低碳化。

美国加利福尼亚大学提出了一个加工工艺过程的环境影响模型，该模型集成了加工设备、涂层特征和润滑流等方面，通过能源利用率、加工速率、工件原始物料流及加工过程的二次物料流来量化加工工艺过程的环境影响。将环境敏感度因子定义为加工系数（如切削深度、速度、刀面角等）的变化函数，从而为环境意识制造提供决策框架，包括零件工艺设计、工艺规划以及加工工艺参数选择。

美国麻省理工学院等引入热力学框架，分析了包括铸造等传统加工方式及电火花加工等先进制造技术的制造系统中的材料和能源消耗，并提出用热力学的方法识别制造过程中的资源能源消耗情况是进行工艺改进的基础。

英国拉夫堡大学在一项低碳制造项目研究报告“ATKINS：Manufacturing a Low Carbon Footprint”中对切削加工、铸造、注射成型等工艺的碳排放状况进行了初步分析和统计，通过对比分析，提出并认为直接成型的快速制造是未来的低碳制造技术，并将可能引起设计、工艺以及物流等制造业多个环节的变革。

澳大利亚新南威尔士大学团队对现有的切削功率模型进一步阐述和完善，提出了一种为材料去除过程开发单元过程能耗模型的经验方法。对于选定的机床，导出的模型可以提供在一定材料去除速率下去除材料的能量消耗的可靠预测。在这些信息中，可以很容易地计算出用车削或铣削工艺加工产品所需的能量。因此，可以更准确地评估制造过程的环境影响。同时，在产品设计和工艺规划阶段，可以主动降低能耗，改善环境性能。

日本名古屋产业大学等提出了一个对于机械加工过程基于生命周期评价的环境负担预测系统，该系统通过计算机床的每个部件，包括切削工具状态、切削液量、润滑油量以及金属切屑量在加工过程的电能消耗量来计算环境负担（CO_2 当量值），提供了机床切削过程环境负担的精确信息。

日本东京工业大学提出了一种用于干切削、少切削液切削及湿切削碳排放的评估模型，该模型主要关注不同的切削条件下碳排放的不同，而忽略了切削参数对碳排放的影响，认为零件材料及金属去除体积相同的情况下，加工能耗所导致的碳排放一致。

浙江大学开展了“面向低碳制造的机械加工工艺过程能耗建模与智能分析计算方法研究”，提出了一种基于耦合推广正交算法的工艺参数优选方法。利用正交实验在解决单目标优化问题中的优势，提出基于工艺参数耦合强度关系的推广正交算法，用小生境演化繁殖后代，以实现绿色性能指标优化。将该方法运用到注塑加工工艺参数设计中，选择面向绿色性能指标的注塑加工工艺参数，确定相互间的耦合强度关系以及注塑加工过程的多项绿色性能指标，建立注塑加工绿色设计模型。

合肥工业大学开展了“高端金属成型装备低碳制造的基础理论与关键技术研究”，建立了锻压机床的碳足迹计算流程。在研究产品碳足迹的计算准则的基础上，将基于碳排放因子的产品碳足迹计算方法应用于锻压机床的碳足迹计算，并对碳足迹计算结果进行不确定性及敏感性分析，较为全面地分析了锻压机床的生命周期碳排放情况。在锻压机床功能分析的基础上，建立了锻压机床的低碳产品结构模型，并对锻压机床的模块单元碳足迹进行计算与分解，将产品碳足迹分析与功能结构映射有机结合，有效地实现了产品碳足迹在功能结构上的分解。建立了锻压机床使用阶段的碳流模型和主要碳排放环节量化分析模型，为低碳设计参数的提取提供了建模基础。

华中科技大学联合重庆大学，开展了“激光加工系统碳排放智能监控与优化系统技术方案与实验规划”，对激光加工系统的各子系统的能耗进行监控，揭示了激光加工系统的碳排放特性，并在此基础上对激光加工系统进行评价，诊断影响激光加工系统碳效率的关键工艺和过程，完成了激光焊接碳排放能耗建模、激光焊接碳排放与焊接性能工艺参数优化，以及激光清洗-焊接加工系统多目标工艺优化研究。

哈尔滨工业大学基于热平衡和经验模型，提出了一种改进的能耗模型，用于描述材料去除过程中过程变量与能耗之间的关系。铣削过程的改进模型作为材料去除率和主轴速度的函数，已经在各种切削参数下进行了测试和验证。此外，模型系数的值是明确定义的，这将易于理解和解释能耗模型中的每个系数。模型系数通过基于实验数据的统计建模获得，改进后的模型能够为给定的工艺参数提供可靠的能耗预测。

重庆大学确定了典型物料、能源排放的当量系数，研究了典型制造工艺（此处以铸造为例）碳源输入输出控制特性，形成了以切削、铸造、锻造以及焊接等典型机械加工工艺碳排放源广义特性函数集，提出了一种低碳工艺规划模型，并对其进行了实验性应用；建立高速干切滚齿机床主轴系统热能累积模型与㶲效率模型，提出了高速干切滚齿机床主轴系统热能累积调控方法及㶲效率协调优化方法，实现了高速干切滚齿机床主轴系统综合能效和热稳定性的协调优化，为高速干切滚齿机床的绿色、精密发展提供支持。图2-2为重庆大学联合开发的高速干切低碳加工装备。

图 2-2　重庆大学联合开发的高速干切低碳加工装备

2.5　低碳制造系统建模与优化

随着各国对低碳的重视以及消费者对低碳产品的认可，制造系统的低碳化以及低碳产品已成为工业界、学术界的重点研究方向。目前，国外已开展了大量的对制造系统低碳优化的研究，提出了各种制造业的减碳策略与方法。

美国加州大学伯克利分校的绿色设计与制造联盟（Consortium on Green Design and Manufacturing，CGDM）对机械加工系统的资源消耗和环境影响问题进行了大量研究，对以机械加工为主的车间层制造系统中的资源消耗问题开展了相关研究，将车间制造系统中的资源消耗和环境影响因素纳入到生产成本、时间和质量等因素进行考虑，建立了车间制造系统的设计、生产等相关决策模型。该校 David Dornfeld 教授、Chris Yuan 博士与福特公司合作，以底特律工厂为对象分析采用新能源（太阳能、风能和燃料电池）供电实现碳排放减量化的潜力，研究表明，采用新能源供电可减少因电能消耗导致的间接碳排放量 80%左右，减排前景相当可观。

美国麻省理工学院指出制造工艺是资源消耗与环境排放的纽带，更加有效的工艺规划可降低制造过程中的碳排放，并提出了一种面向低碳制造的系统的资源效率工艺规划方法，并且在 2007 年第 40 届国际生产工程学会（CIRP）制造系统研讨会主题报告中提出了四种制造业减少碳足迹的策略，即将销售产品转变为销售产品服务、采用低碳燃料、投资碳补偿业务（如投资太阳能、风能等供应制造电能）和提高制造能效。

美国普渡大学在综合考虑生产率、设备峰值负荷以及碳排放足迹的基础上建立了生产调度的多目标整数规划模型，与传统调度方法单一追求最优生产率不同，该模型研究分析了不同生产速度对峰值负荷及碳足迹的影响机制，以实现生产效率、峰值负荷及碳排放的平衡。

美国劳伦斯伯克利国家实验室分析了美国 1960~1993 年的能源消耗及碳排放变化数据，并对美国制造业的能源消耗及碳排放趋势进行了预测分析，以降低能源消耗，优化资源利用率，并使生产废物最少化，进而降低全生命周期的碳排放强度，这是解决能源密集型企业碳排放压力大的重要途径之一。

德国波鸿鲁尔大学将二氧化碳的排放计算从传统的整个产品生命周期重点迁移到制造过程，提出一种基于混合分析用于制造阶段碳排放量计算的方法。该方法以制造过程中的物料流、能源流和排放强度为重点考虑对象，有助于企业确定制造业的减排潜力，因此有助于生命周期评估方法的发展。

意大利摩德纳雷焦艾米利亚大学建立了在工业 4.0 环境中集成生命周期清单（Life Cycle Inventory，LCI）和企业资源计划（Enterprise Resource Planning，ERP）的动态生命周期评估系统，并证实了该系统为评估和监控与生产过程相关的环境影响的有价值的工具。

随着国内对制造系统低碳优化研究的开展，在传统制造系统节能研究的基础上，开始关注面向资源消耗特性的制造系统低碳优化理论。

三一重工提出了机械加工工艺的评价体系，并利用 TOPSIS 方法建立了机械加工低碳制造工艺模型，实现了对备选低碳制造方案进行综合评价，获得了最优低碳制造工艺。

华中科技大学开展了离散车间制造系统高效低碳运行优化理论与关键技术研究，研究以节能为目标的工艺规划与调度集成（Integration of Process Planning and Scheduling，IPPS）问题，基于空闲时间与空闲能耗两种建模思想，建立了 3 个考虑关机/重启节能策略的混合整数线性规划（Mixed Integer Linear Programming，MILP）模型。从模型尺寸复杂度、计算复杂度等方面对 3 个 MILP 模型进行详细的对比评估。通过使用 CPLEX 求解器对 IPPS 调度实例进行求解，证明了所提出的 MILP 模型的正确性与有效性。实验结果表明，基于不同建模思路的 MILP 模型尺寸复杂度、计算复杂度差别很大，基于空闲能耗的 MILP 模型求解效果好于基于空闲时间的 MILP 模型。

重庆大学开展了基于广义特性函数集的制造系统碳流动态特性及碳效率评估方法研究，揭示了制造系统碳排放源分布、碳排放流量以及碳排放全过程的动态及扰动规律，提出了一种以生产设备、制造单元、车间、工厂四层次的制造系统碳流动态参考模型，实现了基于 Petri 网的碳流动态模型，建立了生产设备、制造单元、车间、工厂四层次的制造系统的碳效率指标体系，提出了机床生命周期碳效率评估以及制造系统碳效率评估及优化模型，最后，针对机械制造系统开发了一套适用于工艺碳排放特性函数集管理、机床设备碳效率评估及优化、机械制造系统碳效率及优化的软件支撑系统。

2.6 低碳制造工厂

低碳制造工厂融合大数据、云计算、物联网、人工智能等技术，实现了工厂能源智慧管理以及深度集成应用清洁能源技术，整个生产过程全部使用清洁能源，降低了工厂能源碳排放，甚至实现了工厂零碳排放，因此，低碳制造工厂模式获得了研究与实践。

德国慕尼黑大学通过对绿色氢能生产、存储、转换以及应用技术进行系统分析，提出了一种集成应用绿色氢能的零碳工厂框架模型。

英国克兰菲尔德大学提出了零碳制造的概念，集成物料流、能量流、废物流建立了一种系统框架模型，来分析碳流的输入与输出关系，讨论实现零碳制造的可能性。

上海大众汽车集团打造了低碳汽车工厂，工厂拥有中央监控系统、智能设备管理系统、智能生产管理系统以及智能能源管理系统四大核心智能管理系统。其中，智能能源管理系统正是负责工厂绿色生产的“大管家”。通过安装在耗能设备上的智能仪表，系统将对工厂 5 大能种的排放及能耗数据进行实时监控与分析，并设定耗能超标报警机制；同时，该系统还可利用大数据和云计算技术不断学习、主动优化，不仅可预测车间能耗，对可能发生的超标能耗进行预警，还可对耗能和产能调度提供优化方案，助力工厂探索节能减排最优策略；同时投入了包括挥发性有机物净化系统、100%直购水电、中水回用、热电联供在内共 28 项先进环保技术，使能源、水、二氧化碳、挥发性有机物和废弃物 5 项关键环境指标下降 20%。

ABB 的智慧能源管理技术把所有设备连接至基于云部署的 ABB Ability™ 智能配电控制系统，利用大数据和人工智能实现设备的监视、优化、预测和管理。通过 ABB i-bus® KNX 智能建筑控制系统，实现了对厂区建筑物的照明、窗帘、采暖、通风、安全等设备的优化控制，通过互联技术和楼宇自动化实现了建筑数字化，在帮助管理电网可靠性和电力消耗方面，以及在提高能源效率、降低能源成本等方面也发挥了关键作用，从而实现了低碳制造工厂。

图 2-3 所示松下能源（无锡）有限公司主要制造锂离子电池、镍氢电池等二次电池，原先公司是“能耗大户”，一年 CO_2 排放量近 6 万 t，在松下全球 500 多家工厂中能耗排名前三位。从 2018 年起，公司开始走上节能降耗之路，一方面推进高效率低能耗生产，引进了 10 条双臂机器人、以图像检测系统为主的自动装配生产线，公司自动化率从 30%左右提升到 70%，削减人力资源 30%，提

高产能 10%。另一方面，采用节能技术，在一个耗能最大的车间里安装了 AI 智能 EMS 节能自动控制系统，这是松下集团自主研发的基于物联网技术的节能自动化系统，可以根据温度、湿度、送风风机频率等指标实时调节生产设备，使其一直控制在最节能状态。此外，工厂还使用了更多节能的设施设备，如变频式空压机、真空泵等，以减少 CO_2 排放。

图 2-3 松下能源（无锡）有限公司（图片来源于官网）

2.7 低碳制造标准

为了促进组织、项目、产品的低碳以及规范低碳认证，国际标准化组织与一些发达国家先后制定并发布了多项有关组织层面、项目层面的碳排放和核证、低碳产品认证和产品碳足迹评价和认证标准，见表 2-2。

表 2-2 低碳制造标准

序号	标准	组织	内　　容
1	PAS 2050 标准	英国标准协会、节碳基金和英国环境、食品与农村事务部	世界上第一个衡量产品碳足迹的标准，帮助企业降低产品或服务的二氧化碳排放量，最终开发出最小碳足迹的新产品
2	PAS 2060 标准	英国标准协会	碳中和证明规范，提出了通过温室气体排放的量化、还原和补偿来实现和实施碳中和的组织所必须符合的标准
3	ISO 14044—2006	国际标准化组织	本标准规定了生命周期评价（LCA）的要求，并提供了指南。本标准涵盖生命周期评价研究和生命周期清单研究

（续）

序号	标准	组织	内　　容
4	ISO14040 系列标准	国际标准化组织	该系列标准融合了世界上许多发达国家在环境管理方面的经验，是一种完整的、操作性很强的体系标准，包括为制定、实施、实现、评审和保持环境方针所需的组织结构、策划活动、职责、惯例、程序过程和资源
5	ISO 14064 系列标准	国际标准化组织	基于为量化和环境标识及声明而产生的生命周期评估的国际标准，旨在为碳足迹的量化计算和沟通/标识提供具体要求和原则指导
6	ISO 14067 系列标准	国际标准化组织	首次实现产品和服务生命周期中二氧化碳排放量化，向消费者提供碳足迹信息
7	ISO 14068 系列标准（未发布）	国际标准化组织	该标准将适用于组织、企业、政府、产品、建筑、活动和服务等各类对象的碳中和活动
8	GB/T 24000-ISO 14000 系列标准	国家技术监督局	贯彻落实党中央、国务院关于实施可持续发展战略的要求，由 ISO 14000 系列国际标准转化而来
9	GB/T 32150—2015 系列标准	国家技术监督局	本标准规定了工业企业温室气体排放核算与报告的术语和定义、基本原则、工作流程、核算边界确定、核算步骤与方法、质量保证、报告要求等内容

综上所述，在全球气候变化压力以及各国纷纷提出碳排放减排具体指标的背景下，低碳制造的研究已成为新的学术热点并受到国内外学术界的关注。但是，由于国内关于低碳制造的研究刚刚起步，并未形成系统的低碳制造理论。随着对低碳产品的重视度越来越高，碳排放特性及排放状况将成为产品及制造系统的一项重要决策指标，支持产品低碳化开发将成为该领域未来的一个发展趋势；而低碳优化与建模理论也将在未来受到重视而成为制造系统理论的一个重要研究新方向。

参考文献

[1] 曹华军，李洪丞，杜彦斌，等．低碳制造研究现状，发展趋势及挑战［J］．航空制造技术，2012（9）：26-31.

[2] 彭鑫．基于碳足迹特征的机电产品方案设计建模及碳足迹评价研究［D］．济南：山东大学，2019.

[3] 卢建鑫. 基于“碳足迹”评估的产品“低碳设计”研究 [D]. 无锡：江南大学，2012.
[4] 尹久，曹华军，杜彦斌. 基于扩展一阶混合 Petri 网的机械制造系统碳流动态建模方法 [J]. 机械工程学报，2011 (23)：156-164.
[5] AMETA G, RACHURI S, FIORENTINI X, et al. Carbon weight analysis for machining operation and allocation for redesign [J]. International Journal of Sustainable Engineering, 2009, 2 (4): 241-251.
[6] SONG J, LEE K. Development of a low-carbon product design system based on embedded GHG emissions [J]. Resources, Conservation and Recycling, 2010, 54 (9): 547-556.
[7] JEONG I, LEE K. Assessment of the ecodesign improvement options using the global warming and economic performance indicators [J]. Journal of Cleaner Production, 2009, 17 (13): 1206-1213.
[8] Loughborough University. ATKINS: manufacturing a low carbon footprint [Z]. 2007.
[9] BALL P, EVANS S, LEVERS A, et al. Zero carbon manufacturing facility-towards integrating material, energy, and waste process flows [J]. Proceedings of the Institution of Mechanical Engineers Part B-Journal of Engineering Manufacture, 2009, 223 (9): 1085-1096.
[10] LUCCHETTA G, BARIANI P. Sustainable design of injection moulded parts by material intensity reduction [J]. CIRP Annals-Manufacturing Technology, 2010, 59 (1): 33-36.
[11] FERRARI A, VOLPI L, SETTEMBRE-BLUNDO D, et al. Dynamic life cycle assessment (LCA) integrating life cycle inventory (LCI) and enterprise resource planning (ERP) in an industry 4.0 environment [J]. Journal of Cleaner Production, 2021, 286, 125314.
[12] HUANG Z, CAO H J, ZENG D, et al. A carbon efficiency approach for laser welding environmental performance assessment and the process parameters decision-making [J]. The International Journal of Advanced Manufacturing Technology, 2021, 149: 2443-2446.
[13] ZHANG X F, ZHANG S Y, HU Z Y, et al. Identification of connection units with high GHG emissions for low-carbon product structure design [J]. Journal of Cleaner Production, 2012, 27: 118-125.
[14] 刘献礼，陈涛. 机械制造中的低碳制造理论与技术 [J]. 哈尔滨理工大学学报，2011，16 (1)：1-8.
[15] SONG J, LEE K. Development of a low-carbon product design system based on embedded GHG emissions. Resources [J]. Conservation and Recycling, 2010, 54 (9): 547-556.
[16] TRIDECH S, CHENG K. An investigation on the framework for EREE-based low carbon manufacturing [C] // 5th International Conference on Responsive Manufacturing-Green Manufacturing (ICRM 2010), Ningbo, China, 2010: 257-267.
[17] 徐锋，顾新建，纪杨建，等. 基于低碳约束的产品概念设计方法研究 [J]. 机械工程学报，2013，49 (7)：58-65.
[18] HUANG C, KUSIAK A. Modularity in design of products and systems [J]. IEEE Transactions on Systems, Man and Cybernetics Part A-Systems and Humans, 1998, 28 (1): 66-77.
[19] XU Z Z, WANG Y S, TENG Z R, et al. Low-carbon product multi-objective optimization design for meeting requirements of enterprise, user and government [J]. Journal of Cleaner Pro-

duction, 2015, 103: 747-758.
[20] 刘琼，田有全，JOHN W S，等．产品制造过程碳足迹核算及其优化问题［J］．中国机械工程，2015（17）：2336-2343.
[21] KARA S, LI W. Unit process energy consumption models for material removal processes [J]. CIRP Annals-Manufacturing Technology, 2011, 60 (1): 37-40.
[22] 鲍宏．锻压机床碳足迹分析与低碳设计映射方法研究［D］．合肥：合肥工业大学，2013.
[23] LIN L, YAN J H, XING Z W. Energy requirements evaluation of milling machines based on thermal equilibrium and empirical modelling [J]. Journal of Cleaner Production, 2013, 53: 113-121.
[24] SIMON P, JIRI K, IGOR B. Integrating waste and renewable energy to reduce the carbon footprint of locally integrated energy sectors [J]. Energy, 2008, 33 (10): 1489-1497.
[25] MARTIN N , ANGLANI N , EINSTEIN D, et al. Opportunities to improve energy efficiency and reduce greenhouse gas emissions in the U. S. pulp and paper industry [J]. Office of Scientific & Technical Information Technical Reports, 2000: 1-53.
[26] MEIER H, SHI X. A systematic approach to resource-efficient process planning for low-carbon manufacturing [J]. The 44th CIRP Conference on Manufacturing System, 2011.
[27] KAN F, NELSON U, FU Z, et al. A new approach to scheduling in manufacturing for power consumption and carbon footprint reduction [J]. Journal of Manufacturing System, 2011, 30 (4): 234-240.
[28] TIMOTHY G GUTOWSKI. The carbon and energy intensity of manufacturing [J]. 40th CIRP International Manufacturing Systems Seminar, University of Liverpool, U K, 2007: 1-7.
[29] GOLOVE W H, SCHIPPER L J. Restraining carbon emissions: measuring energy use and efficiency in the USA [J]. Energy Policy, 1997, 25 (7-9): 803-812.
[30] GOLOVE W H, SCHIPPER L J. Long-term trends in U. S. manufacturing energy consumption and carbon dioxide emissions [J]. Energy, 1996, 21 (7/8): 683-692.
[31] MEIER H, SHI X. CO_2 emission assessment: a perspective on low-carbon manufacturing [J]. Advanced Materials Research, 2012, 356-360: 1781-1785.
[32] 赵晓雁，沈敏，王静宝．基于低碳制造的机械加工工艺评价模型及应用［J］．机械设计与制造，2013（1）：81-83.
[33] 李洪丞．机械制造系统碳排放动态特性及其碳效率评估优化方法研究［D］．重庆：重庆大学，2014.
[34] 陈光华．PAS 2050：企业评估碳足迹的重要依据［J］．中国标准化，2010（3）：41-42.
[35] 王晶晶．BSI 制定公共可用规范 PAS 2060［J］．中国标准化，2009（12）：63.
[36] HERBERT H，徐璐璐．ISO 14067 能够实现全球范围的“碳足迹”数据比较［J］．中国标准导报，2012（8）：18.

第 3 章

制造系统碳排放源及碳排放特性

3.1 制造系统碳排放源的定义及分类

制造系统碳排放具有多源性，主要包括物料碳、能源碳以及制造工艺过程中所产生的直接碳排放。图3-1所示为制造系统碳排放源的构成。物料碳排放是指在物料生产过程中产生的碳排放，包括工件原材料、辅助材料（切削液、润滑油等）生产过程，以及运输、销售等过程产生的碳排放，属于一种间接碳排放；能源碳排放是指工艺过程生产中所消耗的各种能源在自身的制造过程中产生的碳排放，属于一种间接碳排放；工艺碳排放，包括生产过程中燃料燃烧产生的碳排放，以及生产中采用的辅助材料相互化学作用后产生的碳排放，属于直接碳排放。

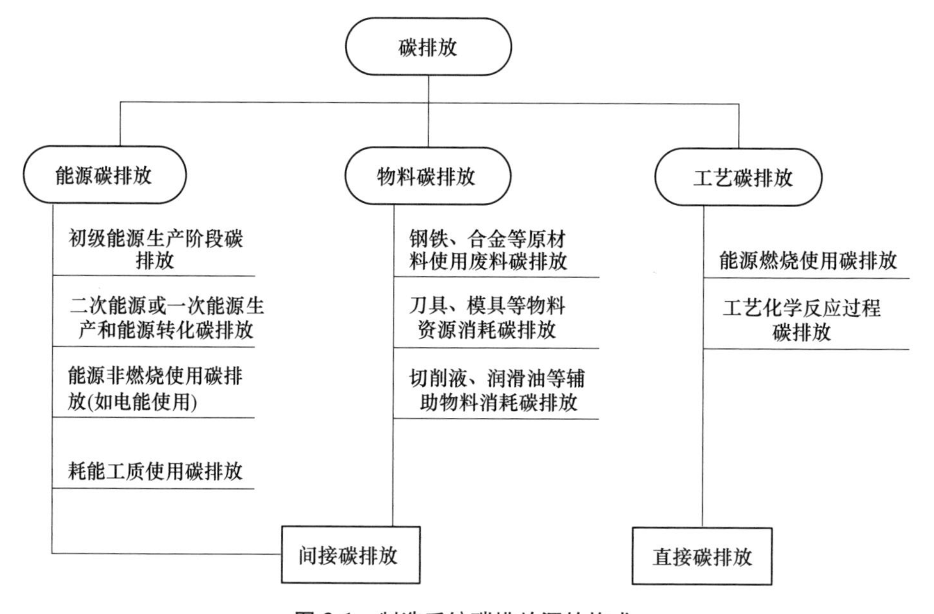

图3-1 制造系统碳排放源的构成

3.2 制造系统碳排放源分布及驱动力

从系统组织构成的角度，制造系统是制造过程所涉及的硬件与相关软件构成的具有一定功能的统一整体，且制造活动分布于制造系统的各个层次，不同层次的机械制造系统其特点也不尽相同。基于德国布伦瑞克大学对制造系统的分析，本书将制造系统的碳排放源分布特点及复杂控制特性总结为图3-2。制造车间包括生产系统本身、技术性建筑服务（Technical Building Services，TBS）以及车间建筑，其中TBS保证了生产所需要的基本环境，同时通过能耗转化为生产系统提供压缩空气、水蒸气以及其他耗能工质，而生产系统由一条或多条工艺链构成（由多个工艺设备相互交互构成），且通过生产管理实现控制。工艺链系统可以划分为制造单元系统（或工艺单元系统），并进一步可划分为设备层系统，因此机械制造系统资源消耗或环境排放主体为设备层系统，根据ISO 14955高能效机床设计标准，金属切削机床可从功能的角度划分为机床操作、加工过程调节与冷却、工件管理等，也可从结构的角度划分为24V供电系统、230V供电系统、E/R模块等。因此，系统内物料、能量、信息等各种流的输入输出特性以及设备之间的交互特性导致制造系统具有较复杂的碳排放源控制特性。制造系统碳排放发生的驱动力来源于生产任务的下达，且其碳排放量的大小受到生产调度与计划的影响，可以被管理与控制。制造系统的实时碳排放量可以采用碳流率衡量，本书中碳流率被定义为制造系统在某时刻能源、物料等资源消耗的碳排放与废料产生的碳排放之和。

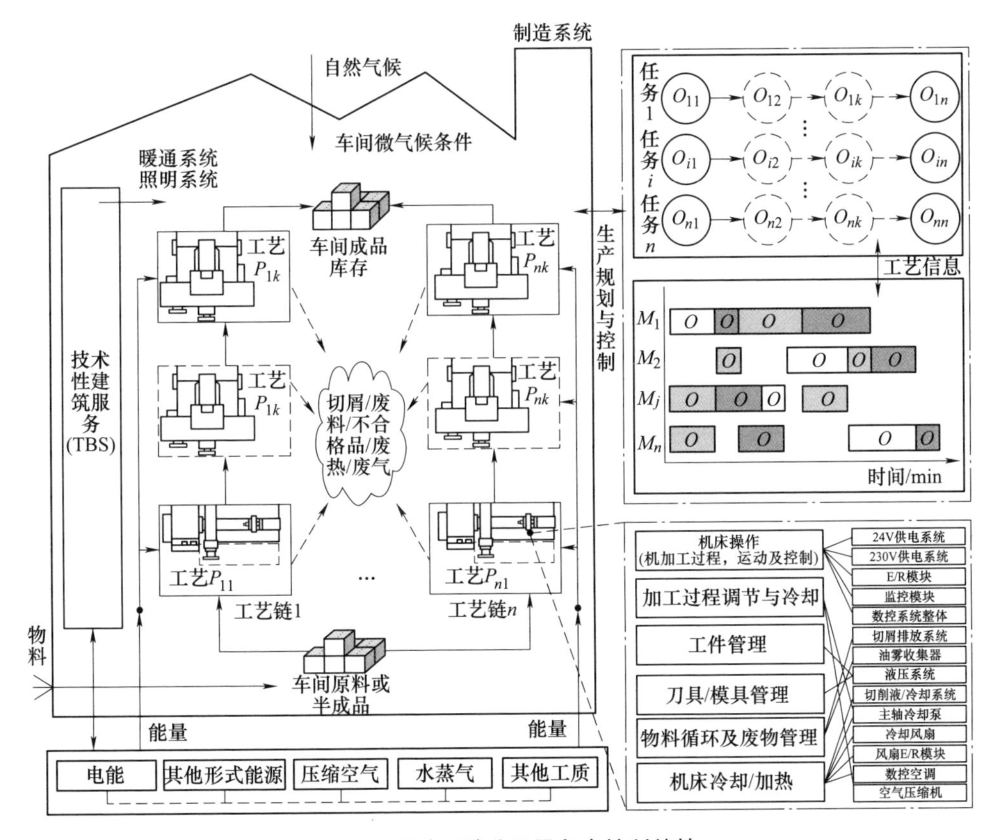

图3-2 制造系统分层及复杂控制特性

3.3 制造系统碳排放动态交汇特性

制造系统是一个开放的、混合的（离散与连续共存）、非线性的、不确定性的多层级复杂动态系统。机械制造系统运行过程中不仅体现为能源、物料等资源的输入输出过程，同时还伴随着各种废物产生，因此机械制造系统的碳流动态特性首先表现为制造系统物料流、能量流、废物流的实时耦合输入输出；机械加工车间是一个层次化、复杂化，涉及各种生产工艺（如车、铣）和各种加工设备的生产空间。其制造过程由多层次组成，从进行单个工序的单台设备层到车间层，包括制造系统中的所有过程，如图 3-3 所示。下面从三个方面提出制造系统碳排放动力学的层次分析框架。

（1）组织方面

图 3-3 所示碳排放动力学框架确定了一个三级结构：设备、工艺链和车间。车间是一组工艺链，由蒸汽发生装置、压缩空气系统和加热系统等构成。工艺链是机床独特的逻辑组合，被称为生产线或生产单元，用于执行特定的加工顺序。设备是流程链或车间的组织单位，是能源和物质资源的直接消费者和碳排放的生产者。根据生产计划，将原材料（RM）、辅助材料（AM）、电能（EE）和辅助能源（OE）（用于支持 TBS）输入加工车间。机械加工车间的层次结构形成从上到下的资源分配。这种结构还使碳排放流形成自下而上的实时集成机制，显示了从机床到整个车间的碳排放交汇特性。

（2）控制回路方面

为了生产出型号、数量、质量、时间、可控成本和环境排放等方面合适的产品，设计了系统的控制回路。实际上，一个制造系统的碳排放是由经营战略下的生产任务驱动的。图 3-3 将时间、成本、碳排放量和质量目标等主要参考输入变量输入到控制回路。控制策略可以影响生产目标和相应的环境排放限制。反馈变量能够将参考值与实际状态进行比较，由于扰动变量作用于不同的水平系统，实际状态可能有所不同。控制回路通过调节执行变量来实现目标。

（3）资源耦合输入输出方面

机械加工车间的碳排放流是由生产机器和 TBS 的运行产生的。其中 TBS 不在本书研究范围内。生产设备运行产生的碳排放是由物料流、能量流和废物流的实时耦合输入形成的（见图 3-3）。根据工艺参数和机器的实际状态（停机、启动、待机、等待、加工等），单台机器输出的碳排放随时间动态变化。另外，单台机器有 4 个碳排放源，即原材料 RM_{ij}（如产生废料）、辅助材料 AM_{ij}（如切

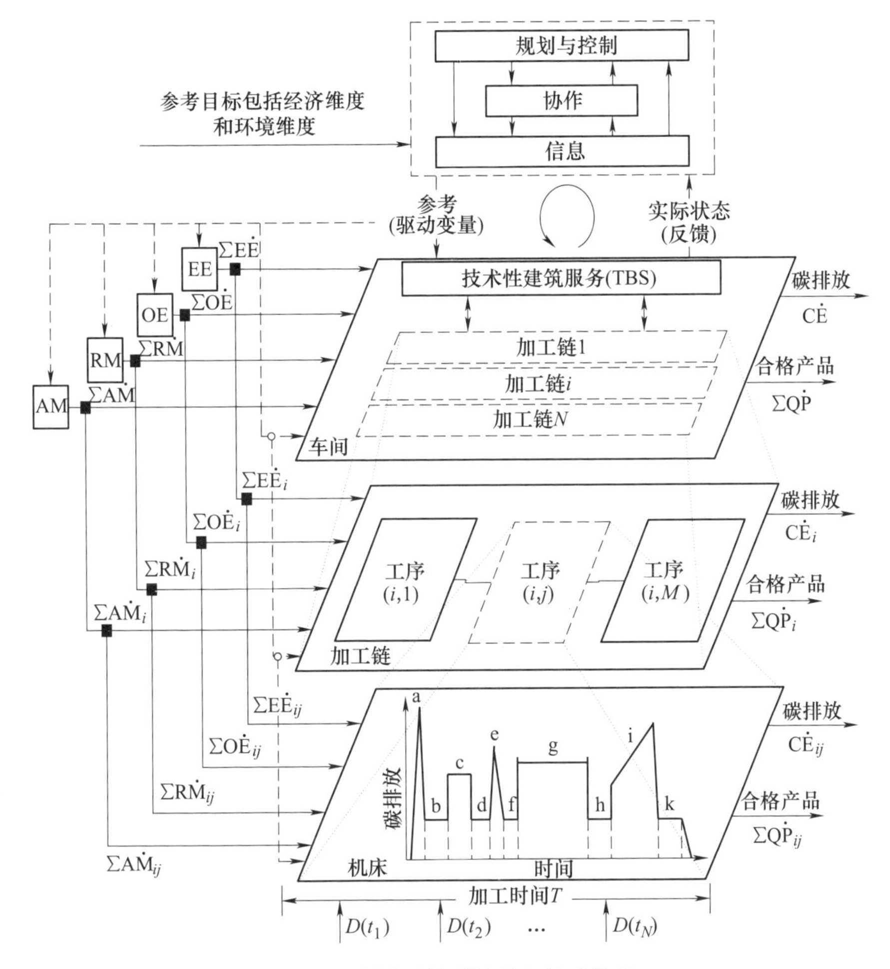

图 3-3 制造系统碳流输入输出特性

削液)、电能 EE_{ij}和辅助能源 OE_{ij}。在车间级层或工艺链层，各台机器根据工厂布局和生产计划与控制进行连接。因此，制品产能、瓶颈工序或工艺布局等参数将影响其合格产品的产量和碳排放量。

制造系统是产品生产的复杂载体，面向生产任务，跨越了制造工厂、制造车间、制造单元以及机床设备等不同的层次，每个层次的碳排放又有其基本特征，从设备层到工厂层，系统在空域、时域以及复杂度上存在较大的差异，底层系统表现为对高层系统生产任务、资源的分解或消耗，而高层系统碳排放则表现为对底层系统碳排放的集成，从而不同层级系统之间碳排放存在着分解与集成的交汇特性，因此机械制造系统碳流过程具有明显的层次性和交汇特性。

机械制造系统碳排放交汇还表现出自下而上的碳排放空域集成特性，上一级系统碳排放是下一级各碳排放源的综合集成。

（1）工厂级

工厂级制造系统还包括各种管理等辅助生产部门，会产生一部分的碳足迹，因此自下而上来看，工厂级制造系统应该是各个制造车间碳排放的集成，并包括管理等辅助生产部门的碳排放，其碳排放计算表达式为

$$\begin{aligned}\frac{\mathrm{dCE}}{\mathrm{d}t} &= \sum_{i=1}^{N}\left(\sum_{j=1}^{M}\dot{\mathrm{CE}}_{i,j} + \Delta\dot{\mathrm{CE}}_{i}^{\mathrm{PE}}\right) + \Delta\dot{\mathrm{CE}}^{\mathrm{PE}} \\ &= \sum_{i=1}^{N}\left(\sum_{j=1}^{M}\sum_{k=1}^{K}\dot{\mathrm{CE}}_{i,j}^{k} + \Delta\dot{\mathrm{CE}}_{i}^{\mathrm{PE}}\right) + \Delta\dot{\mathrm{CE}}^{\mathrm{PE}}\end{aligned} \tag{3-1}$$

式中，$\Delta\dot{\mathrm{CE}}^{\mathrm{PE}}$ 为支撑工厂生产运行的相关设施及设备的碳排放；$\dot{\mathrm{CE}}_{i,j}$ 为 i($i=1$，2，…，N) 车间的第 j（$j=1$，2，…，M）个制造单元的碳流率；$\dot{\mathrm{CE}}_{i,j}^{k}$ 为 i($i=1$，2，…，N) 车间的第 j（$j=1$，2，…，M）个制造单元内设备 k（$k=1$，2，…，K）的碳流率。

（2）车间级

机械加工车间是制造单元在空间和时间上的耦合集成，因此其碳排放是各组成单元的实时耦合，此外车间建筑照明、供暖等辅助生产的外围设备的碳排放也是其中一部分，因此车间碳排放计算表达式为

$$\begin{aligned}\frac{\mathrm{dCE}_i}{\mathrm{d}t} &= \sum_{j=1}^{M}\dot{\mathrm{CE}}_{i,j} + \Delta\dot{\mathrm{CE}}_{i}^{\mathrm{PE}} \\ &= \sum_{j=1}^{M}\sum_{k=1}^{K}\dot{\mathrm{CE}}_{i,j}^{k} + \Delta\dot{\mathrm{CE}}_{i}^{\mathrm{PE}}\end{aligned} \tag{3-2}$$

式中，$\Delta\dot{\mathrm{CE}}_{i}^{\mathrm{PE}}$ 为 i 车间的建筑照明、供暖等辅助生产的外围设备的碳排放。

（3）单元级

从自下而上的角度，制造单元是加工设备及其他设备在空间和时间上的耦合集成，因此其碳排放是各种设备碳排放量的实时耦合，计算表达式为

$$\frac{\mathrm{dCE}_{i,j}}{\mathrm{d}t} = \sum_{k=1}^{K}\dot{\mathrm{CE}}_{i,j}^{k} \tag{3-3}$$

（4）设备级

机械加工设备是各级制造系统的最小物理组成单元，是物料、能源等资源的直接消费者和碳排放的直接贡献者，其碳排放计算表达式为

$$\frac{\mathrm{dCE}_{i,j}^{k}}{\mathrm{d}t}=\sum\xi_{\mathrm{EE}}\dot{\mathrm{EE}}_{i,j}^{k}+\sum\xi_{\mathrm{OE}}\dot{\mathrm{OE}}_{i,j}^{k}+\sum\xi_{\mathrm{AM}}\dot{\mathrm{AM}}_{i,j}^{k}+\sum\xi_{\mathrm{WP}}\dot{\mathrm{WP}}_{i,j}^{k}+\sum\xi_{\mathrm{CW}}\dot{\mathrm{CW}}_{i,j}^{k} \tag{3-4}$$

式中，$\frac{\mathrm{dCE}_{i,j}^{k}}{\mathrm{d}t}$ 为 i 车间的第 j 个制造单元中设备 k 的碳流率；$\dot{\mathrm{EE}}_{i,j}^{k}$ 为 i 车间的第 j 个制造单元中设备 k 的功率，ξ_{EE} 为相应的碳排放系数；$\dot{\mathrm{OE}}_{i,j}^{k}$ 为 i 车间的第 j 个制造单元中设备 k 的压缩气体等耗能工质的消耗率，ξ_{OE} 为相应的碳排放系数；$\dot{\mathrm{AM}}_{i,j}^{k}$ 为 i 车间的第 j 个制造单元中设备 k 的切削液等辅助物料的消耗率，ξ_{AM} 为相应的碳排放系数；$\dot{\mathrm{WP}}_{i,j}^{k}$ 为 i 车间的第 j 个制造单元中设备 k 的零件次品产出率，ξ_{WP} 为相应的碳排放系数；$\dot{\mathrm{CW}}_{i,j}^{k}$ 为 i 车间的第 j 个制造单元中设备 k 的切屑排放率，ξ_{CW} 为相应的碳排放系数。

式（3-1）~式（3-4）反映了机械制造系统碳流自下而上的实时集成机制，反映了不同层次制造系统的碳流方向及流量大小。

设备级系统的碳流率由 5 种碳排放源耦合而成。此外，机床设备运行过程中的碳流率与机床设备运行状态 $S(S=S_1,S_2,S_3,S_4,S_5,S_6)$ 有关，这是因为机床由不同的耗能部件构成，在不同的运行状态，会有不同种类和数量的机床耗能部件使能，从而导致设备级机械制造系统碳流率会受到状态变迁的影响。

3.4 制造系统碳流的时域与空域特性

各级碳排放动态特性的差异表现在两个方面，即时域与空域的差异，因此碳排放交汇特性主要体现在自上而下的碳排放时域分解特性以及自下而上的碳排放空域集成特性。图 3-4 揭示了各级系统的碳排放的时域分解，高层级系统的碳流率是低层级系统在其时域内一段时间碳排放的积累，通过对该碳排放时域特性进行分解可以为各级机械制造系统碳排放动态过程的模拟提供建模基础。

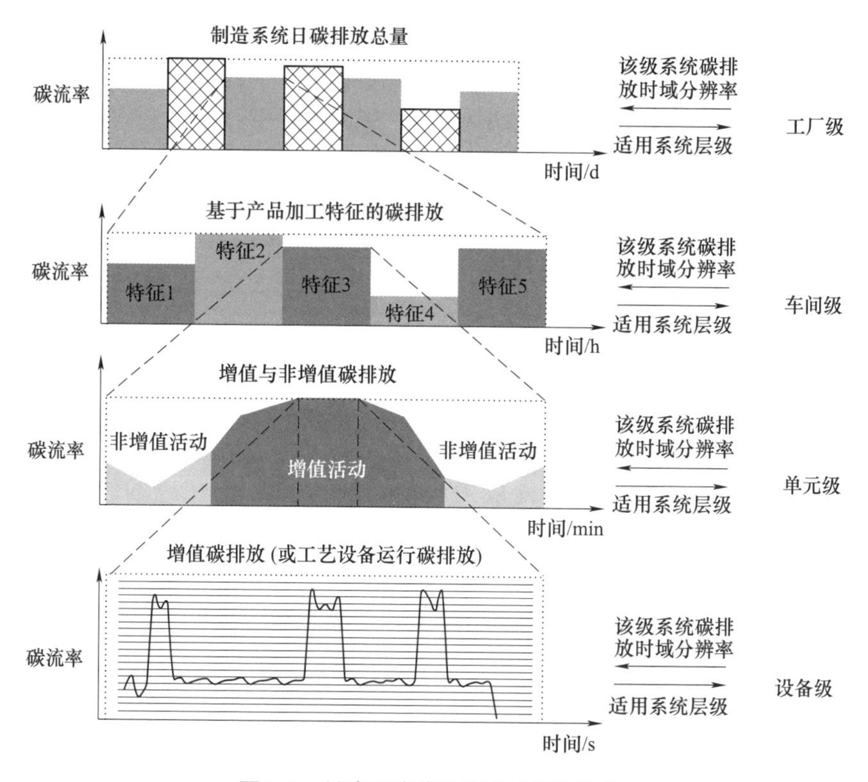

图 3-4 制造系统碳排放时域分解特性

参考文献

[1] ZORANK M, DUSAND G. 工业能源与环境实用管理方法 [M]. 北京：人民邮电出版社，2010.

[2] 袁宝荣，聂祚仁，狄向华，等. 中国化石能源生产的生命周期清单（Ⅰ）：能源消耗与直接排放 [J]. 现代化工，2006，26（3）：59-64.

[3] 袁宝荣，聂祚仁，狄向华，等. 中国化石能源生产的生命周期清单（Ⅱ）：能源消耗与直接排放 [J]. 现代化工，2006，26（4）：59-61.

[4] 政府间气候变化专门委员会 .2006 年 IPCC 国家温室气体清单指南：中文版 [R]. IPCC 国家温室气体清单计划，2006.

[5] 马忠海. 中国几种主要能源温室气体排放系数的比较评价研究 [D]. 北京：中国原子能科学研究院，2002.

[6] 杨建新. 产品生命周期评价方法及应用 [M]. 北京：气象出版社，2002.

[7] 陈清林，尹清华，王松平，等. 过程系统能量流结构模型及其应用 [J]. 化工进展，2003，22（3）：239-243.

[8] 国家统计局能源统计司，国家能源局综合司．中国能源统计年鉴 [M]. 北京：中国统计出版社，2008.
[9] 中国节能投资公司．2009 中国节能减排产业发展报告：迎接低碳经济新时代 [M]. 北京：中国水利水电出版社，2009.
[10] 狄向华，聂祚仁，左铁镛．中国火力发电燃料消耗的生命周期清单排放 [J]. 中国环境科学，2005，25（5）：632-635.
[11] 2050 中国能源和碳排放研究课题组．2050 中国能源和碳排放报告 [M]. 北京：科学出版社，2009.
[12] 中国钢铁工业协会．中国钢铁统计年鉴 2007 [M]. 北京：中国统计出版社，2007.
[13] 中国有色金属工业协会．中国有色金属工业年鉴 2007 [M]. 北京：中国统计出版社，2007.

第 4 章

制造系统工艺碳源特性及工艺规划

4.1 概述

要实现对单个机械制造工序进行碳排放的评估，必须对各个部分的碳排放评估边界进行定义。根据对各个工艺碳排放的输入输出特性进行详细分析表明，工艺碳排放是多种材料、多种能源以及多种控制参数耦合控制的输出结果，并且可以通过函数化描述揭示这种碳排放的输入输出关系。

本章基于对典型工艺的物料能量输入输出流的分析，建立典型工艺的碳排放特性函数。其中，锻造、铸造是以零件的单位重量作为计量碳排放的计算依据，焊接则是以零件的加工长度为计算依据进行碳排放的估算，这三种典型工艺碳排放估算均将工艺过程视为一个“黑箱”，只与所消耗的物料、能源的具体值有关，可直接引用碳排放估算函数。而机械加工的碳排放不是工序中所包含的各个工步的直接碳排放及间接碳排放的简单叠加，如直接引用碳排放估算函数，可能造成漏算或重复计算。此外，在实际生产中，一个工件往往需要多个工序在不同的机床上完成，因此需要进一步评估制造系统全工艺链的碳排放性能。

切削参数对于保证加工质量、降低加工成本和提高劳动生产率都具有重要意义。传统的工艺规划通过利用刀具的切削性能和机床性能（功率、扭矩等），在保证加工质量的前提下，可以获得高的生产率和低的加工成本的切削参数。合理的切削参数既可以实现上述目标，还可以降低碳排放。

理论上，一个待加工零件可分解为若干个特征，每个特征有若干个加工方法，如将每个特征的加工方法确定唯一的加工路线，对于 n 个待加工特征就有 $n!$ 种加工路线，而且每一种加工路线的碳排放性能都不一样，可以通过选择一种最佳工艺路线实现加工全过程碳排放最小，实现减碳目的。

因此，本章通过系统分析典型工艺的输入输出特性，建立典型机械制造工艺碳排放广义特性函数，并通过工艺参数优化和工艺顺序选择降低制造过程碳排放。

4.2 典型机械制造工艺碳排放广义特性函数

4.2.1 工艺碳排放广义特性函数的定义及表达

典型工艺的碳排放包括物料碳排放、能源碳排放以及工艺过程碳排放，其碳排放评估边界如图 4-1 所示。理论上，物料碳排放的评估边界包括物料生产过程的各个环节，即包括工件原材料、辅助材料（切削液、润滑油等）生产过程，以及运输、销售等与产品相关的过程产生的碳排放，但考虑到收集数据的难度，以及相对数据的重要性，这里将物料碳排放的边界仅界定为原材料及辅助材料物料生产过程的碳排放。同理，能源碳排放的评估边界也界定为企业在生产中所消耗的各种能源的制造过程，包括开采、转化、提炼等，不涉及运输等辅助环节造成的碳排放；工艺过程碳排放的碳排放评估边界就是制造工序全过程。综合考虑以上三种碳排放，本书将机械制造碳排放特性函数定义为

$$F(X,\ Y,\ Z)=\sum_{i=1}^{n}F_{\mathrm{m}}^{i}f_{\mathrm{m}}^{i}(X)+\sum_{j=1}^{p}F_{\mathrm{e}}^{j}f_{\mathrm{e}}^{j}(Y)+\sum_{k=1}^{q}f_{\mathrm{d}}^{k}(Z) \tag{4-1}$$

式中，F_{m}^{i} 为各种物料的碳排放系数；F_{e}^{j} 为能源的碳排放系数；$f_{\mathrm{m}}^{i}(X)$ 为物料碳排放的碳源特性函数，表示该工序各种物料的消耗量，包括原材料及主要辅助材料的消耗量，其函数形式与具体的工艺有关；$f_{\mathrm{e}}^{j}(Y)$ 为能源碳排放的碳源特性函数，表示该工序能耗，包括原煤等一次、二次能源以及电能的消耗量；$f_{\mathrm{d}}^{k}(Z)$ 为过程碳排放的碳源特性函数，表示该工序产生的直接碳排放量。

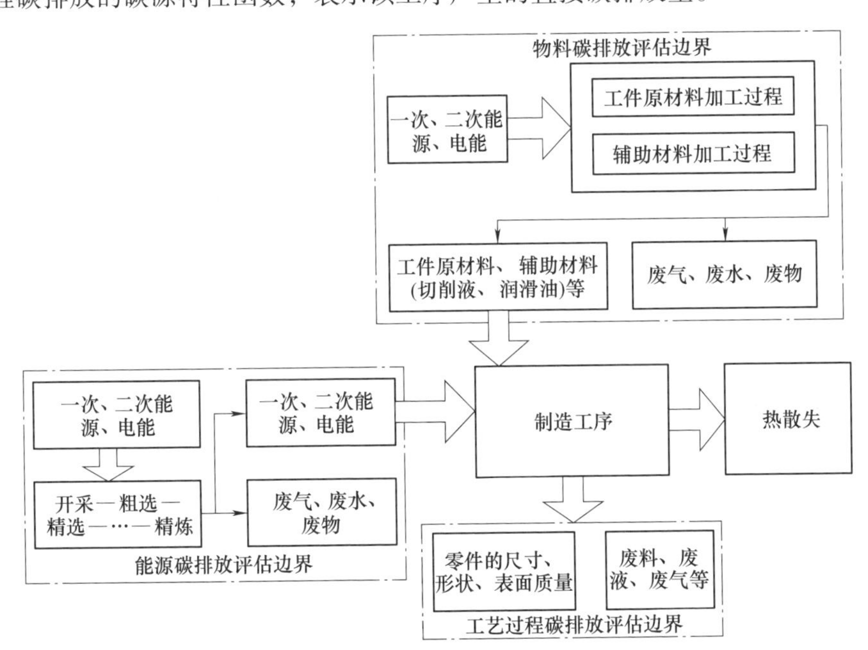

图 4-1　工艺碳排放评估边界

4.2.2　金属切削工艺碳排放广义特性函数

金属切削在机械制造中占有主导作用，通过利用相应的刀具在相应的机床上，去除余量，获得尺寸精度、形位精度、表面质量符合设计要求的工件。从输入输出的角度，切削工艺输入流包括工件原材料、切削液、驱动机床的电能，

以及刀具、夹具等辅具，输出包括切屑，以及切削液、刀具、夹具材料的损耗。输出流导致的碳排放主要是物料碳排放，同时与机床电耗所导致的能源碳排放，相比物料碳排放、能源碳排放，金属切削工艺过程碳排放相对量较少，因此金属切削工艺碳排放以物料碳排放及能源碳排放为主，其碳排放评估边界如图 4-2 所示。

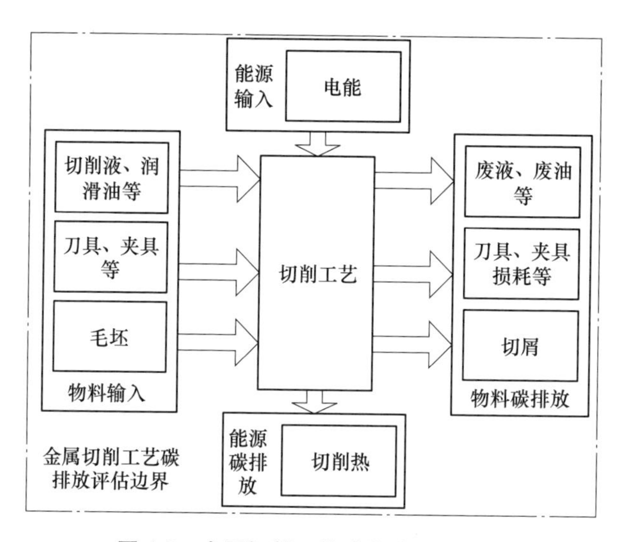

图 4-2　金属切削工艺碳排放评估边界

金属切削工艺各类碳排放函数见表 4-1。

表 4-1　金属切削工艺各类碳排放函数

碳源		各系别碳源特性函数	参数
物料碳	切屑碳	$\frac{1}{2}[\partial(F_m^1+F_m^{r1})f_m^1(x_1)]+(1-\partial)F_m^1 f_m^1(x_1)$ $f_m^1(x_1)=\rho x_1$	∂ 为切屑回收率；F_m^1 为零件原材料碳排放系数（$kgCO_2e/kg$）；F_m^{r1} 为金属切屑回收过程碳排放系数（$kgCO_2e/kg$）；ρ 为零件原材料密度（kg/mm^3）；x_1 为该工步产生的切屑体积（mm^3）
	刀具碳	$F_m^2 f_m^2(x_2)$ $f_m^2(x_2)=\upsilon x_2$	F_m^2 为刀具材料碳排放系数（$kgCO_2e/kg$）；υ 为刀具材料密度（kg/mm^3）；x_2 为该工步导致的刀具材料平均消耗体积（mm^3）

（续）

碳源		各系别碳源特性函数	参数
物料碳	切削液碳	$F_m^3 f_m^3(x_3)$ $f_m^3(x_3) = x_3$	F_m^3 为切削液碳排放系数（$kgCO_2e/mm^3$）；x_3 为在切削液使用周期内该工步平均消耗的切削液体积（mm^3）
	夹具碳	$F_m^4 f_m^4(x_4)$ $f_m^4(x_4) = \zeta x_4$	F_m^4 为夹具材料碳排放系数（$kgCO_2e/kg$）；ζ 为夹具材料密度（kg/mm^3）；x_4 为在夹具使用周期内该工步平均消耗的夹具材料体积（mm^3）
能源碳	电能耗碳	$F_e^1 f_e^1(y_1)$ $f_e^1(y_1) = P_{basic}(t_{wait} + t_{idle} + y_1) + P_{idle}t_{idle} + P_{cut}y_1$	F_e^1 为电能碳排放系数［$kgCO_2e/(kW \cdot h)$］；P_{basic} 为机床的基础能耗（kW）；P_{idle} 为机床空载功率（kW）；P_{cut} 为切削功率（kW）；t_{wait} 为机床待机时间（s）；t_{idle} 为机床空载时间（s）；y_1 为实际切削时间（s）

其中，金属切削机床能耗中的基础能耗、空载能耗计算见表4-2。

表4-2　金属切削机床能耗中的基础能耗、空载能耗计算

能耗类别	定义	计算式	参　　数
基础能耗	用于机床待机时维持机床的运转，包括机床数控系统、照明系统等辅助装置的能耗	$P_{basic} = \sum_{j=1}^{n} P_{auxij}$	P_{auxij} 为第 j 台辅助装置电动机功率（kW）
空载能耗	机床空载是指机床按照预定走刀路径走刀，未接触工件，这时机床能耗除基本能耗外，还包括主轴旋转能耗、各方向轴进给能耗，以及包括切削液泵、排切屑电动机等辅助装置的能耗	$P_{idle} = P_{spin} + P_{servo} + P_{fluid} + P_{chip}$	P_{spin} 为机床主轴功率（kW），$P_{spin} = \frac{2\pi}{60} n T_f (1+\varepsilon)$，其中 n 为机床主轴转速（r/min），T_f 为主轴空转时克服摩擦力的摩擦转矩（N · m），ε 为主轴电动机效率；P_{servo} 为机床各轴向进给电动机功率（kW），$P_{servo} = \frac{\mu M v}{1000\eta}(1+\varepsilon)$，其中 μ 运动部件与导轨之间的摩擦系数，M 为运动部件及工件的重力（N），v 为运动部件移动的速度（mm/s），η 为机床进给系统的传动效率；P_{fluid} 为机床液压泵电动机功率（kW）；P_{chip} 为机床切屑传送带电动机功率（kW）

4.2.3 砂型铸造工艺碳排放广义特性函数

砂型铸造生产系统产生的大量废气，主要来自于浇注工序、制芯工序以及熔炼工序。在浇注工序中，黏结剂遇热汽化生成主要成分为非甲烷烃的废气，产生量为涂料用量的1%~3%。在砂芯混砂和砂芯烘烤时，则会产生少量的有机废气，约为树脂使用量的0.1%，而砂芯中树脂的含量通常为0.8%~1.2%。实际上，砂型铸造生产系统现场直接碳排放主要来源于熔炼工序，包括燃料的燃烧以及造渣剂的化学反应产生的大量CO_2。在冲天炉熔炼过程中，由焦炭等燃料燃烧导致的大量CO_2，是砂型铸造生产系统碳排放的主要来源。其次，熔炼炉中的造渣剂（$CaCO_3$）在熔炼过程中通过化学反应产生的CO_2，也是砂型铸造生产系统现场直接碳排放的来源，排放量可由熔炼工序炉料配比及相关化学变化方程计算获得。

但简单将现场直接碳排放作为系统总的碳排放明显是不科学的，低碳制造强调在产品全生命周期中实施碳排放的减量化与控制，因此除现场直接碳排放，系统碳排放还应包含各种由于直接能耗或间接能耗所产生的间接碳排放。

以砂型铸造工艺过程为研究对象，总的CO_2排放量计算边界可根据砂型铸造制造流程分析建立。相比金属切削加工，金属铸造作为制造业CO_2排放的重要排放源，由于工艺复杂，其环境影响定量计算与比较评价一直是实现铸造低碳化需要解决的难题。通过对砂型铸造制造流程分析，砂型铸造碳排放评估边界分解为三个子系统：原料系统，主要是生铁的加工过程，从铁矿石开采、精选、烧结到高炉炼铁；工艺系统是主要的工艺流程，包括造型、制芯、合箱、熔炼、浇注、落砂、清理等基本工序；上游系统由辅助材料模块、燃料模块及能源模块组成，辅助材料模块包括型砂原材料生产、石灰石开采等，燃料模块包括焦炭、原煤等的开采和生产，能源模块包括生产中所需除燃料外各种一次、二次能源的开采和生产。砂型铸造生产系统碳排放评估边界如图4-3所示。

在进行评估时，需要对各阶段、各类碳排放进行分析以及量化。铁水制备阶段中废钢作为外循环物料，其碳排放由原料系统及再循环系统均分计入，回炉铁作为内循环物料，其损耗所产生的碳排放不予重复计入；石灰石作为熔剂，同时也是铸造工艺的直接碳排放源，由于碳排放系数包括了物料在生产阶段、使用阶段及回收处理阶段所产生的碳排放量，因此这里将熔剂损耗计入直接碳排放；同样，燃料（即焦炭）作为二次能源，其碳排放计入能耗碳排放。在型腔准备阶段，主要是型砂准备设备电能耗，无物料损耗；在浇注及后续阶段，物料损耗主要是指废砂的产生，我国每生产1t合格铸件，可产生1.2t废砂。一般废砂回收率可达80%~90%。

铸造能源消耗主要指各个阶段的电能耗，以及在铁水制备阶段中其他能源

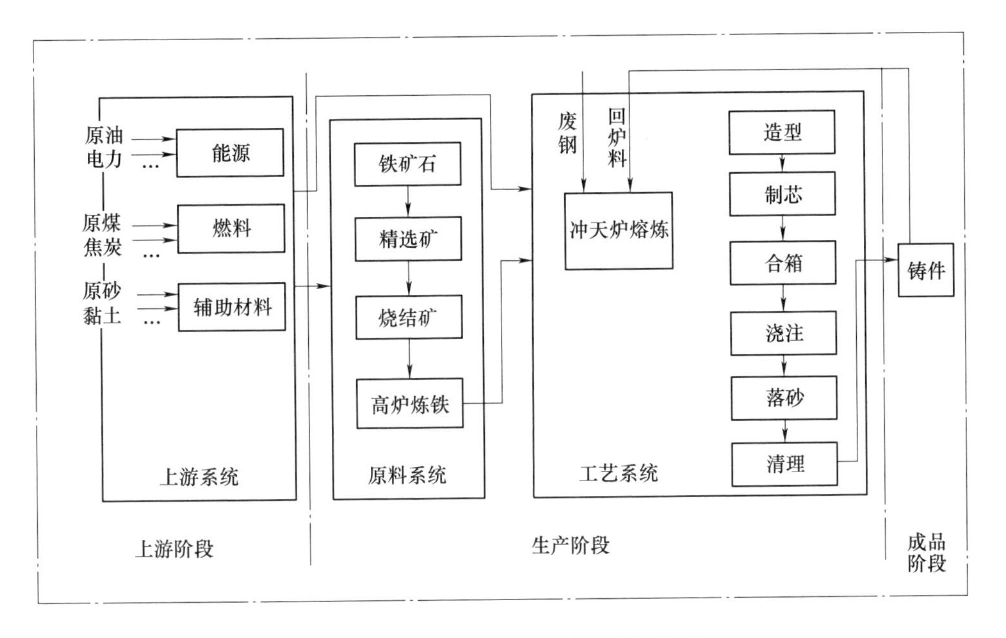

图 4-3 砂型铸造生产系统碳排放评估边界

的消耗。铸造过程中的直接碳排放主要来源于铁水制备阶段及浇注。在铁水制备阶段，焦炭在燃烧后释放大量 CO_2，计入能源碳排放；熔剂石灰石在经过化学变化后也会产生大量 CO_2，是铸造工艺碳排放的直接来源。浇注中，由于型砂黏结剂受热释放的 CO_2 量较小，这里未做计算。砂型铸造工艺碳排放函数见表 4-3。

表 4-3 砂型铸造工艺碳排放函数

各类碳排放源		各系别碳源特性函数	参数
物料碳	生铁碳	$F_m^1 f_m^1(x_1)$ $f_m^1(x_1)=x_1$	F_m^1 为生铁碳排放系数（$kgCO_2e/kg$）；x_1 为生产单位质量合格铸件冲天炉炉料中加入的生铁的量（kg）
	废钢碳	$F_m^2 f_m^2(x_2)$ $f_m^2(x_2)=50\%x_2$	F_m^2 为废钢碳排放系数（$kgCO_2e/kg$）；x_2 为生产单位质量合格铸件冲天炉炉料中加入的废钢的量（kg）

（续）

各类碳排放源		各系别碳源特性函数	参数
	废砂碳	$\frac{1}{2}[\gamma(F_{\mathrm{m}}^{3}+F_{\mathrm{m}}^{\mathrm{r3}})f_{\mathrm{m}}^{3}(x_3)]+(1-\gamma)F_{\mathrm{m}}^{3}f_{\mathrm{m}}^{3}$ $f_{\mathrm{m}}^{3}(x_3)=1.2x_3$	γ 为废砂回收率；F_{m}^{3} 为废砂碳排放系数（$kgCO_2e/kg$）；$F_{\mathrm{m}}^{\mathrm{r3}}$ 为废砂回收过程碳排放系数（$kgCO_2e/kg$）；x_3 为单件铸件质量（kg）
能源碳	电能耗碳	$F_{\mathrm{e}}^{1}f_{\mathrm{e}}^{1}(y_1)$ $f_{\mathrm{e}}^{1}(y_1)=\sum_{h=1}^{z}E_h+y_1$	F_{e}^{1} 为电能碳排放系数［$kgCO_2e/(kW\cdot h)$］；y_1 为生产单位质量铸件冲天炉平均电能耗（kW·h）；E_h 为生产单位质量铸件过程中，第 h 种型砂制备设备、辅助工序设备的电能耗（kW·h）
	焦炭碳	$F_{\mathrm{e}}^{2}f_{\mathrm{e}}^{2}(y_2)$ $f_{\mathrm{e}}^{2}(y_2)=y_2$	F_{e}^{2} 为焦炭的碳排放系数（$kgCO_2e/kg$）；y_2 为单位质量铸件平均消耗的焦炭量（kg）
工艺过程碳	熔剂碳	$f_{\mathrm{d}}^{1}(z_1)=z_1=\theta Q_{\mathrm{c}}$	θ 为单位质量石灰石经化学变化释放的 CO_2 量（$kgCO_2e/kg$）；Q_{c} 为生产单位质量铸件所消耗的石灰石的量（kg）；z_1 为生产单位质量铸件的直接碳排放量（kg）

4.2.4 CO_2 气体保护焊工艺碳排放广义特性函数

对于 CO_2 气体保护焊，物料碳排放包括坡口金属损耗、焊丝消耗碳排放；能源碳排放为各个阶段设备的电能耗碳排放；工艺过程碳排放包括焊前采用火焰加工开坡口、施焊时采用气体保护焊缝所产生的直接碳排放，以及后热处理所产生的直接碳排放，相比前两者，第三者排放较少，可忽略不计。CO_2 气体保护焊碳排放评估边界如图 4-4 所示。该部分以单工件作为计量单位，CO_2 气体保护焊工艺碳排放函数见表 4-4。

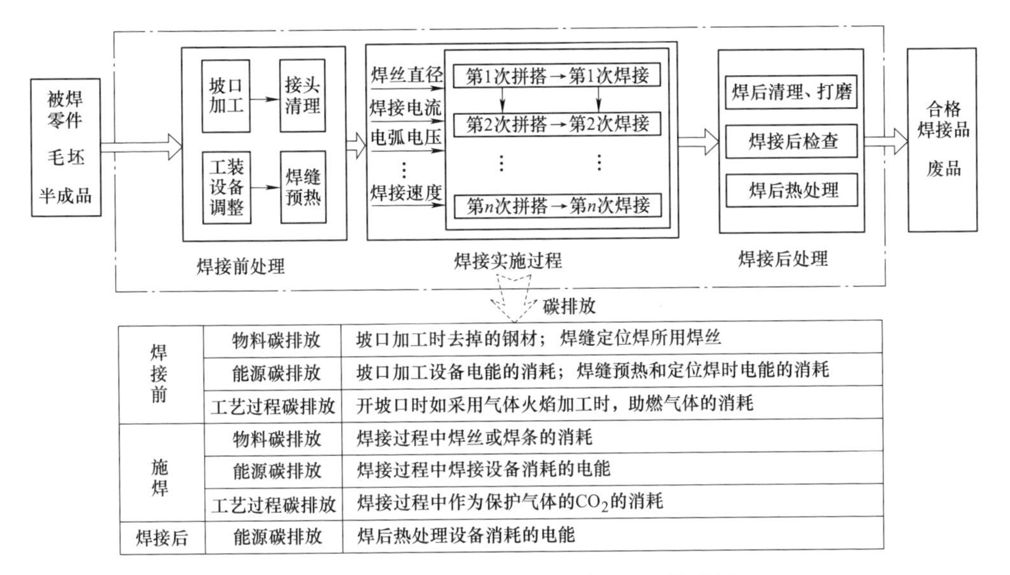

焊接前	物料碳排放	坡口加工时去掉的钢材；焊缝定位焊所用焊丝
	能源碳排放	坡口加工设备电能的消耗；焊缝预热和定位焊时电能的消耗
	工艺过程碳排放	开坡口时如采用气体火焰加工时，助燃气体的消耗
施焊	物料碳排放	焊接过程中焊丝或焊条的消耗
	能源碳排放	焊接过程中焊接设备消耗的电能
	工艺过程碳排放	焊接过程中作为保护气体的CO_2的消耗
焊接后	能源碳排放	焊后热处理设备消耗的电能

图 4-4 CO_2 气体保护焊工艺碳排放评估边界

表 4-4 CO_2 气体保护焊工艺碳排放函数

各类碳排放源		各系别碳源特性函数	参数
物料碳	坡口金属损耗碳	$F_m^1 f_m^1(x_1)$ $f_m^1(x_1) = x_1$	F_m^1 为被焊工件原材料碳排放系数（$kgCO_2e/kg$）；x_1 为开坡口去除的金属量（kg）
	焊丝金属损耗碳	$F_m^2 f_m^2(x_2)$ $f_m^2(x_2) = x_2$	F_m^2 为所使用焊丝金属原材料碳排放系数（$kgCO_2e/kg$）；x_2 为焊接所用焊丝金属损耗（kg）
能源碳	焊前设备能耗碳	$F_e^1 f_e^1(y_1)$ $f_e^1(y_1) = y_1 + e_c + e_l$	F_e^1 为电能碳排放系数 [$kgCO_2e/(kW \cdot h)$]；y_1 为焊前焊件预热设备电能耗（$kW \cdot h$）；e_c 为焊件开设坡口设备电能耗（$kW \cdot h$）；e_l 为定位焊设备电能耗（$kW \cdot h$）
	焊接时设备能耗碳	$F_e^2 f_e^2(y_2)$ $f_e^2(y_2) = y_2$	F_e^2 为电能碳排放系数 [$kgCO_2e/(kW \cdot h)$]；y_2 为焊接时设备电能耗（$kW \cdot h$）

（续）

各类碳排放源		各系别碳源特性函数	参数
能源碳	焊后热处理能耗碳	$F_e^3 f_e^3(y_3)$ $f_e^3(y_3) = y_3$	F_e^3 为电能碳排放系数［$kgCO_2e/(kW \cdot h)$］；y_3 为焊后热处理设备电能耗（kW·h）
工艺过程碳	气体过程碳	$f_d^1(z_1) = wz_1$	w 为所使用气体的碳排放系数（$kgCO_2e/kg$）；z_1 为气体消耗量（m^3）

4.2.5 自由锻工艺碳排放广义特性函数

自由锻工艺中，物料碳排放主要是指在锻造过程中金属的烧损；能源碳排放则是指锻前预热、锻造以及锻后热处理各阶段所使用的设备电能消耗产生的间接碳排放；工艺过程碳排放相比较少，这里不做讨论。自由锻工艺碳排放评估边界如图 4-5 所示。该部分以单工件为计量单位，自由锻工艺碳排放函数见表 4-5。

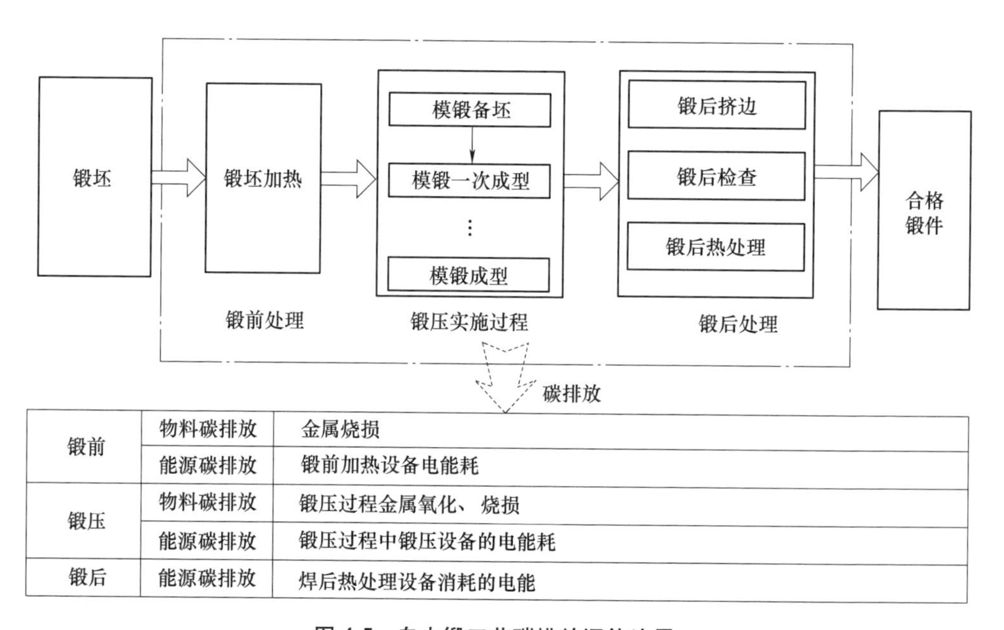

图 4-5 自由锻工艺碳排放评估边界

表 4-5　自由锻工艺碳排放函数

各类碳排放源		各系别碳源特性函数	参数
物料碳	金属烧损碳	$F_m^1 f_m^1(x_1)$ $f_m^1(x_1) = \kappa x_1 + q_c$	F_m^1 为被锻零件原材料碳排放系数（$kgCO_2e/kg$）；x_1 为锻件质量（kg）；κ 为金属烧损率，第一次加热取值为 2%～3%，以后每次加热取值 1.5%～2.0%
能源碳	锻前加热能耗碳	$F_e^1 f_e^1(y_1)$ $f_e^1(y_1) = y_1$	F_e^1 为电能碳排放系数（$kgCO_2e/kW\cdot h$）；y_1 为单工件锻前预热能耗（kW·h）
	锻压时电能耗	$F_e^2 f_e^2(y_2)$ $f_e^2(y_2) = y_2$	F_e^2 为电能碳排放系数（$kgCO_2e/kW\cdot h$）；y_2 为施锻时机床能耗（kW·h）
	锻后处理能耗碳	$F_e^3 f_e^3(y_3)$ $f_e^3(y_3) = y_3 x_1$	F_e^3 为能源碳排放系数（$kgCO_2e/kg$）；y_3 为锻后热处理工艺电能耗或其他加热能源能耗（kW·h 或 kg）。

4.3　基于广义特性函数的工艺单元碳排放性能评估

4.3.1　机械加工单工艺物料碳排放量化模型

机械加工工艺碳排放主要包括物料碳排放以及机床能耗碳排放。物料碳排放与单工序中各个工步的物料消耗有关，由于不存在时间的耦合性，机械加工单工艺的物料碳排放将是各个工步物料碳排放的叠加，主要有以下几类：

1. 单工艺切屑碳排放

对于由 λ 个工步所组成的机械加工单工艺，产生的切屑是各个工步去除的材料质量之和，可根据各个工步的切削参数、刀具几何参数以及材料计算获得，其导致的碳排放计算公式为

$$CF_{m.chip} = \frac{1}{2}\partial\ (F_m^1 + F_m^{r1}) f_m^1(x_{1.i}) + (1 - \partial\ ) F_m^1 f_m^1(x_{1.i}) \tag{4-2}$$

$$f_{\mathrm{m}}^{1}(x_{1.i}) = \rho \sum_{i=1}^{\lambda} x_{1.i} \tag{4-3}$$

式中，$CF_{\mathrm{m.chip}}$ 为机械加工单工艺切屑碳排放；$f_{\mathrm{m}}^{1}(x_{1.i})$ 为该工序去除总的切屑质量（kg）；$x_{1.i}$ 为第 i 个工步产生的切屑体积（mm^3）。

2. 单工艺刀具碳排放

对于由 λ 个工步所组成的机械加工单工艺，由刀具材料损耗产生的碳排放计算公式为

$$CF_{\mathrm{m.tool}} = F_{\mathrm{m}}^{2} f_{\mathrm{m}}^{2}(x_{2.i}) \tag{4-4}$$

$$f_{\mathrm{m}}^{2}(x_{2.i}) = \upsilon \sum_{i=1}^{\lambda} x_{2.i} \tag{4-5}$$

式中，$CF_{\mathrm{m.tool}}$ 为刀具碳排放；$f_{\mathrm{m}}^{2}(x_{2.i})$ 为该工序总的刀具损耗量（kg）；$x_{2.i}$ 为第 i 个工步导致的刀具材料平均消耗体积（mm^3），其计算公式为

$$x_{2.i} = \frac{t_i V_{\mathrm{tool}}}{T_{\mathrm{tool}}} \tag{4-6}$$

式中，t_i 为该工步的切削时间；T_{tool} 为刀具从开始使用到报废总的切削时间；V_{tool} 为刀具体积（mm^3）。

3. 单工艺切削液碳排放

对于由 λ 个工步所组成的机械加工单工艺，由使用切削液所产生的碳排放计算公式为

$$CF_{\mathrm{m.liquid}} = F_{\mathrm{m}}^{3} f_{\mathrm{m}}^{3}(x_{3.i}) \tag{4-7}$$

$$f_{\mathrm{m}}^{3}(x_{3.i}) = \sum_{i=1}^{\lambda} x_{3.i} \tag{4-8}$$

式中，$CF_{\mathrm{m.liquid}}$ 为切削液碳排放；$f_{\mathrm{m}}^{3}(x_{3.i})$ 为在切削液使用周期内该工序平均消耗的切削液体积（mm^3）；$x_{3.i}$ 为第 i 个工步使用的切削液体积（mm^3）。

4. 单工艺夹具碳排放

对于由 λ 个工步所组成的机械加工单工艺，由夹具材料损耗导致的碳排放计算公式为

$$CF_{\mathrm{m.fixture}} = F_{\mathrm{m}}^{4} f_{\mathrm{m}}^{4}(x_{4.i}) \tag{4-9}$$

$$f_{\mathrm{m}}^{4}(x_{4.i}) = \zeta \sum_{i=1}^{\lambda} x_{4.i} \tag{4-10}$$

式中，$CF_{\mathrm{m.fixture}}$ 为夹具碳排放；$f_{\mathrm{m}}^{4}(x_{4.i})$ 为在该夹具使用周期内该工序平均消耗的夹具材料体积（mm^3）；$x_{4.i}$ 为第 i 个工步平均消耗的夹具材料体积（mm^3），其取值方法同单工步刀具材料平均消耗体积。

4.3.2 机械加工单工艺能耗碳排放量化模型

机械加工中机床能耗与切削时间有关，机床能耗主要是基础能耗、闲置能耗以及切削能耗。对于机械加工单工艺，基础能耗与该工序总工时有关，包括装夹、拆卸时间，闲置时间以及切削时间；闲置能耗与进刀、退刀、换刀具的次数及换刀的时间有关，多个工步之间存在一定的时间耦合；切削能耗直接与切削时间有关。因此，机械加工单工艺的碳排放计算公式为

$$\mathrm{CF_e} = F_e^1 f_e^1(y_1) \tag{4-11}$$

式中，电能耗、总工时、总闲置工时、各工序闲置工时计算公式分别为

$$f_e^1(y_1) = P_{\mathrm{basic}} T_{\mathrm{total}} + P_{\mathrm{idle}} T_{\mathrm{idle}} + P_{\mathrm{cut}} \sum_{i=1}^{\lambda} y_{1.i} \tag{4-12}$$

$$T_{\mathrm{total}} = \chi(t_{\mathrm{on}} + t_{\mathrm{off}}) + T_{\mathrm{idle}} + \sum_{i=1}^{\lambda} y_{1.i} \tag{4-13}$$

$$T_{\mathrm{idle}} = \sum_{i=1}^{\lambda} T_{\mathrm{idle}.i} \tag{4-14}$$

$$T_{\mathrm{idle}.i} = t_{\mathrm{close}} + (2\kappa - 1)t_{\mathrm{leave}.x} + \kappa t_{\mathrm{leave}.y} + t_{\mathrm{safe}} \tag{4-15}$$

式中，T_{total} 为该工序的总工时；t_{on}、t_{off} 分别为工件安装工时、工件拆卸工时；χ 为该工序中工件拆装次数；T_{idle} 为该工序总的待机时间；t_{close} 为第 i 个工步中对刀时间；κ 为第 i 个工步走刀次数；$t_{\mathrm{leave}.x}$ 为横向退刀时间；$t_{\mathrm{leave}.y}$ 为纵向退刀时间；t_{safe} 为加工前刀具由安全位置到达对刀位置所需的时间，以及加工后由对刀点退回安全距离所需的时间；$y_{1.i}$ 为该工序第 i 个工步的实际切削时间。以上参数的单位都为 s。

4.4 基于广义特性函数的全工艺链碳排放性能评估

在实际生产中，一个工件往往需要多个工序，在不同的机床上完成。对于需要在机械加工车间多个机床共同完成的工艺计划，其碳排放除了所涉及的每台机床上完成加工造成的碳排放之和，还涉及整个车间各机床之间物料的运输导致的能耗碳排放。因此，机械加工全工艺链碳排放评估边界如图 4-6 所示。

根据图 4-6，机械加工全工艺链碳排放量化模型表达式为

$$F = \sum_{j=1}^{l} \mathrm{CF}_{\mathrm{m}.j} + \sum_{j=1}^{l} \mathrm{CF}_{\mathrm{e}.j} + \sum_{k=1}^{q} \mathrm{CF}_{\mathrm{ae}.k} \tag{4-16}$$

式中，$\mathrm{CF}_{\mathrm{m}.j}$ 为第 j 个工序物料碳排放；$\mathrm{CF}_{\mathrm{e}.j}$ 为第 j 个工序能耗碳排放；$\mathrm{CF}_{\mathrm{ae}.k}$ 为全工艺链中第 k 台辅助设备的能耗碳排放。

辅助设备主要指物料传送系统、刀具传送系统以及切屑传送系统。物料传送系统主要用于在生产现场，将物料通过传送系统由一个工作地点传送到另一

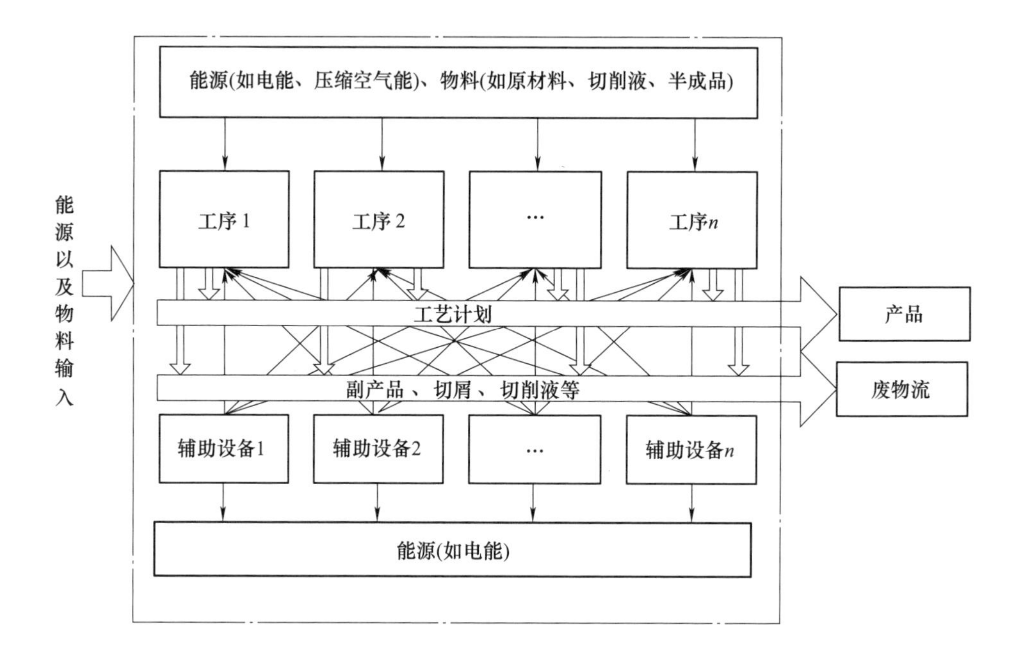

图 4-6　机械加工全工艺链碳排放评估边界

个地点。通常使用的物料传送系统主要有四种类型：自动小车、传送带、小车以及机器人。利用托盘将相同类型的零件从库房运送到加工点，并利用自动小车、传送带、小车或机器人将加工后的零件运回库房进行存储。为了估算传送系统的能耗碳排放，必须要确定所使用的场合的零件数量。这里主要讨论自动小车及传送带物料传动系统的能耗碳排放估算。

1. 物料传送系统能耗碳排放

（1）自动小车能耗碳排放估算

自动小车是一种自动前进的设备，依靠预先设置的路径动作，由电池供电，一般需要对电池进行周期性的更换。为了估算自动小车的能耗碳排放，考虑其基础能耗模式，假设自动小车以匀速进行工作，并且忽略速度的变化，如加速和减速，那么对于一个典型工作循环，自动小车的工作时间 t_c 计算公式为

$$t_c = t_L + \frac{L_D}{v_{AGV}} + t_U + \frac{L_S}{v_{AGV}} + \sum_{i=1}^{n} \frac{L_i}{v_{AGV}} \tag{4-17}$$

式中，t_L 为将毛坯或完成加工零件从仓库或机床上装卸到自动小车托盘上的时间；L_D 为自动小车载货时的运行距离；L_S 为自动小车空载时的运行距离；t_U 为卸载时间；L_i 为工艺计划中第 i 个工序所使用的加工机床到第 $i+1$ 个工序所使用

的加工机床的距离，如果该工艺路线仅在一台独立机床上实现，那么该距离取值为0；v_{AGV}为自动小车的平均速度。

式（4-17）忽略了潜在的一些导致自动小车不能正常工作的因素，若已知自动小车的平均功率，则自动小车的能耗计算公式为

$$E_{AGV}=P_{AGV}t_c \tag{4-18}$$

式中，P_{AGV}为自动小车的平均功率（kW）。假设小车一次安装同一批次零件的数量（n_{pallet}）一定，那么每件工件因使用自动小车进行物料运输所导致的能耗碳排放（CF_{AGV}）计算公式为

$$CF_{AGV}=\frac{F_e^1 E_{AGV}}{n_{pallet}} \tag{4-19}$$

（2）传送带能耗碳排放估算

传送带方式是利用由传动链、传送带、传动轮等部分组成的系统，按照固定的路径来进行物料传送。假设传送带系统按照匀速连续工作，就会形成一个由分配系统和返回系统组成的回路。在利用传送带传送物料的过程中，电能耗被转换为动能、热、噪声等形式。

为了能够建立传送带传送物料的能耗碳排放模式，首先建立能耗模式，以表达制造能耗间的转换，这里采用文献［27］中提及的能耗模式。从能量转换的角度来看，带传动能耗包括三个部分：无负载时能耗（P_{EC}）、水平方向移动能耗（P_{LC}）、垂直方向移动能耗（P_{VC}）。传送带方式总的能耗计算公式为

$$E_{conveyor}=\frac{(P_{EC}+P_{LC}+P_{VC})t_c}{n_{pallet}} \tag{4-20}$$

根据传送带的速度及长度，能够很容易计算带传动的工作时间t_c。那么每件工件因使用传送带进行物料运输所导致的能耗碳排放（$CF_{conveyer}$）计算公式为

$$CF_{conveyor}=\frac{F_e^1 E_{conveyor}}{n_{pallet}} \tag{4-21}$$

2. 工具传送系统能耗碳排放

工具传送系统主要用于将工具从库房传送到加工点。工具传送系统能耗与驱动功率（P_{TT}）、工具传送系统的速度（v_{TT}）以及工艺路线中第i台设备到工具库的平均距离（$L_{m,i}$）有关。由工具传送系统能耗导致的碳排放计算公式为

$$CF_{TT}=F_e^1 P_{TT}\left(\sum_{i=1}^{\lambda} n_i \frac{L_{m,i}}{v_{TT}}\right) \tag{4-22}$$

式中，n_i为在全工艺链路线中，第i台加工机床所需换刀次数。

3. 切屑传送系统能耗碳排放

切屑集中输送机一般设置在机床底座下的地沟中，从加工区域排出来的切

屑和切削液直接落入地沟，由切屑输送机运出系统外。切屑输送机有机械式、流体式和空压式三种，其中机械式应用范围广，适合于各种类型的切屑。机械式排屑机有多种类型，其中以平板链式、刮板式和螺旋式切屑输送机较为常见。

螺旋式切屑输送机是将电动机经减速装置驱动安装在排屑槽中的螺旋杆，螺旋杆转动时，槽中的切屑由螺旋杆推动连续向前运动，最终排入切屑收集箱内。螺旋杆有两种形式，一种是用扁形钢条卷成螺旋弹簧状；另一种是在轴上焊接紧密贴合的螺旋片。螺旋式切屑输送机输送长度可调节，螺旋杆可一节一节地连接起来，常在一台或几台机床上设置一台螺旋式切屑输送机，也可贯穿全线。螺旋式切屑输送机结构简单，占据空间小，排屑性能良好，但只适合水平或小角度倾斜直线方向排屑，不能大角度倾斜、提升或转向排屑。通常采用螺旋式切屑输送机将切屑带离机床内部，然后再采用链传动输送机将这些切屑输送至切屑收集箱。链传动是一种常用的切屑输送方式。那么该工艺路线产生切屑运输所导致的能耗（E_{CT}）及其碳排放（CF_{CT}）计算公式为

$$E_{CT}=P_{CT}t_{CT} \tag{4-23}$$

$$CF_{CT}=F_e^1E_{CT} \tag{4-24}$$

式中，P_{CT} 为切屑运输机功率（kW）；t_{CT} 为开机时间（s）。

4.5 基于工艺参数选择的低碳优化

4.5.1 加工参数及加工方法对碳排放的影响

1. 加工参数选择对碳排放的影响

工艺微规划的任务之一是进行加工参数的选择。根据第 3 章所定义的制造过程碳排放广义特性函数可知，碳排放量与制造过程能耗成正比。加工设备能耗计算公式为

$$E=Pt \tag{4-25}$$

式中，P 为加工设备的功率（kW）；t 为加工设备的运行时间（s）。

由式（4-25）可知，制造过程中切削能耗由设备用于抵抗材料抗塑性变形能力实现切削所需的功率，以及实施切削的加工时间决定，切削功率、切削时

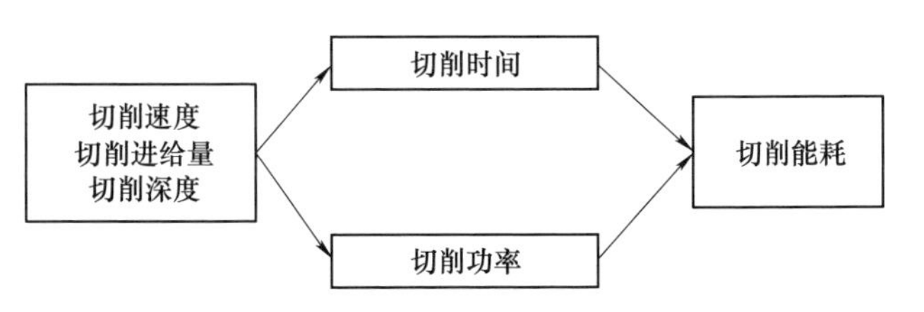

图 4-7　切削参数对加工设备能耗的影响

间都与切削参数有着密切的关联，它们之间的关系如图 4-7 所示。

通常设备所需功率可以分成两类：常量部分以及变量部分。常量部分是指设备中控制部分、冷却部分、照明部分等保持机床正常工作的辅助部分，这部分功率与切削参数无关，通常这部分的功率值在设备设计阶段已经确定。变量部分则与设备的主轴转速以及各个方向的进给速度要求有关，这部分功率与切削参数选择有关。而切削时间由进给速度决定，也与切削参数选择有关。切削参数的大小影响着设备功率的大小以及加工时间的长短，对切削能耗的影响则呈反方向。一方面，当进给速度增大时，切削时间随之减小，对于设备常量部分所导致的能耗将减小；另一方面，进给速度的增大需要更大的功率，导致能耗增加。因此，必须找到一个相对较优的切削参数，使切削功率与切削时间达到最优。

切削参数主要是指切削速度、切削进给量、切削深度。正确选择切削参数，对于保证加工质量、降低加工成本和提高劳动生产率都具有重要意义。传统的工艺规划中，所谓合理的切削参数，是指充分利用刀具的切削性能和机床性能（功率、扭矩等），在保证加工质量的前提下，获得高的生产率和低的加工成本的切削参数。在低碳工艺微规划中，合理的切削参数除满足以上要求，还应满足获得低碳排放的要求。根据制造过程碳排放广义特性函数的定义可知，制造过程碳排放值与加工过程能耗有直接关系，因此选择能够减少加工过程能耗的切削参数，即可直接减少制造过程碳排放。

加工能耗与切削功率及加工时间有关。其中，切削功率可以表示为

$$P = F_c v_c = \mu \mathrm{MRR} \tag{4-26}$$

式中，F_c为切削力（N），不同的加工方法切削力的表达式会有所不同；μ 为切削比能耗，指单位时间去除单位体积所需能耗（$W \cdot s/mm^3$）；MRR（Material Removal Rate）为材料去除率（mm^3/s 或 mm^3/min）。

实验表明，切削速度对切削比能耗影响相对较小，对切削比能耗影响较大的是未变形的切屑厚度，随着切屑厚度的减小，切削比能耗将逐渐增大，切削比能耗与切屑厚度之间呈指数的关系，即

$$\mu \sim \frac{1}{h^n} \tag{4-27}$$

式中，h 为切屑厚度；n 为指数（取值范围为 0.2~0.4，对于大多数材料，通常取值 0.3）。由式（4-27）可知，切削比能耗与切屑厚度有关，而切削厚度与切削参数有关，因此选取较合理的切削参数，可直接降低切削能耗。

在 Diaz Nancy 进行的以铣削低碳钢为例的实验中，在同一加工条件下，选用了不同的切削参数，包括主轴切削速度、每齿进给量、切削刀具类型等，并对切削功率、切削能耗进行了测量和比较，实验表明，在同样的加工条件下，

不同的切削参数将对加工能耗产生明显的影响。

（1）切削宽度的影响

实验中，采用直径为8mm的端面铣刀，被加工零件材料为20号钢，铣削长度为110mm的沟槽，铣削宽度范围为1~7mm，机床主轴转速为7060r/min，进给速度为430mm/r，吃刀量为0.03mm/齿，最终实验测量结果如图4-8所示（横轴表示不同铣削宽度对应的MRR）。

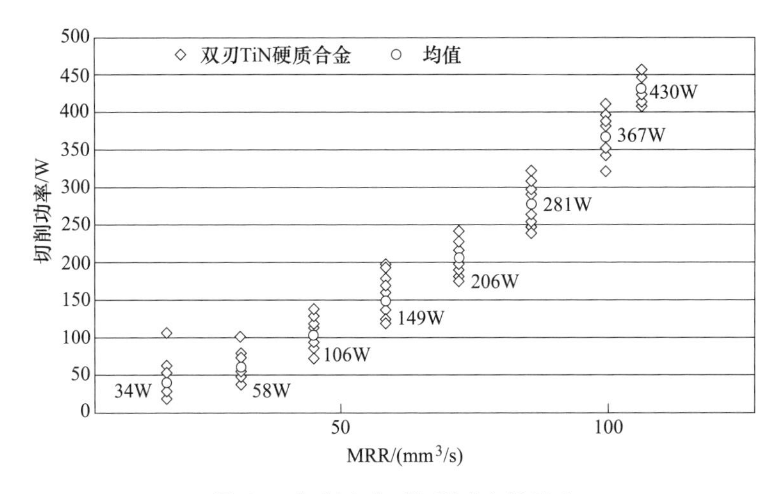

图4-8 切削宽度对切削功率的影响

由图4-8可知，切削宽度为7mm时的切削功率是切削宽度为1mm时的切削功率的9倍，原因是当切削宽度较大时，刀具需要机床提供更大的功率。这里仅讨论了切削宽度对切削功率的影响，实际上，单方向增大切削宽度将会降低切削时间，将有利于降低加工能耗，因此，通过获得一个合理的切削宽度，可有效地降低加工能耗。

（2）切削深度的影响

实验中，主轴速度及进给速度同上，切削宽度为7mm，切削深度分别为1mm、2mm、4mm、8mm，最终实验测量结果如图4-9所示（横轴表示不同切削深度对应的MRR）。

由图4-9可知，随着切削深度的增大，切削功率增大，这是因为切削深度增大要求机床提供更大功率，但随着切削深度的增大，切削时间有效减小，而这种减小的趋势比切削功率增大的趋势更强烈，因此最终加工能耗是降低的趋势，这说明在刀具可承受的切削力范围内，增大切削深度将有利于加工能耗的降低。

（3）对切削比能耗的影响

由于材料去除率直接受切削参数的影响，也就导致材料去除率在变化时，

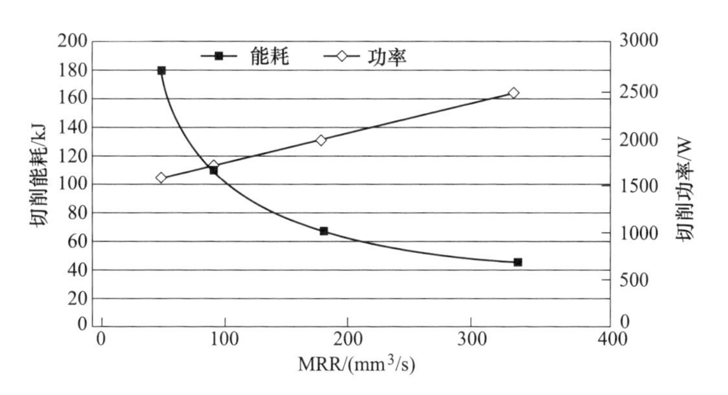

图 4-9　切削深度对切削能耗的影响

切削比能耗也在随之发生变化，变化趋势如图 4-10 表示。

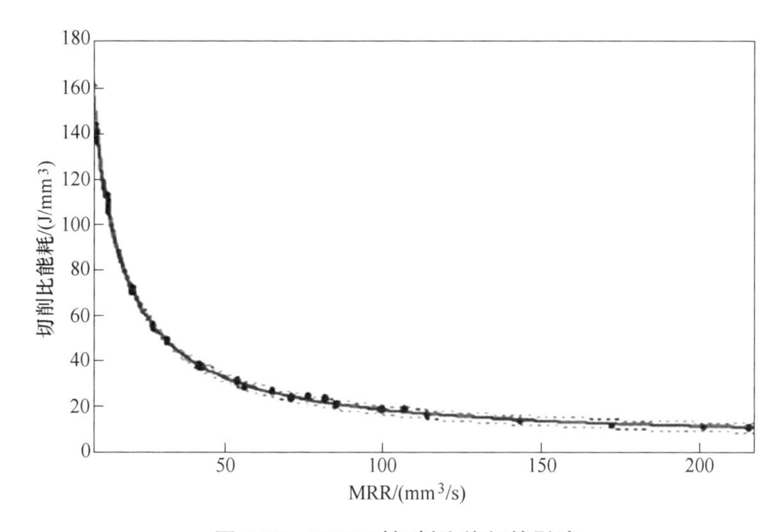

图 4-10　MRR 对切削比能耗的影响

由图 4-10 可知，当 MRR<75mm^3/s 时，增大 MRR，可有效地降低切削比能耗，当 MRR 在 75～100mm^3/s 之间时，切削比能耗改变不再明显，尤其是当>100mm^3/s 时，切削比能耗随着 MRR 增大发生的变化非常微小，原因是在这样的情况下，切削比能耗几乎达到一个稳定值。因此，仅考虑切削比能耗时，增大材料去除率可有效地降低切削比能耗。

从以上的讨论及实验可以看出，切削参数在影响加工能耗中存在的矛盾主要是切削功率与时间之间的矛盾，因此低碳切削参数的选择是一个优化决策问题。

2. 加工方法选择对碳排放的影响

低碳加工方法的选择主要基于两个方面来实现，一方面可直接选用能耗较低、碳排放较少的新型加工方法。Gutowski 等人的研究表明，不同的加工方法加工单位质量物料，其能耗有所不同，如图 4-11 所示。制造过程能耗强度，即碳排放强度可以分为七级，其中铸造、机械加工、注射模等工艺属于能耗最高的工艺，一些较先进的制造工艺，如线切割、磨削、精加工，能耗中等，而与微电子制造有关的气相工艺则能耗较低。因此，选择能耗低的加工方法可有效地降低加工能耗，从而降低制造过程碳排放。

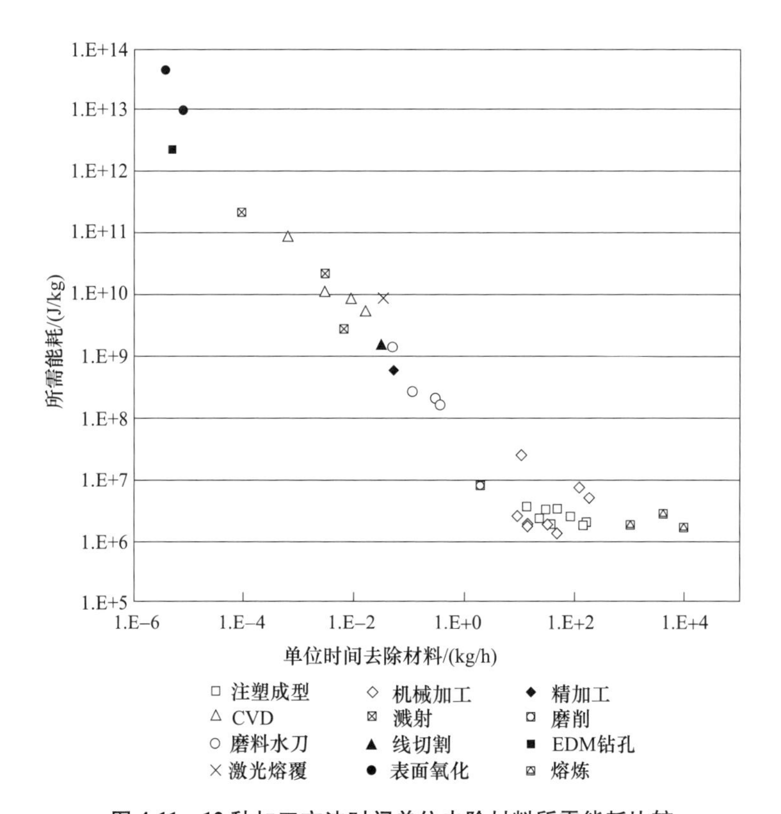

图 4-11　12 种加工方法时间单位去除材料所需能耗比较

另一方面，可选用同一类加工方法中能耗相对较低的加工方法。传统的切削加工方法在切削不同材料时的切削比能耗见表 4-6，对于同一材料，采用传统的切削加工方法，切削单位体积材料所需要的能耗值在一定范围内存在，如切削钢材，切削单位体积材料的能耗在 2.7~9.3W · s/mm^3，因此加工同一体积材料，选用所需能耗较低的加工方法，可降低加工能耗。

表 4-6　传统切削加工方法切削各类材料时的切削比能耗

材料	切削比能耗	
	W · s/mm^3	hp · min/in^3
铝合金	0.4~1.1	0.15~0.4
铸铁	1.6~5.5	0.6~2.0
铜合金	1.4~3.3	0.5~1.2
高温合金	3.3~8.5	1.2~3.1
镍合金	4.9~6.8	1.8~2.5
难熔合金	3.8~9.6	1.1~3.5
不锈钢	3.0~5.2	1.1~1.9
钢	2.7~9.3	1.0~3.4
钛合金	3.0~4.1	1.1~1.5

注：1in=0.0254m，1hp · h=2.68452MJ。

下面举例说明加工方法的选择对于碳排放的影响。如图 4-12 所示，待加工零件为轴类零件，A 面为待加工表面，材料为 45 号钢。

根据待加工表面的加工质量要求，现有两种方法可用于加工 A 面，一为铣削，二为端面车削，切削参数见表 4-7。为实现减排，将选择碳排放较低的加工方法用于加工。

在该例中，假设两种加工方法的物料碳排放相同，仅对其机床能耗产生的碳排放进行计算与比较。

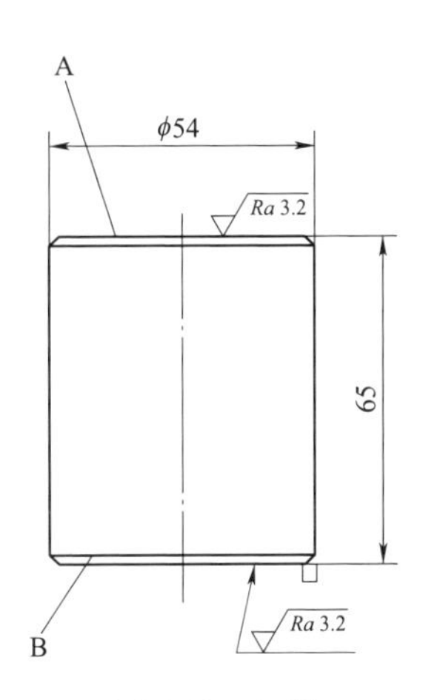

图 4-12　短轴

表 4-7　切削参数

加工方案	刀具	机床	进给量/(mm/r)	转速/(r/min)	切削深度/mm
铣削 A	端面铣刀 $z=8$，$\phi80$	XA6132	0.15	300	1
车削 A	端面车刀	CA620	0.3	770	1

车削切削力计算公式为

$$F_c = 9.81 C_p a_p^x f^y (60v_c)^z K \tag{4-28}$$

式中，a_p 为切削深度（mm）；f^y 为 y 方向的进给量（mm/r）；v_c 为切削速度（m/min），C_p、x、y、z 及 K 为常数，且

$$K = K_M K_\phi K_\lambda \tag{4-29}$$

式中，K_M 为材料系数；K_ϕ 为刀具前角系数；K_λ 为刀具倾角系数。

利用端面车削加工 A 面产生的能耗计算公式为

$$\begin{aligned}E_{Di} &= \int_0^{t_p} 9.81 C_p a_p^x f^y (60 v_c)^z K v_c t_p \mathrm{d}t \\ &= \int_0^{t_p} 9.81 C_p a_p^x f^y (60)^z \left[\frac{\pi n (D - 2nft/60)}{1000 \times 60}\right]^{z+1} \mathrm{d}t \\ &= 9.81 C_p a_p^x f^y K (60)^z \left(\frac{\pi n}{1000 \times 60}\right)^{z+1} \frac{D^{(z+1)+1} - \left(D - \frac{nft_p}{30}\right)^{(z+1)+1}}{[(z+1)+1]\left(\frac{nf}{30}\right)} t_p\end{aligned} \tag{4-30}$$

式中，D 为待加工直径（mm）；t_p为切削时间（s）。

铣刀可以看作是多把车刀的集合，因此铣削的切削力计算公式为

$$F_{ci} = C_p a_p^x f^y v_t^z K a(t_i) \tag{4-31}$$

式中，$a(t_i)$ 为在时间 t_i时铣刀实际参与切削的刀齿数，与刀具和工件相交的弧长有关。铣刀与工件相交简图如 4-13 所示。

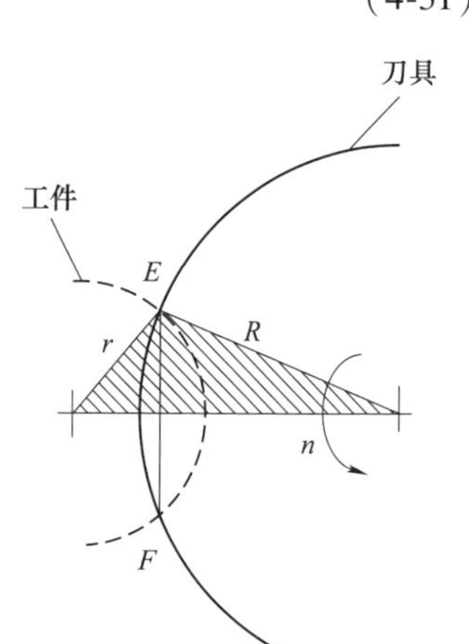

图 4-13　铣刀与工件相交简图

刀具与工件的相交弧长 $\widehat{EF}$ 表示为

$$\widehat{EF} = 2R\arcsin\left[\frac{\left(\frac{2S}{R} + r - v_f t\right)}{R}\right] \tag{4-32}$$

式中，S 为三角形阴影面积（mm^2）；t 为切削时间（s）；v_f为刀具进给速度（m/min）。

当 $0 < \widehat{EF} \leqslant \frac{2\pi R}{z}$ 时，$a(t_i) = 1$，其中 z 为铣刀

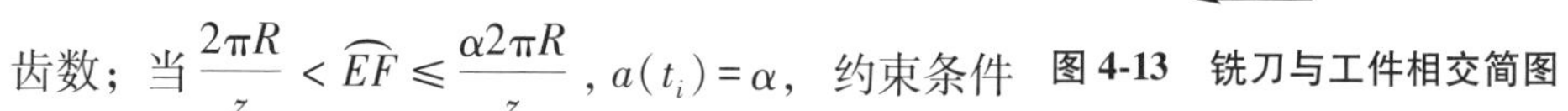

齿数；当 $\frac{2\pi R}{z} < \widehat{EF} \leqslant \frac{\alpha 2\pi R}{z}$，$a(t_i) = \alpha$，约束条件为 $\widehat{EF} \leqslant 2r$。根据工件尺寸及刀具进给速度，切削时间为 9s，具体分析如下：

1）当 $0<t_1<1.25$s 时，刀具与工件的相交弧长为 $\widehat{EF} \leqslant \frac{2\pi R}{z}$，这时 $a(t_1) = 1$，表示在这段时间内，某个瞬时，仅有一个刀齿与工件接触，其切削力表达式为

$$F_{c1} = 9.81 C_p a_p^x f^y v_t^z K \tag{4-33}$$

2）当 $1.25\text{s} \leqslant t_2 < 7.75$s 时，刀具与工件相交弧长为 $\frac{2\pi R}{z} \leqslant \widehat{EF} < 2r$，这时

$a(t_2)=2$，表示在这段时间内，某个瞬时，有两个刀齿与工件接触，其切削力表达式为

$$F_{c2}=2C_p a_p^x f^y v_t^z K \quad (4\text{-}34)$$

3）当 $7.75\text{s} \leqslant t_3 \leqslant 9\text{s}$ 时，刀具与工件相交弧长为 $\widehat{EF} < \frac{2\pi R}{z}$，这时 $a(t_3)=1$，表示在这段时间内，某个瞬时，仅有一个刀齿与工件接触，其切削力表达式为

$$F_{c3}=C_p a_p^x f^y v_t^z K \quad (4\text{-}35)$$

假如弧长 $\widehat{EF} \geqslant 2 \times \frac{2\pi R}{z}$，$\widehat{EF}$的高度将大于 $2r$，这是不合理的，所以某瞬时刀具与工件接触的最大齿数为 2。切削能耗计算公式为

$$E_{Di}=\sum_{i=1}^{3}\sum_{j=1}^{3} F_{ci} v_t T_j \quad (4\text{-}36)$$

式中，当 $i=1$ 时，$T_1=1.25\text{s}$；当 $i=2$ 时，$T_2=6.50\text{s}$；当 $i=3$ 时，$T_3=1.25\text{s}$，最后的计算结果为 2129J。

比较两种加工方法，采用车削相对铣削可减少 28.4% 能耗，相应减排 $0.134\text{gCO}_2\text{e}$。通过估算与比较两种加工方法的碳排放，最终选择碳排放较低的加工方法，即车削。从该例可知，当加工同一特征时，采用不同的加工方法，可产生不同的能耗值及碳排放值，因此，通过选择加工方法，可实现节能减排的目的。

4.5.2 基于工艺参数选择的低碳优化

1. 选择及优化框架模型

面向低碳制造的机械制造工艺方法选择及其参数优化决策模型主要考虑两大规划内容：低碳加工方法的选择以及低碳切削参数的选择，模型如图 4-14 所示。该模型包括以下几个模块：目标及约束模块、特征工艺链生成模块、低碳切削参数选择模块、低碳加工方法选择模块。

该模型的具体工作流程是当一个待加工特征添加时，设计者首先应根据特征的有关信息，初步估计零件的可加工性，相应的刀夹量具以及设备的可适应性，然后在特征工艺链生成模块输入该特征代码，利用计算机进行实例推理再获得初始特征工艺链，通常对于同一特征，可能存在多条特征加工链，首先利用低碳切削参数选择目标决策函数确定各备选方案的低碳切削参数，并代入相应的能耗目标函数、成本目标函数，以及加工时间计算函数，采用模糊决策矩阵计算各备选方法优先度，最终选取优先度较高的备选方法。

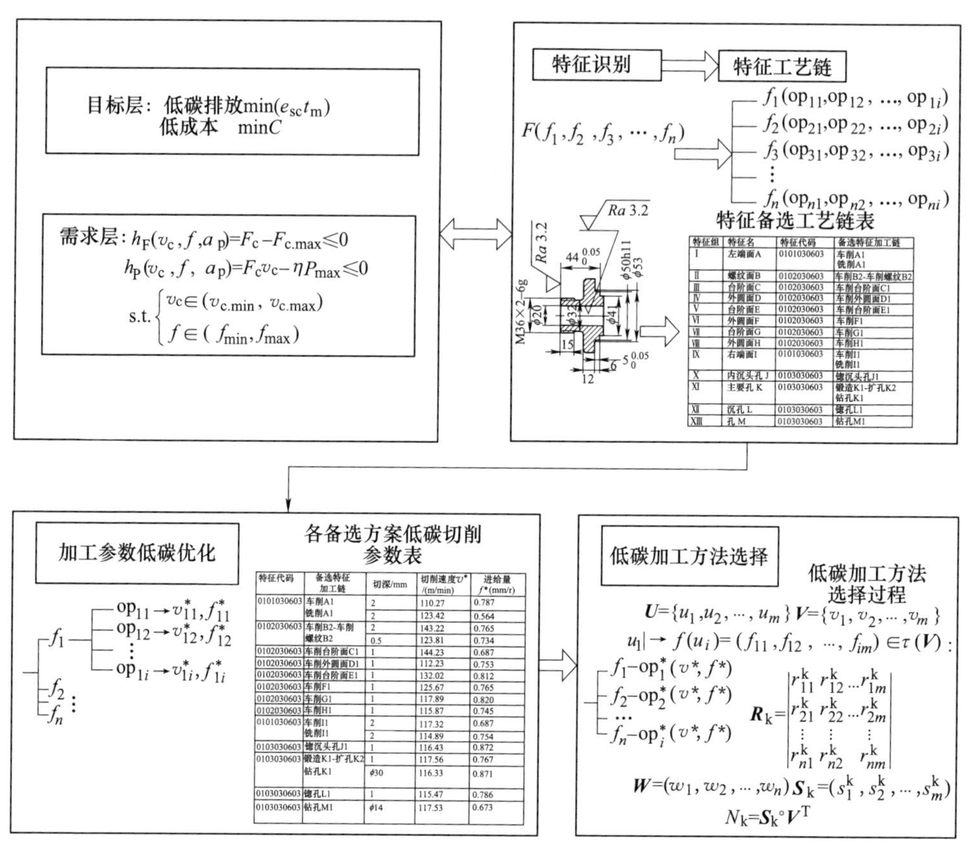

特征备选工艺链表

特征组	特征名	特征代码	备选特征加工链
Ⅰ	左端面A	0101030603	车削A1 铣削A1
Ⅱ	螺纹面B	0102030603	车削B2-车削螺纹B2
Ⅲ	台阶面C	0102030603	车削台阶面C1
Ⅳ	外圆面D	0102030603	车削外圆面D1
Ⅴ	台阶面E	0102030603	车削台阶面E1
Ⅵ	外圆面F	0102030603	车削F1
Ⅶ	台阶面G	0102030603	车削G1
Ⅷ	外圆面H	0102030603	车削H1
Ⅸ	右端面I	0101030603	车削I1 铣削I1
Ⅹ	内沉头孔 J	0103030603	镗沉头孔J1
Ⅺ	主要孔 K	0103030603	锻造K1-扩孔K2 钻孔K1
Ⅻ	沉孔 L	0103030603	镗孔L1
XIII	孔 M	0103030603	钻孔M1

各备选方案低碳切削参数表

特征代码	备选特征加工链	切深/mm	切削速度v^*/(m/min)	进给量f^*(mm/r)
0101030603	车削A1	2	110.27	0.787
	铣削A1	2	123.42	0.564
0102030603	车削B2-车削	2	143.22	0.765
	螺纹B2	0.5	123.81	0.734
0102030603	车削台阶面C1	1	144.23	0.687
0102030603	车削外圆面D1	1	112.23	0.753
0102030603	车削台阶面E1	1	132.02	0.812
0102030603	车削F1	1	125.67	0.765
0102030603	车削G1	1	117.89	0.820
0102030603	车削H1	1	115.87	0.745
0101030603	车削I1	2	117.32	0.687
	铣削I1	2	114.89	0.754
0103030603	镗沉头孔J1	1	116.43	0.872
0103030603	锻造K1-扩孔K2	1	117.56	0.767
	钻孔K1	ϕ30	116.33	0.871
0103030603	镗孔L1	1	115.47	0.786
0103030603	钻孔M1	ϕ14	117.53	0.673

图 4-14　面向低碳制造的机械制造工艺方法选择及其参数优化决策模型

2. 基于特征的特征备选加工链的生成

自 20 世纪 70 年代末提出“特征”这一概念以来，根据应用领域和条件的不同，特征有完全不同的定义。从机械制造的角度出发，特征可定义为：特征是一个或多个具有一定几何模式，并对应特定机械功能的零部件。在设计和制造活动中，它是具有工程意义的集合形体和实体，可以作为基本单元进行设计和处理，遵从一系列的识别与分类规则。在进行待加工表面加工方法选择时，可以将特征看作是相互独立的个体。如图 4-15 所示，零件的最终形状及尺寸将由各个待加工表面组合而成。

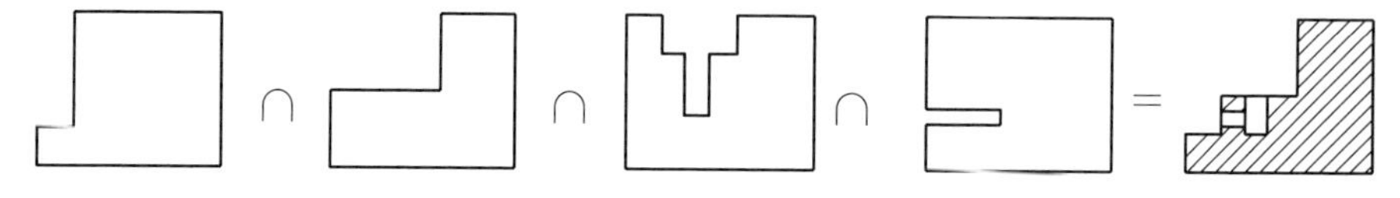

图 4-15　零件特征示意图

特征直接反映了零件的功能，与设计、制造联系紧密，它是一个带约束和参数、用规则和属性封装的几何实体，是构造产品模型的基本元素，它将作为一个不可分割的整体出现在零件模型中，提供了类似于工程术语的高层次的设计概念和手段，表达了零件几何体或装配的工程意义。特征是零件信息按不同性质划分的集合，它表达了零件几何实体一定的工程意义，对于不同的工程活动（如设计、分析、加工、检测及装配等），同一几何实体可能会有不同的特征，来表达不同的信息。由于工艺规划最终将以工艺文件形式输出，且一些非几何信息将会影响规划结构，如生产类型、材料信息等，因此，为了完整定义机械产品零件，本书把特征定义为按一定性质划分的信息集合，这些信息集合包含了零件的几何结构和工艺信息，涉及零件的设计、工艺规划和加工等一系列制造活动。这种表达不仅符合人们的思维方式，反映设计者的意图，而且还能满足概念设计、详细设计、工艺设计和数控编程等不同层次对零件模型的要求，从而实现制造系统中各个环节的信息共享。根据定义，特征可分为形状特征、精度特征、材料特征、管理特征、技术特征等。形状特征和精度特征是与零件建模直接相关的特征，其中形状特征还是描述零件或产品的最主要特征。而管理特征、材料特征虽不直接参与零件建模，但对于实现 CAD/CAPP 的集成也是必不可少的。

根据待加工特征的相关信息，通常特征加工链也就确定了。其中，特征工艺链的生成过程可运用基于实例推理的方法，利用特征代码搜索特征工艺库获得。具体流程如下：首先根据定义将待加工零件拆分为多个待加工特征，这些特征被识别后，将通过人机交互的形式以代码形式录入数据库，零件特征代码见表 4-8。特征信息主要有两大类，一类是管理信息，主要包括材料信息及生产类型；第二类是加工信息，包括形状特征、准确度等级、尺寸信息。通过代码转换，一个待加工特征将由具有 5 位代码的字符串表示，每位代码位的具体数字根据实际情况获得。

在获得特征代码后，基于实例推理法，利用代码在特征工艺链库中进行搜索，由材料信息代码、形状特征代码、准确度等级代码、尺寸信息代码、生产类型代码逐层进行匹配，搜索的结果将按照待加工零件特征代码与特征工艺链中代码的匹配度由高到低进行排列，最终获得适用的特征工艺链，搜索流程如图 4-16 所示。对于同一特征，可以获得一系列的加工方法，必须根据规划目标选取适合的加工方法。

表 4-8　零件特征代码

管理信息				加工信息						
Ⅰ		Ⅱ		Ⅲ		Ⅳ			Ⅴ	
材料信息		生产类型		准确度等级		尺寸信息			形状特征	
01	钢	01	单件	01	IT13～IT11	回转体	01	$L/D<0.5$	01	平面
02	有色合金	02	小批	02	IT9	回转体	02	$0.5<L/D<3$	02	外回转体
03	不锈钢	03	成批	03	IT8～IT7	回转体	03	$L/D>3$	03	内孔
04	灰口铸铁	04	大量	04	IT6	回转体	04	$L/D<2$ 异形	04	沟槽
05	球墨铸铁			05	<IT6	回转体	05	$L/D>2$ 异形	05	其他
06	其他					非回转体	06	特殊		
						非回转体	07	板状		
						非回转体	08	杆状		
						非回转体	09	块状		
						非回转体	10	特殊		

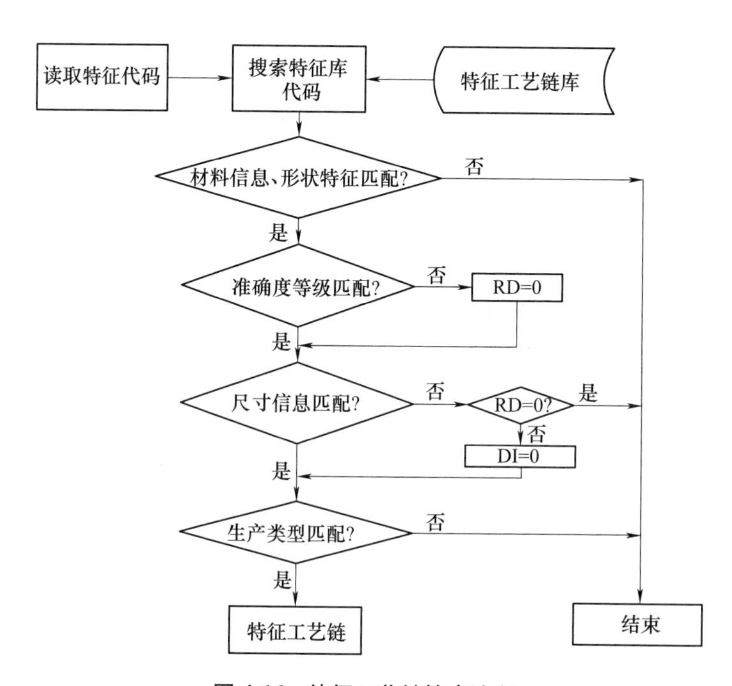

图 4-16　特征工艺链搜索流程

3. 切削参数的低碳优化

（1）机械切削比能耗计算方法

切削比能耗是确定的加工方法在单位时间去除单位体积所需的能量值，根据材料在切削过程中的受力及变形可以计算出切削比能耗，如用来去除材料常使用的加工方法——车削以及铣削。去除材料过程的能耗与所去除的材料的体积有关，主要包括剪切比能耗以及摩擦比能耗。理论上，去除单位体积材料的能耗计算公式为

$$\mu_{\mathrm{th}} = e_{\mathrm{s}} + e_{\mathrm{f}} = \tau\gamma + \left(\frac{F_{\mathrm{c}}r}{bt}\right) \tag{4-37}$$

式中，μ_{th} 为理论切削比能耗；e_{s} 为剪切比能耗（$\mathrm{J/cm^3}$）；e_{f} 为摩擦比能耗（$\mathrm{J/cm^3}$）；τ、γ 分别为剪切拉伸强度、剪切压缩强度（MPa）；F_{c} 为与刀具切削面平行方向的切削力（N）；r 为切削速度（m/min）；b 为切削深度（mm）；t 为切削进行量（mm/r）。

剪切比能耗占切削比能耗的65%~80%。Branham 等认为剪切比能耗与工件材料硬度之间的数学关系为：$e_{\mathrm{s}} = (0.05 \sim 0.01)\mathrm{HB}$，如理论上切削布氏硬度（HB）为200的碳钢，其剪切比能耗为264kJ/kg。

通过式（4-37）可以获得切削加工时的切削比能耗值。以铣削加工为例，根据美国麻省理工学院 Timothy G Gutowski 教授等的研究，在切削加工中，切削能耗实际上是整个加工过程能耗的一小部分，如图4-17所示。

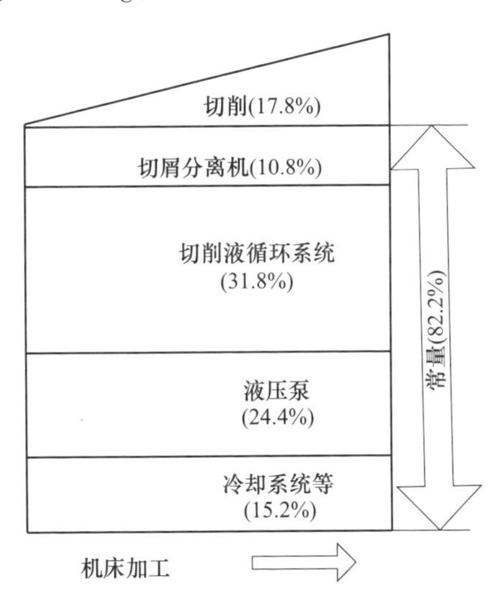

图 4-17　切削工艺设备能耗分布

由图4-17可知，在计算机械加工能耗时，仅将切削比能耗作为计算依据得到的计算结果远远低于实际切削能耗。因此，Kalla 提出采用映射法计算机械加工加工比能耗，加工比能耗是指利用确定的机床以及确定的加工方法在单位时间去除单位体积材料所需比能耗，它不仅计入了用于直接使切屑完成变形和切离的切削比能耗，同时还计入了在完成该切削任务时所需机床的闲置能耗以及基础能耗。Kalla 认为对于车削和铣削，加工比能耗包括三个部分，即切削比能耗、闲置能耗、基础能耗，可表示为

$$e_{sc} = e_p + \frac{P_{idle}}{MRR} + \frac{P_{basic}}{MRR}\left(1 + \frac{t_s}{t_m}\right) \tag{4-38}$$

式中，e_p为切削比能耗（J/mm^3）；MRR 为材料去除率（mm^3/s）；t_s、t_m分别为待机时间、切削时间；P_{idle}、P_{basic}分别为机床平均闲置功率、基础功率。

Mori、Diaz、Kara 和 Gutowski 等人在此基础上提出了深层次法，认为切削比能耗计算公式为

$$e_{in} = \frac{P_m}{MRR} + \frac{P_s}{MRR}\frac{t_s}{t_m} \tag{4-39}$$

式中，P_m、P_s分别为切削时以及待机时总的机床功率（W）。

同时，Ecoinvent2.0 LCI 数据库给出了铣削平均加工比能耗为 1.706MJ/kg，对于数控机床以及传统机床，车削平均加工比能耗分别为 6.408MJ/kg 以及 1.217MJ/kg。

根据以上三种不同的计算方法得出的切削加工比能耗数据见表 4-9。可以看出，采用同一切削方法切削相同材料，如果采用不同的切削加工比能耗计算方法，计算结果将会不同。因此，在应用切削加工比能耗进行碳排放估算时，应始终采用同一方法计算切削加工比能耗。

表 4-9 采用不同计算方法的切削加工比能耗计算结果

工艺	车削	铣削	激光切割	弯曲	注射成型	选择性烧结
材料	碳钢	碳钢	S235JR 钢	不锈钢	PS	PA12
加工条件				弯曲力：1000N		
	HB200		厚度：1mm	厚度：6mm		
	MRR（粗）：$230cm^3/min$		切削长度：30mm	长度：1485mm	温度：220℃	产品质量：3kg
	MRR（精）：$0.75cm^3/min$			弯曲角：120°		
				弯曲时间：8s		

（2）基于切削加工比能耗低碳切削参数的选择

1）低碳切削参数目标函数的构建。根据以上讨论，切削过程中切削参数大小不仅影响着材料去除率的大小，更影响着切削能耗的大小，因此选择合理的切削参数，可以有效降低切削能耗，从而降低制造过程碳排放。同时需要注意的是，追求切削参数的单方向增大以增大材料去除率从而降低切削比能耗是不科学的，一方面，由于受到刀具负载要求的限制，切削参数不可能同时达到取

值范围的最大值；另一方面，增大材料去除率将会导致要求的切削功率增大，并不能有效降低切削能耗，因此，选择合理的切削参数以降低切削能耗实质上是一个多目标规划问题。

在进行低碳制造工艺规划时，能效最大化是其中的一个目标，通过降低能耗，可直接减少碳排放量，因此在面向低碳制造工艺规划进行切削参数选择时，应尽量使切削能耗减小，同时生产周期最短。根据以上讨论，可以建立一个多目标决策问题，表达如下：

①能耗目标在传统的工艺微规划中，大多数是以低成本、低生产周期作为规划目标，而低碳制造强调产品生命周期内碳排放的控制与减量，因此面向低碳制造的微规划中，引入了低碳排放低能耗作为规划目标。如前所述，降低能耗可直接降低碳排放量，因此，将低能耗作为节能减排的规划目标符合低碳制造工艺规划原则，可表示为

$$f_1(X)=\min(e_{st}t_m)=\left[\frac{F_c v_c}{\mathrm{MRR}}+\frac{P_{idle}}{\mathrm{MRR}}+\frac{P_{basic}}{\mathrm{MRR}}\left(1+\frac{t_s}{\frac{V}{\mathrm{MRR}}}\right)\right]\left(\frac{V}{\mathrm{MRR}}\right) \tag{4-40}$$

式中，MRR根据加工方法的不同，由切削参数构成相应的函数表达式；切削比能耗则根据式（4-39），以及不同的加工方法的切削力表达式构成相应的函数表达式。如利用高速钢车刀切削45号钢，其MRR及切削力由切削用量构成的函数表达式为

$$\mathrm{MRR}=fa_p v_c \tag{4-41}$$

$$F_c=9.81C_p a_p^x f^y\,(60v_c)^z K \tag{4-42}$$

代入相关参数，其能耗目标表达为

$$\min(e_{sc}t_m)=\left\{1721\cdot f^{-0.25}+\frac{P_{idle}}{fa_p v_c}+\frac{P_{basic}}{fa_p v_c}\left[1+\frac{t_s}{\frac{V}{(fa_p v_c)}}\right]\right\}\left[\frac{V}{(fa_p v_c)}\right] \tag{4-43}$$

②成本目标函数表达式为

$$f_2(X)=\min\left[t_m M+\frac{t_m}{T}(t_c M+C_T)\right] \tag{4-44}$$

式中，M为备选加工方案单位时间内所分担的企业的总开支（包括人工成本、设备折旧成本、工装辅料费等）（元/s）；t_c为换刀时间（s）；C_T为刀具耐用度内，与刀具有关的费用（包括刀具刃磨费用及刀具折旧费用）（元）；T为刀具的耐用度（s）。

③生产率目标函数。在考虑降低能耗的同时，还应该保证高生产率的目标。生产率目标函数表达为

$$f_3(X)=\min\frac{V}{\mathrm{MRR}} \tag{4-45}$$

式中，V为总的被去除的材料的体积（mm^3）。对于车削，生产率目标函数可表示为

$$f_3(X)=\min\frac{1000v_c f}{\pi dL} \tag{4-46}$$

式中，d为工件直径（mm）；L为加工长度（mm）。

从规划目标可以看出，一方面应减小MRR以减小切削能耗，但另一方面应增大MRR以提高生产率，两者不能同时达到最优，因此一个目标性能的提高必然是以另一个目标性能的降低作为代价的。

④约束条件。在实际加工过程中，影响切削参数选择的因素有很多，如刀具承受负载最大允许值、机床最大功率等，因此这些因素也就构成了相应的约束条件。

a）刀具承受负载主切削力最大允许值约束条件为

$$h_1(X)=F_c-F_{c.max}\leqslant 0 \tag{4-47}$$

式中，$F_{c.max}$为刀具承受负载主切削力最大允许值（N），根据不同的加工方法，其表达式有所不同。利用高速钢刀具车削45号钢时，这一约束条件可以写为

$$h_1(X)=1721f^{0.75}a_p-F_{c.max}\leqslant 0 \tag{4-48}$$

b）机床最大功率约束条件为

$$h_2(X)=F_c v_c-\eta P_{max}\leqslant 0 \tag{4-49}$$

式中，P_{max}为机床的最大功率（W）；η为传动效率。

此外，切削速度以及进给量还应满足机床允许的取值范围，即

$$\text{s. t.}\begin{cases}v_c\in(v_{c.min},\ v_{c.max})\\ f\in(f_{min},\ f_{max})\end{cases} \tag{4-50}$$

除了以上约束，实质上还有一些约束，如刀具耐用度约束、表面粗糙度约束、加工系统刚性约束等。在实际运用时，可根据具体的加工情况增加约束，以进一步限制切削参数最优解的搜索空间。

2）基于遗传算法的低碳切削参数最优解搜索。根据被优化问题，可采用遗传算法进行计算。遗传算法由美国的J. Holland教授于1975年首先提出，其主要特点是直接对结构对象进行操作，是计算机科学人工智能领域中用于解决最优化的一种搜索启发式算法，是进化算法的一种。

①适应度函数。定义变量$X=\{v_c,\ f\}$，构建适应度函数为

$$F(X)=\sum_{i=1}^{n}w_i f_i(X) \tag{4-51}$$

式中，w_i为各个目标函数权重。

②编码。根据切削参数值的特点，可采用十进制浮点数对遗传算法进行编码。浮点数是属于有理数中某特定子集的数的数字表示，在计算机中用来近似

表示任意某个实数，一个浮点数 a 由两个数 m 和 e 表示，$a=mb^e$。仿真结果表明，浮点数编码的遗传算法不易陷入局部极值，收敛速度快，并能得到较高的优化精度。

③交叉操作。由于采用浮点数编码，因此，结合被优化问题，采用混合交叉方法进行交叉操作。其中子个体表达式为

$$S_{c1} = \alpha M_{c1} + (1-\alpha) M_{c1} \tag{4-52}$$

式中，S_{c1} 为个体 1；M_{c1} 为父个体 1；α 为比例因子，是一个在 0~1 之间均匀分布的随机数。产生交叉的染色体个数由交叉概率控制，为保证群体的多样性，通常交叉概率取值为 0.5~0.8。

④变异操作。针对浮点数编码，个体的变异可采用步长变异法，即在原有的基因值上增加或减去一个值，称为变异步长，用 λ 表示。为达到较好的搜索效果，在运算的初始阶段，变异步长可以取较大值，以增加群体的多样性，随着搜索过程的进行，为使得个体更加接近最优解，变异步长取值可逐渐减小。如针对切削速度，其取值范围为 $[v_{c.\min}, v_{c.\max}]$，则其变异步长为

$$\lambda = \begin{cases} (v_{c.\max} - v_c)\gamma\left(1 - \dfrac{\widetilde{\omega}}{W}\right)^b t = 0 \\ (v_c - v_{c.\min})\gamma\left(1 - \dfrac{\widetilde{\omega}}{W}\right)^b t = 1 \end{cases} \tag{4-53}$$

式中，γ 为符合均匀概率分布的一个随机数；W 为最大进化代数；$\widetilde{\omega}$ 为当前进化代数；t 为随机数；b 为系统参数，决定随机扰动对进化代数的依赖程度。产生变异的染色体个数由变异概率控制，通常取值为 0.01~0.1。

（3）低碳加工方法的选择

在选择低碳加工方案时，采用了模糊决策法，具体步骤如下：

1）建立优化目标集 $\boldsymbol{U}=\{u_1, u_2, u_3\}$，$u_1$ 表示加工能耗指标，u_2 表示成本指标，u_3 表示生产率指标；构建评价指标 $\boldsymbol{V}=\{0.9, 0.7, 0.5, 0.3, 0.1\}$，表示对备选加工方法在满足优化目标时的满意度，分别为优、良、中、较差、差。

2）进行单因素评判，即

$$f: \boldsymbol{U} \rightarrow \tau(\boldsymbol{V})$$

$$u_1 \mid\rightarrow f(u_i) = (r_{i1}, r_{i2}, \cdots, r_{im}) \in \tau(\boldsymbol{V})$$

通过模糊映射 f 可诱导出模糊关系 $\boldsymbol{R}_f \in \tau(\boldsymbol{U} \times \boldsymbol{V})$，即

$$\boldsymbol{R}_f(u_i, v_j) = r_y$$

因此，备选加工方法 $\boldsymbol{A}_k$ 的评价因素集的隶属度，可由隶属矩阵 $\boldsymbol{R}_k \in \mu_{n\times m}$ 表示，即

$$\boldsymbol{R}_k = \begin{bmatrix} r_{11}^k & r_{12}^k & \cdots & r_{1m}^k \\ r_{21}^k & r_{22}^k & \cdots & r_{2m}^k \\ \vdots & \vdots & & \vdots \\ r_{n1}^k & r_{n2}^k & & r_{nm}^k \end{bmatrix}$$

式中，$\boldsymbol{R}_k$ 为单因素评判矩阵，模糊关系 $\boldsymbol{R}_k$ 可诱导出 $\boldsymbol{U}$ 到 $\boldsymbol{V}$ 的模糊线性变换，($\boldsymbol{U}$，$\boldsymbol{V}$，$\boldsymbol{R}_k$）构成一个模糊综合决策模型，$\boldsymbol{U}$、$\boldsymbol{V}$、$\boldsymbol{R}_k$是模型的三个要素。

3）计算备选加工方案A_k的综合评定向量$\boldsymbol{S}_k$。若已知$\boldsymbol{R}_k=[r_{ij}^k]_{n\times m}$以及权向量$\boldsymbol{W}=(w_1,w_2,\cdots,w_n)$，则$\boldsymbol{A}_k$的综合评定向量$\boldsymbol{S}_k=(s_1^k、s_2^k、\cdots、s_m^k)$可用模糊矩阵形式表示，即$\boldsymbol{S}_k=\boldsymbol{W}\circ\boldsymbol{R}_k$。模糊综合评定向量$S_k$描述所有评价因素属于$v_j$评价尺度的加权和。

计算备选加工方法$\boldsymbol{A}_k$的优先度N_k，即$N_k=\boldsymbol{S}_k\circ\boldsymbol{V}^{\mathrm{T}}$。

根据各备选加工方法优先度N的大小，可对各替代方法按优先顺序排列，选取优先度较高的加工方法。

以图4-18平头销为例，该工件原材料为45号钢，根据加工要求，有两种加工方法可供选择：①圆钢通过切削加工获得零件；②圆钢利用锻压获得具有与零件相似的阶梯轴，保留少量余量由车削去除直至获得零件。

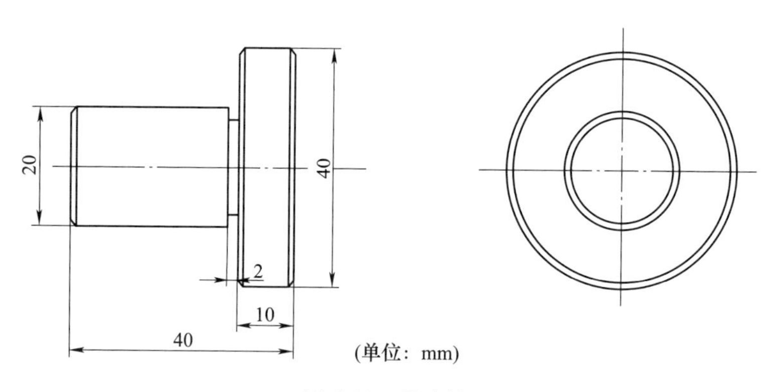

图4-18 平头销

这里不讨论原材料制造阶段碳排放，锻压工序能耗及锻压力计算公式为

$$W_{\mathrm{c}}=\int_0^H F_{\mathrm{c}}\mathrm{d}h \tag{4-54}$$

$$F_{\mathrm{c}}=\sigma\pi r^2\left(1+\frac{2\vartheta\gamma}{3h}\right) \tag{4-55}$$

式中，W_{c}为使材料发生变形所产生的能耗（J）；F_{c}为某瞬时的锻压力（N）；H为上模移动的总的位移（mm）；σ为材料的屈服强度；r为坯料的半径（mm）；

ϑ 为工件与模具之间的摩擦系数；h 为某瞬时的高度（mm）。通过以上两式可计算出锻压工艺产生的能耗。

对于车削，采用 CA6140 机床，最大允许切削力为 3600N，主电动机最大功率为 7.5kW，传动效率为 0.85，假设所有待加工表面加工余量均为一次走刀完成。将备选加工方法相关参数代入低碳切削参数优化目标函数式（4-40）、式（4-44）、式（4-45）及约束条件式（4-47）、式（4-49）、式（4-50），利用遗传算法，最终获得备选加工方法低碳切削参数见表 4-10。

表 4-10　备选加工方法低碳切削参数表

方案	工步内容	余量/mm	切削深度 a_p/mm	切削速度 v_c^*/(m/min)	进给量 f^*/(mm/r)
方案一	车两端面	3	3	102.365	0.563
	车外圆至大端尺寸 ϕ40	3（单边）	3	110.275	0.796
	车外圆至小端尺寸 ϕ20	10（单边）	3	112.231	0.782
方案二	车两端面	3	3	102.365	0.563
	车大端至 ϕ40	3（单边）	3	112.210	0.812
	车小端至 ϕ20	3（单边）	3	115.323	0.798

计算过程以方案一工序二为例，假设加工余量一次走刀完成，并设 $t_s=24\text{s}$，$t_c=10\text{s}$，$M=0.15$ 元/s，$C_T=30$ 元，其能耗目标、成本目标及生产率目标表达式分别为

$$\begin{aligned} f_1(X) &= \min(e_{sc}t_m) \\ &= \left[1721f^{-0.25} + \frac{2.61}{fv_c} + \frac{0.43}{fv_c}(1+0.013fv_c)\right]\frac{1661}{fv_c} \end{aligned} \tag{4-56}$$

$$f_2(X) = \min C = \min\frac{1.774}{fv_c} \tag{4-57}$$

$$f_3(X) = \min\frac{1000v_c f}{9.24} \tag{4-58}$$

刀具约束、最大功率约束、取值范围约束表达式分别为

$$h_1(X) = 1721f^{0.75}\times 3 - 3600 \leqslant 0 \tag{4-59}$$

$$h_2(X) = 1721f^{0.75}\times 3v_c - 6.375 \leqslant 0 \tag{4-60}$$

$$\text{s.t.}\begin{cases} v_c \in (1.44,\ 202.22) \\ f \in (0.04,\ 0.79) \end{cases} \tag{4-61}$$

代入低碳最优化参数，车削加工能耗及其碳排放计算结果见表 4-11。

表 4-11 车削加工能耗及其碳排放计算结果

备选方案	能耗碳排放/$kgCO_2e$	物料碳排放/$kgCO_2e$	总碳排放/$kgCO_2e$
车削	0.03	3.50	3.53
锻造-车削	0.13	0.09	0.22

设置群体大小 $N=100$，最大迭代次数为 100，非劣解集的大小小于或等于 40。为增加种群的多样性，设交叉概率为 0.5，变异率为 0.1，最终计算结果为 $v_c^*=110.275\text{m/min}$，$f^*=0.796\text{mm/r}$。

结合企业对零件设计的要求，邀请 4 名专家应用模糊评价法对其进行评价，表 4-12 为专家对方案一的各个优化目标满足程度的评价。对于碳排放优化指标，3 名专家评价为中，1 名专家评价为较差。权重值根据统计加权获得，最终确定碳排放的权重值为 0.35，生产成本的权重值为 0.40，生产率的权重值为 0.25。

表 4-12 方案一的评价因素及权重表

评价因素集		u_1	u_2	u_3
权重		0.35	0.40	0.25
评价尺度	0.9	0	2	0
	0.7	0	1	2
	0.5	3	1	2
	0.3	1	0	0
	0.1	0	0	0

按照评价尺度对方案一的各评价因素进行评价。由表 4-12 可计算各评价尺度的隶属度如下：

$r_{11}=0/4=0$，$r_{12}=0/4=0$，$r_{13}=3/4=0.75$，$r_{14}=1/4=0.25$，$r_{15}=0/4=0$

由此可得方案一的隶属矩阵 $\boldsymbol{R}_1$ 为

$$\boldsymbol{R}_1=\begin{bmatrix}0 & 0 & 0.75 & 0.25 & 0\\0.5 & 0.25 & 0.25 & 0 & 0\\0 & 0.5 & 0.5 & 0 & 0\end{bmatrix}$$

计算综合评价向量 $\boldsymbol{S}_1$ 为

$$\boldsymbol{S}_1=\boldsymbol{W}\circ\boldsymbol{R}=(0.2\circ 0.225\circ 0.487\circ 0.0870)$$

则方案一的优先度 N_1 为

$$N_1=\boldsymbol{S}_1\circ\boldsymbol{V}^{\mathrm{T}}=0.607$$

对于方案二，根据各位专家的意见，方案二的评价因素及权重见表 4-13。

表 4-13 方案二的评价因素及权重表

评价因素集		u_1	u_2	u_3
权重		0.35	0.40	0.25
评价尺度	0.9	3	0	0
	0.7	1	0	0
	0.5	0	1	3
	0.3	0	3	1
	0.1	0	0	0

根据表 4-13，可得方案二的隶属矩阵 $\boldsymbol{R}_2$ 为

$$\boldsymbol{R}_2=\begin{bmatrix}0.75 & 0.25 & 0 & 0 & 0\\ 0 & 0 & 0.25 & 0.75 & 0\\ 0 & 0 & 0.75 & 0.25 & 0\end{bmatrix}$$

综合评价向量为 $\boldsymbol{S}_2=\boldsymbol{W}\circ\boldsymbol{R}=(0.262\quad 0.087\quad 0.287\quad 0.362\quad 0)$，计算优先度 $N_2=0.480$。根据计算的结果，方案一的优先度大于方案二的优先度，因此，选取方案一。

4.6 基于工艺顺序选择的低碳优化

4.6.1 工艺顺序对碳排放的影响

特征在几何尺寸及体积上的干涉是工艺排序中时常遇到的问题，意味着存在潜在的不同的加工顺序。以图 4-19 零件为例，该零件采用铸铁制成，主要有三类待加工特征：外圆、孔及平面。零件左端要求加工带有通孔端面，根据零件的加工要求，拟采用钻削钻孔，铣削铣平面，所有工序在通用机床上完成。假设这两种加工方法先后顺序对加工质量无影响，就有两种可选择的加工顺序，即钻削—铣削、铣削—钻削。铣削工序采用直径为 80mm 的具有 8 个刀齿的圆盘铣刀，以进给量 $f_z=0.18\text{mm/z}$ 的进给速度进行铣削，铣削宽度为 $a_c=1\text{mm}$，铣削深度为 $a_p=36\text{mm}$；钻削采用直径为 $D=20\text{mm}$ 的高速钢钻头，以进给量 $f=0.36\text{mm/r}$ 进行钻削。计算时，假设加工顺序发生变化对两种加工顺序的机床空置能耗以及基础能耗无影响。

钻削力、铣削力的计算公式分别为

$$F_t^d=C_F d^{\chi} f^{\theta} K_r \tag{4-62}$$

$$F_t^m=C_F\frac{a_p^{\vartheta} f_z^{\rho} a_c^{\nu} z}{d_m^{\zeta} n_m^{\iota}} \tag{4-63}$$

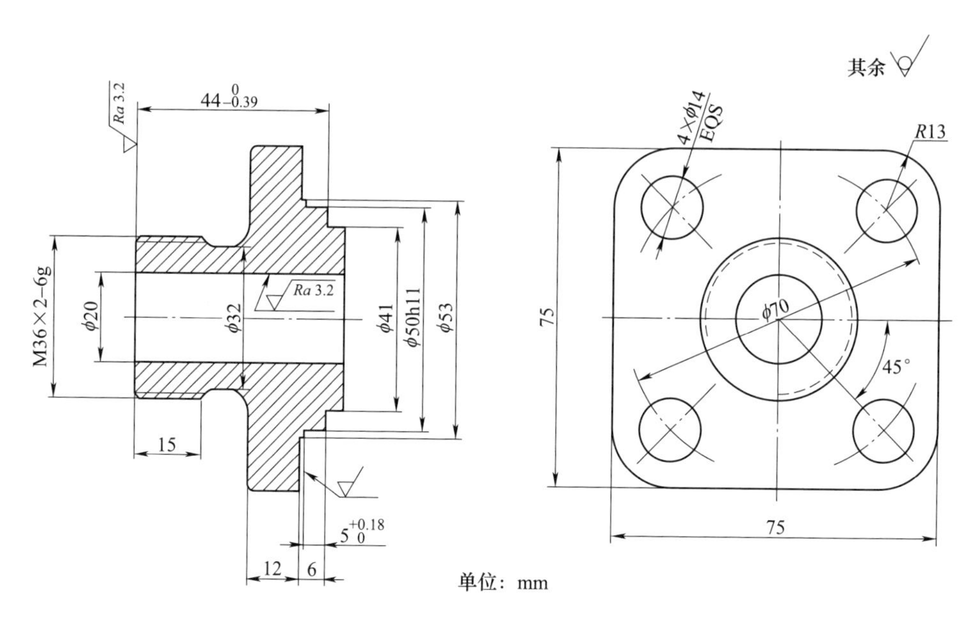

图 4-19　示例零件阀盖标注图

式中，C_F、χ、θ、ϑ、ρ、ν、ζ、ι 和 K_r 为常数，由加工条件、工件材料以及刀具材料决定其取值；d 为钻头直径（mm）；f 为钻削进给量（mm/r）；a_p 为铣削深度（mm）；f_z 为铣刀每齿进给量（mm/z）；a_c 为铣削宽度（mm）；z 为铣刀齿数；d_m 为铣刀直径（mm）；n_m 为铣刀转速（r/s）。

钻削、铣削的材料去除率计算公式分别为材料去除率与切削力之间的关系为

$$\mathrm{MRR_d} = \frac{\pi}{4}d^2 fn \tag{4-64}$$

$$\mathrm{MRR_m} = a_c a_p f_z z n_m \tag{4-65}$$

$$F_t v_t = u\mathrm{MRR} \tag{4-66}$$

式中，n 为钻头转速（r/s）；F_t 为切削力（N）；v_t 为切削速度（m/s）；u 为切削比能耗（W · s/mm^3）。将式（4-62）、式（4-64）代入式（4-66），钻削的比能耗与钻头的进给量之间的关系可表示为

$$u_d = 2.4f^{-0.3} \tag{4-67}$$

根据已定义的切削参数，计算可得钻削的比能耗值为 3.26 J/mm^3。

同理，铣削的比能耗与铣削的宽度、每齿进给量、刀具齿数、刀具直径之间的关系可表示为

$$u_m = 0.65\pi a_c^{-0.14} f_z^{-0.28} d_m^{0.14} \tag{4-68}$$

根据已定义的切削参数，计算可得铣削的比能耗值为 5.26J/mm^3。

不同加工顺序的碳排放计算结果见表4-14。

表 4-14　不同加工顺序的碳排放计算结果

加工顺序	切削能耗/J	碳排放/$kgCO_2e$
钻孔 → 铣平面	8500	2.20×10^{-3}
铣平面 → 钻孔	5620	1.45×10^{-3}

由表4-14可知，相比第二种加工顺序，第一种加工顺序可减少碳排放34%。原因是铣削的比能耗比钻削的比能耗高，因此应采用切削比能耗较低的加工方法去除更多体积，以降低加工的加工过程能耗及碳排放。

4.6.2　加工工序顺序的低碳优化决策

通过面向低碳制造的机械制造工艺加工方案选择及其参数优化模型，可获得各个待加工特征的碳排放最优加工方案，这时的加工方案是无序的，必须采取一定的决策方式进行排序。在传统的工艺规划中，工艺路线是由专家根据经验为每个特征选择适用的加工方案，然后按照一定的工艺规划原则将这些方案组合起来，并进行排序。这种处理方法的主要缺点是最优方案可能在选择加工方案时丢失，解决的方法主要有两种：一是确定某种规划目标，如确定某一规划目标，对可行的加工方案进行优化选取及排序；另一种方法是保留所有加工方案，采用启发式搜索以获得最优解。但这两种方法依然存在不能保证获得全局最优解的缺点。遗传算法是一种全局优化方法，在搜索过程中，对包含可能解的种群进行反复的遗传操作，生成新的种群，使问题的解不断进化，最终获得最优解或接近最优解。因此遗传算法被越来越广泛地应用于工艺排序问题。

基于工艺约束的遗传算法的决策方法与传统决策方法的思路不同，其原理是利用全局搜索策略寻找合理的工艺路线，并对工艺路线进行优化，而不是分阶段优化的方法。工艺规划中的约束主要分为两类：强制约束以及优化约束。强制约束在工艺规划中主要是指工序的前后顺序上的约束，如先基准后其他、先面后孔、先主后次等加工原则；优化约束则是指从成本与生产周期的角度进行工艺优化的一些约束，如尽量减少装夹次数、尽量减少换刀次数等。

面向低碳制造的机械制造工序顺序优化决策模型基于传统的遗传算法，结合工艺规划问题的特性进行了相应的优化，如图4-20所示。在面向低碳制造的工艺规划中，通过运用遗传算法，将碳排放作为工艺规划目标，结合传统工艺的规划目标，对传统工艺规划进行有目的的进一步优化。

1. 优化决策目标函数

面向低碳制造的机械制造工艺规划的目标是在工艺规划设计阶段进行制造过程碳排放减量及控制，因此其优化目标首先是低碳排放，但同时要指出的是，

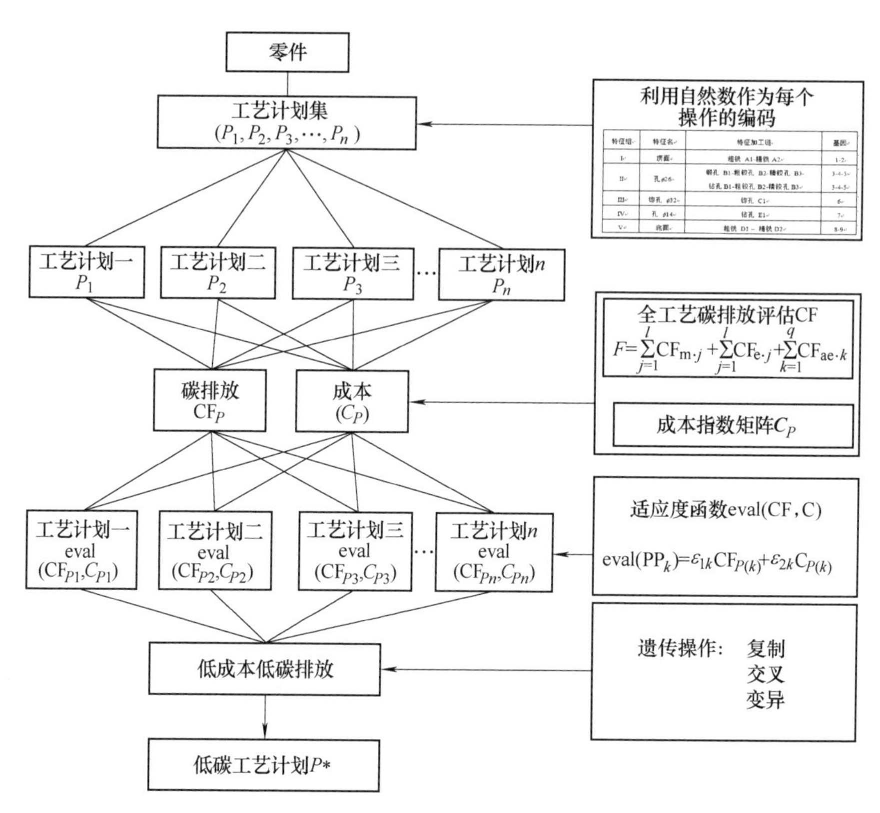

图 4-20 面向低碳制造的机械加工工序顺序优化决策模型

面向低碳制造的机械制造工艺规划不是对传统工艺规划的否定，而是传统工艺规划的延伸和发展。因此，面向低碳制造的机械制造工艺规划依然传承了传统工艺规划的目标，即成本控制目标，这里利用一种权重法来构建适应度函数，该函数是一个包含碳排放及成本指数的多目标函数；在计算成本指数时，采用成本指数矩阵，表征工序顺序变化对生成成本影响的程度。

1）在遗传算法操作中，当迭代到第 k 代时，利用相关的函数，找出该代中碳排放最大值 $\mathrm{CF}_{P\max}$、碳排放最小值 $\mathrm{CF}_{P\min}$、成本指数最大值 $C_{P\max}$ 和成本指数最小值 $C_{P\min}$，然后比较第 $k-1$ 代存储的相应值，选取较小值进行存储。

2）权重值计算公式为

$$\begin{cases}\alpha_{1k}=\mathrm{CF}_{P\max(k)}-\mathrm{CF}_{P\min(k)}\ ,\ \alpha_{2k}=C_{P\max(k)}-C_{P\min(k)}\\ \varepsilon_{1k}=\dfrac{\alpha_{1k}}{\alpha_{1k}+\alpha_{2k}}\ ,\ \varepsilon_{2k}=\dfrac{\alpha_{2k}}{\alpha_{1k}+\alpha_{2k}}\end{cases}\tag{4-69}$$

3）计算染色体 PP_k 的适应度值为

$$\mathrm{eval}(\mathrm{PP}_k)=\varepsilon_{1k}\mathrm{CF}_{P(k)}+\varepsilon_{2k}\mathrm{C}_{P(k)}\tag{4-70}$$

因此，适应度函数可表示为

$$\text{mineval}(\text{PP}_k) \tag{4-71}$$

2. 优化决策约束条件

（1）规划约束

$$\sum_{i=1}^{n} P_i = 1,\ P_i(P_i - 1) = 0 \qquad i = 1,\ 2,\ \cdots,\ n \tag{4-72}$$

式（4-72）约束规定在所有制造工序计划中存在且仅可选择一种工序计划作为最优制造工艺。

（2）工时约束

在制造过程中，工序计划在生产零部件时会有一个实际的加工时间，而企业由于对生产效率的要求，往往存在一个其可以接受的最大额定加工时间，所选择的工序计划加工时间必须小于该最大额定加工时间才可以被企业所接受，该约束可表示为

$$g_1(P_i) = T(P_i) - t_{\max} \leqslant 0 \qquad i = 1,\ 2,\ \cdots,\ n \tag{4-73}$$

式中，$g_1(P_i)$ 为工时定额约束；$T(P_i)$ 为工序方案 x_i 实际需要的加工时间；$t_{\max}$ 为在工序决策过程中企业可以接受的最大额定工时（s）。

（3）成本指数约束

在实际生产过程中，企业在选用一种工艺路线进行零部件生产时，该工序计划会产生成本，基于对零部件效益最大化的要求，企业往往会设定一个可以接受的最大计划成本，而所选用的工序计划的成本不能高于该最大计划成本。这里强调的是工序顺序变化时对生产成本的影响，并不是直接计算其成本，因此，同样以企业最大计划成本指数作为约束，可表示为

$$g_2(P_i) = C(P_i) - f_{\max} \leqslant 0 \qquad i = 1,\ 2,\ \cdots,\ n \tag{4-74}$$

式中，$g_2(P_i)$ 为成本指数约束；$C(P_i)$ 为工序方案 P_i 实际成本指数；$f_{\max}$ 为在工序决策过程中企业可以接受的最大计划成本指数。

（4）碳排放约束

现阶段，受低碳制造热潮的影响，各个国家及政府对本国企业制定了一系列的产品碳排放政策及标准，因此，企业按照政府或市场要求可制定一个可以接受的最大碳排放标准，在生产时，必须保证所选用的工序计划碳排放小于该标准值，该约束可表示为

$$g_3(P_i) = \text{CF}(P_i) - \text{CF}_{\max} \leqslant 0 \qquad i = 1,\ 2,\ \cdots,\ n \tag{4-75}$$

式中，$g_3(P_i)$ 为工序计划的碳排放约束；$\text{CF}(P_i)$ 为工序计划 P_i 的实际碳排放；$\text{CF}_{\max}$ 为在生产产品所能排放的最大碳排放量值。

（5）产能约束

每种工序计划都有不同的产能，而对于企业来说，在考虑生产效率、生产

效益的情况下，存在一个企业可接受的对于该零部件的最小产能，只有该工序计划的实际产能大于可接受的最小产能，那么该工序计划才是可取的，该约束可表示为

$$g_4(P_i) = \mathrm{AQ}(P_i) - q_{\min} \geqslant 0 \qquad i=1, 2, \cdots, n \tag{4-76}$$

式中，$g_4(P_i)$ 为工序计划的产能约束；$\mathrm{AQ}(P_i)$ 为工序计划 P_i 所能达到的实际产能；$q_{\min}$ 为企业工艺决策过程中所要求的最小产能。

（6）互斥计划约束

互斥计划约束表示对于每一种工序计划来说只有选择或是不选择两种情况，可表示为

$$P_i = \begin{cases} 1 & \text{采用第 } i \text{ 种工序方案} \\ 0 & \text{否则} \end{cases} \qquad i=1, 2, \cdots, n \tag{4-77}$$

不等式约束式（4-73）~式（4-76）说明在满足基本工艺加工要求的情况下，采用不同工序计划，其制造过程还会受到加工时间、成本等约束的影响。由于实际生产过程中企业的侧重点不同，所取的约束类型也不同。本书主要考虑工时、加工成本指数、碳排放标准及企业产能四类约束。

3. 基于遗传算法最优工序求解

对于工艺规划，在应用遗传算法时，每一特征对应特征链中所包含的各个工步称为基因，按照一定顺序组合，称为染色体。

（1）编码

针对工艺规划问题，一条工艺路线由若干个操作组成，采用二进制会导致数据编码及解码复杂，因此，采用非二进制，利用自然数作为每个操作的编码。

（2）初始种群的生成

遗传算法中初始群体中的个体是随机产生的。一般来讲，初始群体的设定可采取如下策略：

1）根据问题固有知识，设法把握最优解所占空间在整个问题空间中的分布范围，然后，在此分布范围内设定初始群体。

2）先随机生成一定数目的个体，然后从中挑出最好的个体加到初始群体中。

上述过程不断迭代，直到初始群体中个体数达到了预先确定的规模。

对于工艺规划问题，由于各个个体代表的是一种加工操作，根据特征之间的内部关系（约束），这些操作不能随机排列。因此，将加工同一特征的加工工序列为一个特征组，它们之间具有一定的约束，在生成预备加工计划时，必须满足这些约束。具体方法是将加工同一特征的所有操作分为一个特征组，然后在生成初始解时，始终保持在同一特征组中，某个体被选取的前提是在同特征

组内，其前面的个体已被选取。这样就可以保证满足如先粗后精等强制性约束。

（3）适应度函数的构建

本书利用了一种权重法来构建适应度函数，该函数是一个包含碳排放及成本的多目标函数。在计算成本时，引入了成本指数的概念，成本指数值根据成本矩阵获得，成本矩阵表示由一个操作转换为另一个操作时引起的成本的变化。根据工艺计划中各操作间的转换情况可确定具体值，其和为该工艺计划的成本指数。上述方法可以定量地表示各工序在转换时对成本值的影响，相比直接计算工序成本，通过控制该指数值更有利于排序中成本的控制。

（4）遗传操作

1）复制。通过“轮盘赌”的方式获得“精英”作为复制的样本，这些样本具有相对较小的适应度函数值，复制这些样本后再进行下一次“轮盘赌”。

2）交叉。为了生成适用的“后代”，这里使用一种由 Goldberg 定义的优先映射交叉法进行交叉操作。“父母”字符串是随机选取的，根据字符串的长度随机选取两个交叉点。首先，交换被两个交叉点分成的几段相应部分，在新的字符串中会出现重复的元素，采用映射的元素进行替换，最后得到子代。例如，两个字符串由这一代中随机选取，称为父字符串 Parent1 和 Parent2，选取两个交叉点 $x=3$ 和 $y=6$，字符串 01 和 02 是经过交换交叉点分割开的段节之后的字符串，即

Parent 1：1，2，3，4，5，9，8，6，7　01：1，2，2，4，5，8，8，6，7

Parent 2：3，1，2，4，5，8，9，7，6　02：3，1，3，4，5，9，9，7，6

在字符串 01 中，Parent1 中第三个点的元素 3 被 Parent2 中的第三个元素 2 替代，这时在字符串 01 中元素 2 和 8 是重复的，将与它有映射关系的元素用原字符串中重复的元素进行替代即可得到适用的子字符串，即在字符串 01 中用元素 3 替代 2，9 替代 8，可得到 3 字符串 Child1，同理得到子字符串 Child2，结果为

Child 1：1，3，2，4，5，8，9，6，7　Child 2：3，1，2，4，5，9，8，7，6

3）变异。变异操作是在字符串中随机变换一个或两个元素，这种操作的概率很小，称为变异概率，它的值介于 0.001～0.1 之间。变异操作避免了潜在的有用的字符串的丢失，也避免了仅局限于局部最优。本书中，采用随机选取两个元素进行变异操作，检查所得到的新的字符串是否符合加工原则，如果不符合加工原则，则赋予该字符串一个很好的适应度函数值，这样就保证该字符串不会出现在下一代中。

如图 4-21 所示，阀盖零件的原材料为 45 号钢，由铸造制得毛坯，该零件有 13 个待加工表面。

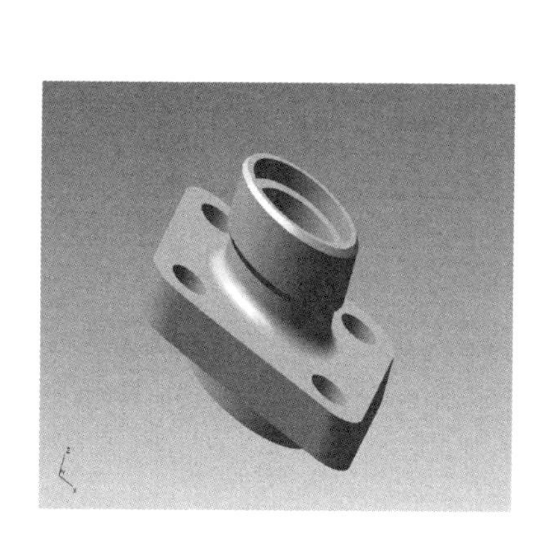

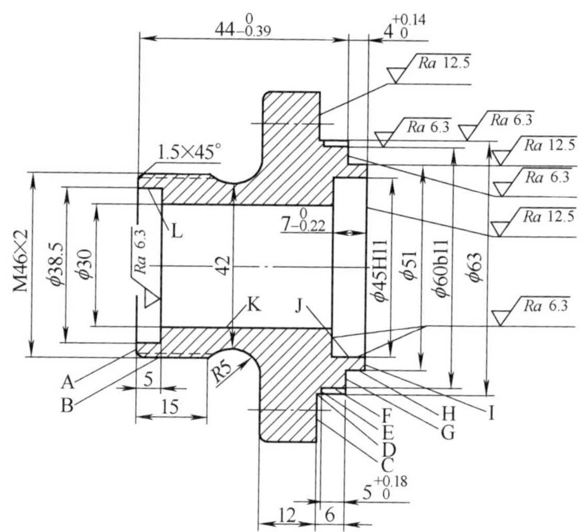

图 4-21 阀盖零件

步骤 1：特征识别

首先根据特征的定义，对零件的待加工表面进行特征识别，零件有 13 个待加工特征：左端面 A、螺纹面 B、台阶面 C、外圆面 D、台阶面 E、外圆面 F、台阶面 G、外圆面 H、右端面 I、内沉头孔 J、主要孔 K、沉孔 L、孔 M。假设这 13 个待加工特征均可通过通用机床及刀具加工获得。

步骤 2：备选加工方案的生成

将识别的特征利用特征编码系统进行编码，利用特征代码在特征工艺库中进行搜索，获得可适用的备选加工方案，将备选的特征工艺链中所涉及的每个工序用自然数进行标注，作为遗传算法的基因，见表 4-15。

表 4-15 特征代码及备选特征工艺链表

特征组	特征名	特征代码	备选特征工艺链	基因
Ⅰ	左端面 A	0101030603	车削 A1 铣削 A1	1
Ⅱ	螺纹面 B	0102030603	车削 B1-车削螺纹 B2	2-3
Ⅲ	台阶面 C	0102030603	车削台阶面 C1	4
Ⅳ	外圆面 D	0102030603	车削外圆面 D1	5
Ⅴ	台阶面 E	0102030603	车削台阶面 E1	6
Ⅵ	外圆面 F	0102030603	车削 F1	7
Ⅶ	台阶面 G	0102030603	车削 G1	8

（续）

特征组	特征名	特征代码	备选特征工艺链	基因
Ⅷ	外圆面 H	0102030603	车削 H1	9
Ⅸ	右端面 I	0101030603	车削 I1 铣削 I1	10
Ⅹ	内沉头孔 J	0103030603	锪沉头孔 J1	11
Ⅺ	主要孔 K	0103030603	锻造 K1-扩孔 K2 钻孔 K1	12-13
Ⅻ	沉孔 L	0103030603	锪孔 L1	14
XⅢ	孔 M	0103030603	钻孔 M1	15

步骤 3：低碳加工方案选择及其参数优化

在表 4-15 中，特征组左端面 A、右端面 I 以及特征组主要孔 K 分别有两条不同的备选工艺链，加工端面存在车削和铣削两种可选方法，首先应用低碳切削参数选择函数进行低碳切削参数选择，然后代入加工方法选择模型，计算结果见表 4-16。利用低碳加工方法进行选择，两种方案的优先度分别为 0.582 及 0.322，最终选用车削加工左端面 A 更优。同理，选用车削加工右端面 I。对于主要孔 K，根据 4.5.2 节低碳加工方法选择原理及表 4-11 计算结果，根据计算结果，选用锻造-扩孔加工方案加工主要孔 K。

表 4-16　不同加工方法能耗及碳排放计算结果

加工方法	机床设备	进给量/(mm/r)	切削速度/(m/min)	切削深度/mm	加工比能耗/kW	碳排放/$kgCO_2e$
车削	CA6132	0.325	119.67	2	0.136	0.221
铣削	XA6132	0.147	162.32	2	0.221	0.360

各个待加工特征低碳切削参数见表 4-17。

表 4-17　各个待加工特征低碳切削参数

特征代码	备选特征工艺链	切削深度/mm	切削速度 v^*/(m/min)	进给量 f^*/(mm/r)
0101030603	车削 A1	2	110.27	0.787
	铣削 A1	2	123.42	0.564
0102030603	车削 B1-车削螺纹 B2	2	143.22	0.765
		0.5	123.81	0.734
	车削台阶面 C1	1	144.23	0.687
	车削外圆面 D1	1	112.23	0.753

（续）

特征代码	备选特征工艺链	切削深度/mm	切削速度 v^* /(m/min)	进给量 f^* /(mm/r)
0102030603	车削台阶面 E1	1	132.02	0.812
	车削 F1	1	125.67	0.765
	车削 G1	1	117.89	0.820
	车削 H1	1	115.87	0.745
0101030603	车削 I1	2	117.32	0.687
	铣削 I1	2	114.89	0.754
0103030603	锪沉头孔 J1	1	116.43	0.872
	锻造 K1-扩孔 K2	1	117.56	0.767
	钻孔 K1	ϕ30	116.33	0.871
	锪孔 L1	1	115.47	0.786
	钻孔 M1	ϕ14	117.53	0.673

步骤 4：基于遗传算法的碳排放最优工序决策

初始代的生成：该零件具有 13 个待加工表面，由 15 个工步完成加工，把这 15 个工步分为 13 个组别，即（A1），（B1，B2），（C1），（D1），（E1），（F1），（G1），（H1），（I1），（J1），（K1，K2），（L1），（M1），每一个组别是用于加工一个待加工表面的工步的集合，在每一个组别中，所有工步按照加工原则排列，不得随意打乱，如 B2 必须在完成 B1 后进行，但在组别间假设是没有顺序要求的。在构建初始染色体时，第一个元素随机从每组第一个元素中选取，即在 A1、B1、C1、D1、E1、F1、G1、H1、I1、J1、K1、L1 和 M1 中选取，每组第二个元素被选取时，必须是该组中这个元素之前的元素都已完成被选取，即如果 A1 被选为第一个元素，那么第二个元素可以在 B1、C1、D1、E1、F1、G1、H1、I1、J1、K1、L1 和 M1 中选取。上述过程一直重复，直到所有的元素都被选取。

由于排序问题涉及工序之间的顺序变化，这类变化将导致设备及安装等加工条件的转变，成本也将随之变化。因此在构建适应度函数时，不再是简单计算单工序的成本，而是采用成本指数值表征当顺序变化时对成本的影响程度。成本指数值采用成本矩阵进行计算，具体见表 4-18。表 4-18 说明了当一个操作转换为另一个操作时的成本指数。表中“0”表示该操作变化只是需要调整切削参数；“1”表示需要换工具，包括刀具、量具等；“10”表示需要进行重新定位装夹；“100”表示需要换机床；“—”表示不适用或不能转换。总的成本指数值是该工艺计划向量与矩阵的乘积。

表 4-18 加工成本矩阵

元素	A1	A2	B1	B2	B3	C1	E1	D1	D2
A1	—	0	100	100	100	100	100	10	10
A2	—	—	100	100	100	100	100	10	10
B1	100	100	—	100	100	100	100	100	100
B2	100	100	—	—	1	10	10	100	100
B3	100	100	—	—	—	10	10	100	100
C1	100	100	100	10	10	—	1	100	10
E1	100	100	100	10	10	1	—	100	100
D1	10	10	100	100	100	100	100	—	1
D2	10	10	100	100	100	100	100	—	—

在本例中，根据工时定额计算手册及经验数据，设单件工件的最大允许工时定额为40min，设平均单个工件最大计划成本为50元，工艺决策过程中所要求的最小产能为10万件。

根据以上求解方法，最终经过200次迭代后，优化后的工艺路径为：锻造K—车削A—车削I—车削B—车螺纹B—车削E—车削F—车削G—车削D—车削H—铣削C—扩孔K—铣削J—铣削L—钻削M，经过优化的工艺路线总碳排放值为4.30kgCO_2e，相较于总碳排放值为5.12kgCO_2e的传统工艺路线，可以减少16%的碳排放。二者各个工序的碳排放值如图4-22和图4-23所示。

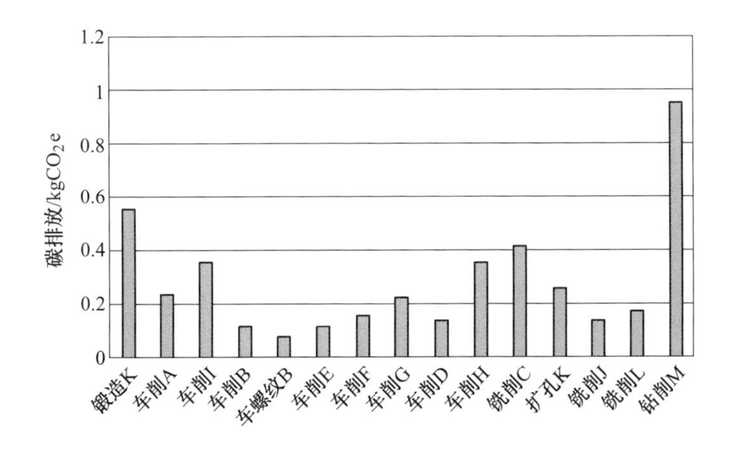

图 4-22 低碳工艺路线各工序碳排放量

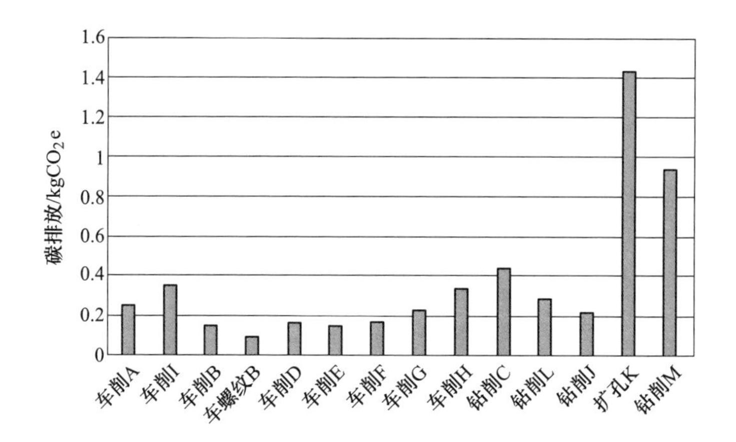

图 4-23　传统工艺路线各工序碳排放量

参 考 文 献

[1] KALPAKJIAN S, SCHMID S R. Manufacturing, engineering & technology [M]5th ed. New York: Pearson Education, 2006.

[2] DIAZ N, HELU M, JARVIS A, et al. Strategies for minimum energy consumption in discrete part production machines [C]// 14th CIRP LCE Conference, Tokyo, Japan, 2009: 311-316.

[3] GUTOWSKI T, DAHMUS J, THIRIEZ A. Electrical energy requirements for manufacturing processes [C]. In Proceedings of 13th Crip International Conference on Life Cycle Engineering, Leuven, Belgium, 2006.

[4] 焦建民. 切削手册 [M]. 北京: 电子工业出版社, 2007.

[5] 俞研, 陶俐言, 朱光宇, 等. CAD/CAM 集成系统中的特征分类与描述方法研究 [J]. 制造业自动化, 2000 (1): 30-32.

[6] 孙建军, 胡德计. 基于特征的回转类零件 CNC/CAD/CAM 集成系统开发研究 [J]. 中国机械工程, 2001 (6): 660-662.

[7] Intergovernmental Panel on Climate Change. 2006 IPCC guidelines for national greenhouse gas inventories [S/OL]. http: //www. ipcc-nggip. iges. or. jp/public/2006gl/index. html.

[8] SHAW M C. Metal cutting principles [M]. New York: Oxford University Press, 1997.

[9] BRANHAM M, GOTOWSKI T G, JONES A, et al. A thermodynamic framework for analyzing and improving manufacturing processes [C]// IEEE International Symposium on Electronics and the Environment, IEEE, San Francisco, USA, 2008: 1-6.

[10] GUTOWSKI T, MURPHY C, ALLEN D, et al. Environmentally benign manufacturing: observations from Japan, Europe and the United States [J]. Journal of Cleaner Production, 2005, 13: 1-17.

[11] KALLA D, TWOMEY J, OVERCASH M. Unit process life cycle inventory for manufacturing u-

nit processes [C]// Proceedings of 2009 ASME International Manufacturing Science and Engineering Conference, Manufacturing Engineering Division, West Lafayette, Indians, USA, 2009: 49-55.
[12] MORI M, FUJISHIMA M, INAMUSA Y, et al. A study on energy efficiency improvement for machine tools [J]. CIRP Annals, 2011 (60): 145-148.
[13] DIAZ N, REDELSHEIMER E, DORNFELD D. Energy consumption characteriza-tion and reduction strategies for milling machine tool use [C]// 18th CIRP LCE Conference, Technische Universität Braunschweig, Braunschweig, Germany, 2011: 263-267.
[14] KARA S, LI W. Unit process energy consumption models for material removal processes [J]. CIRP Annals, 2011, 60 (1): 37-40.
[15] DAHMUS J B, GUTOWSKI T G. An environmental analysis of machining [C]// Proc. of IMECE 2004, Massachusetts Institute of Technology Departmont of Mechanical Engineering 77 Massachussetts Avenue, Cambridge, Massachusetts, USA, 2004: 1113-1119.
[16] Ecoinvent Centre. Swiss centre for life cycle inventories [EB/OL]. [2008-04-15]. http://www.ecoinvent.org/.
[17] JOOST R D, KAREL K, YANSONG G, et al. Critical comparison of methods to determine the energy input for discrete manufacturing processes [J]. CIRP Annals-Manufacturing Technology, 2012, 61: 63-66.
[18] 刘伟，王太勇．基于 Pareto 遗传算法的切削用量优化 [J]. 农业机械学报，2011, 42 (2): 220-226.
[19] 张彤，张华，王子才．浮点数编码的遗传算法及其应用 [J]. 哈尔滨工业大学学报，2000, 32 (4): 122-128.
[20] 周明，孙树栋．遗传算法原理及应用 [M]. 北京：国防工业出版社，1999.
[21] NAVA P. Minimizing carbon emissions in metal forming [D]. Kingston: Queen' s University, 2009.
[22] 田颖，江平宇，周光辉，等．基于遗传算法的工艺规划与调度集成法 [J]. 西安交通大学学报，2006, 40 (9): 126-132.
[23] 郭景纯，郭思福．铸造旧砂再生利用及污染治理 [M]. 广州：中山大学出版社，2001.
[24] 牟艳秋，巴吾东，刘世森，等．铸造废砂的再利用 [J]. 铸造技术，2010, 31 (10): 1358-1360.
[25] ZENG J Y, HSU W J, QIU L. An energy-efficient algorithms for conflict-free AGV routing on a linear path layout [J]. Journal of Nanyang Technological University, 2002: 1-17.
[26] GOODYEAR T RUBBER C. Handbook of conveyor and elevator belting [D]. Akron, Ohio, 1975.
[27] 史康云，马进峰，刘永坤．集中排屑系统在机械加工车间中的应用 [J]. 成组技术与生产现代化，2011, 28 (3): 54-57.

第5章

制造系统碳流动态模型

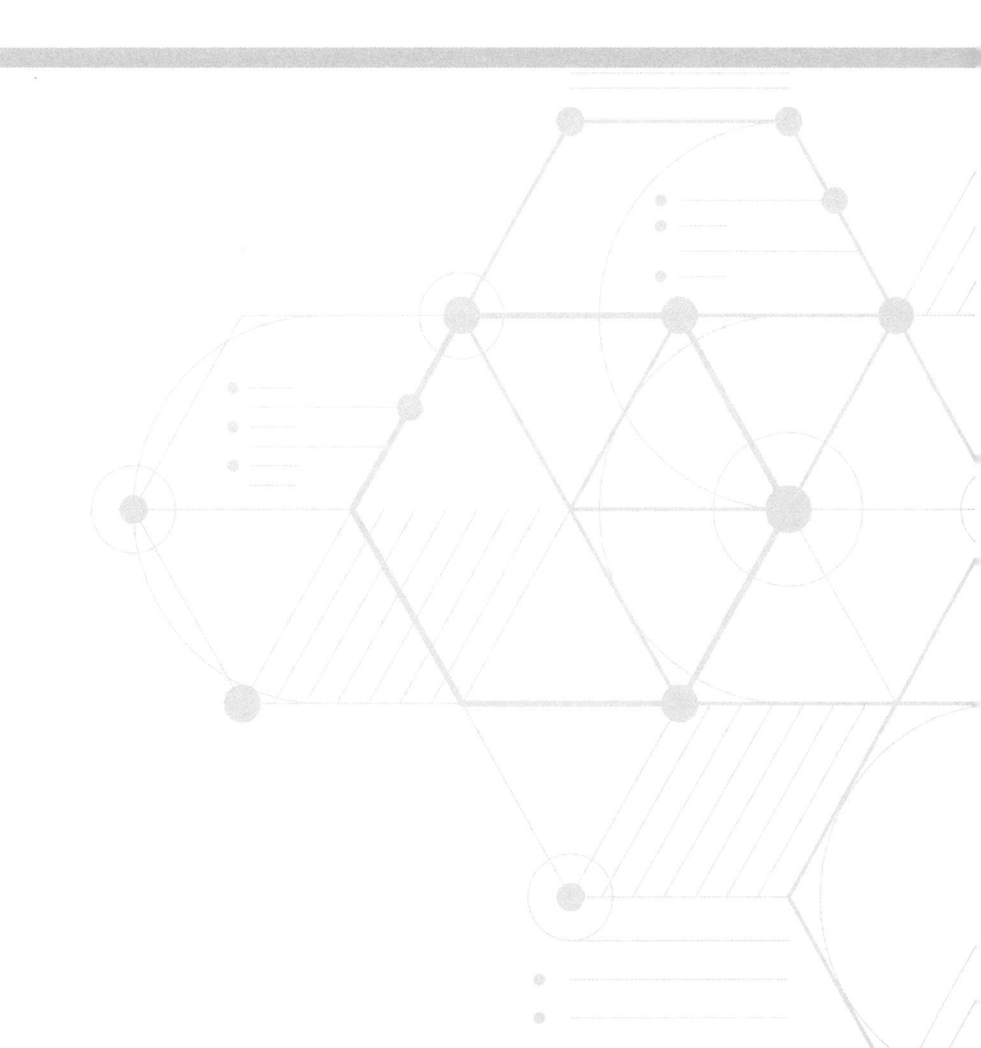

5.1 概述

要实现制造过程的低碳化，首先需要对制造系统的碳排放源、碳流率以及碳排放的扰动动态响应等进行系统、全面的理解和认识，并将制造系统的碳排放动态特性与生产动态过程进行关联，从最优生产的角度实现低碳优化。而制造系统是产品生产的载体，是一个开放的、混合的（离散与连续共存）、非线性的、不确定性的分层动态系统，其碳排放动态特性具有复杂性和难以辨识性，从而导致碳排放性能评价的复杂性。因此，首先需要对制造系统碳流动态特性进行建模分析。

制造系统由工艺链生产系统、技术性建筑服务以及车间建筑等构成，且工艺链生产系统的碳排放依赖于设备碳排放特性及设备间的交互特性，制造系统碳排放是一种连续过程，对于批量化生产，生产过程也可以视为一种连续过程，而设备碳排放会随着设备状态的变化而发生变化，故设备状态的转移是一种离散过程，因此，机械制造系统可以抽象为一种混合系统。欲揭示制造系统的碳流动态特性，传统的离散建模方法存在较大的局限性，因此，需要一种适用于制造系统碳排放动态特性建模的新方法与新理论。

为此，本章将首先对制造系统碳排放的动力学过程进行描述，建立制造系统碳流动态过程动力学方程，以及多层次制造系统碳流动态平衡特性，并在此基础上提出一种基于一阶混合 Petri 网、改进价值流的生产线碳流动态建模方法。

5.2 制造系统碳排放动力学描述

图 5-1 为机械制造系统碳排放动态特性建模框架，该框架模型根据机械制造系统的碳排放动态机理，将制造系统视为混合动态系统（Hybrid Dynamical System，HDS）。因此，制造系统的碳排放动态特性可具体表示为以下三部分：面向混合系统中连续系统动力学的速度向量 $\boldsymbol{f}(\cdot)$，面向离散事件发生的非连续指标函数 $s_j(\cdot)$，以及混合系统状态变迁轨迹描述函数 $\varphi_j(\cdot)$。假设制造系统拥有设备集 $M=\{1,2,\cdots,m\}$，制造系统加工过程可以视为按照某种工艺序列的抽象。

对于任一工艺设备，其碳排放源有三种：能耗、辅助物料消耗（如切削液）、废料（包括废品、切削）等。工艺设备主要有三种运行状态，即空载、加工和停机。设备的碳排放及产品输出随时间持续进行，除非有生产状态的变迁。首先面向制造系统碳排放过程的连续部分，其速度向量 $\boldsymbol{f}(\cdot)$ 由能量消耗率 $e(t)$、废料产生率 $w(t)$、原材料消耗率 $\mathrm{rm}(t)$ 及辅助物料消耗率 $\mathrm{am}(t)$ 等元素

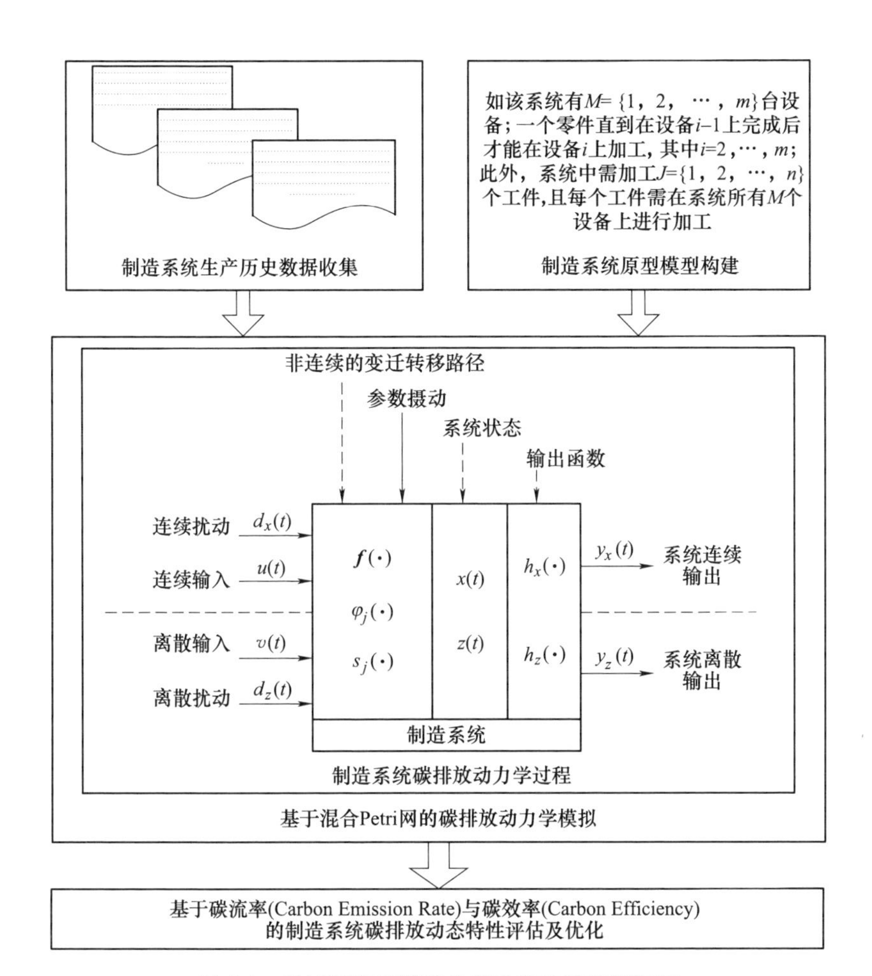

图 5-1 机械制造系统碳排放动态特性建模框架

构成。设备运行状态的变迁是一种离散或非连续的过程，设备运行状态的变迁机制可以被抽象为非连续指标函数 $s_j(\cdot)$，变迁的初始运行状态为离散输入 $v(t)$，且在时刻 t 该设备的运行状态表示为离散状态变量 $z(t)$。在工艺设备不同的运行状态下，速度向量随之改变的过程也可以理解为状态变迁过程，表示为连续状态变量 $x(t)$。本章中单工艺设备碳排放 $\mathrm{ce}_i(t)$ 设定为连续状态变量 $x(t)$，且 $\mathrm{ce}_i(t)$ 可以表示为

$$\mathrm{ce}_i(t) = e_i(t)\xi_\mathrm{e} + \mathrm{am}_i(t)\xi_\mathrm{am} + w_i(t)\xi_\mathrm{w} \tag{5-1}$$

式中，ξ_e 为电能碳排放系数 [$\mathrm{kgCO_2e/(kW \cdot h)}$]；$\xi_\mathrm{am}$ 为如切削液等辅助物料的碳排放系数（$\mathrm{kgCO_2e/kg}$）；ξ_w 为零部件废料的碳排放系数（$\mathrm{kgCO_2e/kg}$）。

由于本章重点关注制造系统的碳排放动态特性过程，因此，离散输出 $y_z(t)$ 及其对应的反映运行状态变迁过程的离散输出函数 $h_z(t)$ 将不进行详细讨论。

为了平衡生产过程中的经济效益与环境效益，产品输出与碳排放输出被设定为连续输出向量 $\boldsymbol{y}_x(t)$ 的元素。同时，综合考虑制造系统的连续扰动 $d_x(t)$ 和离散扰动 $d_z(t)$，则机械制造系统中工艺设备的碳排放动力学特性可以由混合系统的状态方程与输出方程来描述，即

$$\begin{cases} \dot{x}(t)=f(t,\ x(t),\ z(t),\ u(t),\ v(t),\ d_x(t),\ d_z(t)) & s_j(\cdot)\neq 0,\ j=1,\ 2,\ \cdots,\ n_s \\ \begin{bmatrix} x(t^+) \\ z(t^+) \end{bmatrix}=\phi_j(t,\ x(t),\ z(t),\ u(t),\ v(t),\ d_x(t),\ d_z(t)) & s_j(\cdot)=0,\ j=1,\ 2,\ \cdots,\ n_s \end{cases} \tag{5-2}$$

$$\boldsymbol{y}(t)=[y_x(t),\ y_z(t)]^{\mathrm{T}}=\boldsymbol{h}(t,\ x(t),\ z(t),\ u(t),\ v(t),\ d_x(t),\ d_z(t)) \tag{5-3}$$

式中，$x(t^+)$ 为状态 x 正好在 t 时刻以后的瞬间状态；$z(t^+)$ 为状态 z 正好在 t 时刻以后的瞬间状态；n_s 为离散事件的数量，即主要指设备状态变迁的次数。

根据式（5-2）与式（5-3），整个制造系统的碳排放动态特性可以用 $\dot{\boldsymbol{X}}(t)=(\dot{x}_1(t)\cdots\dot{x}_i(t)\cdots\dot{x}_m(t))$ 与 $\boldsymbol{Y}(t)=(y_1(t)\cdots y_i(t)\cdots y_m(t))$ 两个决策变量向量决定。本章中采用工艺设备的碳流率与碳效率分别定义决策变量 $\dot{x}(t)$ 与 $y(t)$。

5.3 多层制造系统碳流动态平衡特性

制造系统在生产运行过程中，碳流动态特性主要体现在随着时间的演化，伴随着各种物料的输入与输出、能源的转换与消耗、废弃物的排放与处理等动态过程，产生各种碳排放。碳排放的分类方式，按照碳排放源可分为物料碳排放和能源碳排放，按照碳排放发生场所可分为直接碳排放和间接碳排放。对碳流动态特性的分析是对生产过程建立相应的碳流系统边界，从系统边界分析制造系统的生产构成、运行模式、能量与物料平衡方程等，导出碳排放的计算模型，为制造系统碳流动态模型建立数量分析的基础。

5.3.1 制造系统碳流系统边界及物能平衡方程

图 5-2 描述了一种典型机械制造系统的碳流系统边界。假设触发系统从一个稳定生产状态迁移到另一个稳定生产状态的事件称为宏事件，两连续的宏事件 τ_k 和 τ_{k+1} 的时间间隔 $[\tau_k,\ \tau_{k+1}]$ 为宏周期，其时段长度记为 $\Delta_k=\tau_{k+1}-\tau_k$，在时段长度 Δ_k 内系统处于稳定状态，各设备的生产率保持恒定。针对系统处于某个宏周期内，对机械制造系统碳流系统边界进行分析。该系统边界共分为企业层 Ω_{E}、机械制造系统层 Ω_{M}、车间层 Ω_{J}、过程层 Ω_{P} 四个层次。图中 $\sum\limits_i \dot{Q}_{\mathrm{I}}^{\mathrm{e}}$、$\sum\limits_i \dot{Q}_{\mathrm{II}}^{\mathrm{f}}$ 分别

为发电站通过电网单位时间供入的电能和其他能源通过能量转换 E_{II} 单位时间供入的能量，$\sum_i \dot{Q}_{\text{I}}^{s}$、$\sum_i \dot{Q}_{\text{II}}^{s}$ 分别为能量转换 E_{I} 对制造系统单位时间传递的热能和能量转换 E_{II} 对制造系统单位时间传递的热能，$\sum_i \dot{W}_{\text{I}}^{s}$、$\sum_i \dot{W}_{\text{II}}^{s}$ 分别为能量转换 E_{I} 对制造系统单位时间所做的功和能量转换 E_{II} 对制造系统单位时间所做的功，$\sum_i \dot{Q}_{\text{I}}^{o}$、$\sum_i \dot{Q}_{\text{II}}^{o}$ 分别为能量转换 E_{I}、E_{II} 对企业外其他系统单位时间传递的热能，$\sum_i \dot{W}_{\text{I}}^{o}$、$\sum_i \dot{W}_{\text{II}}^{o}$ 分别为能量转换 E_{I}、E_{II} 对企业外其他系统单位时间所做的功，$\sum_i \dot{Q}_{\text{I}}^{w}$、$\sum_i \dot{Q}_{\text{II}}^{w}$ 分别为能量转换 E_{I}、E_{II} 因热损耗单位时间向环境传递的热，$\sum_i \dot{Q}^{o}$ 为单位时间制造系统层 Ω_{M} 向环境传递的热，$\sum_i \dot{m}_1$ 为单位时间输入机械制

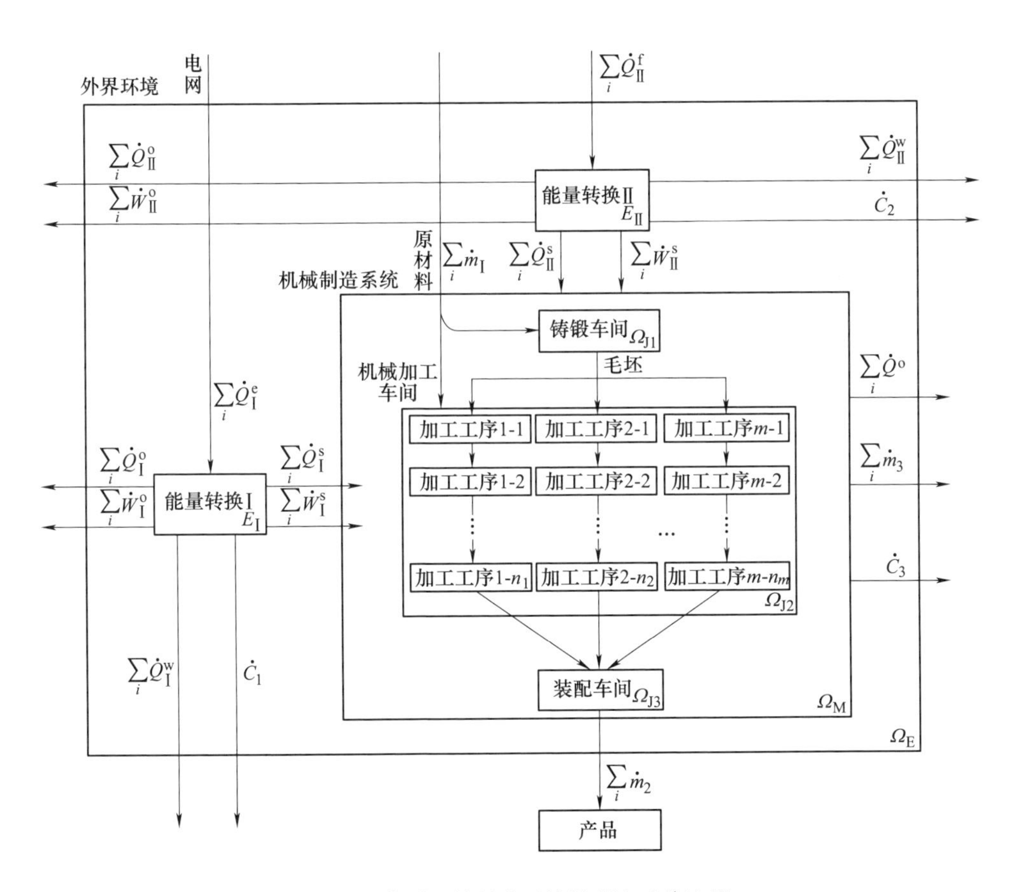

图 5-2 典型机械制造系统的碳流系统边界

造系统层 Ω_M 的原材料，$\sum_i \dot{m}_2$ 为单位时间机械制造系统层 Ω_M 生产的产品，$\sum_i \dot{m}_3$ 为单位时间制造系统层 Ω_M 产生的废弃物，$\dot{C}_1$、$\dot{C}_2$、$\dot{C}_3$ 分别为能量转换 E_{I}、能量转换 E_{II} 和制造系统层 Ω_M 单位时间产生的碳排放。变量上标 e、s、o、f、w 分别表示电能、系统、外界环境、非电能的其他能源、废热。

该系统边界由能量转换环节和制造系统组成，其中能量转换 E_{I} 与电能的转换消耗相关；能量转换 E_{II} 消耗的主要能源包括一次能源、二次能源及耗能工质（如压缩空气、氧气等）。E_{I}、E_{II} 可表示为

$$\frac{\mathrm{d}E_{\mathrm{I}}}{\mathrm{d}t} = \sum_i \dot{Q}_{\mathrm{I}}^{\mathrm{e}} - \left(\sum_i \dot{Q}_{\mathrm{I}}^{\mathrm{s}} + \sum_i \dot{W}_{\mathrm{I}}^{\mathrm{s}}\right) - \left(\sum_i \dot{Q}_{\mathrm{I}}^{\mathrm{o}} + \sum_i \dot{W}_{\mathrm{I}}^{\mathrm{o}}\right) - \sum_i \dot{Q}_{\mathrm{I}}^{\mathrm{w}} \tag{5-4}$$

式中，$\frac{\mathrm{d}E_{\mathrm{I}}}{\mathrm{d}t}$ 为能量转换 E_{I} 的广义储能的变化。

$$\frac{\mathrm{d}E_{\mathrm{II}}}{\mathrm{d}t} = \sum_i \dot{Q}_{\mathrm{II}}^{\mathrm{f}} - \left(\sum_i \dot{Q}_{\mathrm{II}}^{\mathrm{s}} + \sum_i \dot{W}_{\mathrm{II}}^{\mathrm{s}}\right) - \left(\sum_i \dot{Q}_{\mathrm{II}}^{\mathrm{o}} + \sum_i \dot{W}_{\mathrm{II}}^{\mathrm{o}}\right) - \sum_i \dot{Q}_{\mathrm{II}}^{\mathrm{w}} \tag{5-5}$$

式中，$\frac{\mathrm{d}E_{\mathrm{II}}}{\mathrm{d}t}$ 为能量转换 E_{II} 的广义储能的变化。

制造系统主要由铸锻车间、机械加工车间和装配车间构成，其功能是将原材料转化为产品，在此期间伴随着能量的转换与消耗、废弃物的产生，其物料平衡方程为

$$\frac{\mathrm{d}m}{\mathrm{d}t} = \sum_i \dot{m}_1 - \sum_i \dot{m}_2 - \sum_i \dot{m}_3 \tag{5-6}$$

式中，$\frac{\mathrm{d}m}{\mathrm{d}t}$ 为机械制造系统层 Ω_M 单位时间内累积的物质量。

5.3.2 碳排放计算模型

机械制造系统某生产设备或生产单元的整个生产阶段的碳排放量 C 计算公式为

$$C = C_{\mathrm{e}}\left(\sum_{k=1}^{n} P_k \Delta_k\right) + \sum_{i=1}^{m}\sum_{k=1}^{n}(C_i^1 E_{ik}^1) + \sum_{i=1}^{m}\sum_{k=1}^{n}(C_i^2 E_{ik}^2) + \sum_{k=1}^{n}(C_{\mathrm{a}} E_{\mathrm{a}k}) \tag{5-7}$$

式中，E_{ik}^1 为第 i 种一次能源在第 k 个宏周期 Δ_k 内消耗的能源量；E_{ik}^2 为第 i 种二次能源在第 k 个宏周期 Δ_k 内消耗的能源量；$E_{\mathrm{a}k}$ 为工艺辅助物料在第 k 个宏周期 Δ_k 内消耗的量；C_{a} 为工艺辅助物料的碳排放系数；C_i^1 为第 i 种一次能源的碳排放系数，包括能源生产阶段的碳排放和使用阶段的碳排放；C_i^2 为第 i 种二次能源的碳排放系数，包括一次能源生产的碳排放、能源转化过程中的碳排放和二次能源使用过程的碳排放；C_{e} 为电能的碳排放系数。

根据制造系统的能源碳排放量和工艺辅助物料的碳排放量，可得单位产品的碳排放量 S_{ce} 为

$$S_{ce}=\frac{E_e C_e+E_f C_f+E_a C_a}{N} \tag{5-8}$$

式中，N 为制造系统生产运行产生的产品量；C_f 为其他能源的碳排放系数之和；E_e、E_f、E_a 分别为消耗的电能量、消耗的其他能源量和消耗的辅助物料量。

5.3.3 基于 EFOHPN 的制造系统碳流动态仿真

根据上述机械制造系统碳流边界的分析，基于扩展一阶混合 Petri 网建模方法，对重庆市某一齿轮轴自动生产线进行研究，得到某齿轮轴自动生产线的 EFOHPN 模型，如图 5-3 所示。

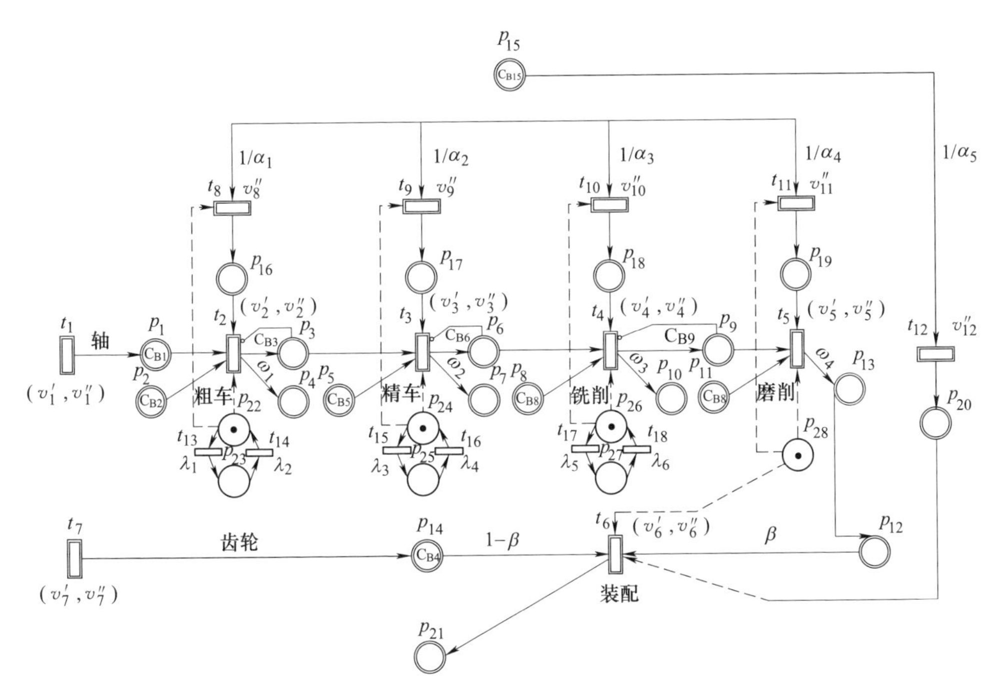

图 5-3 基于扩展一阶混合 Petri 网的制造系统生产线模型

根据 EFOHPN 模型及其定义与规则，以设备利用率最大化（间接节能）、系统产出最大化（经济效益）建立多目标函数及约束条件，并采用线性加权法进行求解，即

$$\max f(X)=w_1 f_1(X)+w_2 f_2(X)$$

$$\text{s.t.}\begin{cases} v''_j - v_j \geqslant 0 & \forall t_j \in T_e(m) \\ v_j - v'_j \geqslant 0 & \forall t_j \in T_e(m) \\ v_j = 0 & \forall t_j \in T_n(m) \\ \sum\limits_{T_j \in T_e} C(P, T_j) v_j \geqslant 0 & \forall p \in P_0(m) \end{cases} \tag{5-9}$$

其中

$$f_1(X) = \max_v(\xi_2 v_2 + \xi_3 v_3 + \cdots + \xi_6 v_6),\ \xi_i = \begin{cases}1 & \text{使第}\ i\ \text{个设备的利用率最大化} \\ 0 & \text{否则}\end{cases}$$

$$f_2(X) = \max_v[1000v_6 + (-1)(v_1 + v_7)]$$

$f_2(X)$ 中选系数为1000、-1使生产率最大化；w_1、w_2 为机械利用率和系统生产量的权重系数，在此各取0.5；$T_e(m)$ 为在 m 下使能的连续变迁；$T_n(m)$ 为在 m 下非使能的连续变迁。

然后，采用HYPENS软件嵌入到MATLAB工具箱对系统进行仿真，可得原材料输入库所 m_1、m_{14}，输出产品库所 m_{21}，电网输出库所 m_{15} 随时间的变化曲线，如图5-4所示。

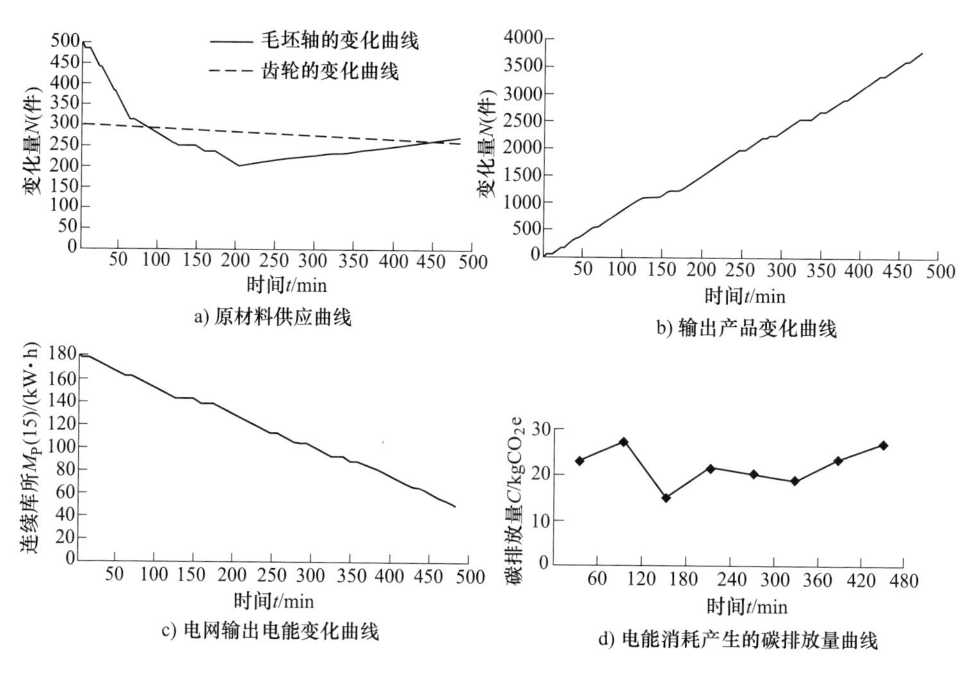

图5-4　碳排放动态特性仿真结果示例

由图5-4d电能消耗产生的碳排放量曲线可知，在时间段60~120min内，各生产设备以最大生产率运行，有助于提高系统生产量，降低单位产品能源碳排放量；在时间段 120~180min 内，由于宏事件等因素的影响，出现生产瓶颈，导致部分生产设备空载运行，通过优化生产系统，进而降低单位产品能源碳排放量。

5.4 基于 Petri 网的机械制造系统碳流动态建模

机械制造系统具有动态性、集合性、相关性、反馈性、随机性等特点，在机械制造系统中，零部件生产过程具有多设备、多工序等特点，而各台设备、各个工序都伴随着能源的连续消耗以及产生碳排放。机械制造系统，特别是批量化流水生产线型制造系统，其能源消耗及碳排放按工序次序具有连续性的特点。与此同时，生产过程会受到一些离散事件（如设备故障、维修、生产指令调度等）的影响。因此机械制造系统，特别是批量化生产线型制造系统在能源消耗及其碳排放分析方面具有连续性和离散性的双重特征。因此，采用一阶混合 Petri 网对制造系统的上述特征进行建模非常具有针对性和能动性。

5.4.1 模型的形式化定义

定义 1 一阶混合 Petri 网的结构为八元组：$\Sigma=(P, T, A, Pre, Post, D, C, M)$。

库所集 $P=P_c\cup P_d$ 由连续库所集（用◎表示）和离散库所集（用○表示）组成，其中连续库所集 $P_c=\{P_c^{\mathrm{e}}, P_c^{\mathrm{m}}\}$，$P_c^{\mathrm{e}}$ 为能源库所集，代表制造系统生产消耗的各种能源，即能源流；P_c^{m} 为物料库所集，代表制造系统的各种原材料、辅助物料、中间产品和成品以及机群的输入、输出缓冲区等，具体表现为物料流。离散库所集 P_d代表制造系统生产过程中的控制信息，如实际的生产过程中各种机群的开停机控制，显示机群的实际运行状态，具体表现为信息流。库所 P、P_c、P_d 的基数分别记为 n、n_c、n_d，即满足 $P_c=\{P_i\mid i=1, \cdots, n_c\}$，$P_d=\{P_i\mid i=n_{c+1}, \cdots, n\}$。

变迁集 $T=T_c\cup T_d$ 分解为离散变迁集 T_d与连续变迁集 T_c(用双实线矩形表示)。T_d进一步分解为瞬时变迁 T_{I}（用单实线表示）、确定时延变迁 T_{D}（用黑色矩形表示）和随机时延变迁 T_{E}（用白色矩形表示），体现制造系统生产过程中的各离散信息的关联以及用于离散标识和连续标识的相互转化；连续变迁集 T_c 代表各机群。变迁 T、T_c、T_d 基数分别记为 q、q_c、q_d，同时把 q_t作为时延变迁集 $T=T_D\cup T_F$ 的基，满足 $T_c=\{t_j\mid j=1, \cdots, q_c\}$，$T_t=\{t_j\mid j=q_{c+1}, \cdots, q_c+q_t\}$，$T_{\mathrm{I}}=\{t_j\mid j=q_c+q_t+1, \cdots, q\}$。

$A=\{A_{\mathrm{N}}, A_{\mathrm{I}}, A_{\mathrm{C}}\}\rightarrow R_0^+$ 由普通弧、抑制弧和控制弧组成，用于指定库所（变迁）与变迁（库所）的连接情况。抑制弧的作用体现在一旦其连接的输入库所中拥有的标识数大于或等于抑制弧的权，则该抑制弧将抑制该变迁的激发，通过引入抑制弧，不仅有助于所建模型在结构上的简化，而且能增强系统的模拟能力，其模拟能力等价于图灵机，使带抑制弧的 Petri 网具备零检测的能力，与抑制弧相连的库所包括离散库所和连续库所；控制弧用于传递来自上层的控制信息，主要体现在某变迁的激发不会改变其输入库所的标识数，只起控制作用。当连续变迁与来自上层的控制弧相连时，通过控制弧发出的控制信息，连续变迁的瞬时激发速度（即机群的生产率）会发生变化，变化时刻为连续变迁 T_d的使能时刻。通过引入控制弧，可增强对模型的建模能力，提高了制造系统的快速响应能力，与控制弧相连的库所一般为离散库所。

Pre、$Post$ 是与弧相关联的映射函数，满足 $Pre=\{Pre^{N}, Pre^{I}, Pre^{C}\}$，$Post=\{Post^{N}\}$，$P_c\times T\rightarrow R_0^+$，$P_d\times T\rightarrow N$，其中 $R_0^+=R^+\cup\{0\}$，为保持构造完备性，要求 $\forall t\in T_c$，$p\in P_d$，$I^{N}(p, t)=O^{N}(p, t)$。通过引入映射函数，极大地增强了模型的建模语义，如 Pre、$Post$ 可表示为电能在电网的损失率，能源与物料的回收率和转化效率，输入输出物的组成比，能源与物料相互之间的耦合关系等。

对于仅含普通弧的网，其关联矩阵定义为 $\boldsymbol{C}(p, t)=\boldsymbol{Post}(p, t)-\boldsymbol{Pre}(p, t)$，$\boldsymbol{C}$ 对 P_X，T_Y，$(X, Y\in\{c, d\})$ 约束记为 $\boldsymbol{C}_{XY}$，根据构造完备性假设，有 $\boldsymbol{C}_{dc}=\boldsymbol{0}$。若控制弧是某变迁的输入，其关联矩阵定义为 $\boldsymbol{C}(p_d, t)=-\boldsymbol{Pre}(p_d, t)$。由于含抑制弧 Petri 网的关联矩阵至今还没有恰当的定义，故本书在涉及抑制弧关联矩阵的概念时，将含抑制弧的 Petri 网通过增加一库所转化为普通 Petri 网进行处理。

函数 $D: T_t\rightarrow R^+$指定离散时间变迁的时延，对于确定型离散变迁 $t_j\in T_{\mathrm{D}}$，其点火时延 $\delta_j=D(t_j)$；随机型变迁 $t_j\in T_{\mathrm{E}}$ 可服从正态分布、指数分布、泊松分布和 0-1 分布等，如指数分布常用于模拟设备的故障间隔时间，其平均点火速率 $\lambda_i=D(t_j)$，即平均点火时延为 $1/\lambda_j$，λ_j 是与指数分布相关的参数。

函数 $C: T_c\rightarrow R_0^+\times R_\infty^+$ 指定连续变迁的点火速度，对应于制造系统机群的生产能力，$\forall t_j\in T_c$，$\exists C(t_j)=(V'_j, V_j)$，$V'_j\leqslant V_j$，其中 V'_j为最小激发速度，V_j 为最大激发速度。若由不可靠事件导致机群停止运行，则机群的最小生产能力为 0。

标识 $M(\tau_0): p_d\rightarrow N$，$p_c\rightarrow R_0^+$ 定量地表示制造系统的生产用能情况。分配给每个离散库所非负托肯（Token）数（用小黑点表示），指示各机群的生产运行状态，当接收控制系统发出的控制命令时，可改变连续变迁的激发速度。给各连续库所分配为实数，定量地表示系统生产能耗活动中能源的消耗量与物料的转化量，以及产品的生产量。M_i 表示库所 P_i 的标识，在时刻 τ 的标识记为 $M_i(\tau)$。并且连续库所集 P_c和离散库所集 P_d的标识 M 分别记为 M^c和 M^d。

通过对碳流动态模型的形式化定义以及制造系统的特点，可导出机械制造系统碳流动态模型的结构框图，如图 5-5 所示。此外，利用该定义和能量流模型各环节中的能量转换效率，采用文献提出的基于 S 不变量的网系统能量守恒计算及能效分析法，可将能效表示成统一的计算公式为

$$\eta=\frac{\sum\limits_{P_e\in\{T_j\}}M_e(t+\mathrm{d}t)I(e)-\sum\limits_{P_e\in\{T_j\}}M_e(t)I(e)}{\sum\limits_{P_i\in\{T_j\}}M_i(t+\mathrm{d}t)I(i)-\sum\limits_{P_i\in\{T_j\}}M_i(t)I(i)} \tag{5-10}$$

式中，P_e为工作组输出产品的仓库；I 为网模型的 S 不变量，S 不变量中各分量的值为连续库所的加权值。

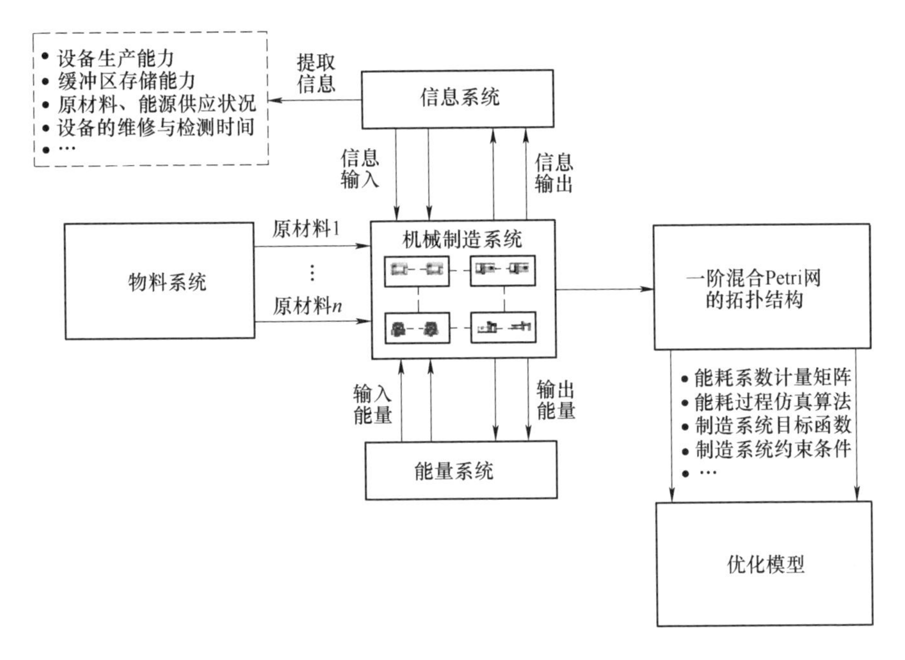

图 5-5　机械制造系统碳流动态模型的结构框图

5.4.2　模型的使能和激发规则

1）离散变迁的使能取决于输入库所的标识，包括离散库所的标识数和连续库所的标识数。现给出具体的形式化定义。

定义 2　离散变迁 t_j在 $M(\tau)$ 的使能满足三个条件：

① $\forall p_i\in{}^{\cdot}t_j$，$M_i(\tau)\geqslant Pre^{\mathrm{N}}(p_i,\ t_j)$。

② $\forall p_i\in{}^{\cdot}t_j$，$M_i(\tau)\geqslant Pre^{\mathrm{I}}(p_i,\ t_j)$。

③ $\forall p_i\in{}^{\cdot}t_j$，$M_i(\tau)\geqslant Pre^{\mathrm{C}}(p_i,\ t_j)$。

若在 τ^-时刻点火，则产生新标识 $M(\tau)$。

2）连续变迁的使能只取决于离散库所的标识，并以其输入的连续库所来决

定该变迁的使能特性，即是强使能、弱使能还是非使能。有关使能特性，文献将连续变迁的使能划分为 2 级使能迁移、1 级使能迁移、0 级使能迁移，以及非使能迁移，同时多级使能迁移使模型的语义也比其他的混合 Petri 网模型语义更为复杂。因此，这给模型后续的分析、算法的描述、仿真也带来了困难。同时，一阶混合 Petri 网的运行也并没有因使能的划分不足而限制其应用，反而以其灵活简便的建模语义得到了广泛应用。鉴于此，本书以 Balduzzi F 教授给出的连续变迁的使能语义进行分析说明。

定义 3 若连续变迁 t_j 的输入弧是普通弧（控制弧），连续变迁 t_j 的使能仅取决于 t_j 的输入离散库所，即 $\forall p_i \in {}^d t_j$，$M_i(\tau) \geqslant Pre^{N(C)}(p_i, t_j)$，若 $\forall p_i \in {}^c t_j$，$M_i(\tau) > 0$，则 t_j 为强使能；若 $\forall p_i \in {}^c t_j$，$M_i(\tau) = 0$，则 t_j 为弱使能。

若连续变迁 t_j 输入弧中含有抑制弧，使能满足 $\forall p_i \in {}^d t_j$，$M_i(\tau) \geqslant Pre^{I}(p_i, t_j)$，若 $\forall p_i \in {}^c t_j$，$M_i(\tau) < Pre^{I}(p_i, t_j)$，则 t_j 为强使能，否则为非使能。

5.4.3 模型的动态特性分析

下面对模型的动态特性进行描述分析。首先分析离散变迁的行为，即与计时器相关的连续动态行为和与变迁点火相关的离散事件动态行为，然后考虑连续变迁点火的时间驱动行为。

为便于阐述，用 $\boldsymbol{e}_{i,n}$ 表示维数为 n 的第 i 个典范基向量，即 $\boldsymbol{e}_{i,n} = \Big[\underbrace{\overbrace{0, \cdots, 0, 1}^{i}, 0, \cdots, 0}_{n}\Big]^{\mathrm{T}}$。

（1）离散变迁的动态特性分析

离散变迁的演变规则为需给每一个时延变迁 $t_j \in T_t$ 赋予一个计时器 v_j。

定义 4 在网系统中，若宏周期 $[\tau_k, \tau)$ 为时延变迁 $t_j \in T_t$ 的使能状态未发生变化的时间间隔，如果 t_j 在此间隔使能，则满足 $v_j(\tau) = v_j(\tau_k) + (\tau - \tau_k)$，否则 $v_j(\tau) = v_j(\tau_k) = 0$。

需要注意的是，在该定义中，每当 t_j 不使能或点火时，计时器需复位为 0，每个时延变迁服从单服务器计时语义（single-server semantics），即只有一个计时器，同时，每个时延变迁只有一个使能记忆策略（enabling-memory policy）；当瞬时变迁点火时，宏周期 $\Delta_k = \tau_{k+1} - \tau_k$ 可能是空长度，即 $\tau_{k+1} - \tau_k$。

与时延变迁相关的计时器向量 $\boldsymbol{v}$ 满足 $\boldsymbol{v} = [v_{q_c+1}, v_{q_c+2} + v_{q_c+q_t}]^{\mathrm{T}} \in (R_0^+)^{q_t}$。当出现以下两个宏事件时，计时器向量会发生变化：

1）离散变迁的点火，改变了离散库所的标识和时延变迁的使能状况，该宏事件用符号 γ 表示。

2）连续库所标识数的变化（增加/减少）达到相应权重时，使离散变迁使能状况发生变化，该宏事件用符号 $\varepsilon/\bar{\varepsilon}$ 表示。

通过上述分析可知，当一个使能的时延变迁 $t_j \in T_t$ 的时延值达到一个给定值 $v_j(\tau)=\hat{v}_j$ 时就点火，$\hat{v}_j$ 称为计时器设点值。对于瞬时变迁，由于其使能后立即点火，故 $\hat{v}_j=0$。

离散变迁点火后相应库所标识的变化情况，定义如下。

定义 5　离散变迁 t_j 在初始标识 $m(\tau^-)$ 条件下因变迁点火而产生新标识 $m(\tau)$，对于只含普通弧的网，满足：

$$\begin{cases} m^c(\tau)=m^c(\tau^-)+\boldsymbol{C}_{cd}\boldsymbol{\sigma}(\tau) \\ m^d(\tau)=m^d(\tau^-)+\boldsymbol{C}_{dd}\boldsymbol{\sigma}(\tau) \end{cases} \tag{5-11}$$

式中，$\boldsymbol{\sigma}(\tau)$ 为离散变迁 t_j 的激发次数记录向量，表示哪一个离散变迁将在当前的宏周期末进行点火，$\boldsymbol{\sigma}(\tau)=\boldsymbol{e}_{j,q,d}$。对于输出弧是控制弧的库所，其标识数保持不变，即满足 $m(\tau)=m(\tau^-)$；对于输出弧是抑制弧的库所，其标识数也保持不变。

（2）连续变迁的动态特性分析

连续变迁 t_j 在时刻 τ 的瞬时激发速度（Instantaneous Firing Speed，IFS）记为 $v_j(\tau)$，则对于只含普通弧的网，库所 $p \in P_c$ 标识随时间的变化可表示为

$$\frac{\mathrm{d}M_i(\tau)}{\mathrm{d}\tau}=\sum_{t_j \in T_c} C(p,t_j)v_j(\tau)=\boldsymbol{e}^{\mathrm{T}}_{i,n_c}\boldsymbol{C}_{cc}\boldsymbol{v}(\tau) \tag{5-12}$$

式中，$\boldsymbol{v}(\tau)$ 是在时刻 τ 所有连续变迁的 IFS 向量，$\boldsymbol{v}(\tau)=(v_1(\tau),v_2(\tau),\cdots,v_{n_c}(t))^{\mathrm{T}}$，其中 n_c 为连续变迁数。

式（5-12）成立的假定条件是在时刻 τ 无离散变迁的点火，所有 $v_i(\tau)$ 在时刻 τ 是恒定的。对于输出弧是抑制弧或控制弧的库所，其标识数保持不变，即满足 $\dfrac{\mathrm{d}M_i(\tau)}{\mathrm{d}\tau}=0$。

连续变迁 t_i 的使能状态决定其可行的 v_i，如果 t_i 不使能，则 $v_i=0$；如果 t_i 为强使能，则以 v_i 点火，满足 $v_i \in (V'_i,V_i)$；如果 t_i 为弱使能，则以 v_i 点火，满足 $v_i \in (V'_i,\bar{V}_i)$，这里 $\bar{V}_i \leqslant V_i$ 取决于流进 t_i 的输入连续空库所的流体的容量，这是由于变迁 t_i 从其输入连续库所 p_j 中移去的流体容量不可能超出由其他变迁的激发加入的容量。

下面给出所有可行 IFS 向量 $\boldsymbol{v}(\tau)$ 的集合。

定义 6　若网的当前标识为 m，令 $T_e(m)$ 为在 m 下使能的连续变迁，$T_n(m)$ 为在 m 下非使能的连续变迁，$P_0=\{p \in P_c/m_p=0\}$ 为清空的连续库所。在 m 下任一可行的IFS 向量 $\boldsymbol{v}(\tau)=(v_1(\tau),v_2(\tau),\cdots,v_{n_c}(\tau))^{\mathrm{T}}$ 是以下线性不等式组

的可行解：

$$V_j - v_j \geqslant 0 \quad \forall t_j \in T_e(m) \tag{5-13a}$$

$$v_j - V'_j \geqslant 0 \quad \forall t_j \in T_e(m) \tag{5-13b}$$

$$v_j = 0 \quad \forall t_j \in T_n(m) \tag{5-13c}$$

$$\sum_{T_j \in T_e} C(P, T_j) v_j \geqslant 0 \quad \forall p \in P_0(m) \tag{5-13d}$$

式（5-13）所有可行解的集合记为 $\boldsymbol{S}(\Sigma, m)$。使用线性不等式来描述所有的瞬时激发速度向量集 $\boldsymbol{S}$，对于任一 IFS 向量 $\boldsymbol{v} \in \boldsymbol{S}$ 代表制造系统一种特定的运行模式，再根据目标函数从所有可行的 IFS 向量集 $\boldsymbol{S}$ 中选取最佳运行模式，即进行优化。

有关 $\boldsymbol{S}(\text{HPN}, m)$ 具有可行解的条件，文献已进行了阐述，在此不再冗述。

设网系统当前标识为 M，当 M 变化时，IFS 向量也随之变化。其变化主要由下面两个宏事件的出现引起：

1）连续库所标识为 0 时，使连续变迁的使能状况发生变化，即由强使能变为弱使能，从而改变了 $\boldsymbol{S}$，该宏事件用符号 $\boldsymbol{\pi}$ 表示。

2）离散变迁的点火，改变离散库所的标识和连续变迁的使能状况，从而改变了 $\boldsymbol{S}$，该宏事件用符号 γ 表示。注意：符号 γ 也代表离散变迁的动态特性分析中的第一个宏事件。

定义 7 假定 τ_k 和 τ_{k+1} 是上述定义的两相邻宏事件的起始时刻，并且在宏周期 $[\tau_k, \tau_{k+1})$ 内，IFS 向量为常数，记为 $\boldsymbol{v}(\tau_k)$。那么，对于 $\forall \tau \in [\tau_k, \tau_{k+1})\tau_k$，网系统的连续特性（对于普通弧而言）记为

$$\begin{cases} m^c(\tau) = m^c(\tau_k) + \boldsymbol{C}_{cc}\boldsymbol{v}(\tau_k)(\tau - \tau_k) \\ m^d(\tau) = m^d(\tau_k) \end{cases} \tag{5-14}$$

通过对模型的连续动态特性和离散事件动态特性的分析，可采用线性时变离散时间状态变量将上述两动态特性进行较好的合并，该状态变量的采样时刻以宏事件的发生时刻表示，具体可参考文献。

5.4.4 模型的冲突解决策略

一个良好的模型应该具备解决冲突的能力，这样得到的网系统，才能进行所谓的模型动态行为分析。有关冲突的定义可参考相关文献。当发生冲突时，由于一阶混合 Petri 网的时序不定，具体哪个变迁得以发生是不确定的。实际应用中，应选择恰当的方案策略。具体可分为以下两种情形。

（1）连续变迁与离散变迁的冲突

如图 5-6 所示，规定离散变迁的优先权高于连续变迁。在图 5-6 中，连续变迁 t_3（对应于某设备对能源的连续消耗）和离散变迁 t_1 同时使能，当时延 $d_1 = 90$

时，系统的状态由于离散变迁 t_1 的激发而发生变化，离散库所 p_1 的标识流向离散库所 p_2，即 $M_1=0$，$M_2=1$。

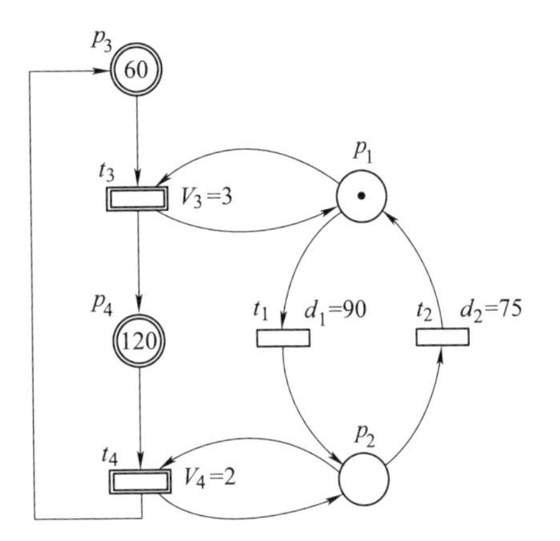

图 5-6　连续变迁与离散变迁的冲突

（2）两连续变迁的冲突（共用一连续或离散库所）

两连续变迁的冲突如图 5-7 所示。

在图 5-7a 中，p_0 为空，若 $v_1=0$ 或 $v_1 \geqslant V_2+V_3$，则不存在冲突；若 $v_1<V_2+V_3$，则 t_2 和 t_3 为弱使能，存在资源竞争现象，且所有解都满足 $v_1=V_2+V_3$。解决策略为：①优先权法，若 t_2 优于 t_3，则 $v_2=\min(v_1,\ V_2)$，$v_3=0$；②最大速度比例分配法，$v_2=v_1\dfrac{V_2}{V_2+V_3}$，$v_3=v_1\dfrac{V_3}{V_2+V_3}$。

在图 5-7b 中，p_0 为空，一公共资源（如辅助工具）同时被两操作单元共享，若 p_1 和 p_2 为空且以瞬时激发速度 v_1、v_2 被供给，满足 $\dfrac{v_1}{V_3}+\dfrac{v_2}{V_4}\leqslant 1$，则不存在冲突；若 p_1 和 p_2 内含资源，则存在冲突，当 p_0 被 t_3 使用时，$v_3=V_3$，$v_4=0$，当 p_0 被 t_4 使用时，$v_4=V_4$，$v_3=0$，即满足 $\dfrac{v_3}{V_3}+\dfrac{v_4}{V_4}=1$。

解决策略为：①p_0 内嵌入两公共资源；②优先权法。

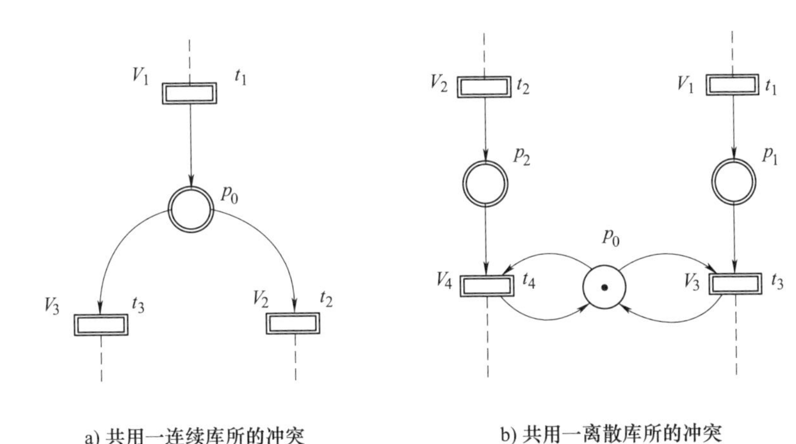

图 5-7　两连续变迁的冲突

5.4.5 一阶混合 Petri 网的碳流动态模型

本节采用自底向上的方法并结合一阶混合 Petri 网的建模思想，给出了机械制造系统的碳流动态模型。该方法的核心思想主要分为两部分，即拆解与合并。所谓拆解即依据制造系统的生产特点，按照一阶混合 Petri 网的建模思想，将其分为若干个相关联的子系统，如供应商模块、制造模块、装配模块、拆解模块、运输模块、故障模块、控制模块等。所谓合并即将所有的子系统模块按照一定的规则组合成一个用于描述实际系统的模型。在上述模块中，以制造模块、装配模块、拆解模块最为典型，由于制造系统生产运行的动态过程中受多种因素或控制信息的影响，工作组可能会随时改变生产及控制策略以满足实际需求。而供应商模块、运输模块、故障模块相对比较固定，相关文献亦对其进行了较为详细的阐述。另外，制造模块、装配模块、拆解模块从网模型的构建角度来说，它们的原理类似，鉴于此，现仅以制造模块（特别是加工多种零部件的柔性制造单元）为例，给出用于描述制造系统碳流动态特性的建模方法。

图 5-8 给出了加工多种零部件的柔性制造单元碳流动态建模模块。该模块由离散部分和连续部分构成，并按照 5.3.2 节给出的使能和激发规则，对 m 种类型的零部件进行批量化生产。其中，离散部分由一系列表示执行过程的控制器构成，控制着不同类型的零部件加工；连续部分表示生产运行流程。离散部分由离散库所、离散变迁以及相应的连接弧组成，离散库所表示控制信息的状态，离散变迁表示状态的改变。连续部分由连续库所、连续变迁以及相应的连接弧组成，连续库所描述资源的有效性，连续变迁表示工作组的生产运行。

在图 5-8 中，模型的离散部分由 $m+1$ 个库所构成，其中库所 p_0 赋予一种特殊的含义，即信息库所。当市场需求发生变化时，来自信息系统发出的控制命令，用于生产符合市场需求的产品，即自动调整并实现一定范围内多种工件的成批高效生产，并能及时地改变产品以满足市场需求。库所 p_0 和 $p_1 \sim p_m$ 表示加工 m 种零部件的标识库所，库所 p_0 和 $p_1 \sim p_m$ 内的标识数满足：

$$m_0(\tau) + \sum_{i=1}^{m} m_i(\tau) = 1 \tag{5-15}$$

式（5-15）表明该工作组同一时刻只能加工一种类型零部件，p_0 和 $p_1 \sim p_m$ 之间通过时延变迁相互连接，时延时间具体含义为生产各种类型零部件的切换时间。

此外，从图 5-8 还可以看出，在离散部分区域存在结构上的冲突，即库所 p_0 里的标识可同时使能变迁，解决此冲突可采用优先权法策略。在连续部分区域，库所 $p_{m+1} \sim p_{2m}$ 与变迁 $t_{m^2+m+1} \sim t_{m(m+2)}$ 之间的映射函数满足 $E = f(\boldsymbol{v})$，即能源的消耗量与产品的生产量成正比，并记生产单位产品所需的能耗为单耗，以单耗来确定能源与工作组生产率的关系，用能耗系数计量矩阵表示。图 5-8 相关网元素的说明见表 5-1。

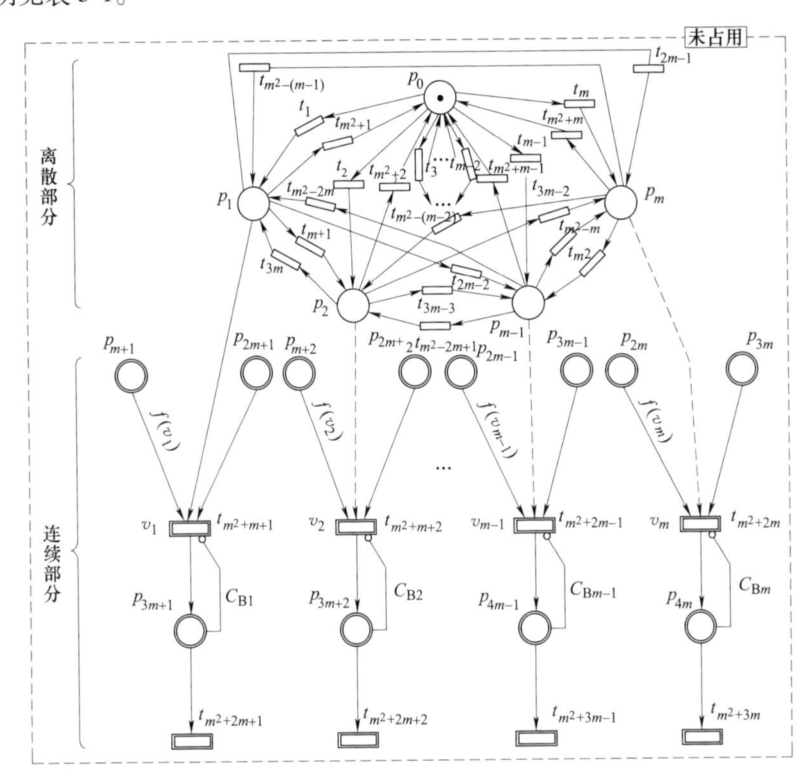

图 5-8　加工多种零部件的柔性制造单元碳流动态建模模块

表 5-1　图 5-8 相关网元素的说明

网元素	符号	具体含义
p_d	p_0	信息库所，用于发送控制命令
	$p_1 \sim p_m$	$1 \sim m$ 种零部件的标识库所
p_c	$p_{m+1} \sim p_{2m}$	能源库所
	$p_{2m+1} \sim p_{3m}$	输入 $1 \sim m$ 种零部件的输入库所
	$p_{3m+1} \sim p_{4m}$	$1 \sim m$ 种零部件的输出缓冲区
t_d	$t_1 \sim t_m$	从命令下达到 $1 \sim m$ 种零部件进行加工的时延变迁
	$t_{m+1} \sim t_{m^2}$	改变产品的生产类型
	$t_{m^2+1} \sim t_{m^2+m}$	$1 \sim m$ 种零部件从停机到命令下达的时延变迁
t_c	$t_{m^2+m+1} \sim t_{m(m+2)}$	对 $1 \sim m$ 种零部件进行加工的机群
	$t_{m^2+2m+1} \sim t_{m(m+3)}$	$1 \sim m$ 种零部件输入到下一工序进行加工的机群
$E = f(\boldsymbol{v})$	$f(v_1) \sim f(v_m)$	$1 \sim m$ 种零部件的能耗系数计量矩阵元素
C_{Bi}	$C_{B1} \sim C_{Bm}$	$1 \sim m$ 种零部件的输出缓冲区的容量

5.5 基于价值流的产线碳流动态模型

5.5.1 基于改进价值流的碳流模型

制造是将原材料、零部件或零件转化为满足顾客期望或规格的制成品，既是产生环境排放的过程，也是增加原材料价值的过程，其过程如图 5-9 所示。大量制造企业被要求公布其碳排放量或产品碳足迹，往往忽略了生产水平、产品结构等因素的变化对碳排放的影响，因而不能为决策者提供有价值的信息。一个最优的生产系统应该具有高经济效益和低环境排放的特点。

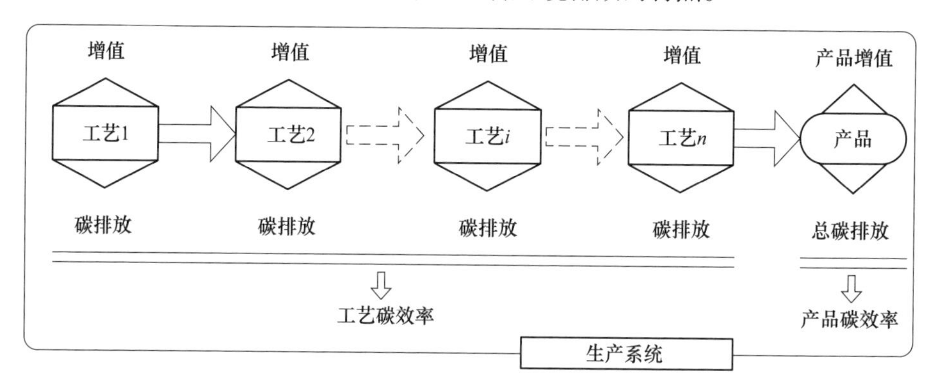

图 5-9 电子产业的碳效率范围

在图 5-9 中，可以根据材料或能源的消耗及其对应的排放因子来计算单个工艺的碳排放量。然而，很难用货币来衡量它们的附加值。根据精益制造理论，生产活动可以分为非增值活动和增值活动，可以用生产周期时间来度量。因此，在模型中假设每个单独工艺的增值与增值时间线性相关，则碳效率可表示为

$$C_{\text{-efficiency}} = \frac{k t_{\text{value-added}}}{\text{Carbon emission}} \tag{5-16}$$

式中，$t_{\text{value-added}}$为增值活动的相应时间；k 为增值和 $t_{\text{value-added}}$之间的未知常数系数。$C_{\text{-efficiency}}$的单位可以是 h/kgCO_2e、min/kgCO_2e 或 s/kgCO_2e；Carbon emission 为产品增值过程中的碳排放量（kgCO_2e）。

价值流映射（Value Steam Mapping，VSM）起源于丰田公司，是一种精益制造技术，用于分析当前产品或服务带给消费者所需的材料和信息流，在丰田公司也称为“材料和信息流映射”。价值流图由简单的符号和描述物质和信息状态的流线组成。价值流图通常用铅笔手工绘制，以保持绘制过程的简单性。因此，在精益制造中，识别提前期改进机会是一个直观、方便的工具。尽管价值流映

射通常与制造业相关，但它也用于物流、供应链、服务相关行业、医疗保健、软件开发和产品开发。价值流映射将生产活动分为增值活动和非增值活动，以创建标识生产过程瓶颈问题的映射。为了计算电子产品的碳效率，各个工艺中的碳排放信息将被整合到地图中，但传统的价值流地图还需要做一些改进。

1. 增加碳排放线

如图 5-10 所示，改进后的制造工艺 VSM 保留了传统价值流图的时间线，时间线底线量化增值活动时间，顶线量化非增值时间，与 VSM 中的时间线类似，增加了生产活动碳排放线，碳排放线用于描述整个生产过程中的碳排放，其中碳排放线顶端表示增值活动的碳排放，为有效碳排放，碳排放线的底线表示非增值活动的碳排放，为无效碳排放。

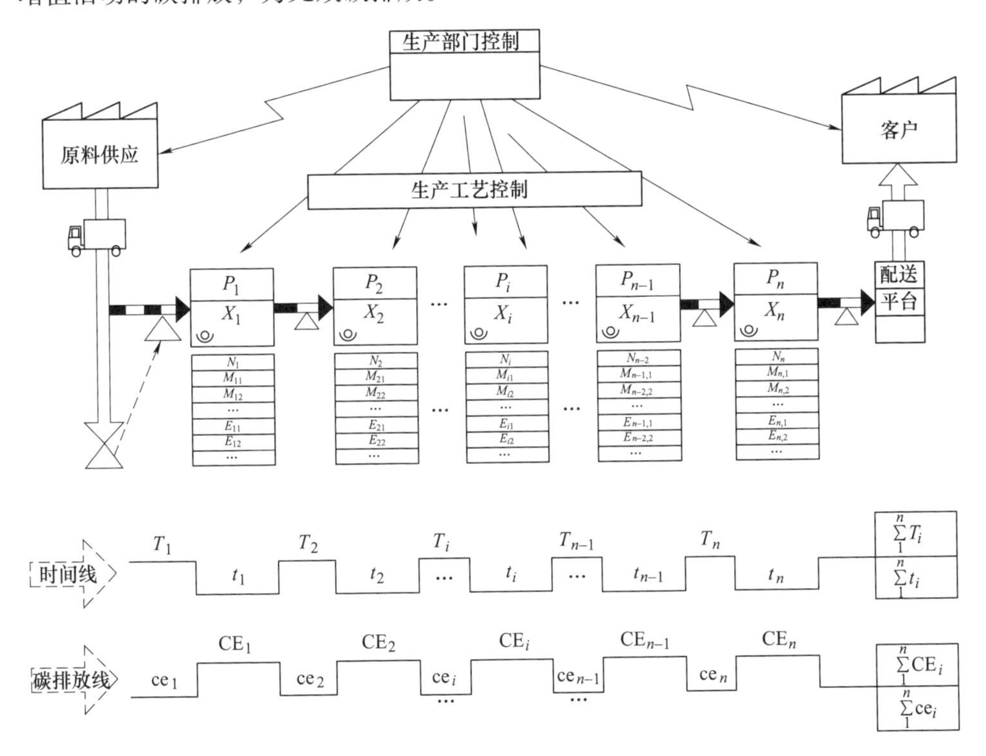

图 5-10 改进后的制造工艺 VSM

2. 更改制造过程参数

在传统的价值流图中，制造过程参数侧重于增值和非增值活动的时间信息，如生产周期时间、设备利用率等。为了计算单个工艺的碳排放量，图 5-10 中显示的过程参数强调了设备 N_i、材料 M_{ij}和能源 E_{ij}的类型和数量。改进价值流参数见表 5-2。

表 5-2 改进价值流参数

参数	含 义
P_i	第 i 个工艺过程
X_i	第 i 个工艺过程的操作人员编号
N_i	第 i 个工艺过程的设备编号
M_{ij}	第 i 个工艺过程消耗的第 j 种类型的材料
E_{ij}	第 i 个工艺过程消耗的第 j 种类型的能耗
T_i	第 i 个工艺过程的非增值时间
t_i	第 i 个工艺过程的增值时间
CE_i	第 i 个工艺过程的非增值碳排放
ce_i	第 i 个工艺过程的增值碳排放

3. 确定碳效率技术分析指标

传统 VSM 常用的技术分析指标包括在制品、预处理时间和工艺周期效率。工艺增值效率是一个指标，有助于确定一个工艺的实际增值量，可以通过用增值时间除以工艺的周期时间来计算。为了测量生产过程中时间的一致性程度，还可以使用平衡比率，如可采用碳效率等分析指标。图 5-10 中给出了产品碳效率和工艺碳效率，用 PE 表示产品碳效率，WE_i表示第 i 个工艺的碳效率，它们的计算公式为

$$\mathrm{PE} = \sum_{i=1}^{n} k_i t_i / \left(\sum_{i=1}^{n} \mathrm{CE}_i + \sum_{i=1}^{n} \mathrm{ce}_i \right) \tag{5-17}$$

$$\mathrm{WE}_i = \frac{k_i t_i}{\mathrm{CE}_i + \mathrm{ce}_i} \tag{5-18}$$

式中 t_i、CE_i 和 ce_i 分别为增值时间、增值和非增值活动的碳排放量，$i = 1, 2, \cdots, n$；k_i 为每个工艺的增值到增值时间的线性系数。碳的增值和非增值活动的排放与资源类型和消费品有密切的相对关系。

5.5.2 识别敏感工艺

原材料在完成产品之前总是要经历一系列的工艺过程，所以，产品效率与单个工艺过程有很大的关系，如图 5-10 所示。有些瓶颈工艺被称为敏感工艺，通常会对产品的碳效率造成严重影响。在优化整个生产系统的实践中，在提高产品碳效率的同时，敏感工艺总是一种低效而昂贵的方式。本研究的目的是通过灵敏度分析识别敏感工艺过程，以提高产品碳效率。

灵敏度分析一般包括单因子灵敏度分析和多重因素灵敏度分析。在单因子灵敏度分析实施过程中，每次只改变一个因子，同时保持其他因子的恒定。考

虑每个工艺过程的独立性，本研究中采用单因子灵敏度分析。在实施灵敏度分析之前，应建立具有系统特征和影响因子的函数模型。产品碳效率 PE 由工艺碳效率集 $WE=\{WE_1, WE_2, \cdots, WE_n\}$ 决定，该特征定义为系统特征，即 $PE=f(WE_1, WE_2, \cdots, WE_n)$。然后根据式（5-17）和式（5-18）中碳效率的定义，系统特征函数 $f_{PE\pm\Delta PE}(WE_1, WE_2, \cdots, WE_n)$ 可表示为

$$f_{PE\pm\Delta PE}(WE_1, WE_2, \cdots, WE_n)$$

$$=\frac{CE_q+ce_q}{\sum_{i=1}^{n}(CE_i+ce_i)}(WE_q\pm\Delta WE_q)+\frac{\sum_{i=1}^{q-1}k_it_i+\sum_{i=q+1}^{n}k_it_i}{\sum_{i=1}^{n}(CE_i+ce_i)} \tag{5-19}$$

式中，$f_{PE\pm\Delta PE}(WE_1, WE_2, \cdots, WE_n)$ 表示 PE 的变化；ΔWE_q 表示 WE_q 的波动。

实践中往往不需要计算 PE 的绝对变化，因此灵敏度函数定义为

$$S(WE_q, PE)=\frac{\dfrac{\Delta PE}{PE}}{\dfrac{\Delta WE_q}{WE_q}}=\frac{dPE}{dWE_q}\frac{WE_q}{PE} \tag{5-20}$$

然后可以绘制敏感性函数曲线 $S(WE_q, PE)\text{-}WE_q$，曲线越陡峭，工艺就越敏感。

5.5.3 案例分析

印制电路板（PCB）是电子产品中不可缺少的部件之一。PCB 制造是一个复杂和化学密集型的行业，它需要一系列化学过程来生产单层、双层或多层板。在这些化学过程中，使用了气体、液体和固体形式的各种化学品。因此，其制造过程产生了空气排放（各种酸和氯等）、废水（有机溶剂和重金属等）和固体废物（废板材料和氢氧化物污泥等）。

本案例调查了我国一家生产双面 PCB 的企业，将每 10 块板定义为功能单元，并根据公司的统计数据给出了改进的制造工艺流程图，如图 5-11 所示。单个工艺的碳排放量等于所有资源消耗的总和乘以其相应的碳排放系数。在企业的 PCB 制造过程中，碳排放主要来自电能、水、金属、化学物质和废物处理的消耗。本质上，水、金属、化学物质和废物的碳排放导致了它们生命周期中的电力消耗。我国的电能碳排放系数为 2.41kgCO_2e/(kW·h)，这是根据 2008 年我国的电力结构和火电排放系数计算得出的。仓库和物料搬运的碳排放假设为零，并假定其每个工艺的增值系数近似为 1，则其碳效率结果见表 5-3。

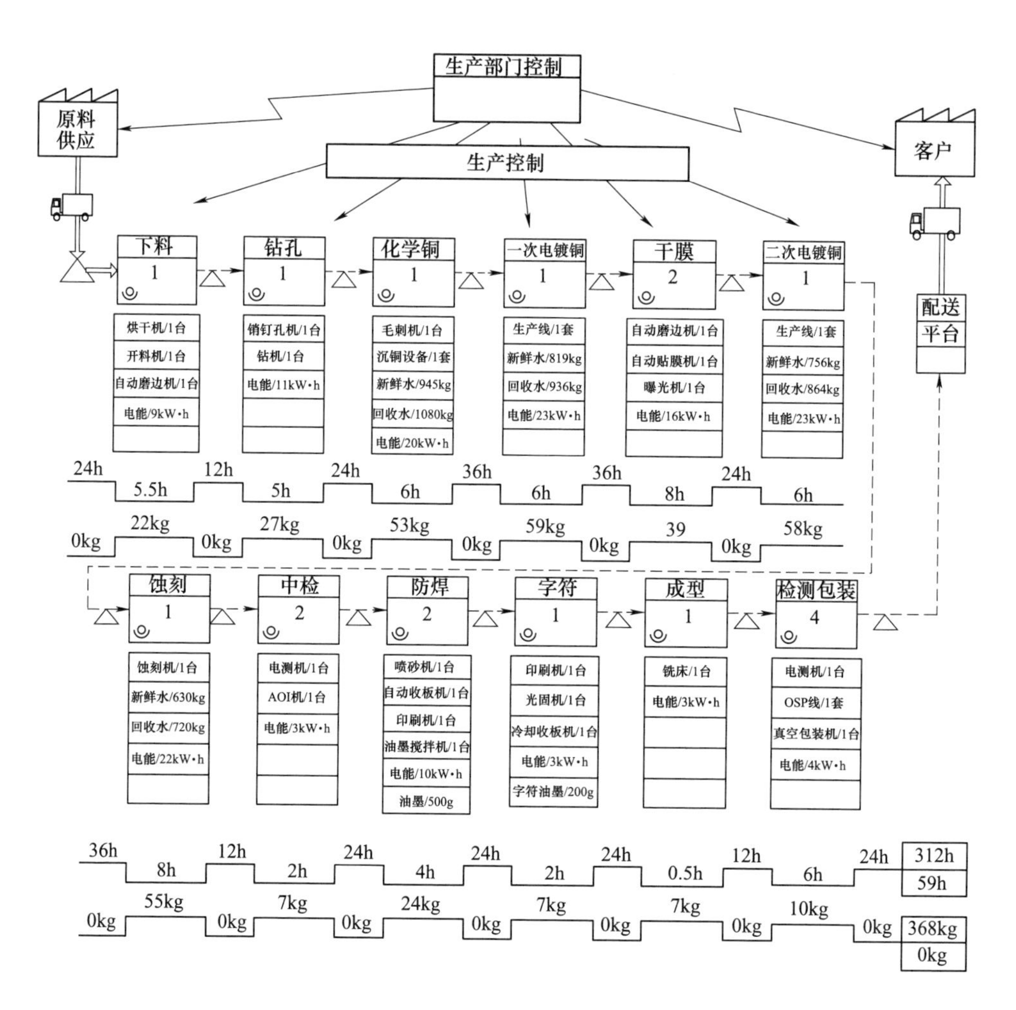

图 5-11　改进的 PCB 制造工艺流程图

表 5-3　PCB 生产各工艺碳效率　　（单位：min/kgCO_2e）

工艺	碳效率值	工艺	碳效率值
PCB	9.62	蚀刻	8.73
下料	15.00	中检	17.14
钻孔	11.11	防焊	10.00
化学铜	6.79	字符	17.14
一次电镀铜	6.10	成型	4.29
干膜	12.31	检测包装	36.00
二次电镀铜	6.21		

表 5-3 中，PCB 生产中最重要的工艺——化学铜、电镀铜和蚀刻的碳效率均低于 PCB 产品碳效率 9.62min/kgCO_2e。根据表 5-4 中的灵敏度分析结果和图 5-12 中每个工艺对应的曲线斜率，蚀刻的灵敏度最高，其次是化学铜、电镀铜。这些结果表明，蚀刻、化学铜和电镀铜是生产系统中最敏感的工艺过程。这些工艺对 PCB 制造的影响更大，是降低 PCB 碳效率的罪魁祸首。它们有一个共同的特点，即需要大量的水和较长的生产周期。因此，可建立更先进的废水处理和回收设施来提高废水的利用率，并对生产线进行自动化改造，以减少生产时间。因为在生产过程中可能会使用一系列的专有化学物质，所以制定了标准的生产操作规程来减少废物。结果，PCB 的碳效率提高了 1.4min/kgCO_2e，与现有系统的碳排放相比，修改成本降低了 36%。

表 5-4　工艺碳效率灵敏度分析　　（单位：min/kgCO_2e）

编号	工艺	因素变化水平				
		+20%	+10%	0%	-10%	-20%
1	下料	9.799	9.709	9.62	9.530	9.440
2	钻孔	9.783	9.701	9.62	9.538	9.457
3	化学铜	9.815	9.717	9.62	9.522	9.424
4	一次电镀铜	9.815	9.717	9.62	9.522	9.424
5	干膜	9.880	9.750	9.62	9.489	9.359
6	二次电镀铜	9.815	9.717	9.62	9.522	9.424
7	蚀刻	9.880	9.750	9.62	9.489	9.359
8	中检	9.685	9.652	9.62	9.587	9.554
9	防焊	9.750	9.685	9.62	9.554	9.489
10	字符	9.685	9.652	9.62	9.587	9.554
11	成型	9.636	9.628	9.62	9.611	9.603
12	检测包装	9.815	9.717	9.62	9.522	9.424

目前大多数研究仅仅披露了制造企业的碳排放总量或其产品的碳足迹，导致对生产水平、产品组合等对企业碳排放绩效的影响缺乏了解。该建模方法在分析制造系统碳流动态模型方面具有以下优点：

1）应用改进的价值流映射，同时获取电子制造工艺的碳排放和增值信息。通过这种方法，还可以直观地显示资源消耗、机器和工人的排列，从而识别碳排放的影响因素。与传统的 VSM 不同，改进的 VSM 可由决策者方便地实施。

2）产品碳效率作为制造系统碳排放绩效的指标，实际上是由系统中的每个工艺过程决定的。如果产品碳效率不尽如人意，则制造系统中的敏感工艺就是根本原因。因此，在模型中引入灵敏度分析方法，以确定这些瓶颈工艺。案例

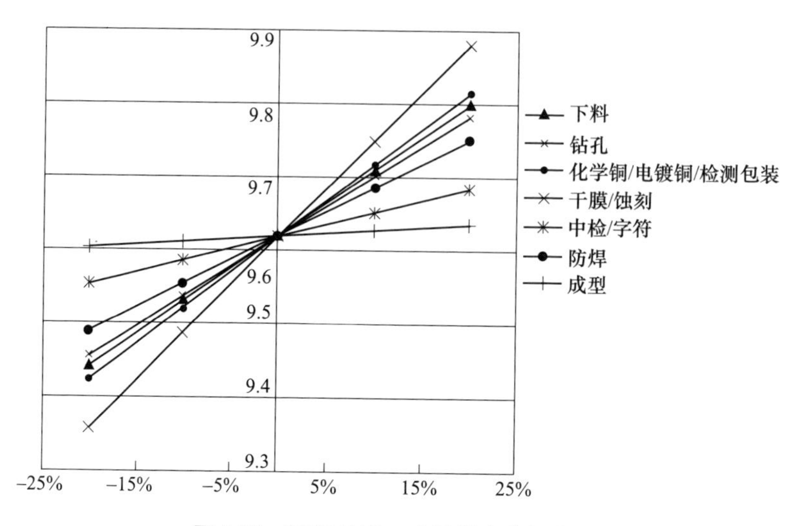

图 5-12　PCB 生产工艺灵敏度分析结果

研究表明，通过改进敏感工艺来提高产品碳效率更经济。

3）本案例补充了低碳制造的评价指标，帮助决策者调整财务效益和环境影响，在精益制造中广泛应用价值流图，为低碳排放分析提供了更加便捷的方法。

参 考 文 献

[1] MURATA T. Petri nets: properties, analysis and applications [J]. Proceedings of the IEEE, 1989, 77 (44): 541-580.

[2] ALESSANDRO G. Petri nets as discrete event models for supervisory control [M]. New York: Rensselaer Polytechnic Institute, 1992.

[3] ALLA H, DAVID R. Discrete, continuous and hybrid Petri nets [J]. IEEE Control Systems Magazine, 2008, 28 (3): 81-84.

[4] ALLAM M, ALLA H. Modeling and simulation of an electronic component manufacturing system using hybrid Petri nets [J]. IEEE Transactions on Semiconductor Manufacturing, 1998, 11 (3): 374-383.

[5] MERLIN P M, FARBER D J. Recoverability of communication protocols-implications of a theoretical study [J]. IEEE Transactions on Communications, 1976, 24 (9): 1036-1043.

[6] MOLLOY M K. Performance analysis using stochastic Petri nets [J]. IEEE Transactions on Computers, 1982, C-31 (9): 913-917.

[7] REINHARDT K. Reachability in Petri nets with inhibitor arcs [J]. Electronic Notes in Theoretical Computer Science, 2008, 223 (C): 239-264.

[8] HOLLOWAY L E, KROGH B H. Synthesis of feedback control logic for a class of controlled Petri nets [J]. IEEE Transactions on Automatic Control, 1990, 35 (5): 514-523.

[9] ALLA H, DAVID R. Modelling and analysis tool for discrete events systems: continuous Petri net [J]. Performance Evaluation, 1998, 33 (3): 175-199.
[10] DAVID R, ALLA H. Discrete event dynamic systems: theory and applications on hybrid Petri nets [J]. 2001, 11 (1-2): 9-40.
[11] BALDUZZI F, GIUA A, MENGA G. First-order hybrid Petri nets: a model for optimization and control [J]. IEEE Transaction on Robotics and Automation, 2000, 16 (4): 382-399.
[12] BALDUZZI F, GIUA A, SEATZU C. Modelling and simulation of manufacturing systems with first-order hybrid Petri nets [J]. International Journal of Production Research, 2001, 39 (2): 255-282.
[13] TSINARAKIS G J, VALAVANIS K P. Modular hybrid Petri nets for studying multi-operational production systems where parts follow multiple alternative processes [C]//Proceedings-2004 IEEE International Conference on Robotics and Automation, IEEE, New Orleans, LA, United States, 2004: 547-553.
[14] GIUA A, PILLONI M T, SEATZU C. Modeling and simulation of a bottling plant using hybrid Petri nets [J]. International Journal of Production Research, 2005, 43 (7): 1375-1395.
[15] MOHSEN V, ALI D, MOHAMMAD B M. Scheduling of hybrid chemical plants using first-order hybrid Petri nets [C]//2011 19th Iranian Conference on Electrical Engineering, IEEE, Tehran, Iran, 2011: 2164-7054.
[16] 刘飞，张晓冬，杨丹．制造系统工程 [M]. 2版．北京：国防工业出版社，2000.
[17] 吴维敏，董利达，苏宏业，等．基于抑制弧 Petri 网的离散事件系统的监控理论综述 [J]. 浙江大学学报（工学版），2003，37（1）：42-46.
[18] 马福民，张腾飞．企业能耗过程性质判定及能量守恒性分析 [J]. 计算机工程与应用，2010，46（27）：201-204.
[19] BALDUZZI F, GIUA A, MENGA G. First-order hybrid petri nets: a model for optimization and control [J]. IEEE Transaction on Robotics and Automation, 2000, 16 (4): 382-399.
[20] BALDUZZI F, GIUA A, MENGA G. Modelling and simulation of manufacturing system with first-order hybrid Petri nets [J]. International Journal of Production Research, 2001, 39 (2): 255-282.
[21] 江志斌．Petri 网及其在制造系统建模与控制中的应用 [M]. 北京：机械工业出版社，2004.
[22] ABDULMALEK F A, RAJGOPAL J. Analyzing the benefits of lean manufacturing and value stream mapping via simulation: a process sector case study [J]. International Journal of Production Economics, 2007, 107 (1): 223-236.
[23] NORTON A, FEARNE A, WALDRON K. Sustainable value stream mapping in the food industry [M]. Cambridge: Woodhead Publishing, 2009.
[24] SEPTEMBER, AČV JAN, VEDY H, et al. Comparison of traditional VSM and VSM analysis based on simulation parameters [DB/OL]. https//www. posterus. sk/? p=8660.
[25] TAHARA K, SAGISAKA M, OZAWA T, et al. Comparison of "CO_2 efficiency" between com-

pany and industry [J]. Journal of Cleaner Production, 2005, 13 (13-14): 1301-1308.

[26] CHA K, LIM S, HUR T. Eco-efficiency approach for global warming in the context of Kyoto mechanism [J]. Ecological Economics, 2008, 67 (2): 274-280.

[27] PAJU M, HEILALA J, HENTULA M, et al. Framework and indicators for a sustainable manufacturing mapping methodology [C]//Proceedings-Winter Simulation Conference, Baltimore, Maryland, USA, 2010: 3412-3422.

[28] ROTHER M, HARRIS R, WOMACK F B, et al. Learning to see: value-stream mapping to create value and eliminate muda [J]. Crc. Press, 2003, 43 (172): 31-42.

[29] SIMONS D, MASON R. Environmental and transport supply chain evaluation with sustainable value stream mapping [C]//Logistics Research Network Annual Conference, Birmingham, UK, 2002.

[30] SONG J S, LEE K M. Development of a low-carbon product design system based on embedded GHG emissions [J]. Resources Conservation & Recycling, 2010, 54 (9): 547-556.

[31] TORRES A S, GATI A M. Environmental value stream mapping (EVSM) as sustainability management tool [C]//2009 Portland International Conference on Management of Engineering & Technology, IEEE, Porland, OR, USA 2009. 5261967.

[32] TRAPPEY A, TRAPPEY C V, HSIAO C T, et al. System dynamics modelling of product carbon footprint life cycles for collaborative green supply chains [J]. International Journal of Computer Integrated Manufacturing, 2012, 25 (10): 934-945.

[33] WEBER C L, PETERS G P, GUAN D, et al. The contribution of Chinese exports to climate change [J]. Energy Policy, 2008, 36 (9): 3572-3577.

[34] WANG Z. Research on the development of china's electronic information industry based on a low carbon economic [J]. Fujian Tribune (The Humanities & Social Sciences), 2010, 9: 25-28.

第6章

制造系统碳效率评价指标及评估模型

6.1 概述

机床设备是制造系统碳排放的主体，是整个制造系统碳排放动态特性建模与优化的基础。从产品的角度，机床设备是一种典型的机电产品，而从生产的角度，机床设备又是一种典型的机械制造系统，因此在研究机床设备的碳排放动态特性时应综合考虑这两个角度。机床使用过程存在于其整个服役周期内，时间跨度较大，不确定因素较多，在不同时期机床性能及运行环境会发生较大的变化，而当前的研究较多关注机床在某时刻的能耗或环境碳排放特性，或理想运行状态时的碳排放性能，但忽略了其产品属性。因此，从机床生命周期的角度，结合机床生产性能指标关注其使用过程中的碳排放动态特性，对于理解机床碳排放动态特性会是一个较好的选择。

制造系统是由机床设备构成的多输入多输出复杂系统，考虑机床设备等碳排放主体的碳排放动态特性，结合制造系统的组织结构特点，实现由碳排放主体之间的交互、生产扰动、生产控制等导致的碳排放动态特性的建模分析，综合评估制造系统碳效率对综合监测、分析优化制造系统的碳排放与生产性能具有重要意义。

6.2 制造系统碳效率评价指标体系

机械制造系统的碳流包括制造系统物料流、能量流、废物流。由于机械制造系统的运行受生产任务的驱动，生产计划往往受到制造系统订单变更、设备损坏、设备维修等扰动因素的影响，机械制造系统的碳排放动态特性不仅表现为碳流动态过程，还表现为对生产扰动的动态响应。机械制造系统在任意时刻（或整个时域）都对应着一个不同的碳排放性能表征状态（时域状态集）。在时域控制理论中，状态空间模型可以通过在时域内定义反映系统内部变量 $x_1(t)$，$x_2(t)$，…，$x_n(t)$ 与输入变量 $u_1(t)$，$u_2(t)$，…，$u_p(t)$ 和输出变量 $y_1(t)$，$y_2(t)$，…，$y_q(t)$ 之间的数学关系来描述系统的动态特性。因此，本书将面向制造系统的碳排放过程，将制造系统的碳排放动态特性描述为状态空间模型，即

$$
\begin{cases}\dot{\boldsymbol{X}}(t)=\boldsymbol{A}(t)\boldsymbol{X}(t)+\boldsymbol{B}(t)\boldsymbol{U}(t)\\ \boldsymbol{Y}(t)=\boldsymbol{C}(t)\boldsymbol{X}(t)+\boldsymbol{D}(t)\boldsymbol{U}(t)\end{cases} \tag{6-1}
$$

式中，$\boldsymbol{U}(t)$ 为原材料、电能等的资源输入矩阵；$\boldsymbol{X}(t)$ 为系统的状态参量，因为制造系统的碳排放性能应能够综合反映制造系统的环境性能、生产性能与效益性能，因此系统的碳排放量可以定义为环境状态参量，产量指标及利润指标可

定义为系统的生产、效益状态参量；$\boldsymbol{Y}(t)$ 为制造系统碳排放、产品等的输出矩阵；$\boldsymbol{A}(t)$ 为碳排放状态参量、生产状态参量及效益状态参量的时域演变矩阵；$\boldsymbol{B}(t)$ 为资源输入参量转化为碳排放、产品及利润等状态参量的转化系数矩阵；$\boldsymbol{C}(t)$ 为系统输出参量的选择矩阵，用于关联碳排放输出指标与各种生产性能输出指标；$\boldsymbol{D}(t)$ 为资源输入对系统碳排放性能的前向反馈矩阵，此处将其定义为 $\boldsymbol{0}$。而生产扰动的产生，将会导致矩阵 $\boldsymbol{A}(t)$、$\boldsymbol{B}(t)$、$\boldsymbol{C}(t)$ 的变化，从而导致系统碳排放动态特性的变化。

本书基于状态空间模型理论，建立了如图 6-1 所示的机械制造系统碳排放动态特性表征模型，通过状态空间模型描述机械制造系统碳排放发生过程的动态输入输出特性，将生产指标与碳排放指标进行关联，实现对碳排放动态特性的表征。

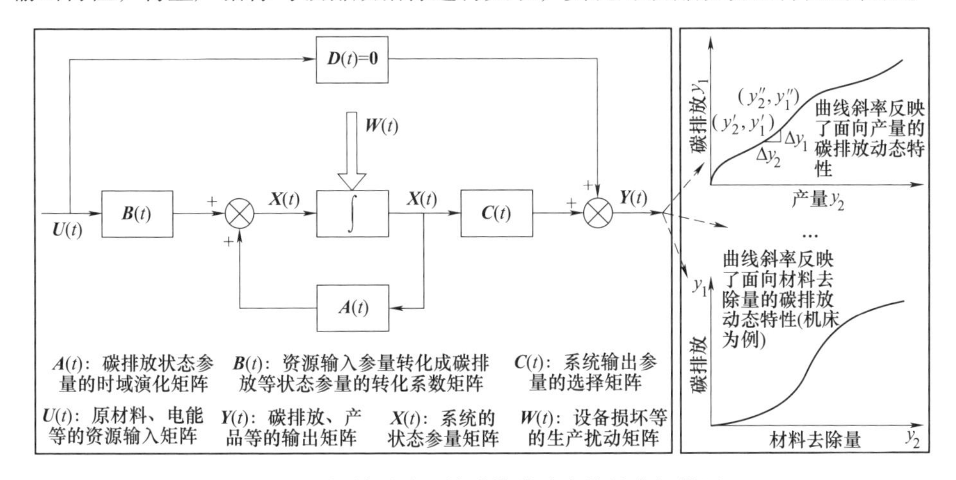

图 6-1　机械制造系统碳排放动态特性表征模型

基于以上所建立的碳排放动态参考模型，制造系统的碳排放动态特性表现为制造系统碳排放随生产性能指标的变化过程。以产量指标为例，制造系统的碳排放动态特性表现为图 6-1 中碳排放与产量动态曲线的斜率变化，其曲线斜率可以表示为

$$\eta_{\mathrm{CP}}=\lim_{\Delta y_2\to 0}\frac{y_1''-y_1'}{\Delta y_2} \tag{6-2}$$

2000 年世界可持续发展委员会（World Council for Sustainable Business Development，WCSBD）提出了“生态效率”的概念，并指出“生态效率可以通过为满足人类的需求和改善人类生活提供价格上有竞争力的产品或服务的同时，不断降低生命周期环境影响及资源消耗以满足地球的承载能力”。生态效率的计算公式可表示为

$$\text{Eco-efficiency}=\frac{\text{产品或服务的价值}}{\text{环境影响量}} \tag{6-3}$$

因此，本书基于“生态效率”的概念，提出了“碳效率”的概念，并将其定义为制造系统排放一定数量的碳排放而实现的生产目标，可表示为

$$\text{Carbon efficiency} = \frac{\int_{t_0}^{t_0+\Delta t} R(t)\,\mathrm{d}t}{\int_{t_0}^{t_0+\Delta t} \mathrm{CE}(t)\,\mathrm{d}t} = \frac{\int_{t_0}^{t_0+\Delta t} \dot{y}_2(t)\,\mathrm{d}t}{\int_{t_0}^{t_0+\Delta t} \dot{y}_1(t)\,\mathrm{d}t} \tag{6-4}$$

式中，$R(t)$ 为 t 时刻的生产目标指标实现率（如生产率等）；$\mathrm{CE}(t)$ 为 t 时刻的碳排放率。$R(t)$ 与 $\mathrm{CE}(t)$ 分别对应图 6-1 中 $y_1(t)$、$y_2(t)$ 两个参量的导数 $\dot{y}_1(t)$、$\dot{y}_2(t)$。式（6-4）说明，当为图 6-1 中的输入输出产量赋予不同的物理意义时，可以基于不同类型的碳效率实现对机械制造系统碳排放动态特性的分析。

图 6-2 所示为本书碳效率的三维定义模型，相比于“生态效率”的概念，本书所提出的碳效率具有三个特征：①将碳排放作为唯一的环境影响因素，包括能源碳排放、物料碳排放以及工艺碳排放；②面向多种生产性能因素；③引入了时间因素且考虑了不同碳效率的适用范围。

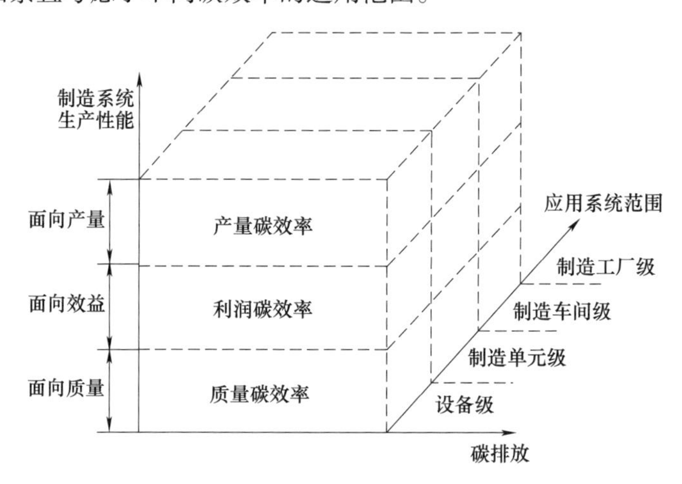

图 6-2　多层级机械制造系统碳效率定义三维表达

综合比较式（6-2）与式（6-4），制造系统的碳效率为碳排放与产量动态曲线斜率的倒数，因此该指标可用于反映机械制造系统的碳排放动态特性。由于不同层级制造系统的生产或经济效益目标不同，因此本书针对不同层级制造系统分别建立了其碳效率评价指标体系，各层级机械制造系统的碳效率定义具体见表 6-1，表中的碳排放是指基于各种温室气体的全球变暖当量因子所计算的总温室气体的二氧化碳当量值，其中温室气体主要包括 CO_2、CH_4、N_2O，HFC、PFC 和 SF_6等。

表 6-1　各层级机械制造系统的碳效率定义

制造系统	碳效率	定义	应用说明
设备级	生产率碳效率	生产率∝设备碳流率	机床使用阶段碳排放随产量的动态变化过程，如可用于根据产量需求确定生产设备类型
	材料去除率碳效率	材料去除率∝设备碳流率	描述机床使用阶段碳排放随材料去除量的动态变化过程，如可用于比较切削不同材料时的机床碳排放性能
	增值碳效率	增值率∝设备碳流率	描述机床使用阶段碳排放随增值量的动态变化过程，如可用于综合比较不同设备加工同一零部件的经济与环境效益
制造单元级	生产率碳效率	生产率∝制造单元碳流率	描述生产系统碳排放随产量的动态变化过程，如可用于根据产量需求，从低碳的角度设计生产线类型
	增值碳效率	增值率∝制造单元碳流率	描述产品经过生产系统增值量与生产线碳排放量的动态关系，如可用于工艺规划选择碳排放最少的工艺路线
	质量碳效率	合格品产出率∝制造单元碳流率	描述产品质量对制造系统碳排放性能的影响，如可用于工艺规划选择质量比较稳定、碳排放较少的工艺路线
制造车间级	生产率碳效率	生产率∝车间碳流率	描述生产提前期内碳排放随产量的动态变化，如可用于比较每个生产提前期内的车间碳排放性能
	利润碳效率	收益率∝车间碳流率	描述车间利润（成本）和车间碳排放的动态关系，如可作为优化车间成本的目标
	质量碳效率	合格品产出率∝车间碳流率	描述产品质量对制造系统碳排放性能的影响，如可用于车间工艺规划选择质量比较稳定、碳排放较少的工艺路线
工厂级	生产率碳效率	工厂产出率∝工厂碳流率	描述企业产品产量与碳排放的关系，如可用于从低碳和经济的角度实现企业产品结构调整的参考指标
	利润碳效率	工厂收益率∝工厂碳流率	描述企业利润和企业碳排放的关系，如可用于从低碳和经济的角度实现企业产品结构调整的指标
	产值碳效率	工厂产值∝工厂碳流率	描述企业碳排放与总产值之间的关系，如可用于反映企业碳排放量随产值的动态变化关系

注：表中“∝”表示两种因素广义耦合。

6.3　基于 LCA 的机床设备碳效率评估

6.3.1　机床生命周期分析

机床是制造机器的机器，也称为工作母机，一般包括金属切削机床、特种加工机床、锻压机床和木工机床四大类，其中金属切削机床是机械制造业的基础装备，为切削加工提供必需的运动和动力，本书所提及的机床主要指金属切削机床。机床作为典型的机电产品，为了实现其机械加工功能，一般机床由动力系统、电控系统、机械结构及润滑、切削液供给系统等组成。动力系统是为执行件的运动提供动力的装置，一般包括交流异步电动机、伺服电动机等；电控系统主要用来控制电动机的运转等，包括数控系统；机械结构作为机床的主体，其一般包括传动件、执行件、支撑导向件和辅助件等四部分；润滑、切削液供给系统作为机床的一个辅助系统，一般起到润滑、降温的作用，因此，机床具有结构复杂性。

机床作为典型的机电产品，其生命周期也具有自身的特点。根据产品 LCA 原理，机床生命周期会经历机床零部件原材料制备、零部件毛坯生产、零部件加工及热处理、整机装配调试、机床使用及维护、机床回收再制造等过程。在不同的机床生命周期阶段，其能源、物料以及环境排放物等均不同，呈现出不同的特点。本书为了综合机床生命周期的碳排放特性，在如图 6-3 所示的机床生命周期系统边界，将其生命周期过程划分为机床制造阶段、机床运输阶段、机床使用阶段以及机床回收再制造阶段。

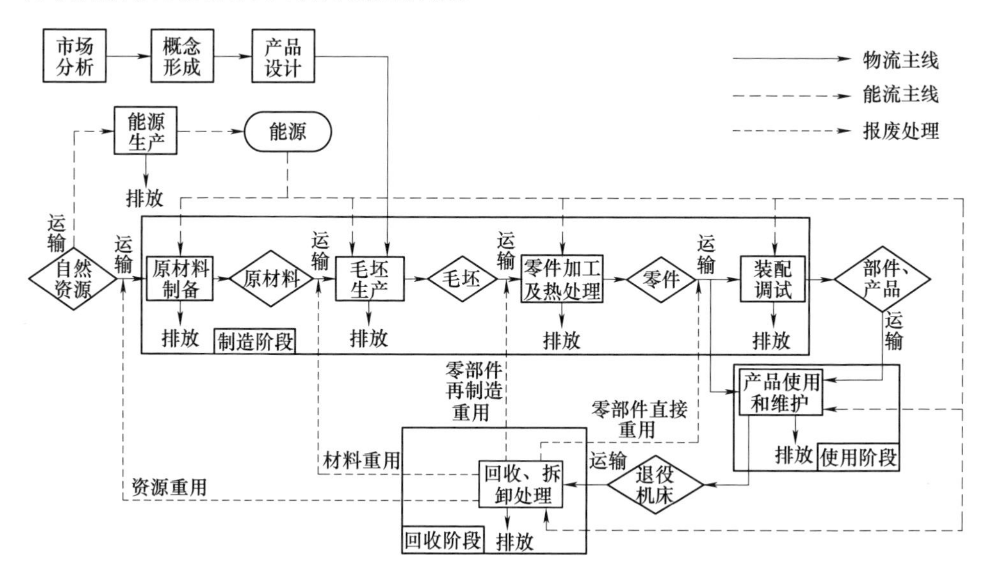

图 6-3　机床生命周期系统边界

（1）机床制造阶段

图 6-3 中，机床制造阶段包括零部件原材料制备、零部件毛坯加工、零部件的热处理、零部件的机械加工、整机装配等，其中原材料制备以及热处理是该阶段的高能耗环节。

（2）机床使用阶段

由于机床运行过程中有电能需求，且机床使用年限相对较长，因此该阶段一般为机床生命周期中耗能最多的阶段。在机床使用阶段，机床精度会显著影响被加工工件的质量，因此该阶段包括设备的定期维护。

（3）机床运输阶段

机床运输阶段是连接机床生命周期其他三个阶段的桥梁。机床运输一般可以采用铁路运输、公路运输以及水路运输等方式。

（4）机床回收阶段

机床作为典型的机电产品具有很高的回收再利用价值，可采用具有机床零部件直接重用、零部件再制造重用以及零部件材料资源化再利用等三种回收再利用方式。

6.3.2 机床生命周期各阶段碳排放量化方法

一方面，机床产品结构具有较大的复杂性；另一方面，机床生命周期碳排放特性也具有较大的复杂性。因此，完全按照传统生命周期评价原理评价或计算机床生命周期碳排放具有较大的难度，因此，本书基于生命周期评价原理，结合机床生命周期各阶段的碳排放机理，建立各阶段的碳排放计算公式，且机床生命周期系统边界见图 6-3。

1. 机床制造阶段碳排放量化

机床制造阶段的碳排放主要包括机床零部件原材料制备的碳排放以及机床零部件制造工艺过程的碳排放。从机床结构来看，机床基础部件、运动部件等铸铁或钢质部件的重量约占普通机床重量的 95%、数控机床重量的 90%，是机床原材料碳排放的主体。因此，可根据一台机床主要零部件（如床身等结构件、主轴、传动齿轮、传动丝杠、换刀装置等）制造过程的碳排放来近似整台机床的碳排放。零部件制备阶段所承载的碳排放 M_{CE} 包括两部分：一部分来自于零部件原材料制备过程中所产生的间接碳排放，另一部分来自于零部件加工工艺过程的直接碳排放。其中，可根据 IPCC 及我国统计局发布的各种原材料的碳排放系数计算上述零部件材料制备阶段的间接碳排放，具体计算公式为

$$M_{\mathrm{CE}} = \sum_{l=1}^{M} Q_l \mathrm{EF}_{\mathrm{mater}}^{l} + \left(\sum_{i=1}^{D_1} \sum_{j=1}^{N_i} W_{ij} E_{ij}^{\mathrm{embodied}} + \sum_{p=1}^{D_2} \sum_{q=1}^{N_p} V_{pq} E_{pq}^{\mathrm{specific}} \right) \mathrm{EF}_{\mathrm{elec}} \quad (6\text{-}5)$$

式中，Q_l 为零部件制造所消耗的第 $l(l=1,\ \cdots,\ M)$ 种材料的质量（kg）；$\mathrm{EF}_{\mathrm{mater}}^{l}$ 为第 l 种材料的碳排放系数（$\mathrm{kgCO_2e/kg}$）；W_{ij} 为采用第 $j(j=1,\ \cdots,\ N_i)$ 种变形工艺加工的第 $i(i=1,\ \cdots,\ D_1)$ 种零部件的质量，$E_{ij}^{\mathrm{embodied}}$ 为第 j 种工艺的载能耗（kW · h/kg）；V_{pq} 为采用第 $q(q=1,\ \cdots,\ N_p)$ 种切削工艺加工第 $p(p=$

1，…，D_2）种零部件的材料去除量或加工量（mm^3）；$E_{pq}^{specific}$为该种工艺的比能耗（$kW\cdot h/mm^3$）。

确定零部件加工工艺的直接碳排放时，本书主要考虑铸造、锻造、压铸、轧制、冲压、铣削、车削、磨削、表面硬化、退火以及回火等机械制造工艺。其中，轧制、冲压、压铸等变形工艺的碳排放将根据其载能耗进行计算；而铣削、车削、磨削、表面硬化、退火以及回火等工艺的碳排放将根据其比能耗进行计算。

此外，机床制造阶段整机装配过程的碳排放计算公式为

$$A_{CE}=\frac{E_0T_0\mathrm{EF}_{elec}}{\sum n_kT_k} \tag{6-6}$$

式中，E_0为装配车间总能耗（kW·h）；T_0为当前计算机床的装配工时定额（h）；n_k为第k种机床的装配量；T_k为第k种型号机床的装配工时定额（h）；EF_{elec}为电能碳排放系数，根据对我国2007年电能生产的生命周期评价，本书电能碳排放系数取值为1.072kgCO_2e/(kW·h)。

整机装配过程能耗则通过调研一段时间内装配车间的总能耗、各种型号机床的装配工时定额以及装配量，然后按工时定额或装配量进行分配。

2. 机床使用阶段碳排放量化

机床使用阶段的碳排放源包括辅助物料、能源消耗以及各种废料，在设备不同的运行状态，其碳排放源的类型及数量均会发生变化，如在切削机床空载状态，设备的碳排放主要来自电能消耗，因此，设备碳排放动态特性可以抽象为设备在不同状态下各种碳排放源的实时耦合输出，如图6-4所示。

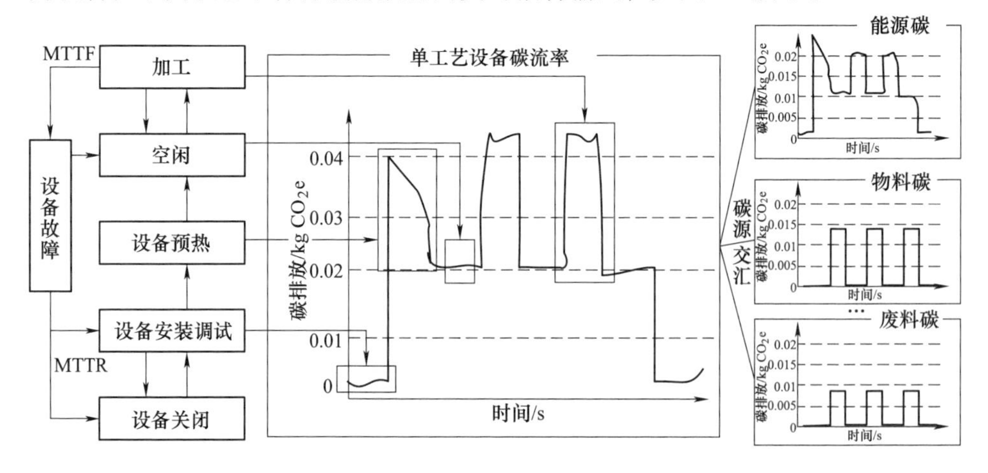

图6-4 基于加工状态的设备碳排放动态特性图

图 6-4 基于加工状态的设备碳排放动态特性中，设备状态主要包括加工、空闲、设备预热、设备安装调试、设备关闭以及设备故障等，而在设备正常运行过程中，设备状态主要表现为加工状态、空闲状态以及故障状态的转换。其中，安装调试为设备加工前的准备阶段，如更换刀具和夹具等；设备预热为在设备安装调试完毕，设备所有功能部件均被打开，对设备进行预热；设备空闲为设备没有加工任务或处于空载时的状态；加工状态为设备根据设定的工艺参数及工艺要求等对工件进行切削等处理；设备运行过程中还会存在故障失效行为，基于先前关于设备失效理论的研究，设备失效一般可采用平均故障间隔时间（Mean Time to Failure，MTTF）与平均修复时间（Mean Time to Repair，MTTR）进行描述，设备的失效行为可以采用分布函数法进行描述，如正态分布函数、指数分布函数、威布尔分布函数，其中威布尔分布被广泛作为设备可靠性分析和寿命检测的理论基础，因此，本书也采用威布尔分布函数来描述设备的失效机理，其中威布尔表达式为

$$f(i,\ \lambda,\ \mu) = \frac{\mathrm{d}F(t)}{\mathrm{d}t} = \frac{\mu}{\lambda}\left(\frac{t}{\lambda}\right)^{\mu-1} \mathrm{e}^{-\left(\frac{t}{\lambda}\right)^{\lambda}} \tag{6-7}$$

式中，μ 为形状参数，描述了失效模式，且 $\mu>0$；λ 为范围参数，且 $\lambda>0$。以上两个参数均可以通过对实际生产过程中加工时间、失效发生及转换等数据进行统计分析获得。通过引入伽马函数 Γ，基于 MTTF，参数 λ 可以表示为

$$\lambda = \frac{\mathrm{MTTF}}{\Gamma\left(\frac{1}{\mu} + 1\right)} \tag{6-8}$$

其中，伽马（gamma）函数 Γ 为

$$\Gamma(n_\Gamma) = \int_0^{+\infty} \mathrm{e}^{-x} x^{n_\Gamma - 1} \mathrm{d}x \tag{6-9}$$

或

$$\Gamma(n_\Gamma) = (n_\Gamma - 1)! \tag{6-10}$$

因此，设备故障的随机行为可以由式（6-9）、式（6-10）描述，其中如果 $\mu=1$，则 $\mathrm{MTTF}=\lambda$。

对于金属切削机床，其使用阶段的碳排放实际上主要来自能源消耗，尤其是电能消耗。机床使用阶段能源消耗主要包括两部分：机床运行能耗及所处车间外围设备（如电灯、中央空调等）能耗。考虑到机床使用环境的不确定性，并为了突出机床自身的能耗特性，本书不考虑外围设备能耗。机床使用过程中的能耗主要由工件加工时间以及机床的运行功率决定，其中工件加工时间 t 应有两部分组成，即工件装卸等辅助加工时间 t_1 与切削时间 t_2。机床运行过程中的能耗如图 6-5 所示，包括常值能耗、可变能耗及切削能耗三部分。机床运行过程中，机床冷却润滑系统、控制系统、照明系统等辅助系统的电能需求构成了机

床的常值能耗，该能耗与机床的设计方案有关。机床的主轴系统、驱动系统等电能需求构成了可变能耗，可变能耗又由两部分组成：稳态可变能耗 $E_{\text{v-steady}}$ 与迁移态可变能耗 $E_{\text{v-trans}}$。其中稳态可变能耗指主轴与进给轴速度达到需求值时（即稳定工作时）的功耗，而迁移态可变能耗指主轴与进给轴启停过程中加速或减速时的能耗。可变能耗的计算公式为

$$E_{\text{var}} = E_{\text{v-steady}} + E_{\text{v-trans}} \tag{6-11}$$

式中，E_{var} 为主轴、进给系统等功能部件的总能耗，即可变能耗；$E_{\text{v-steady}}$ 为主轴、进给系统正常运动时的能耗，即稳态可变能耗；$E_{\text{v-trans}}$ 为主轴、进给系统加速、减速等运动时的能耗，即迁移态可变能耗。

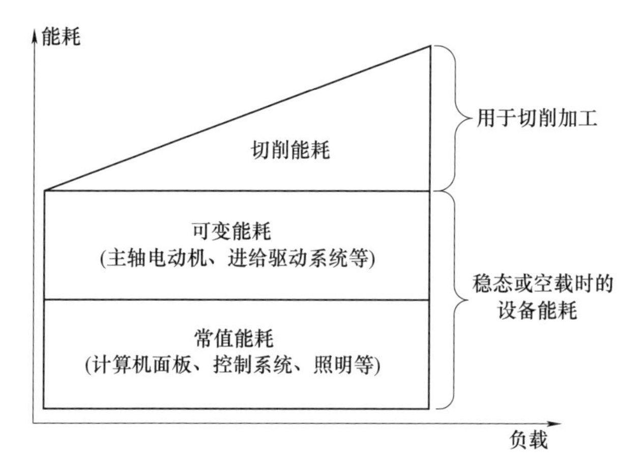

图 6-5　机床运行过程中的能耗分布

切削能耗主要与切削零件的材料种类、材料去除率及刀具类型有关。由图 6-5 可知，切削能耗随负载的增大而增大。常值能耗与可变能耗是机床运行所需要的最小能耗，与切削过程无关，是机床处于稳态、空载状态时所需的功耗。

当设备启动后处于稳态时，将需要额外的能耗用于切削加工，该部分能耗将与材料的去除率 $\dot{v}$ 有关，因此，机床切削过程中的总功率可以表示为

$$P_{\text{total}} = P_{\text{steady}} + k\dot{v} \tag{6-12}$$

式中，P_{total} 为设备进行切削加工时所需要的总功率（kW）；P_{steady} 为机床运行时所需要的稳态功率（kW）；k 为常量系数；$\dot{v}$ 为材料去除率（mm^3/s）。

一旦设备能耗确定，设备使用阶段的碳排放可表示为

$$U_{\text{CE}} = \int_{t_0}^{t_0+\Delta t} P_{\text{total}} \text{EF}_{\text{elec}} \, \text{d}t \tag{6-13}$$

式中，U_{CE} 为机床运行过程中的碳排放；Δt 为运行时间；t_0 为开始时刻。

由式（6-12）可以推导出比能耗 B_{elec}，推导公式为

$$B_{\text{elec}} = \frac{P_{\text{steady}}}{\dot{v}} + k \tag{6-14}$$

通过对机械加工常用材料比能耗的研究，得到典型机械加工材料的比能耗见表 6-2。

表 6-2　典型机械加工材料的比能耗

机械加工材料	比能耗/($W\cdot s/mm^3$)	机械加工材料	比能耗/($W\cdot s/mm^3$)
铝合金	0.41~1.1	镍合金	4.9~6.8
铸造钢	1.6~5.5	高熔点合金	3.8~9.6
铜合金	1.4~3.3	不锈钢	3.0~5.2
高温合金	3.3~8.5	钢材	2.7~9.3
镁合金	0.4~0.6	钛合金	3.0~4.1

3. 机床运输阶段碳排放量化

图 6-3 所示为机床生命周期内，运输过程既存在于各阶段（如制造阶段）内部又存在于各阶段之间，运输方式包括公路运输、水路运输以及铁路运输等。运输过程中的碳排放既取决于负载量，又取决于所采用运输方式的运输距离，且路况等因素也会影响碳排放量。本书在确定运输过程碳排放时，路况等因素考虑为最坏情况。在机床生命周期内，机床制造过程需要运输原材料、外购零部件等，由于材料来源地的多样性及不确定性，运输阶段的碳排放只考虑机床产品的运输，运输距离为制造商至用户所在地之间的距离。在交通运输业，“吨公里”是一种重要的统计指标，而且针对不同运输方式每吨公里所产生的碳排放量研究已经开展。本书将根据每吨公里碳排放量 TE_t 来计算运输阶段的碳排放量，具体计算公式为

$$T_{CE} = \sum_{t=1}^{K_0} F_t TE_t \qquad t = 1, \cdots, K_0 \tag{6-15}$$

式中，T_{CE} 为机床运输阶段的碳排放（$kgCO_2e$）；K_0 为运输过程中采用的运输方式的种类，如船运、铁路、汽车等；F_t 为采用第 t 种运输方式运输机床的总吨公里数；TE_t 为第 t 种运输方式每吨公里的碳排放量［$kgCO_2e/(t\cdot km)$］。

4. 机床回收处理阶段碳排放量化

作为典型的机电产品，机床退役时仍存在很高的回收再利用价值。根据目前机床再制造产业的技术现状，退役机床通常会有三种回收再利用方式，即零部件直接重用，零部件再制造以及资源化再利用。零部件直接重用指零部件在清洗等处理后直接被当作新零部件进行使用，这个过程额外会产生很少的碳排放；机床零部件再制造指在机床拆解后经过清洗、检查、喷涂等再制造工艺使

再制造零部件达到或高于新制造零部件的性能，该过程会由各个制造工艺产生一定量的碳排放；而资源化再利用是一种相对低级的回收方式，旧的零部件会直接作为原料加工成新的原材料（如对零部件的废钢进行冶炼），这个过程也会产生一定量的碳排放。本书综合考虑以上三种回收处理方式，将机床回收处理阶段的碳排放计算公式表示为

$$R_{CE} = -\sum_{i=1}^{D_{rm}}(RC_i^{rm} - RM_i) - \sum_{j=1}^{D_{rc}}(RC_j^{rc} - RC_j) - \sum_{s=1}^{D_{dr}} RC_s \tag{6-16}$$

$$i = 1, \cdots, D_{rm};\ j = 1, \cdots, D_{rc};\ s = 1, \cdots, D_{dr}$$

式中，R_{CE}为机床回收处理阶段碳排放（$kgCO_2e$）；D_{rm}为再制造零部件种类数；RC_i^{rm}为再制造替代新零部件的碳排放量（$kgCO_2e$）；RM_i为零部件再制造过程的碳排放量（$kgCO_2e$）；D_{rc}为机床回收材料的种类数；RC_j^{rc}为回收材料的碳排放量（$kgCO_2e$）；RC_j为材料回收过程的碳排放量（$kgCO_2e$）；D_{dr}为直接重用零部件量（kg）；RC_s为制造该种零部件的碳排放量（$kgCO_2e$）。

据统计，通过零部件再制造可实现80%重量的机床零部件得到回收利用，替代新零部件的制造，通过材料回用也可以实现一部分的资源回收利用，因此，机床回收处理阶段由于通过再制造等回收处理方式为机床制造业提供了原材料，降低了其生命周期碳排放量，式（6-16）的结果为负值。

综合以上分析，机床生命周期碳排放的计算公式可表示为

$$CE_{gross} = M_{CE} + P_{CE} + U_{CE} + T_{CE} + R_{CE} \tag{6-17}$$

6.3.3 机床碳效率评价指标

为了从多个角度理解和分析机床生命周期碳排放动态特性，本书基于机床的产量、材料去除率以及收益率等三种衡量功能性服务效果的参数定义了三种碳效率指标，即生产率碳效率（Production Rate Carbon Efficiency，PRCE）、材料去除率碳效率（Material Removal Rate Carbon Efficiency，MRRCE）、收益率碳效率（Economic Return Rate Carbon Efficiency，ERRCE）。

1. 生产率碳效率指标

生产率碳效率定义为机床生产率与机床单位时间平均碳排放的比值，可表示为

$$\eta_Q = \frac{r}{PEF_{elec}} \tag{6-18}$$

式中，η_Q为生产率碳效率（件/$kgCO_2e$）；P为机床的平均功率（kW）；r为机床的生产率（件/h）。

单位时间平均碳排放（此处只考虑电能消耗的碳排放）等于机床的平均功

率乘以电能碳排放系数 EF_{elec}，由于生产率被广泛用于衡量机床的生产性能，因此本书将生产率作为衡量机床加工性能的重要指标。

2. 材料去除率碳效率指标

对于可实现同样的切削功能但类型与规格参数不同的金属切削机床，考虑到其功能的相似性，可以从材料去除率的角度进行衡量、比较其碳排放动态特性。材料去除率碳效率定义为金属切削机床的材料去除率与机床平均单位时间碳排放的比值，可表示为

$$\eta_R = \frac{m_{rr}}{PEF_{elec}} \tag{6-19}$$

式中，η_R为材料去除率碳效率（$mm^3/kgCO_2e$）；m_{rr}为材料的去除率（mm^3/s）。

3. 收益率碳效率指标

收益率碳效率定义为机械加工的经济收益率与机床平均单位时间碳排放的比值，可表示为

$$\eta_V = \frac{v_{add}}{PEF_{elec}} \tag{6-20}$$

式中，η_V为机床收益率碳效率（元/$kgCO_2e$）；v_{add}为单位时间机械加工的收益率（元/s）。

本书机床经济收益率指单位时间内由机械加工实现的零部件的经济增值，其等于机械加工单位零部件的增加值与该零部件加工时间的比值。

上述三种碳效率指标的关系如图 6-6 所示。生产率碳效率 η_Q 分别通过关系系数 α、β，与材料去除率碳效率指标 η_V 以及收益率碳效率指标 η_R 相关联。根据上述三种碳效率指标的定义，关系系数 α 为机床材料去除率 m_{rr} 除以机床生产率 r 所得的商，即单个零件的材料去除量；关系系数 β 为机床增值率 v_{add} 除以机床生产率 r 所得的商，即单个零件的增值量。在实际生产过程中，对于批量化生产的同批次零件，上述两个系数均可以视为常量。为了追求更大的商业利益以及提高市场竞争力，优化生产时间、生产成本以及控制产品质量是制造企业比较关注的管理策略。然而，随着市场环境意识

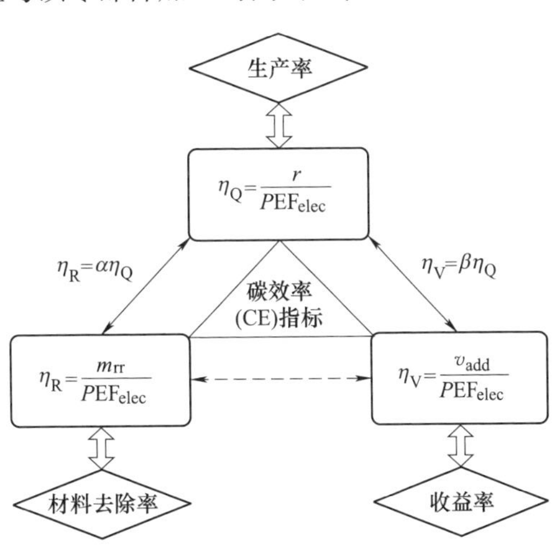

图 6-6　三种碳效率指标的关系

的增强，绿色环保也逐渐成为影响制造企业竞争力的重要因素。通过上述三种碳效率指标，可使分别用于反映生产时间、生产成本以及产品质量的生产率、材料去除率以及收益率等经济/生产指标与生产碳排放及产品碳足迹关联起来。

6.3.4 机床生命周期碳效率评估

根据前文所述，机床生命周期碳排放可以分为两大类：可变碳排放 CE_v，仅包括机床运行阶段碳排放 U_{CE}；固定碳排放 CE_f，由制造阶段碳排放 M_{CE}、装配阶段碳排放 A_{CE}以及运输阶段碳排放 T_{CE}构成；此外，由于回收阶段碳排放 R_{CE}具有较强的不确定性，因此需要对其进行单独考虑。可变碳排放 CE_v会随着机床服务时间的增加而增加，因此它是一个关于时间的线性函数，且其线性系数可以设为机床平均功率 P 与电能碳排放系数 EF_{elec}的乘积。综上所述，机床生命周期碳排放可以进一步表示为

$$CE_{gross} = CE_f + CE_v + R_{CE} \tag{6-21}$$

其中

$$CE_v = PEF_{elec}t \text{ 或 } CE_v = PEF_{elec}(1/r)Q$$

上述公式中，设机床的平均生产率为 r，可变碳排放 CE_v还可以进一步表示为产量 Q 的线性函数，且根据式（6-18）机床生产率碳效率指标定义，该线性函数的线性系数为 η_Q的倒数。因此，假如机床生命周期内只用于加工一种类型的零部件产品（实际在机床整个生命周期内，其会被用于加工各种类型的零部件），基于生产率碳效率指标，机床生命周期碳排放特性可以表示为

$$CE_{gross} = \begin{cases} CE_f + \dfrac{1}{\eta_Q}Q & (0 \leqslant Q < Q_{total}) \\ CE_f + \dfrac{1}{\eta_Q}Q_{total} + R_{CE} & Q = Q_{total} \end{cases} \tag{6-22}$$

式（6-22）对应的机床生命周期碳排放动态曲线见表 6-3，由曲线和离散点构成，由于机床回收行为只发生在机床的报废阶段，因此其特性曲线是非连续的，图中实心离散点代表在生命周期结束阶段产量为 Q_{total}时的机床全生命周期的碳排放量。

根据三种碳效率指标关系，式（6-22）中的系数 $1/\eta_Q$ 可以替换为 α/η_R，由于 α 为单个零件的去除量，其与产量 Q 的乘积即为所有零件的总去除量，因此，根据式（6-22），机床生命周期碳排放可进一步表示为随材料去除量的函数，即

$$CE_{gross} = \begin{cases} CE_f + \dfrac{1}{\eta_R}R_{vol} & 0 \leqslant R_{vol} < R_{vol}^{total} \\ CE_f + \dfrac{1}{\eta_R}R_{vol}^{total} + R_{CE} & R_{vol} = R_{vol}^{total} \end{cases} \tag{6-23}$$

表 6-3 所示的机床生命周期碳排放动态特性曲线仍是一个非连续曲线，图中实心离散点代表在生命周期结束阶段材料去除量为 $R_{\text{vol}}^{\text{total}}$ 时的机床全生命周期的碳排放量。

与之类似，根据图 6-6 所示的三种碳效率指标关系，式（6-23）中的系数 $1/\eta_{\text{Q}}$ 同样可以替换为 β/η_{V}，由于 β 代表单个零件的增值量，其与产量 Q 的乘积即为所有零件的总增值量，因此根据式（6-20），机床生命周期碳排放可进一步表示为随产品增值量的函数，即

$$\text{CE}_{\text{gross}}=\begin{cases}\text{CE}_{\text{f}}-\dfrac{1}{\eta_{\text{V}}}V_{\text{add}}^{\text{in}}+\dfrac{1}{\eta_{\text{V}}}V_{\text{add}} & V_{\text{add}}^{\text{in}}\leqslant V_{\text{add}}\leqslant V_{\text{add}}^{\text{l-end}}\\ \text{CE}_{\text{f}}-\dfrac{1}{\eta_{\text{V}}}V_{\text{add}}^{\text{in}}+\dfrac{1}{\eta_{\text{V}}}V_{\text{add}}^{\text{l-end}}+R'_{\text{CE}}(V_{\text{add}}-V_{\text{add}}^{\text{l-end}}) & V_{\text{add}}^{\text{l-end}}\leqslant V_{\text{add}}\leqslant V_{\text{add}}^{\text{total}}\end{cases}\tag{6-24}$$

式中，$V_{\text{add}}^{\text{l-end}}$ 为机床寿命终止时的总收益（元）；$V_{\text{add}}^{\text{total}}$ 为包括机床回收阶段的机床全生命周期的总收益（元），对应的机床全生命周期的碳排放为 $\text{CE}_{\text{gross}}^{\text{total}}$（$\text{kgCO}_2\text{e}$）。

由于用户在机床的初始使用阶段需要出资购买机床，因此式（6-24）中机床生命周期起始阶段的增值量 $V_{\text{add}}^{\text{in}}$（常数）是一个负值。此外，报废机床的回收处理会增加用户的收益，机床被回收的材料越多，则用户会得到的收益越多、碳排放更少。假设碳排放总量是收益 V_{add} 的线性函数，线性系数为 R'_{CE}，式（6-24）即为机床生命周期碳排放特性函数，它是一个分段函数，其对应的碳排放特性见表 6-3。

表 6-3　碳效率指标及其对应的机床碳排放动态特性曲线

碳效率指标	表达式	机床生命周期碳排放特性
PRCE	$\eta_{\text{Q}}=\dfrac{r}{PEF_{\text{elec}}}$	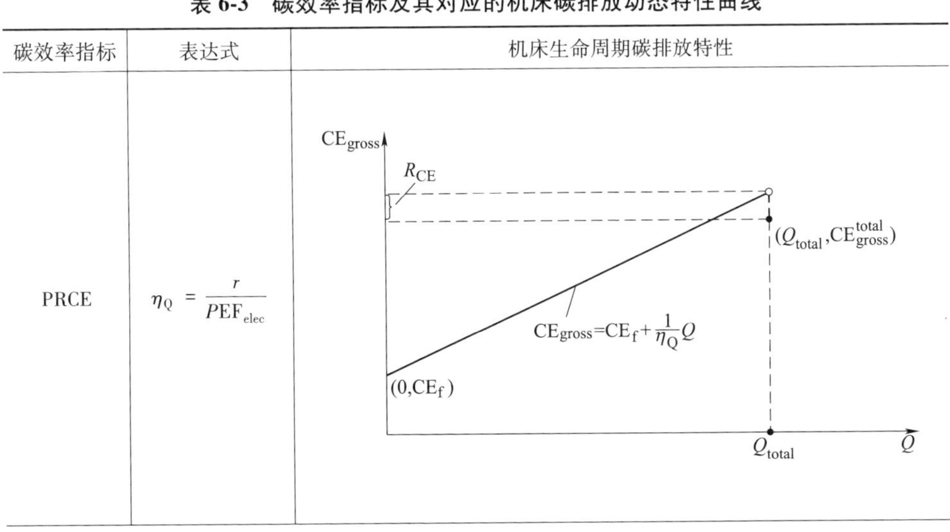

（续）

碳效率指标	表达式	机床生命周期碳排放特性
MRRCE	$\eta_R=\dfrac{m_{rr}}{PEF_{elec}}$	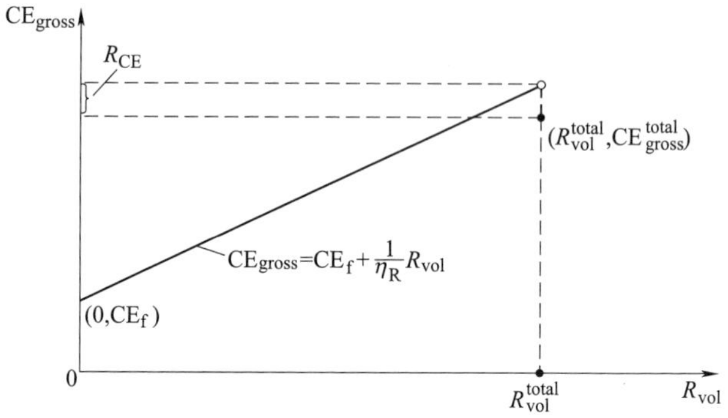 CE_{gross} R_{CE} $(R_{vol}^{total},CE_{gross}^{total})$ $CE_{gross}=CE_f+\frac{1}{\eta_R}R_{vol}$ $(0,CE_f)$ 0 R_{vol}^{total} R_{vol}
ERRCE	$\eta_V=\dfrac{v_{add}}{PEF_{elec}}$	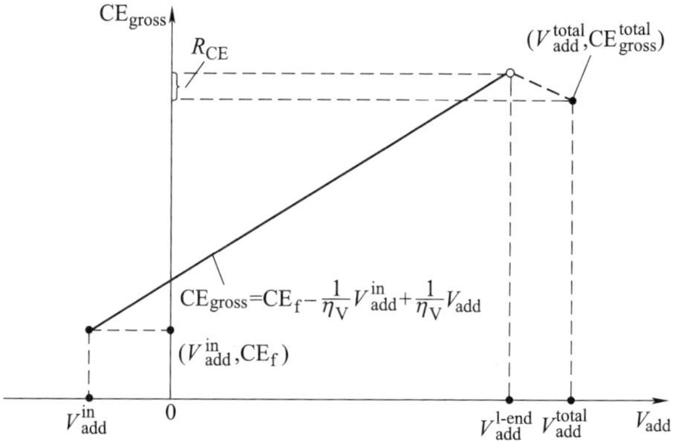 CE_{gross} R_{CE} $(V_{add}^{total},CE_{gross}^{total})$ $CE_{gross}=CE_f-\frac{1}{\eta_V}V_{add}^{in}+\frac{1}{\eta_V}V_{add}$ (V_{add}^{in},CE_f) V_{add}^{in} 0 $V_{add}^{l\text{-}end}$ V_{add}^{total} V_{add}

6.3.5 案例分析

下面以两种机床为例演示上述机床生命周期碳排放动态特性分析及碳效率评估方法应用，两种机床为 YKB3120A 型滚齿机（2 轴普通数控滚齿机床）和 YS3116CNC7 型滚齿机（7 轴 4 联动数控高速干切滚齿机床），两种滚齿机床的规格参数见表 6-4。

表 6-4　两种滚齿机床的规格参数

规格参数	YKB3120A	YS3116CNC7
最大加工工件直径/mm	200	160
最大加工工件模数/mm	6	3
滚刀最大旋转速度/(r/min)	500	2000
工作台最大旋转速度/(r/min)	32	200

（续）

规格参数	YKB3120A	YS3116CNC7
最大滚刀直径/mm×长度/mm	140×140	90×200
主电动机功率/kW	7.5	9
总电动机功率/kW	11.8	36
平均运行功率/kW	9	18
毛重/kg	4500	12000
冷却方式	切削液和润滑油	干切

为了计算以上两种机床的碳排放，需要进行如下设置：

1）在制造阶段，两种机床设备主要零部件的制造主要采用铸铁、钢铁、铜合金、铝合金、塑料等材料，各种零部件制造过程中消耗材料的总量见表 6-5，且两种机床装配过程中的碳排放量几乎相当。

表 6-5　YKB3120A 与 YS3116CNC7 型机床零部件制造过程消耗材料总量

材料	主要零部件	YKB3120A		YS3116CNC7	
		质量/kg	百分比（%）	质量/kg	百分比（%）
铸铁	床身、工作台、立柱等	3420	76	8640	72
钢材	蜗杆、刀架、传动齿轮等	945	21	2880	24
铜合金	蜗轮、螺母、铜线圈、电线等	81	1.8	288	2.4
铝合金	垫圈、电动机外壳等	27	0.6	96	0.8
塑料/橡胶	电线、胶管、橡胶板等	13.5	0.3	36	0.3
其他	挡油板、防护罩等	13.5	0.3	36	0.5
	总量	4500	100	12000	100

2）在两种机床服务寿命内，两种机床被用于加工不同种类不同批量的齿轮，而由于机床寿命跨度较长，本研究仅根据生产订单记录，选择 6 种典型的齿轮用于两种机床使用阶段的机械加工以进行碳排放特性的比较，这 6 种齿轮的加工参数见表 6-6，表 6-7 与表 6-8 列出了 YKB3120A 与 YS3116CNC7 型滚齿机床的齿轮加工参数与信息（如生产率等）。根据以上两种设备的设计寿命将以上两种设备服务寿命设定为 10 年，设备平均每年运行 300 天，每天实施两班制。由图 6-5 可知，机床的切削功率远小于其固定功率与可变功率，因此以上设备使用阶段的能耗可以根据表 6-4 所示的平均运行功率与加工时间进行计算。

3）两种机床均由重庆机床集团公司生产，并被销往长春，大约 2000km 的运输距离，其中 YKB3120A 型滚齿机床的售价大约为 35 万元，YS3116CNC7 型滚齿机床的售价大约为 130 万元。

4）设备的日常维护对于确保设备的正常运行非常重要，在设备的日常维护期间，机床处于空载或停止状态，这个过程中的能耗非常少，因此，使用阶段的碳排放在本研究中不做考虑。

5）在生产实际中，滚齿机床80%以上的零部件可以进行回收再制造，尤其对于铸铁零部件（如床身、立柱及工作台等）和高附加值零部件（如蜗杆等）。

表6-6 待生产的6种齿轮的加工参数

齿轮参数	齿轮1	齿轮2	齿轮3	齿轮4	齿轮5	齿轮6
齿数	25	35	40	45	30	50
模数/mm	3	3	2.5	2.5	2	2
齿宽/mm	25	25	25	25	20	20
齿轮材料	45号钢	HT200	HT200	45号钢	45号钢	HT200

表6-7 YKB3120A型滚齿机床的齿轮加工参数与信息

生产参数	齿轮1	齿轮2	齿轮3	齿轮4	齿轮5	齿轮6
材料去除率（%）	98	153	169	172	64	112
生产率（%）	18	20	28	25	27	29
收益率（%）	2.2	1.8	1.6	1.8	2.0	1.2
产量（件）	172800	144000	268800	180000	259200	139200

表6-8 YS3116CNC7型滚齿机床的齿轮加工参数与信息

生产参数	齿轮	齿轮2	齿轮3	齿轮4	齿轮5	齿轮6
材料去除率（%）	303	502	627	588	187	426
生产率（%）	55	64	100	86	80	110
收益率（%）	2.2	1.8	1.6	1.8	2.0	1.2
产量（件）	528000	460800	960000	619200	768000	480000

1. 机床生命周期碳排放性能

根据式（6-5）~式（6-17）的计算方法，基于表6-4~表6-8的原始数据，可确定YS3116CNC7型滚齿机床生命周期碳排放总量约为981tCO_2e，YKB3120A型滚齿机床的排放总量约为499.8tCO_2e。两种机床生命周期各阶段碳排放量如图6-7所示。由图可知，两种机床生命周期95%的碳排放量来自使用阶段，YS3116CNC7型机床使用阶段排放了926tCO_2e，YKB3120A型机床使用阶段排放了458tCO_2e；在制造阶段，由于铸铁、钢、铜合金等原材料的消耗、零部件制造工艺过程及整机装配过程中的资源消耗，YS3116CNC7型机床直接或间接碳排放量为 90tCO_2e，而 YKB3120A 型机床的碳排放为 31tCO_2e，前者约为后者的 3 倍。且由图 6-7 可知，两种机床所需的各种原材料的碳排放贡献了制造阶段碳排放的 60%以上，因此进行机床的轻量化设计对实现该阶段碳排放的减量具有重要意义；另外，YS3116CNC7 型机床运输过程碳排放约为 11tCO_2e，YKB3120A 型机床运输过程碳排放约为 3.8tCO_2e，主要原因为两种机床重量的差别；废旧机床的回收处理阶段对降低机床生命周期碳排放具有重要意义，通过零部件直接重用、零部件再制造、材料重用等回收处理方式，YS3116CNC7 型机床经过回收处理可减少碳排放约 46tCO_2e，YKB3120A 型机床经过回收处理可减少碳排放约 17tCO_2e。

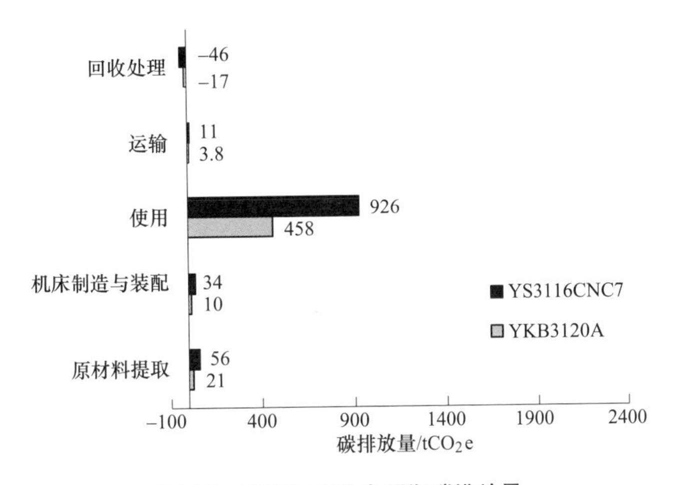

图 6-7　两种机床生命周期碳排放量

上述结果表明，无论何种机床，通过优化其使用阶段的能耗可显著降低机床生命周期碳排放量，因此，机床使用过程的优化与控制是优化机床碳足迹的关键，且机床 YS3116CNC7 型机床生命周期碳排放总量约为 YKB3120A 型机床的 2 倍。

2. 生命周期碳排放动态特性及碳效率

图 6-8 中，两种机床生命周期碳排放量均随齿轮产量的增加而增加，由于 YS3116CNC7 型机床具有更高的生产效率，在同样的服务寿命内，其所产出的齿轮的产量几乎是 YKB3120A 型机床的 3 倍。YS3116CNC7 更多的固定碳排放导致其生命周期碳排放曲线的起点比 YKB3120A 更高，然而随着产量的增加，当两种机床的产量均达到 0.24 万件时（如图中 *A* 点所示），YKB3120A 的生命周期碳排放曲线开始超越 YS3116CNC7，这意味着随后当两种机床的总产量相同时，YS3116CNC7 的碳排放将更少，即其更加低碳，碳排放性能更优，这一结论与图 6-7 所示的机床生命周期碳排放性能的比较结果完全不同。两种机床的碳排放

曲线均由连续的折线组成，每一段折线的斜率等于机床加工其对应零件时的生产率碳效率（PRCE）的倒数。因此，根据这些折线的斜率，可以得出结论：当两种机床生产同一种零部件时，YS3116CNC7 型机床的碳效率要优于 YKB3120A 型机床。如以加工齿轮 1 为例，YKB3120A 型机床的特性曲线 L_1 与 YS3116CNC7 型机床的特性曲线 l_1 如图 6-8 中虚线框所示，显然 L_1 的斜率比 l_1 的斜率大，即 $1/\eta_Q^{L_1}>1/\eta_Q^{l_1}$，因此可以推导出 $\eta_Q^{L_1}<\eta_Q^{l_1}$，即 $\eta_Q^{\mathrm{YKB3120A}}<\eta_Q^{\mathrm{YS3116CNC7}}$。这说明，在使用过程中尽管 YS3116CNC7 型机床的运行功率更大，即更大的碳流率，但其更高的生产效率和更短的加工时间会使其碳效率更优。因此，在改进机床运行过程中的环境性能时，不能仅仅局限于优化设备的运行功率，同时应综合考虑其生产效率。

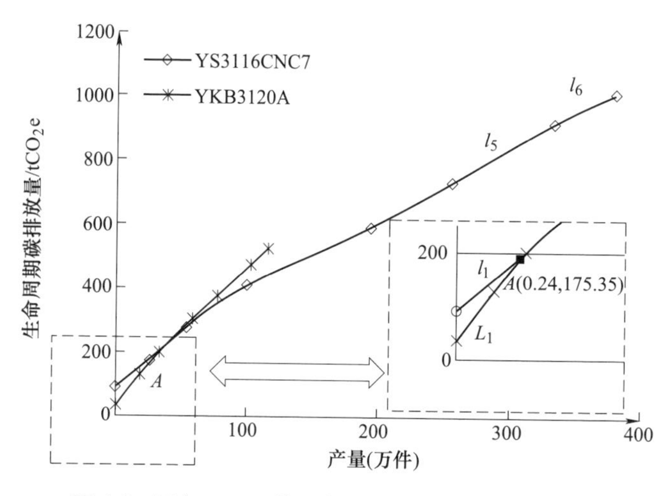

图 6-8　面向 PRCE 的机床生命周期碳排放动态特性

对于同种机床用于生产不同的齿轮，其生产率碳效率同样会出现变化，以 YS3116CNC7 型机床加工齿轮 5 与齿轮 6 为例，生产这两种齿轮时的碳排放折线分别为 l_5 和 l_6，其中曲线 l_5 的斜率比 l_6 的斜率大，即 $1/\eta_Q^{l_5}>1/\eta_Q^{l_6}$，因此可以推断 $\eta_Q^{l_5}<\eta_Q^{l_6}$。根据表 6-5 所列出的几种待加工齿轮的参数信息，尽管齿轮 6 比齿轮 5 具有更大的尺寸，但其组成材料为 HT200，因此具有更好的机械加工性。因此，相比于齿轮的尺寸，齿轮的材料更能决定其加工过程的碳效率。

上述结论同样可以通过面向材料去除率碳效率（MRRCE）的碳排放特性曲线反映，如图 6-9 所示，同样以 YS3116CNC7 型机床加工齿轮 5 和齿轮 6 为例，根据对应折线的斜率可得到 $1/\eta_R^{l_5}>1/\eta_R^{l_6}$，也即可推得 $\eta_R^{l_5}<\eta_R^{l_6}$。且在图 6-9 中，当两种机床总的材料去除量达到 14. 51m^{3}时（如图中 B 点所示），YKB3120A 型机床的碳排放开始超过 YS3116CNC7 型机床，此时再采用 YKB3120A 型机床进行

加工时，企业总碳排放量会更大。

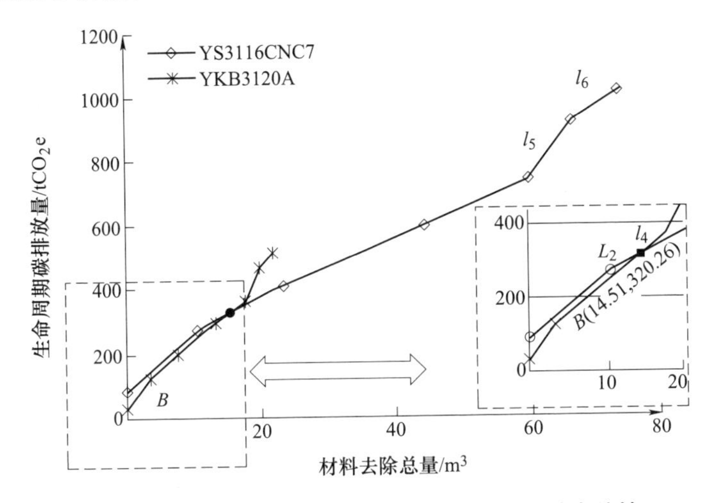

图 6-9 面向 MRRCE 的机床生命周期碳排放动态特性

如图 6-10 所示的面向收益率碳效率（ERRCE）的机床生命周期碳排放特性曲线综合了碳排放与经济效益，当 YS3116CNC7 型机床和 YKB3120A 型机床的碳排放量分别达到 298.44tCO_2e 和 121.01tCO_2e 时，所产生的经济效益才能平衡用于购买机床的投资费用，随后的经济利润将会随着碳排放的增加而增加。尽管 YS3116CNC7 型机床生命周期的总碳排放量几乎是 YKB3120A 型机床的 2 倍，但 YS3116CNC7 型机床生命周期的经济效益却几乎是 YKB3120A 型机床的 3 倍。

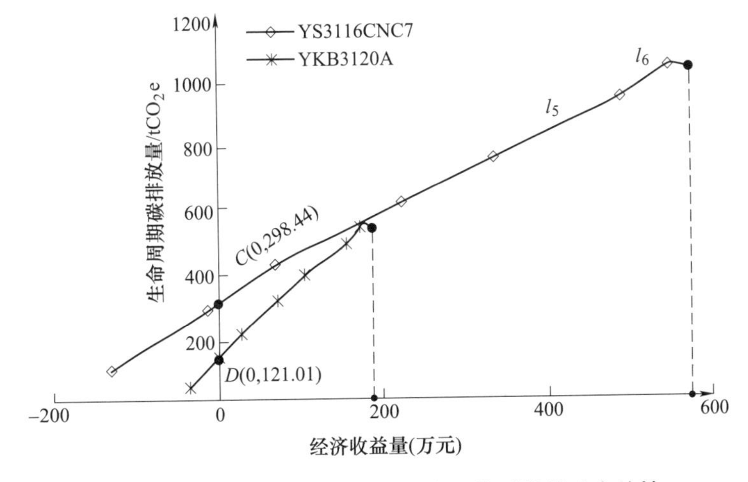

图 6-10 面向 ERRCE 的机床生命周期碳排放动态特性

综合以上碳效率分析结果，YS3116CNC7 型机床表现出更好的生命周期碳排放动态特性，这与采用生命周期评价所计算的结果（YKB3120A 生命周期碳排放总量更少）完全不同，因此，仅以传统的机床生命周期评价计算产品的环境性能在一定程度上并不能完全真正反映其碳排放性能。

6.4 基于混合 Petri 网的生产线碳效率评估

6.4.1 机械加工生产线碳效率

在上述框架模型中，决策变量 $\dot{x}_i(t)$ 可以理解为制造设备的碳排放率，正如某设备的电能消耗量是其运行功率与其运行时间的结果，碳流率反映了设备或制造系统单位时间内的碳排放，定义为碳排放 $ce_i(t)$ 随时间变量的导数，即

$$\gamma = \lim_{\Delta t \to 0} \frac{\Delta CE}{\Delta t} \tag{6-25}$$

式中，γ 为机械制造系统或机床设备的碳流率；ΔCE 为单位时间 Δt 内的碳排放。碳效率可以理解为用于同时衡量制造系统经济效益与环境效益的连续输出。综合考虑整个制造系统的碳排放源，对机床设备的生产率碳效率定义，机械制造系统中第 i 个工艺设备的碳效率可以定义为

$$\eta_i(t) = \frac{r_i(t)}{ce_i(t)} \quad i = 1, 2, \cdots, m \tag{6-26}$$

式中，$r_i(t)$ 为 t 时刻第 i 个设备的生产率（件/s）。

在 t 时刻，整个机械制造系统的碳排放等于所有单工艺设备碳排放的和，但其生产率由瓶颈工艺或设备决定，因此，整个机械制造系统的碳效率可以定义为

$$\eta_{GM}(t) = \frac{r_{GM}(t)}{CE(t)} \tag{6-27}$$

其中

$$\begin{cases} r_{GM}(t) = \min\{r_1(t), r_2(t), \cdots, r_m(t)\} \\ CE(t) = \sum_{i=1}^{m} ce_i(t) \end{cases} \tag{6-28}$$

式中，$\eta_{GM}(t)$ 为 t 时刻整个机械制造系统的碳效率（件/$kgCO_2e$）；$r_{GM}(t)$ 为机械制造系统的生产率，等于其瓶颈工艺的生产率（件/s）；$CE(t)$ 为机械制造系统 t 时刻的总碳排放量（$kgCO_2e$）。

6.4.2 基于混合 Petri 网的碳效率评估

在机械制造系统动态生产过程中，各种提供服务的加工设备都有可能因其

自身故障而不能提供加工服务，其发生时间是随机的，图 6-11 概括了考虑生产扰动的单工艺设备生产过程时域演化。在正常的生产过程中，机床设备在加工和空载两种运行状态之间交替，而扰动的发生通常会导致设备故障状态的出现。图 6-11 中，在加工状态，各种物料、能源资源的消耗以及废料的产生会导致碳排放的发生，但同时会使半成品实现增值；在空载状态，一般只需要消耗很少量的电能等，但不存在物料消耗及废料产生的行为，一般也不会实现产品的增值；当扰动发生时，正常的加工状态会被打断，且在系统恢复的过程中会浪费更多的时间和资源。因此，机械制造系统中扰动的存在会导致可利用生产时间和资源的浪费，从而影响整个机械制造系统的碳排放。

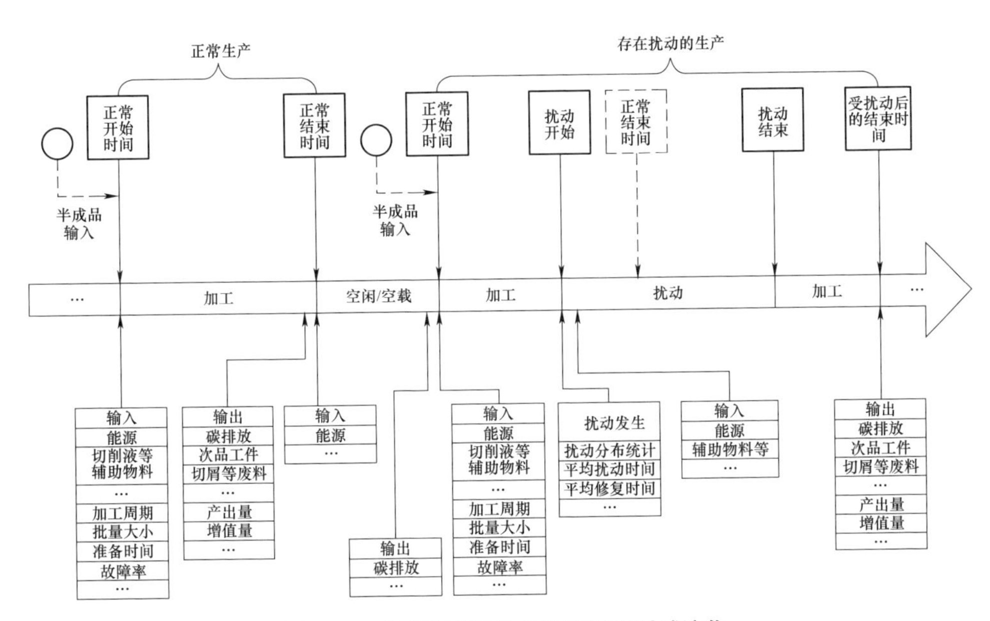

图 6-11　考虑生产扰动的生产过程时域演化

某一设备的扰动影响通常会传递到整个系统，甚至会经过传递后扩大影响，通常机械制造系统的状态变量并不直接被扰动，而是系统参数发生了变化。由于机械制造系统的复杂性以及动态性，很难把握某一具体扰动因子对于整个机械制造系统碳排放动态特性的影响，因此本书将根据各个设备的扰动发生概率及扰动程度，依靠制造系统的建模仿真方法实现碳排放动态特性及碳效率对扰动因子的响应分析。

综上所述，一个适用于分析机械制造系统碳排放动态特性的模型需要能够同时实现对离散状态和连续变量的模拟。混合 Petri 网（Hybrid Petri-Net，HPN）

作为一类能综合时间驱动和事件驱动动力特性的经典 Petri 网，近年来逐渐成为一种新型可视化、易于建模、定性与定量分析的工具。混合 Petri 网由连续变量动态系统（Continuous Variable Dynamical Systems，CVDS）与离散事件动态系统混合而成，已开始应用于制造系统建模与分析，本书将采用该工具描述、分析碳排放动态特性。

HPN 由 6 要元构成，可表示为

$$\mathrm{HPN}=(P,\ T,\ I,\ O,\ D,\ C)$$

式中，P 为库所的有限集合，可分解为离散库所集合 P_d（用空心圆表示）和连续库所集合 P_c（用同心圆表示），$P=P_d\cup P_c$；T 为变迁的有限集合，可分解为离散变迁结合体 T_d和连续变迁集合 T_c（表示为双实线矩形），且 $T=T_d\cup T_c$，其中 T_d 可进一步分解为即时离散变迁 T_I（用实线表示）与赋时离散变迁 T_t，且 $T_d=T_I\cup T_t$，T_t 可进一步分解为确定时间离散变迁 T_D与随机离散变迁 T_E，且 $T_t=T_D\cup T_E$；$I(p,\ t)$ 定义了 P 到 T 的有向弧的权的集合，且 $P_c\times T\to R_0^+$，$P_d\times T\to R_0^+(R_0^+=R^+\cup\{0\})$；$O(p,\ t)$ 定义了从 T 到 P 的有向弧的权的集合，且 $T\times P_c\to R^+$，$T\times P_d\to N^+$；D：$T_d\to R^+$定义了确定离散变迁的时延或定义了随机离散变迁时延分布函数的参数 s；$CT_C\to R_0^+\times R_\infty^+$ 定义了连续变迁的激发速度（$R_\infty^+=R^+\cup\{\infty\}$），可为常量或时间函数。

HPN 的关联矩阵定义为 $\boldsymbol{C}(p,\ t)=\boldsymbol{O}(p,\ t)-\boldsymbol{I}(p,\ t)$，且 $\boldsymbol{C}(p,\ t)$ 关于 P_X 和 $T_Y(X,\ Y\in\{c,\ d\})$ 的约束表示为 $\boldsymbol{C}_{XY}$，如对于 P_c、T_d 可得到 $\boldsymbol{C}_{cd}$，它是由 $\boldsymbol{C}(p,\ t)$ 中若干行与若干列交叉库所上的元素构成的子阵，这些行对应着 P_c 所包含的库所在 P 中的序号（从小到大），而列对应着 T_d 所包含的变迁在 T 中的序号。HPN 的标识 $M:P_c\to R_0^+$，$P_d\to N$ 为一函数，为每一个离散库所分配一定数量（非负整数）的托肯，而为每一连续库所分配一定容量（非负实数）的流体，库所 p_i 的标识记为 m_i，而在时刻 τ 的标识记为 $m_i(\tau)$。

在机械制造系统中，资源消耗、碳排放以及生产有关的变量是连续的，因此可采用连续库所进行描述，对应的变迁可模拟出相应的动态行为；各种设备的状态的变迁会导致设备资源消耗或碳排放的差异，建模过程中设备状态采用离散库所进行模拟，状态变迁则采用离散变迁模拟；制造过程中，扰动意味着不确定事件的发生，本书采用离散库所来模拟扰动源，且其扰动行为由离散变迁实现。为了模拟机械制造各种系统变量、参数的实时演化过程，定义 1~定义 3 明确了相关的规则，用于决定整个制造系统受时间驱动和事件驱动的动态特性，令 τ_{k-1}和 τ_k 分别为两个连续的宏事件发生时刻，时间间隔 $[\tau_{k-1},\ \tau_k]$ 为宏周期，且时段长度记为 $\Delta_k=\tau_k-\tau_{k-1}$。

定义 1　对于离散变迁 t，若 $\forall p_i\in{\cdot}t$：$m_i(\tau)\geqslant I(p_i,\ t)$，则该变迁在时刻

τ 使能并得到标识 $m(\tau)$，其中 $\cdot t$ 表示离散变迁 t 的所有输入库所（包括离散与连续库所）；对于连续变迁 t，若 $\forall p_i \in {}^{\cdot d}t$：$m_i(t) \geqslant I(p_i, t)$（${}^{\cdot d}t$ 表示变迁 t 的所有离散输入库所），则该变迁在时刻 τ 使能并得到标识 $m(\tau)$，若同时 $\forall p_i \in {}^{\cdot c}t$：$m_i(\tau) > 0$，则连续变迁 $t \in T_c$ 为强使能，若同时 $\forall p_j \in {}^{\cdot c}t$：$m_j(\tau) = 0$，则连续变迁 $t \in T_c$ 为弱使能。

定义 2 令变迁 $t_i \in T_c$ 在时刻 τ 的瞬间激发速度（Instantaneous Firing Speed，IFS）为 $v_i(\tau)$，则库所 $p \in P_c$ 的标识随时间的变化可表示为

$$\frac{\mathrm{d}m_p(\tau)}{\mathrm{d}\tau} = \sum_{t_i \in T_c} C(p, t_i) v_i(\tau) \tag{6-29}$$

式（6-29）中假设在时刻 τ 没有离散变迁被激发且所有的连续变迁激发速度 $v_i(\tau)$ 为连续的。

定义 3 如果几个变迁在激发过程中需要相同的输入库所，为了消除激发冲突，其中具有优先权的变迁优先激发。设备具有空载、加工与停机三种状态，每种状态设备具有不同的资源消耗率和生产率等参数，且三种状态之间的变迁具有优先权，即加工状态→停止状态优先于加工状态→空载状态转移。图 6-12 为设备状态变迁过程的 Petri 网建模，图中“1”表示设备处于空载状态，C_{idle} 为空载状态时的碳流率。

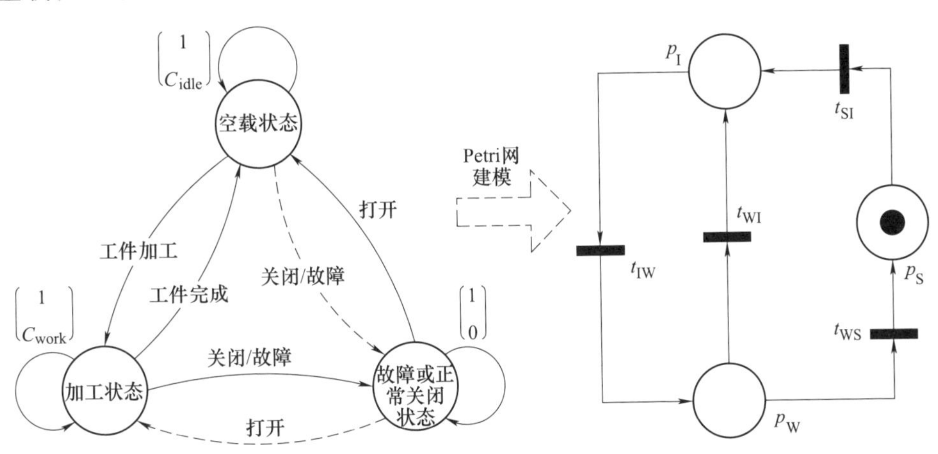

图 6-12 设备状态变迁过程的 Petri 网建模

定义 4 当某一离散变迁激发，宏事件会发生从而改变离散库所标识或使能/抑制某一连续变迁；一连续库所变空，从而改变连续变迁的状态（从强使能到弱使能），假设在宏周期内 IFS 向量是恒定的，则在时段内离散标识与 IFS 向量将定义一个宏状态。因此，设 τ_0 为初始时刻，$\tau_k(k > 0)$ 为宏事件发生的时刻，$\boldsymbol{v}(\tau)$ 为在长度为 Δ_k 的宏周期内的 IFS 向量，一个 HPN 的动态特性

可以描述为

$$\begin{cases}\begin{bmatrix}\boldsymbol{m}^c(\tau)\\ \boldsymbol{m}^d(\tau)\end{bmatrix}=\begin{bmatrix}\boldsymbol{m}^c(\tau_{k-1})\\ \boldsymbol{m}^d(\tau_{k-1})\end{bmatrix}+\begin{bmatrix}\boldsymbol{C}_{cc} & \boldsymbol{0}\\ \boldsymbol{0} & \boldsymbol{C}_{dd}\end{bmatrix}\int_{\tau_{k-1}}^{\tau_k}\begin{bmatrix}\boldsymbol{v}(\tau)\\ \boldsymbol{0}\end{bmatrix}\\ \begin{bmatrix}\boldsymbol{m}^c(\tau_{k-1})\\ \boldsymbol{m}^d(\tau_{k-1})\end{bmatrix}=\begin{bmatrix}\boldsymbol{m}^c(\tau_{k-1}^-)\\ \boldsymbol{m}^d(\tau_{k-1}^-)\end{bmatrix}+\begin{bmatrix}\boldsymbol{0} & \boldsymbol{C}_{cd}\\ \boldsymbol{0} & \boldsymbol{C}_{dd}\end{bmatrix}\boldsymbol{\phi}(\tau_{k-1})\end{cases} \tag{6-30}$$

式中，$\boldsymbol{\phi}(\tau_{k-1})\in N^n$ 为离散激发次数向量，表示离散变迁 t_i^d 在时刻 τ_{k-1} 的激发次数，且标识 $m(\tau_{k-1}^-)$ 在离散变迁 t_i^d 激发后获得标识 $m(\tau_k)$，$\tau\in[\tau_{k-1},\ \tau_k)$。

6.4.3 敏感性分析

上述构建的生产线 Petri 网模型中，其全工艺链和单个工艺的碳效率可表示为

$$\text{SEC}_{\text{chain}}=\frac{\sum_{j\in I_t^{\text{e}}}v_j^{\text{e}}}{v_{\text{last-process}}^{\text{r}}} \tag{6-31}$$

$$\text{SEC}_{\text{process}}=\frac{v_j^{\text{e}}(\forall j\in I_t^{\text{e}})}{v_j^{\text{r}}(\forall j\in I_t^{\text{r}})} \tag{6-32}$$

式中，$\text{SEC}_{\text{chain}}$ 为整个工艺链的碳效率；$\text{SEC}_{\text{process}}$ 为第 j 个工艺的碳效率；v_j^{e} 为第 j 个工艺的综合碳流率；v_j^{r} 为第 j 个工艺的生产率；I_t^{e} 为碳源连续变迁的下标集合；I_t^{r} 为生产连续变迁的下标集合；$v_{\text{last-process}}^{\text{r}}$ 为瓶颈工艺生产连续变迁的瞬时激发速率。

式（6-31）、式（6-32）表明，整个工艺链的碳流输入是所有碳源连续变迁激发速度的综合，同时生产率等于瓶颈工艺变迁的瞬时激发速度，单个工艺碳流率等于其物料、能源、废物流连续变迁的激发速度，生产率等于生产连续变迁的瞬时激发速度。

工艺链的优化运行方案应以最少的能量实现最大的生产率，表示为

$$\max:\ v_{\text{last-process}}^{\text{r}} \tag{6-33}$$

令 $I_t^{\text{r}}=\{\alpha_1,\ \cdots,\ \alpha_k\}$ 为使能生产连续变迁（Production Continuous Transition，PCT）的指标集合，$I_t^{\text{r}}=\{\alpha_{2k+1},\ \cdots,\ \alpha_l\}$ 为空 PCT 的指标集合，然后建立多目标线性规划模型，确定最优运行方案。多目标线性规划模型可表示为

$$\min:\ \sum_{j\in I_t^{\text{r}}}c_jv_j^{\text{r}} \tag{6-34}$$

$$
\text{s.t.}\begin{cases}
v_{\alpha_1}+s_1=V_{\alpha_1}\\
\quad\vdots\\
v_{\alpha_k}+s_k=V_{\alpha_k}\\
v_{\alpha_1}-s_{k+1}=V'_{\alpha_1}\\
\quad\vdots\\
v_{\alpha_k}-s_{2k}=V'_{\alpha_k}\\
\sum\limits_{j\in I_t^{\mathrm{r}}}C(p_{\alpha_{2k+1}},\ t_j)v_j-s_{2k+1}=0\\
\quad\vdots\\
\sum\limits_{j\in I_t^{\mathrm{r}}}C(p_{\alpha_1},\ t_j)v_j-s_l=0
\end{cases}
\qquad s_j\geqslant 0;\ j=1,\ 2,\ \cdots,\ l \tag{6-35}
$$

式（6-34）、式（6-35）模型旨在优化整个生产链的能效，即通过最大化最后一道工序的生产率 $v_{\text{last-process}}^{\mathrm{r}}$ 和最小化生产链的能量流输入率 $\sum\limits_{j\in I_t^{\mathrm{e}}}v_j^{\mathrm{e}}$。整个工艺链的能耗取决于其配置、过程同步、各个过程的技术特点等。Santos 等人研究发现单个工序的能耗随其生产量线性增加。在该模型中，碳排放连续变迁（Carbon Emission Continuous Transition，CECT）的速度被进一步设计为相应 PCT 速度的线性函数。c_j 为 CCT-PCT 的线性系数，最小化能量流输入速率 $\sum\limits_{j\in I_t^{\mathrm{e}}}v_j^{\mathrm{e}}$ 可以用最小化函数 $\sum\limits_{j\in I_t^{\mathrm{r}}}c_jv_j^{\mathrm{r}}$ 来代替。式（6-34）中，c_j 由对应 CCT 的激发速度决定。

令 $\boldsymbol{x}=[v_{\alpha_1},\ \cdots v_{\alpha_k},\ s_1,\ \cdots,\ s_l]^{\mathrm{T}}$，则式（6-34）和式（6-35）可表示为多目标线性规划的标准模型，即

$$
\max_{\boldsymbol{x}}\{\boldsymbol{c}^{\mathrm{T}}\boldsymbol{x}\mid \boldsymbol{A}\boldsymbol{x}=\boldsymbol{b},\ \boldsymbol{x}\geqslant\boldsymbol{0}\} \tag{6-36}
$$

式中，$\boldsymbol{c}$ 为目标函数的系数向量；$\boldsymbol{A}$ 为矩阵 $l\times(l+k)$ 的约束条件；$\boldsymbol{b}$ 为资源系数 l 的向量，其由连续变迁的最小点火速度（mfs）和最大点火速度（MFS）决定。

根据线性规划模型的扰动分析理论进行敏感性分析。理论上，敏感性分析是指研究最优解如何随给定线性规划项（矩阵系数、右侧目标函数）的变化而变化。假设 $\boldsymbol{q}=[q_0\cdots q_p]^{\mathrm{T}}$ 为工艺链中的不确定参数向量，式（6-35）优化的结果（使用单纯形方法）可以写成式（6-37）中给定的 q 值，对应的最优基 B 是变量 l 的一组集合，只取在对应变量 $\boldsymbol{b}$ 中的 A 列，即可得到最优基矩阵 $\boldsymbol{A}_B$，其中 B 中的变量是基本变量，其余的变量称为非基本变量（用集合 N 表示）。需要注意的是，式（6-37）中的最优解是简并的，因为有许多基解与之相关。

$$x^{0}(q)=\begin{bmatrix}x_B(q)\\x_N(q)\end{bmatrix}=\begin{bmatrix}A_B^{-1}(q)b(q)\\0\end{bmatrix} \tag{6-37}$$

本书通过假设右侧向量和矩阵系数的变化，分别对 CCT-PCT 系数和设计参数进行敏感性分析。如果计算得到 $\bar{q}$ 的最优解，则相应的最优基为 B。然后，利用式（6-38）求解偏导数，可计算得到基本变量 $x_B(\bar{q})$ 中关于 q_i 的灵敏度，即

$$\frac{\partial x_B(\bar{q})}{\partial q_i}=A_B^{-1}(\bar{q})\left(\frac{\partial b(\bar{q})}{\partial q_i}-\frac{\partial A_B(\bar{q})}{\partial q_i}x_B(\bar{q})\right) \tag{6-38}$$

式（6-38）表明，最优解中 q_i 的微小变化不会引起非基本变量 $x_N(\bar{q})$ 改变，只要求 $A_B(\bar{q})$ 和 $b(\bar{q})$ 对于 q_i 具有一阶可微性。此外，如果最优解不简并，则获得的灵敏度是唯一的。

6.4.4 案例分析

上述方法被用于分析重庆一家齿轮制造企业的齿轮生产系统的碳排放性能。所生产齿轮材料为 20CrMnTiH 钢，齿轮质量为 2.29kg，其毛坯质量为 3.027kg。齿轮的三维图如图 6-13 所示，有 30 个齿，直齿模数为 3.75mm，花键模数为 2.5mm。该齿轮生产过程要经历 7 个工艺步骤：①拉花键；②精车；③滚齿；④渗碳淬火；⑤磨端面；⑥磨齿；⑦清洗。每个工艺步骤考虑 3 种碳排放源，即电能消耗、冷却液（Coolant Waste，CW），及废料（Scrape），其中废料包括次品（Scrape Defective，SD）及切屑（Scrape Chip，SC）。实验周期设为 16h（两班），记录其生产和碳排放信息，并考虑机械加工工艺的 3 种设备运行状态：空载、加工及停止。

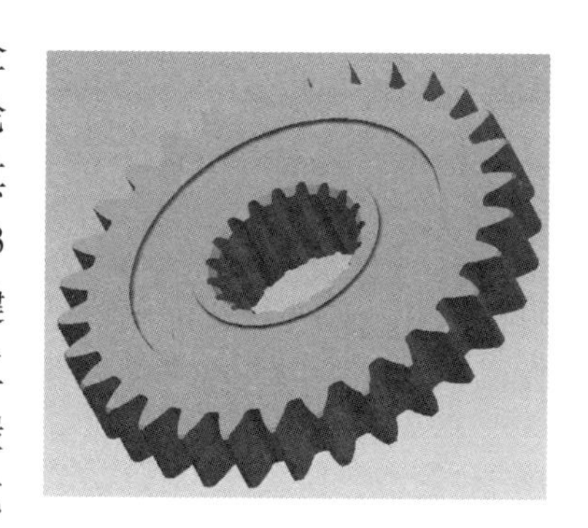

图 6-13 所生产齿轮三维图

根据车间的生产数据，表 6-9 列出了各机械加工设备在不同运行状态时的运行时间及功率，各工艺设备的空载时间（Idle Time，IT）和加工时间（Processing Time，PT）均满足均匀分布，而其空载功率（Idle Power，IP）和加工功率（Processing Power，PP）则采用三相功率测试仪测试数据的统计平均值。

计算电能碳排放时，根据我国 2007 年电能生产生命周期评价，本书取电能碳排放系数为 1.072kgCO_2e/kW · h，表 6-10 列出了各个工艺所消耗的冷却液/切削液及废料。目前尚无专门关于冷却液/切削液的碳排放系数的研究，对于实验中所采用的水基冷却液，本书将生产 1t 冷却液/切削液的能耗概算为生产 1t 水所需要的碳排放，其中生产 1t 水约消耗电能 0.67kW · h；对于油基冷却液/切削

液，其碳排放系数概算为原油生产的碳排放系数，约为 0.081kgCO_2e/L。在该制造系统中，多功能箱式炉被用于渗碳淬火工艺，每批次 200 个齿轮在该炉子加热 450min，其中该箱式炉的加热功率为 160kW，所采用的淬火油为甲烷和煤油的混合物，根据统计数据，1000 个齿轮会消耗 150L 的淬火油，具体见表 6-10。同样，每批次 200 个齿轮同时被送进清洗设备清洗 20min（假设清洗过程中不存在水的浪费），且该清洗设备的功率约为 54kW。

表 6-9　机械加工设备空载在不同运行状态时的运行时间及平均功率

制造工艺	空载		加工	
	时间/s	功率/kW	时间/s	功率/kW
拉花键	$P_{1,1} \sim U(15, 22)$	18	$P_{1,P} \sim U(36, 44)$	24
精车	$P_{2,1} \sim U(18, 23)$	4.5	$P_{2,P} \sim U(112, 120)$	5.5
滚齿	$P_{3,1} \sim U(30, 42)$	6.5	$P_{3,P} \sim U(132, 143)$	9
磨端面	$P_{5,1} \sim U(54, 65)$	6.5	$P_{5,P} \sim U(66, 80)$	9.5
磨齿	$P_{6,1} \sim U(60, 72)$	13	$P_{6,P} \sim U(230, 243)$	19

表 6-10　各个工艺所消耗的切削液/冷却液及其废弃物料

制造工艺	切削液/冷却液类型	切削液/冷却液消耗/(L/1000 个)	切屑/g	次品率（%）
拉花键	油基	80	47.6	2
精车	水基	5	116.2	3
滚齿	油基	22	483.5	2
渗碳淬火	甲醇+煤油	150	0	0
磨端面	水基	7	52.1	3
磨齿	水基	25	31.8	2
清洗	水基	—	—	—

在仿真实验过程中，考虑了设备故障、返工、刀具破损三种生产扰动类型。事实上，在实验周期内，这些扰动并不会真正发生，因此，在实验研究过程中根据扰动的分布规律以及修复时间等历史数据设计了上述三种生产扰动。在本实验中，刀具故障或设备故障被设计为满足威布尔分布，且平均故障时间为 16h，平均修复时间为 2min。

1. 制造系统的 HPN 建模

根据该制造系统的物理系统构成及其组织形式，该制造系统的 HPN 建模如

图 6-14 所示，且根据实际生产数据，表 6-11 与表 6-12 列出了图 6-14 中库所的初始值以及变迁的激发速度。表 6-11 中，在加工状态，连续变迁 $t_{M1,WE}$、$t_{M2,WE}$、$t_{M3,WE}$、$t_{M4,WE}$、$t_{M5,WE}$、$t_{M6,WE}$和 $t_{M7,WE}$分别表示各个工艺设备 $M_1 \rightarrow M_7$ 的电能消耗过程，且电能的碳排放系数为其通向对应连续库所弧的权重；变迁 $t_{M1,CF}$、$t_{M2,CF}$、$t_{M3,CF}$，$t_{M4,CF}$、$t_{M5,CF}$和 $t_{M6,CF}$分别表示各个工艺设备 $M_1 \rightarrow M_6$ 的切削液/冷却液消耗过程，且切削液/冷却液的碳排放系数为其通向对应连续库所弧的权重；变迁 $t_{M1,d1}$、$t_{M2,d2}$、$t_{M3,d3}$、$t_{M5,d5}$及 $t_{M6,d6}$分别表示工艺设备 M_1、M_2、M_3、M_5、M_6 切屑及次品等废料的产生过程，且钢材的碳排放系数为其通向对应连续库所弧的权重。在设备空载状态，碳排放源只有电能的消耗，变迁 $t_{M1,IE}$，$t_{M2,IE}$，$t_{M3,IE}$，$t_{M5,IE}$和 $t_{M6,IE}$分别表示工艺设备 M_1、M_2、M_3、M_5、M_6 的电能消耗过程。各工艺设备开始加工前，在待加工工件缓冲区需存放加工所需要数量的工件，否则设备将不进行加工，为了实现这一控制机制，在模型中引入了控制阀 V_1、V_2、V_3、V_4、V_5和 V_6，且其阀值分别设定为 1、1、1、200、1、1、200，尤其当工件抵达清洗、渗碳淬火工艺的待加工工件缓冲区时，只有工件数量等于或超过 200 件，才会触动阀开关，以实现这两个工艺的加工过程。根据以上设置，该模型采用 MATLAB7. 0 软件平台实现碳排放动态特性仿真及碳效率评估。

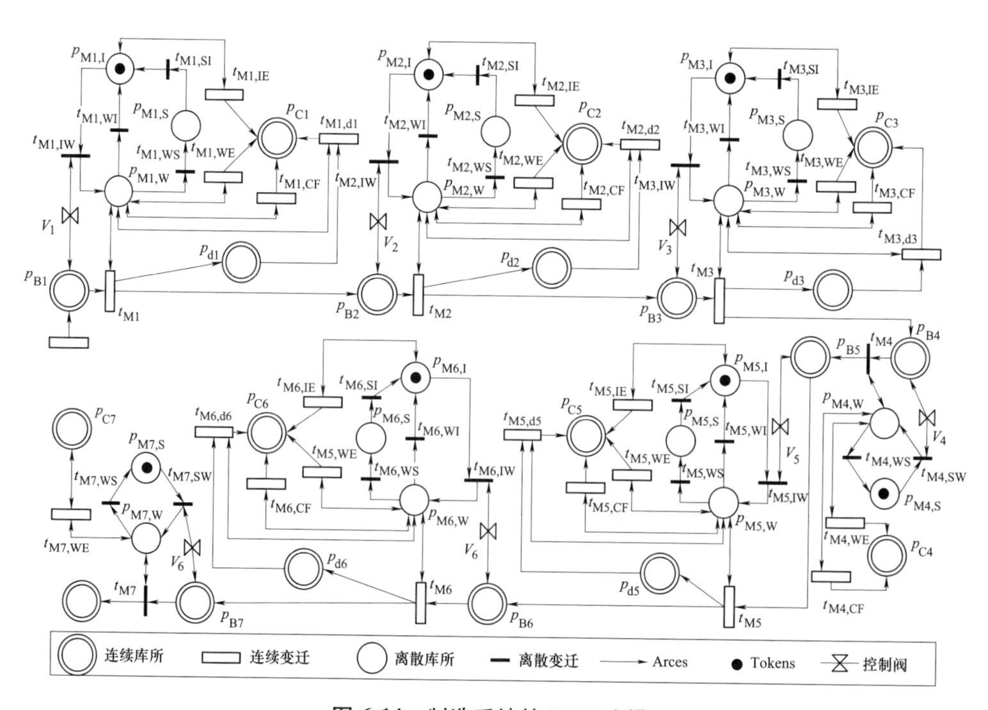

图 6-14 制造系统的 HPN 建模

表 6-11 图 6-14 中库所的初始值

库所	初始值	描述
p_{B1}，p_{B2}，p_{B3}，p_{B4}，p_{B5}，p_{B6}，p_{B7}	500，20，20，0，50，50，50	各工艺缓冲区待加工工件
p_{d1}，p_{d2}，p_{d3}，p_{d5}，p_{d6}	0，0，0，0，0	分别由拉花键、精车、滚齿、磨端面以及磨齿等工艺产生的报废物料等
p_{C1}，p_{C2}，p_{C3}，p_{C4}，p_{C5}，p_{C6}，p_{C7}	0，0，0，0，0，0，0	各个工艺的碳排放量
$p_{M1,I}$，$p_{M2,I}$，$p_{M3,I}$，$p_{M5,I}$，$p_{M6,I}$	1，1，1，1，1	各个工艺设备的空载状态
$p_{M1,W}$，$p_{M2,W}$，$p_{M3,W}$，$p_{M4,W}$，$p_{M5,W}$，$p_{M6,W}$，$p_{M7,W}$	0，0，0，0，0，0，0	各个工艺设备的加工状态
$p_{M1,S}$，$p_{M2,S}$，$p_{M3,S}$，$p_{M4,S}$，$p_{M5,S}$，$p_{M6,S}$，$p_{M7,S}$	0，0，0，0，0，0，0	各个工艺设备的停止状态

表 6-12 图 6-14 中变迁的激发速度

变迁	激发速度	描述
$t_{M1,WI}$，$t_{M2,WI}$，$t_{M3,WI}$，$t_{M4,SW}$，$t_{M5,WI}$，$t_{M6,WI}$，$t_{M7,SW}$	PT_1，PT_2，PT_3，PT_4，PT_5，PT_6，PT_7	加工状态向空载状态转移
$t_{M1,IW}$，$t_{M2,IW}$，$t_{M3,IW}$，$t_{M5,IW}$，$t_{M6,IW}$	IT_1，IT_2，IT_3，IT_5，IT_6	空载状态向加工状态转移
$t_{M1,WS}$，$t_{M2,WS}$，$t_{M3,WS}$，$t_{M4,WS}$，$t_{M5,WS}$，$t_{M6,WS}$，$t_{M7,WS}$	根据扰动发生时间分布函数进行设计	扰动发生时间
$t_{M1,SI}$，$t_{M2,SI}$，$t_{M3,SI}$，$t_{M5,SI}$，$t_{M6,SI}$	根据扰动修复时间分布函数进行设计	扰动修复时间
t_{M1}，t_{M2}，t_{M3}，t_{M4}，t_{M5}，t_{M6}，t_{M7}	$\left(\dfrac{1}{PT_i + IT_i} i = 1, \cdots, 7\right)$	第 i 个工艺的生产过程
$t_{M1,WE}$，$t_{M2,WE}$，$t_{M3,WE}$，$t_{M4,WE}$，$t_{M5,WE}$，$t_{M6,WE}$，$t_{M7,WE}$	24，5.5，9，54，9.5，19，160	各工艺设备加工状态的电能消耗过程
$t_{M1,CF}$，$t_{M2,CF}$，$t_{M3,CF}$，$t_{M4,CF}$，$t_{M5,CF}$，$t_{M6,CF}$	$\dfrac{CW_i}{1000(PT_i + IT_i)}$ $i = 1, 2, 3, 5, 6$	第 i 个工艺设备的冷却液消耗过程
$t_{M1,d1}$，$t_{M2,d2}$，$t_{M3,d3}$，$t_{M5,d5}$，$t_{M6,d6}$	$\dfrac{SD_i + SC_i}{1000(PT_i + IT_i)}$ $i = 1, 2, 3, 5, 6$	第 i 个工艺的废料产生过程
$t_{M1,IE}$，$t_{M2,IE}$，$t_{M3,IE}$，$t_{M5,IE}$，$t_{M6,IE}$	18，4.5，6.5，0，6.5，13，0	各个工艺设备空载状态的电能消耗过程

2. 基于碳流率的制造系统碳排放动态特性分析

从产品的角度，该制造系统用于加工一个齿轮产品的碳流率曲线如图 6-15

所示，图中实线表示无扰动情况下制造系统的碳流率曲线，而虚线则表示存在扰动情况下的制造系统碳流率曲线。由图 6-15 可知，制造系统的碳流率曲线实际上是①→⑦7 个工艺步骤碳排放曲线在时序上的周期性组合，而每个工艺设备的碳排放性能曲线则可以由其不同加工状态（主要为空载和加工两个状态）的碳排放片段组成。由于精加工设备刀具在时域 200～340s 内发生了故障，导致齿轮的生产周期变得更长，考虑到制造系统的生产时间相对固定，因此，刀具的破损间接导致生产效率的降低。图 6-15 中碳流率曲线与时间轴所包围的面积表示生产一个齿轮所要产生的碳排放，如果在扰动过程中考虑刀具破损所产生的间接碳排放源，则扰动碳流率曲线对应的面积将会比正常碳流率曲线对应的面积大，这意味着受到扰动的制造系统产出更少的产品却产生更多的碳排放，显然采用预防性措施避免生产扰动的发生，不仅对提高齿轮生产效率同时对降低齿轮的碳足迹都将会产生重要意义。此外，如图 6-15 所示，由于渗碳淬火工艺更高的碳流率以及更长的加工时间，其在齿轮整个的生产过程汇总中贡献了最多的碳排放，因此，改善渗碳淬火工艺的碳流率对降低齿轮的碳足迹也将会产生重要意义。

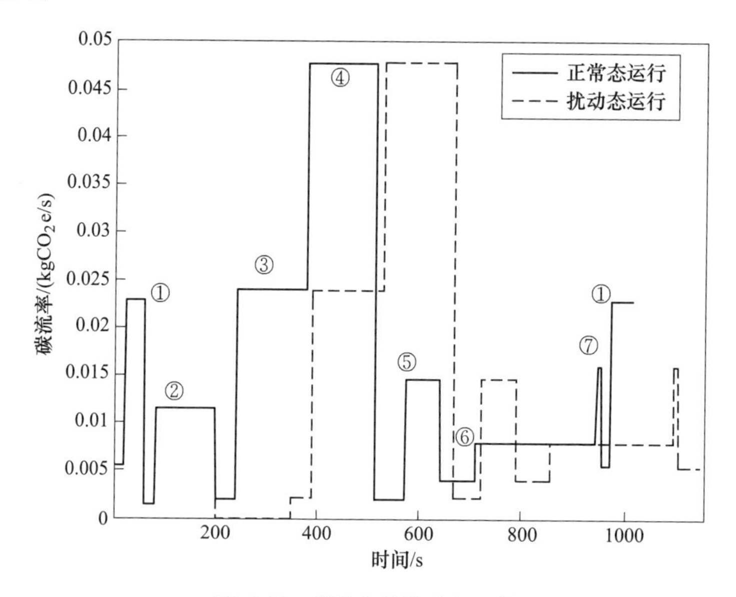

图 6-15　碳流率曲线分析比较

3. 基于碳效率的制造系统碳排放动态特性分析

从碳效率的角度，可对该制造系统的生产性能与碳排放性能进行综合分析，如图 6-16a 所示，所有工艺的碳效率随时间波动且拉花键工艺的碳效率最高，随后为精车、滚齿、渗碳淬火、磨端面、磨齿及清洗工艺。对于整个制造系统，由于其生产率由瓶颈工艺决定，而其碳排放则等于所有工艺碳排放的总和，因此其碳效率约为 0.02 单位个齿轮/kgCO_2e，比任一工艺的碳效率都低。假设单个生产工艺或整个制造系统加工完一个工件的时间为其一个生产周期，由图 6-16b 可知，磨齿工艺为该制造系统的瓶颈工艺，拥有最小的生产率。尽管渗碳淬火工艺的生产率不是最小的，但由于其碳流率最高（见图 6-15），因此导致其碳效率最小。为了改善整个制造系统，可首先对磨齿工艺以及渗碳淬火工艺进行改善。

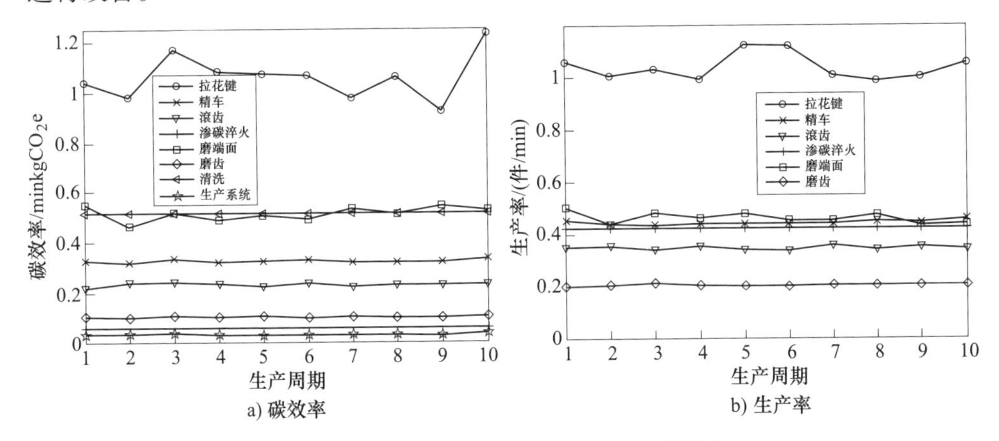

图 6-16　制造系统的生产性能与碳排放性能

在整个实验周期内，该制造系统的碳流率曲线与碳效率曲线如图 6-17 所示。在整个实验周期内存在返工和设备故障两种扰动，其中返工发生在 100~120min 期间，而设备故障则发生在 570~605min 期间，假设这些扰动仅是局部发生而其他工艺则正常运行，则该制造系统的碳效率将变为 0。扰动工艺的停工仅会导致整个制造系统碳排放降低很少一部分，碳排放依然在进行。

4. 实验结果讨论

将环境或可持续问题集成到制造系统仿真分析中正成为许多研究机构的新研究方向。然而，目前面向低碳制造，关于机械制造系统的碳排放动态特性的建模分析及碳效率的研究却很少，甚至尚不存在，而这一研究却是实现机械制造系统碳排放性能实时分析、控制及优化的前提。由于采用 HPN 建模与评估理论的耦合，相比于此前综合离散系统建模（DES）与生命周期评价（LCA）方法或其他评价工具（通常用于对制造系统进行概念性评估研究等），混合 Petri 网模型更适合表达碳排放动态特性。机械制造系统的碳排放实际上可以表示为不同工艺设备在不同加工状态碳排放片段的时序组合，因此它能从更全局的视角提出进一步的改进潜能。正如能量块法被用于精确预测制造系统能耗一样，本章的研究同样可以为精确预测整个机械制造系统的碳排放提供新思路。

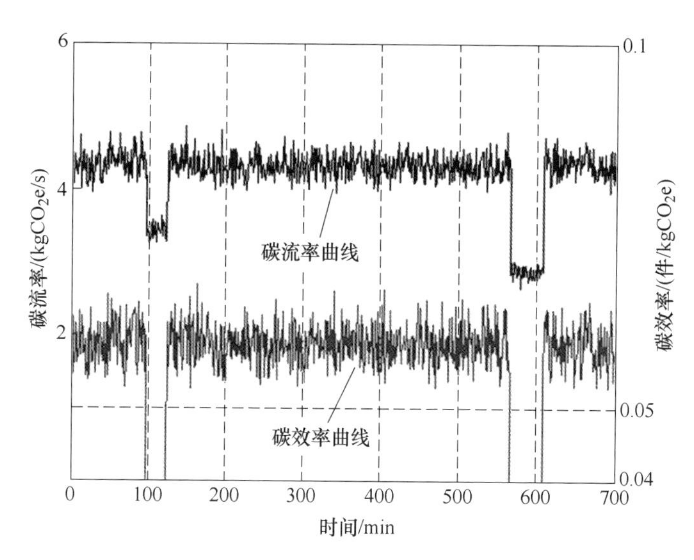

图 6-17　受扰动的制造系统碳流率与碳效率曲线比较

如何评估碳排放动力学特性是研究的另一个重点。当生产工人试图选择具有较好操作性指评估制造过程的可持续性时，现存的评价指标往往使生产工人产生困惑。本章所采用的碳效率指标实际上是一种具有时效性的综合性指标，它从更符合生产实际的角度综合经济性能/生产性能与环境性能指标。碳效率是一种相对性指标，其综合评估了碳排放与生产能力。通过碳流率还可以实时监控生产过程的碳排放率，并识别出制造系统中的异常工艺。综上所述，碳效率指标具有评估碳排放性能、表征制造过程中的碳排放动态特性以及制定减碳决策的功能。

实际生产过程中有许多因素可能会影响到制造系统的碳排放动态特性，关于生产扰动对生产的影响尽管已经开展了很多研究，但只有极少的研究关注了生产扰动对企业实施低碳制造（或绿色制造）的影响。以上案例研究表明，基于 HPN 所提出的建模方法以及碳效率评估可以较好地辅助研究扰动对碳排放动态特性的影响，较好地实现机械制造系统的改造潜能分析和研究。

6.5　基于状态空间的制造车间碳效率评估

机械加工车间由几种不同类型的独立机器组成。假设一个加工车间包括 n 条平行生产线，每条生产线在确定的操作顺序下由 m 台机器组成。图 6-18 为加工车间第 i 条生产线示意图。在生产线上，材料或半成品以给定的速度到达单台机器，并以相同的速度离开机器。机器加工时间结束后，加工材料或半成品转移到缓冲区。

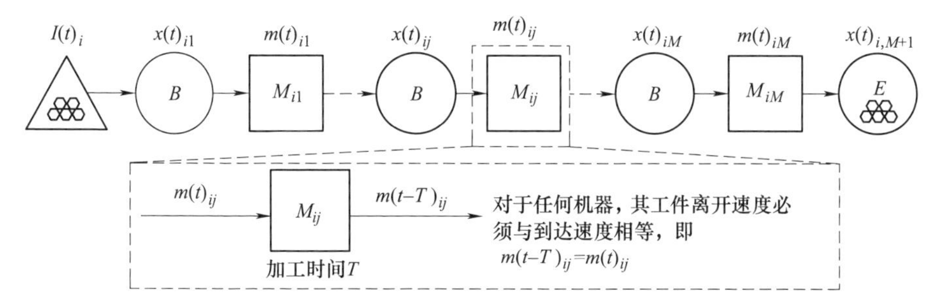

图 6-18　加工车间第 i 条生产线示意图

为了模拟整个加工车间的动态碳排放，采用模块化的方法，每台机器都由一个过程模块进行建模。本书将机器视为一个黑匣子，用状态空间模型描述。为了协调经济和环境两个维度，模型应包括两个子模型，即生产过程状态空间和碳排放过程状态空间。

6.5.1　生产过程状态空间模型

图 6-18 中，考虑到时间 t 时机器 M_{ij} 上的连续生产流程，其相应的物料到达速度为 $m(t)_{ij}$，加工时间 T 后加工物料的离开速度为 $m(t-T)_{ij}$，类似于通过直管的可压缩流体（即流量恒定、进料密度时变）。本书在前人研究的基础上，采用时滞近似法，建立了单台机器生产过程的状态空间模型。其时间延迟的拉普拉斯变换是一个指数函数，可表示为

$$L\{m(t-T)_{ij}\} = \mathrm{e}^{-Ts}M(s) \tag{6-39}$$

由于指数函数的无穷阶性，难以将式（6-39）转化为适用于单台机器生产过程的可行性状态空间模型。可使用指数函数的 Padé 近似，并根据其精确要求选择近似顺序，即

$$\mathrm{e}^{-Ts} = \frac{1-\dfrac{Ts}{2}+\dfrac{(Ts)^2}{8}-\dfrac{(Ts)^3}{48}+\cdots}{1+\dfrac{Ts}{2}+\dfrac{(Ts)^2}{8}-\dfrac{(Ts)^3}{48}+\cdots} \tag{6-40}$$

最后，将最小实现方法应用于基于传递函数矩阵的生产过程状态空间求解。如果没有零状态等价物（$\widetilde{\boldsymbol{A}}$，$\widetilde{\boldsymbol{B}}$，$\widetilde{\boldsymbol{C}}$），则给定传递函数的解（$\boldsymbol{A}$，$\boldsymbol{B}$，$\boldsymbol{C}$）是最小的，其维数 $\dim\{\widetilde{\boldsymbol{A}}\} < \dim\{\boldsymbol{A}\}$。

一旦建立了第 i 条生产线中单台机器的生产过程状态空间模型，就可以建立该生产线中所有机器的输入和输出耦合，以及生产线的生产状态空间模型。如

图 6-18 所示，假设缓冲区容量的变化等于输入速率减去输出速率，并且产品离开机器 M_{ij} 的速率与到达机器的速率相同，则其生产状态空间模型可描述为

$$\begin{cases}\dot{x}(t)_{i1} = I(t_1)_i - m(t)_{i1} \\ \quad\vdots \\ \dot{x}(t)_{ij} = m(t - T_{i,\ j-1})_{i,\ j-1} - m(t)_{ij} \\ \quad\vdots \\ \dot{x}(t)_{i,\ M+1} = m(t - T_{iM})_{iM} \\ y_i = x \end{cases} \quad i \in 1,\ \cdots,\ N;\ j \in 2,\ \cdots,\ M+1 \tag{6-41}$$

式中，$I(t)_i$ 为第 i 条生产线第一个缓冲区的材料到达率；$\dot{x}(t)_{ij}(i \in 1,\ \cdots,\ N;\ j \in 1,\ \cdots,\ M+1)$ 为第 i 条生产线的缓冲量；$\dot{x}(t)_{iM}$ 为第 i 条生产线的成品数量。此外，式（6-39）、式（6-41）的拉普拉斯变换可以表示为

$$\begin{cases}L(\dot{x}(t)_{i1}) = sX(s)_{i1} = I(s)_i - M(s)_{i1} \\ \quad\vdots \\ L(\dot{x}(t)_{ij}) = sX(s)_{ij} = M(s)_{i,\ j-1}\mathrm{e}^{-T_{i,\ j-1}s} - M(s)_{ij} \\ \quad\vdots \\ L(\dot{x}(t)_{i,\ M+1}) = sX(s)_{i,\ M+1} = M(s)_{iM}\mathrm{e}^{-T_{iM}s} \end{cases} \quad i \in 1,\ \cdots,\ N;\ j \in 2,\ \cdots,\ M \tag{6-42}$$

根据式（6-42），可以定义整条生产线的输入向量和输出向量为

$$\begin{cases}\boldsymbol{Y}_i(s) = [X(s)_{i1} \cdots X(s)_{ij} \cdots X(s)_{i,\ M+1}]^{\mathrm{T}} \\ \boldsymbol{U}_i(s) = [I(s)_i\ M(s)_{i1} \cdots M(s)_{ij} \cdots M(s)_{iM}]^{\mathrm{T}} \end{cases} \tag{6-43}$$

因此，第 i 条生产线生产过程的传递函数为

$$\boldsymbol{G}_i(s) = \frac{\boldsymbol{Y}_i(s)}{\boldsymbol{U}_i(s)} = \begin{pmatrix} \frac{1}{s} & -\frac{1}{s} & 0 & 0 & 0 & 0 \\ 0 & \frac{1}{s}\mathrm{e}^{-T_{i1}s} & -\frac{1}{s} & 0 & 0 & 0 \\ \vdots & \vdots & \vdots & \vdots & \vdots & \vdots \\ 0 & 0 & 0 & \frac{1}{s}\mathrm{e}^{-T_{ij}s} & -\frac{1}{s} & 0 \\ \vdots & \vdots & \vdots & \vdots & \vdots & \vdots \\ 0 & 0 & 0 & 0 & 0 & \frac{1}{s}\mathrm{e}^{-T_{iM}s} \end{pmatrix} \tag{6-44}$$

式（6-48）传递函数的最小实现将建立整个生产线生产过程的状态空间模

型。即使在碳效率的定义中考虑了利润等经济绩效指标，其状态空间模型仅仅反映了生产过程的生产率。实际上，在已知生产率后，可以对这些经济指标进行评价。

6.5.2 排放过程状态空间模型

在生产过程中，第 j 台机器 M_{ij} 产生的碳排放量和排放过程可以用一个独立的状态空间模型来描述。Weinert 的研究表明，每种类型的设备都有不同的运行状态，其对应不同的能耗模式，这些模式可以由其功率曲线所确定。因此，可以使用基于状态的方法预测单台机器的能耗情况。本书依据该方法，对单台机器的碳排放进行预测。

如图 6-19 所示，机器 M_{ij} 对单个零部件的生产过程包括 Q 个运行状态（状态 a、b、c、…、f），且每个运行状态对应不同的持续时间。因此，相应的处理时间 T 可表示为

$$T_{ij} = T_{ij}^{1} + T_{ij}^{2} + \cdots T_{ij}^{q} + T_{ij}^{Q} \qquad q = 1, 2, \cdots, Q \tag{6-45}$$

式中，Q 为总运行状态数，取决于产品和工艺设计；T_{ij}^{q} 为每个状态对应的持续时间。总共考虑四种碳排放源，每种状态的碳排放量评价公式为

$$u(q)_{ij} = \left(\sum \zeta_{\mathrm{am}} \mathrm{A\dot{M}}(q)_{ij} + \sum \zeta_{\mathrm{rm}} \mathrm{R\dot{M}}(q)_{ij} + \sum \zeta_{\mathrm{oe}} \mathrm{O\dot{E}}(q)_{ij} + \sum \zeta_{\mathrm{ee}} \mathrm{E\dot{E}}(q)_{ij}\right) T_{ij}^{q} \tag{6-46}$$

式中，ζ_{am} 为辅助物料碳排放系数；ζ_{rm} 为切削碳排放系数；ζ_{oe} 为辅助能量碳排放系数；ζ_{ee} 为电能碳排放系数；$\sum \mathrm{A\dot{M}}(q)_{ij}$ 为第 j 台设备在状态 q 下辅助物料的输入率；$\sum \mathrm{R\dot{M}}(q)_{ij}$ 为第 j 台设备在状态 q 下切削的排放率；$\sum \mathrm{O\dot{E}}(q)_{ij}$ 为第 j 台设备在状态 q 下辅助能量的输入率；$\sum \mathrm{E\dot{E}}(q)_{ij}$ 为第 j 台设备在状态 q 下电能的输入率。

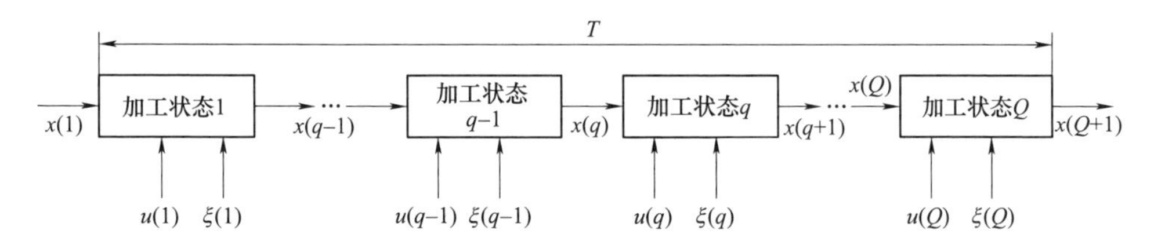

图 6-19 第 j 台机器在 Q 个加工状态下的加工周期

以上分析建立了单台机器排放过程状态空间模型。改进的排放过程状态空间模型的基本思想是将多状态过程视为一个连续的动态过程。为了建立排放过程状态空间模型，定义了以下符号：$x(q)_{ij}$ 为从开始到状态 q 时累积的碳排放量；$u(q)_{ij}$ 为第 q 个状态产生的碳排放量；$y(q)_{ij}$ 为在状态 q 下监测的总碳排放量。传

统状态空间模型中的时间指数与状态指数模型可表示为

$$x(q)_{ij} = A_{ij}x(q-1)_{ij} + B_{ij}u(q)_{ij} \qquad q = 1, 2, \cdots, Q \tag{6-47}$$

$$y(q)_{ij} = C_{ij}x(q)_{ij} \qquad \{q\} \subset \{1, 2, \cdots, Q\} \tag{6-48}$$

式（6-47）状态方程表明，q 状态下的碳排放量受从开始至状态 $q-1$ 下累积的碳排放量及其自身产生的碳排放量影响。式（6-48）为碳排放过程监测方程，其受加工过程参数的影响。矩阵 $\boldsymbol{A}$、$\boldsymbol{B}$ 和 $\boldsymbol{C}$ 由加工能量性能特征决定。矩阵 $\boldsymbol{A}$ 为动态变迁矩阵，描述状态变迁，取决于状态转换机制和状态运行时间。矩阵 $\boldsymbol{B}$ 为输入碳排放矩阵，其决定了当前状态如何影响总碳排放量。矩阵 $\boldsymbol{C}$ 包含了加工参数对碳排放影响的信息，在未来的研究中，可以选择它作为生产过程中的关键性能参数点。制造加工系统经常受各种加工干扰的影响，如刀具磨损和机器故障等。因此，碳排放动态特性不仅反映了碳流的动态排放过程，而且反映了生产扰动的动态响应。

根据式（6-47）和式（6-48），机器 M_{ij}加工单个零部件的累积碳排放量等于 $U(Q)_{ij}$。此外，生产线总碳排放量 CE_i 可表示为

$$\mathrm{CE}_i = \sum_{j=1}^{M} U(Q)_{ij} \tag{6-49}$$

6.5.3 碳流动态特性评价

如图 6-20 所示，用三种碳效率对不同层次的分析过程进行论证，即面向单台机床层面的材料去除率的碳效率，面向单个工艺链层面的产量碳效率、面向整个车间层面的利润碳效率。

众所周知，状态空间模型是分析多输入多输出动态系统的一种简便方法。图 6-20 中，在相同的输入条件下，生产过程状态空间模型得到经济维度输出期望 y_2，而排放过程状态空间模型得到环境维度输出期望 y_1。描述输出 y_1 和 y_2 之间关系的曲线反映了碳排放动态曲线，该曲线的斜率变化反映了碳效率的变化。以生产线层面为例，其碳排放动态曲线的某一点的曲线斜率可以定义为该点与曲线相切的直线。假设在图 6-20 中，点 $P(y_1^*, y_2^*)$ 的碳排放量和产量分别为 CE^* 和 PA^*，则该点的斜率可由式（6-50）中输出变量期望 y_2的导数决定，即在任意点 P 处，其斜率为坐标 y_1的变化量除以相对应的坐标 y_2的变化量。

$$\eta = \left.\frac{\mathrm{d}y_1}{\mathrm{d}y_2}\right|_{\substack{y_1 = y_1^* \\ y_2 = y_2^*}} = \left.\frac{\mathrm{dCE}(t)}{\mathrm{dPA}(t)}\right|_{\substack{\mathrm{CE} = \mathrm{CE}^* \\ \mathrm{PA} = \mathrm{PA}^*}} \tag{6-50}$$

式中，η 为碳排放动态曲线的斜率；y_1 为随时间变化的排放维度输出；y_2 为随时间变化的经济维度输出。式（6-50）表示曲线斜率的倒数等于生产线的碳效率。图 6-20 表明曲线斜率越小对应的碳效率越高，也意味着更好的生产和排放性。

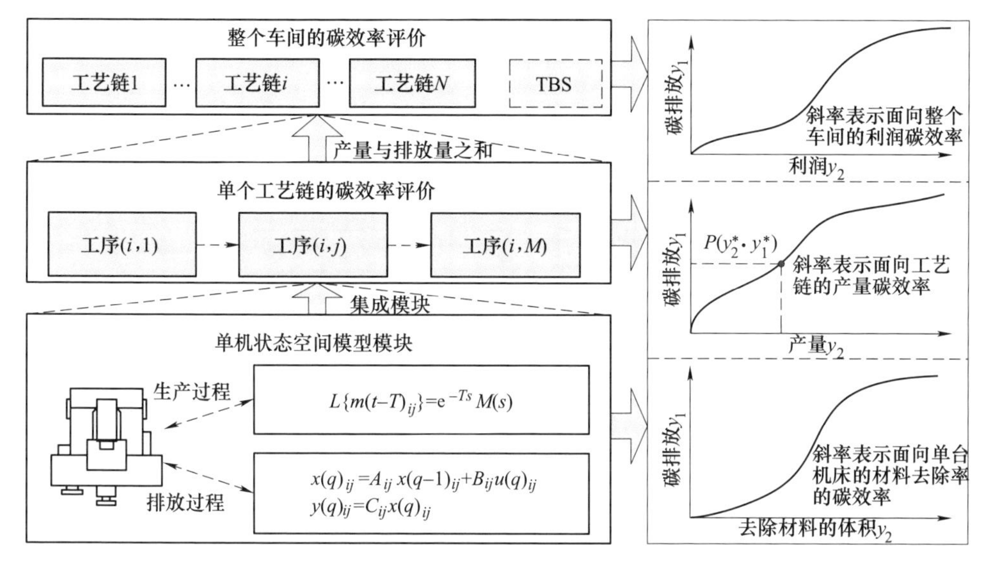

图 6-20　基于碳效率的碳排放动态分析概念模型

6.5.4　案例分析

仍以齿轮生产车间为例，该生产车间包括 A1 和 A2 两条生产线，两条生产线分别用于加工不同型号的产品。在调研周期内，A1 生产线用于加工某款材料为 20CrMnTiH 钢、齿数为 30、直齿模数为 3.75mm、花键模数为 2.5mm、质量为 2.29kg（毛坯质量为 3.027kg）的齿轮，包括拉花键、精车、滚齿、渗碳淬火、磨端面、磨齿、清洗 7 个工艺。本次研究考虑设备电能消耗、设备切削液/冷却液、切屑以及废品所导致的碳排放，其中设备电能消耗可根据设备生产状态功率和运行时间进行估算。表 6-13 为 A1 生产线机械加工工艺设备在不同运行状态的运行时间及平均功率，且运行时间满足均匀分布规律，而渗碳工艺需要每批 200 个齿轮在加热功率为 160kW 的箱式炉中加热 450min，清洗工艺则需要每批 200 个齿轮在功率为 54kW 的清洗设备中清洗 20min。上述 7 个工艺所使用的润滑油/切削液等辅助物料使用量、切屑量以及废品率见表 6-14。A2 生产线用于加工某款材料为 45 号钢，齿数为 35，模数为 3mm，质量为 2.16kg（毛坯质量为 3.382kg）的齿轮，包括粗车一、粗车二、精车一、精车二、滚齿、高频淬火、剃齿 7 个工艺，其中设备电能消耗可根据设备生产状态功率和运行时间进行估算。表 6-15 为 A2 生产线机械加工工艺设备在不同运行状态的运行时间及平均功率，且运行时间满足均匀分布规律，高频淬火采用 160kW 的高频淬火机械加热 12s，并采用水油双液淬火。其余 6 个工艺所使用的润滑油/切削液等辅助物料使用量、切屑量见表 6-16。

表 6-13　A1 生产线机械加工工艺设备在不同运行状态的运行时间及平均功率

机械加工工艺设备	空载状态		加工状态	
	运行时间/s	平均功率/kW	运行时间/s	平均功率/kW
卧式拉床（拉花键）	$P_{1,I}\sim U(15, 22)$	18	$P_{1,P}\sim U(36, 44)$	24
车床（精车）	$P_{2,I}\sim U(18, 23)$	4.5	$P_{2,P}\sim U(112, 120)$	5.5
滚齿机（滚齿）	$P_{3,I}\sim U(30, 42)$	6.5	$P_{3,P}\sim U(132, 143)$	9
外圆磨床（磨端面）	$P_{4,I}\sim U(54, 65)$	6.5	$P_{4,P}\sim U(66, 80)$	9.5
蜗杆磨齿机（磨齿）	$P_{5,I}\sim U(60, 72)$	13	$P_{5,P}\sim U(230, 243)$	19

表 6-14　A1 生产线各个工艺的辅助物料及废物产生量

生产工艺	润滑油及切削液	消耗量/(L/1000 个)	切屑量/g
拉花键	硫化油	80	47.6
精车	长效金属切削液	5	116.2
滚齿	普通机油	22	483.5
渗碳淬火	甲醇+煤油	150	0
磨端面	普通磨削液	7	52.1
磨齿	特种磨削液	25	31.8
清洗	水基清洗液	—	—

表 6-15　A2 生产线机械加工工艺设备在不同运行状态的运行时间及平均功率

机械加工工艺设备	空载状态		加工状态	
	运行时间/s	平均功率/kW	运行时间/s	平均功率/kW
车床（粗车一）	$P_{1,I}\sim U(32, 40)$	5.2	$P_{1,P}\sim U(120, 134)$	6.4
车床（粗车二）	$P_{2,I}\sim U(31, 38)$	4.9	$P_{2,P}\sim U(118, 136)$	6.5
车床（精车一）	$P_{3,I}\sim U(41, 48)$	4.8	$P_{3,P}\sim U(142, 151)$	5.6
车床（精车二）	$P_{4,I}\sim U(42, 46)$	4.8	$P_{4,P}\sim U(112, 120)$	5.6
滚齿机（滚齿）	$P_{5,I}\sim U(42, 50)$	7.8	$P_{5,P}\sim U(162, 165)$	10.2
剃齿机（剃齿）	$P_{6,I}\sim U(42, 48)$	9.8	$P_{6,P}\sim U(200, 212)$	12

表 6-16　A2 生产线各个工艺的辅助物料及废物产生量

生产工艺	润滑油及切削液类型	消耗量/(L/1000 个)	切屑量/g
粗车一	长效金属切削液	12	642
粗车二	长效金属切削液	11	181
精车一	长效金属切削液	13	13

（续）

生产工艺	润滑油及切削液类型	消耗量/(L/1000个)	切屑量/g
精车二	长效金属切削液	13	16
滚齿	普通机油	28	334
剃齿	普通切削液	26	34

为了简化生产线的碳排放源，研究过程中没有考虑各设备之间传送系统的碳排放，考虑电能消耗碳排放（EC）、切屑碳排放（CC）及冷却液等辅助物料碳排放（AC）三种碳排放源，根据制造车间、制造生产线及制造设备运行过程中的碳排放动态耦合集成关系，可获得如图6-21所示的描述碳排放源生产系统的碳流桑基图，对于A1生产线，其57.8%的碳排放来自渗碳淬火工艺，其次约30%的碳排放来自滚齿工艺设备和磨齿工艺设备；对于A2生产线，其30.6%的碳排放来自粗车工艺，由于粗车工艺较大的切屑量，成为该生产线的主要碳排放工艺。基于产量碳效率评价指标。

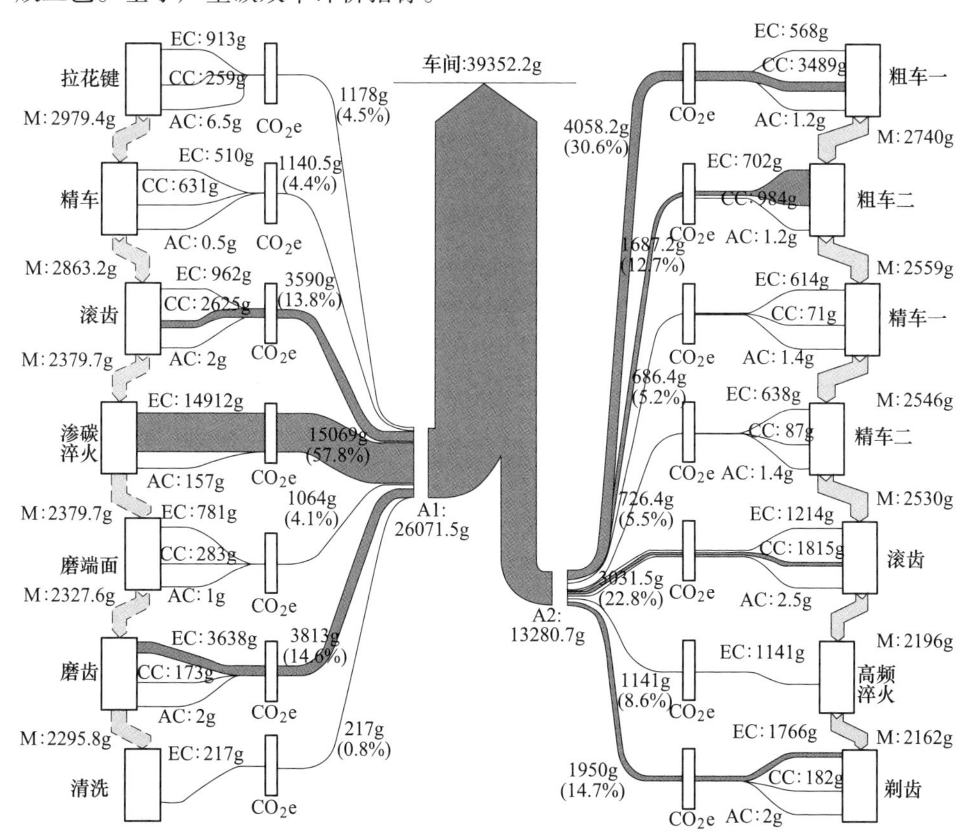

图6-21 生产单位零件制造车间碳流桑基图

图 6-22 为 A1、A2 生产线以及整个制造车间的碳排放动态特性变化曲线。由图可知，在同一产量下，制造车间碳排放曲线斜率最大，其次是 A1 生产线和 A2 生产线，因此 A2 生产线的碳效率最优，而制造系统存在学习效应，导致生产效率逐渐提高。随着产量的增加，碳排放曲线斜率逐渐变小，即加工等量产品的碳排放逐渐减少，但由于调研周期内制造系统性能比较稳定，因此曲线斜率几乎无变化。图 6-23a、b 则分别反映了基于碳效率的生产线 A1 与 A2 各个工艺的碳排放动态特性。

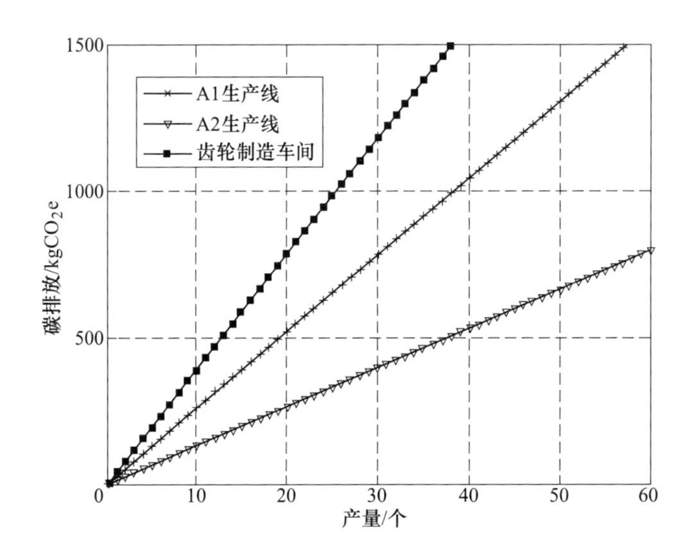

图 6-22　基于碳效率的制造车间以及各个生产线碳排放特性曲线

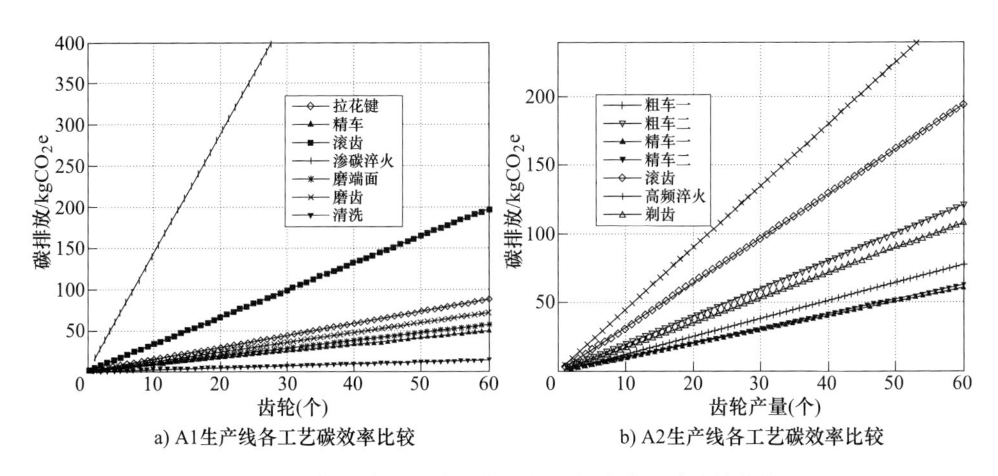

图 6-23　基于碳效率的生产线各工艺的碳排放特性曲线

参考文献

[1] NAJAM A. World business council for sustainable development: the greening of business or a greenwash [J]. Yearbook of International Cooperation on Environment and Development, 1999: 65-75.

[2] VERFAILLIE H, BIDWELL R. Measuring eco-efficiency: a guide to reporting company performance [EB/OL]. [2013-11-26]. https://www.wbcsd.org/web/publications/measuring_eco_efficiency.pdf.

[3] KIYOTAKA T, MASAYUKI S, TOSHISUKE O, et al. Comparison of "CO_2 efficiency" between company and industry [J]. Journal of Cleaner Production, 2005, 13 (13-14): 1301-1308.

[4] KYOUNGHOON C, SONGTAK L, TAK H. Eco-efficiency approach for global warming in the context of Kyoto mechanism [J]. Ecological Economics, 2008, 67 (2): 274-280.

[5] BALDUZZI F, GIUA A, MENGA G. First-order hybrid petri nets: a model for optimization and control [J]. IEEE Transaction on Robotics and Automation, 2000, 16 (4): 382-399.

[6] BALDUZZI F, GIUA A, MENGA G. Modelling and simulation of manufacturing system with first-order hybrid Petri nets [J]. International Journal of Production Research, 2001, 39 (2): 255-282.

[7] GIUA A, PILLONI M, SEATZU C. Modeling and simulation of a bottling plant using hybrid Petri nets [J]. International Journal of Production Research, 2005, 43 (7): 1375-1395.

[8] 江志斌. Petri 网及其在制造系统建模与控制中的应用 [M]. 北京: 机械工业出版社, 2004.

[9] WWF, 2007. Saving energy, emphasis on the action-twenty ways for energy saving [EB/OL]. [2013-12-20]. http://www.wwfchina.org/aboutwwf/whatwedo/climate/publication.shtm.

[10] HERRMANN C, THIEDE S, KARA S, et al. Energy oriented simulation of manufacturing systems-concept and application [J]. CIRP Annals-Manufacturing Technology, 2011, 60 (1), 45-48.

[11] HEILALA J. Simulation with sustainability aspects in the manufacturing system concept phase [C]//Proceedings of the 2012 Winter Simulation Conference, Berlin, Germany, 2012.

[12] LÖFGREN B, TILLMAN A. Relating manufacturing system configuration to life-cycle environmental performance: discrete-event simulation supplemented with LCA [J]. Journal of Cleaner Production, 2011, 19 (17-18): 2015-2024.

[13] BRONDI C, CARPANZANO E. A modular framework for the LCA-based simulation of production systems [J]. CIRP Journal of Manufacturing Science & Technology, 2011, 4 (3): 305-312.

[14] WEINERT N, CHIOTELLIS S, SELIGER G. Methodology for planning and operating energy-efficient production systems [J]. CIRP Annals-Manufacturing Technology, 2011, 60 (1): 41-44.

[15] JOUNG C, CARRELL J, SARKAR P, et al. Categorization of indicators for sustainable manufacturing [J]. Ecological Indicators, 2012, 24: 148-157.

[16] EEKELEN. Developing continuous approximation models of manufacturing Systems [M]. Master diss. , Technische Universiteit Eindhoven.

[17] OGATA K. Matlab for control engineers [M]. New York: Pearson Education, 2008.

[18] LAREK R, BRINKSMEIER E, MEYER D, et al. A discrete event simulation approach to predict power consumption in machining processes [J]. Production Engineering Research and Development, 2011, 65 (5): 575.

[19] HE Y, LIU B, ZHANG X D, et al. A modeling method of task-oriented energy consumption for machining manufacturing system [J]. Journal of Cleaner Production, 2012, 23: 167-174.

[20] KLÖPFFER W. Peer (expert) review in LCA according to SETAC and ISO 14040 [J]. International Journal of Life Cycle Assessment, 1997, 2 (4): 183.

[21] ISO. Environmental management -life cycle assessment-principles and framework: ISO 14040: 2006 [S]. International Standard ISO, 1997.

[22] GUTOWSKI T, DAHMUS J, THIRIEZ A. Electrical energy requirements for manufacturing processes [C]//Proceeding of 13th CIRP Internal Conference on Life Cycle Engineering, CIRP, Leuven, Belgium, 2006: 623-627.

第 7 章

制造系统碳效率决策优化及精益管控

7.1 概述

制造系统是一个复杂的机械制造系统，而产品在制造过程中往往有多种工艺方案可供选择，且工艺方案选择在很大程度上决定了齿轮加工的效率、成本和环境影响。因此，有必要深入研究齿轮多工艺方案的生产碳排放特性，采用碳效率作为评价指标，分析其伴随产量、时间等的影响情况，选择最优的生产工艺是提高能源和物料利用率、减少废弃物、降低碳排放的关键。

制造系统的建模可以揭示其碳排放动态特性，评估其碳效率，并发现碳排放性能改善潜力。其中，优化生产管理是一种有效和经济的方法，其不需要改变机械制造系统的设备设施，更易于操作和实现。生产调度的不同会导致系统内设备运行模式的差异，从而导致碳排放性能的差异，当有多台设备适用于某工序时，由于不同设备的性能存在差异，选用性能更优的设备，可减少整个系统内设备加工碳排放，其表现为任务分配方案对机械制造系统加工碳排放的影响；当设备选定时，则该设备实现该工序的时间和碳流率固定，此时所有工序顺序的不同会导致系统内设备空载过程碳排放的差异，其表现为工序顺序安排对系统无用碳排放的影响。

将能效集成到生产管理中是提升制造系统碳效率的重要前提，因为这构成了在制造系统中成功实施传统节能措施的基础。此外，这有助于挖掘与生产运营和管理息息相关的节能潜力，从而在只对现有工艺技术进行细微改动和相对较低的投资下提升能效。传统的节能措施基本上未考虑能效集成，大部分制造企业仍然缺乏一种系统的方法来实现能效集成。精益生产是一种旨在以更低的资源消耗创造更多的价值的生产范式，其关键优势在于易于与其他领域（如能源管理等）进行集成的能力，而这种集成往往不会违背其为用户创造和传递价值的核心思想，而且制造系统中的一大部分能量损失直接与精益生产中的“七大浪费”有关，采用精益管控手段是实现制造系统碳效率管控的有效手段。

7.2 基于工艺路线的碳效率优化

7.2.1 零件碳效率工艺路线优化选择模型

在实际生产制造过程中，同一种零部件往往可以采用多种不同的工艺方案进行加工，而不同工艺路线的能耗、生产时间以及成本效益等都存在较大差异。为了对产品制造工艺进行决策分析，首先需要建立一套可行的决策指标体系。因此，综合考虑生产工艺主要评价指标生产效率、生产效益以及碳排放量，采用碳效率（Carbon Benefit，CB）的概念对此进行描述，所表达的内涵是消耗单位时间与单位碳排放量所创造的经济效益，其数学表达式定义为

$$\mathrm{CB}(Q)=\left[\frac{B(Q)}{\mathrm{AC}(Q)}\right]\Big/\mathrm{AT}(Q) \tag{7-1}$$

式中，CB(Q) 为工艺的碳效率；$B(Q)$ 为该工艺加工单位产品所产生的效益。此处收益指纯收益，即通过该工艺方案所生产产品的销售收入与其成本之差，且销售收入为产品售价与产量的乘积。由于零件的效益、加工时间、碳排放都是关于产量 Q 的动态函数，因此，零件加工过程碳效率也是关于产量 Q 的动态函数，产量 Q 的变化会导致碳效率的变化。

基于碳效率的零部件制造工艺决策需要考虑加工周期、效益以及碳排放等决策因素，并由此来建立决策模型。模型的求解过程为：在满足约束条件的范围内，设计和规划出可行制造工艺方案集，然后根据决策目标体系和选择模型，对方案进行评价和决策，最后确定最优的制造工艺方案。为了直观表述模型的决策过程，建立工艺决策流程图，如图 7-1 所示。

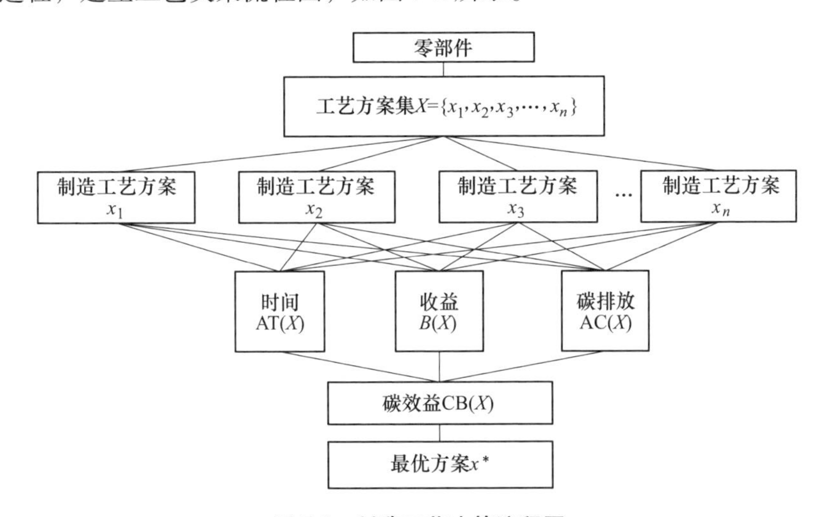

图 7-1　制造工艺决策流程图

图 7-1 中，X 为工艺方案集，其中 x_1，x_2，…，x_n 为可行方案的选择变量；AT(X) 为时间决策函数；$B(X)$ 为效益决策函数；AC(X) 为碳排放决策函数。根据图 7-1 所示的制造工艺决策过程，并假设工艺决策方案集为 $X=\{x_1, x_2, x_3, \cdots, x_n\}$，以碳效率作为工艺决策目标函数，则可建立面向低碳制造的制造工艺决策模型如下。

目标函数

$$\max: \mathrm{CB}(x_i)=\frac{B(x_i)}{\mathrm{AC}(x_i)}\bigg/\mathrm{AT}(x_i)\quad x_i\in X,\ X\in\mathbf{R}^n \tag{7-2}$$

约束条件

$$\sum_{i=1}^{n}x_i=1,\ x_i(x_i-1)=0\qquad i=1,\ 2,\ \cdots,\ n \tag{7-3}$$

$$g_1(x_i)=\mathrm{AT}(x_i)-t_{\max}\leqslant 0\qquad i=1,\ 2,\ \cdots,\ n \tag{7-4}$$

$$g_2(x_i)=\mathrm{AF}(x_i)-f_{\max}\leqslant 0\qquad i=1,\ 2,\ \cdots,\ n \tag{7-5}$$

$$g_3(x_i)=\mathrm{AC}(x_i)-c_{\max}\leqslant 0\qquad i=1,\ 2,\ \cdots,\ n \tag{7-6}$$

$$g_4(x_i)=\mathrm{AQ}(x_i)-q_{\min}\geqslant 0\qquad i=1,\ 2,\ \cdots,\ n \tag{7-7}$$

$$x_i=\begin{cases}1 & \text{采用第}\ i\ \text{种工艺方案}\\ 0 & \text{其他}\end{cases}\qquad i=1,\ 2,\ \cdots,\ n \tag{7-8}$$

式（7-2）为工艺决策模型中的目标函数，表明在工艺方案集中，某工艺方案的碳效率越大，说明该工艺在消耗更少时间及更少的碳排放时所产生的经济效益更高，即该工艺的环境经济性能更优。等式约束式（7-3）规定在所有制造工艺方案中存在且仅可选择一种工艺方案作为最优制造工艺。不等式约束式（7-4）~式（7-8）说明在满足基本工艺加工要求的情况下，采用不同工艺方案时其制造过程还会受到加工时间、成本等约束。实际生产过程中企业的侧重点不同，所取的约束类型也不同。本书考虑工时、加工成本、碳排放标准及企业产能四类约束，其中，$g_1(x_i)$ 为工时定额约束，$\mathrm{AT}(x_i)$ 为工艺方案 x_i 实际需要的加工时间，$t_{\max}$为在工艺决策过程中可以接受的最大额定工时；$g_2(x_i)$ 为成本约束，$\mathrm{AF}(x_i)$ 为工艺方案 x_i 的实际成本，$f_{\max}$为在工艺决策过程中可以接受的最大计划成本，该约束是为了保证在决策过程中企业可接受的效益最小值；$g_3(x_i)$ 为工艺方案的碳排放约束，$\mathrm{AC}(x_i)$ 为工艺方案 x_i 的实际碳排放，$c_{\max}$为按照政府或市场要求，在生产产品所能排放的最大碳排放量值；$g_4(x_i)$ 为工艺方案的产能约束，$\mathrm{AQ}(x_i)$ 为工艺方案 x_i 所能达到的实际产能，$q_{\min}$为企业工艺决策过程中所要求的最小产能。

7.2.2 案例分析

某工厂需要加工汽车变速器内的一种齿轮零件齿轮为圆柱形直齿轮，材料为45号钢，模数为2mm，齿数为33，准确度等级为6~7级，质量为0.47kg，年需求量约为10万件。加工这种齿轮有三种不同工艺方案可供选择，分别为滚剃工艺、粉末冶金工艺和挤齿工艺，现利用本书提出的零部件制造工艺决策模型对其进行决策分析。

由决策模型可知，每一个工艺方案必须满足必要的约束条件。在本例中，根据工时定额计算手册及企业已有数据可知单件齿轮的工时定额为15min；由企业统计数据可知平均单个工件最大计划成本为10元，工艺决策过程中所要求的最小产能为10万件。美国能源信息署（EIA）2011年关于我国的碳排放和GDP的统计数据表明，我国的碳排放强度为1.437kgCO_2e/元，本案例研究中将其作为齿轮工艺决策的碳排放标准。为了区分三种不同的工艺方案，设

$$x_i(i=1,2,3)=\begin{cases}1 & \text{采用第 } i \text{ 种方案}\\0 & \text{其他}\end{cases}$$

则该案例工艺方案集可设定为

$$X=\begin{cases}\{1\quad 0\quad 0\} & \text{采用方案1，即采用滚剃工艺}\\\{0\quad 1\quad 0\} & \text{采用方案2，即采用粉末冶金工艺}\\\{0\quad 0\quad 1\} & \text{采用方案3，即采用挤齿工艺}\end{cases}$$

本案例中，工艺过程资源输入中设备及辅助材料根据实际工艺需求确定，能耗的计算公式为

$$E=E_{\text{idle}}+E_{\text{load}}=E_{\text{idle}}+em \tag{7-9}$$

式中，E为设备总能耗（kW·h）；E_{idle}为设备运行空载能耗（kW·h）；E_{load}为设备运行带载能耗（kW·h）；e为比能耗（kW·h/kg）；m为加工质量（kg）。

根据企业实际调研加工产品的加工工时与加工设备实际载荷时间，按照设备的额定功率计算出设备空载能耗，同时根据实际调研零件在每一工步的质量，根据比能耗计算出载荷能耗，从而得出设备的总能耗。而对于热处理以及烧结工艺，由于空载及载荷时间难以实际调研确定，因此采用式（7-10）及热处理零件质量计算热处理能耗，烧结工艺的能耗计算公式为式（7-11），即

$$N_i=N_bK_1K_2K_3K_4K_5 \tag{7-10}$$

$$e_p=m_sc_p(T_s-T_0) \tag{7-11}$$

式中，N_i为第i种方案的热处理工艺能耗定额（kW·h/kg）；N_b为标准工艺电耗（kW·h）；K_1为折算工艺系数；K_2为加热方式系数；K_3为生产方式系数；K_4为工件材料系数；K_5为装载系数；m_s为零件烧结质量；c_p为零件材料的比热容；T_s为烧结需达到的温度；T_0为室温。其中，K_1、K_2、K_3、K_4、K_5可根据文献[38]及实际调研情况确定，m_s、T_s及T_0可在企业加工现场调研测得。本案例中，机械加工成本采用工时×工时单价的方式计算，表面处理、挤压成型、烧结以及热处理的成本则采用加工质量×加工单价的方式计算，通过企业实际加工过程中某工步一天的生产量以及工作时间得到每个零件在该工步的生产工时，同时通过实际调研测量可得到每一工步零件的质量数据，工时单价及加工单价则根据企业数据直接获得，而碳排放的计算则采用能耗×碳排放系数得出。

工艺方案1：滚剃工艺，主要加工工艺过程详单如图7-2所示。滚剃工艺主要采用传统的去除材料的方式加工齿轮，材料利用率较低，一般只能达到50%左右。在该工艺方案中主要采用了滚齿和剃齿，滚齿是一种高效率的齿轮加工

方式，只要工件齿数、压力角和与滚刀一致，通过调整滚齿机便可以加工不同齿数和螺旋角的齿轮，在滚齿之前必须先将原材料加工到一定尺寸，以提高齿轮的加工效率；剃齿则用于精加工未经淬火的齿轮，生产率高，且刀具使用寿命长，通过剃齿可以修正齿形，降低齿轮表面粗糙度，齿轮准确度等级可以达到 6~7 级。工艺方案 1 的实际年产能可达到约 11 万件。

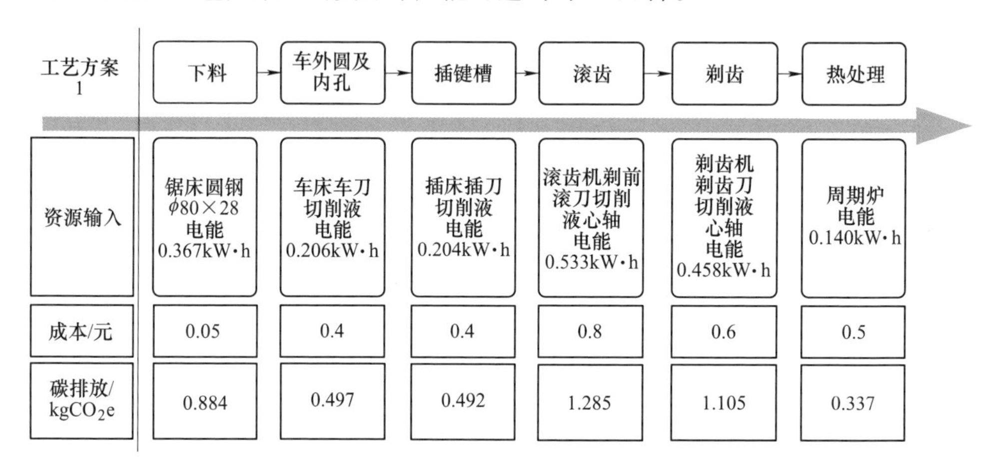

图 7-2　滚剃工艺加工工艺过程详单

工艺方案 2：粉末冶金工艺，主要加工工艺过程详单如图 7-3 所示。粉末冶金工艺由于成本低、效率高，非常适用于大批量生产。由于粉末冶金工艺可以直接成型，减少了机械加工工艺，所以材料的利用率可以达到 95%，减少了后处理和组装的费用，减少了成本。使用粉末冶金工艺制造齿轮时，齿轮的材料密度是可控的，所以强度也可以控制，同时可以得到优异的表面粗糙度。因此，粉末冶金工艺被广泛用于齿轮加工业。粉末冶金工艺在混料时需混入一定的润滑剂，以提高粉末在成型过程的流动性，混料时间一般为 0. 5~1h，成型烧结之后，再进行热处理以达到齿轮要求的硬度，浸油的目的是用非金属物质填充烧结体空隙。工艺方案 2 的实际年产能可达到约 15 万件。

工艺方案 3：挤齿工艺，主要加工工艺过程详单如图 7-4 所示。挤齿工艺是一种少无切屑的新的齿轮加工方法，可以显著减低原材料的消耗，提高生产率和齿轮的力学性能，得到的齿轮具有较高的精度和表面质量，但是该方法模具使用寿命较低。在精车前需对材料进行软化，降低材料的变形抗力和硬度，以更好地进行挤压成型。挤压之前的润滑处理是为了提高金属在模具内的流动和填充，同时减少对模具的磨损。挤压成型之后需进行一系列的后处理，包括去应力退火以及机械加工一些无法通过挤压成型的零件特征，最后热处理，使齿轮达到需要的硬度。工艺方案 3 实际年产能可达到约 13 万件。

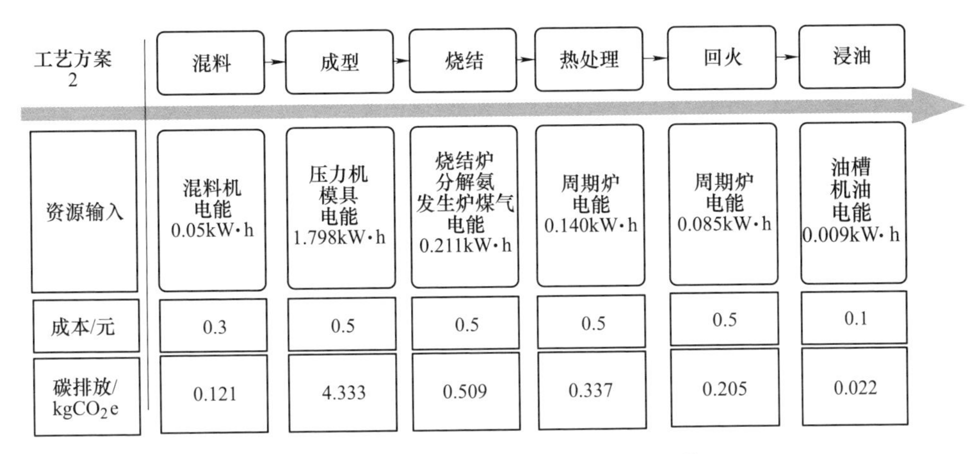

图 7-3 粉末冶金工艺加工工艺过程详单

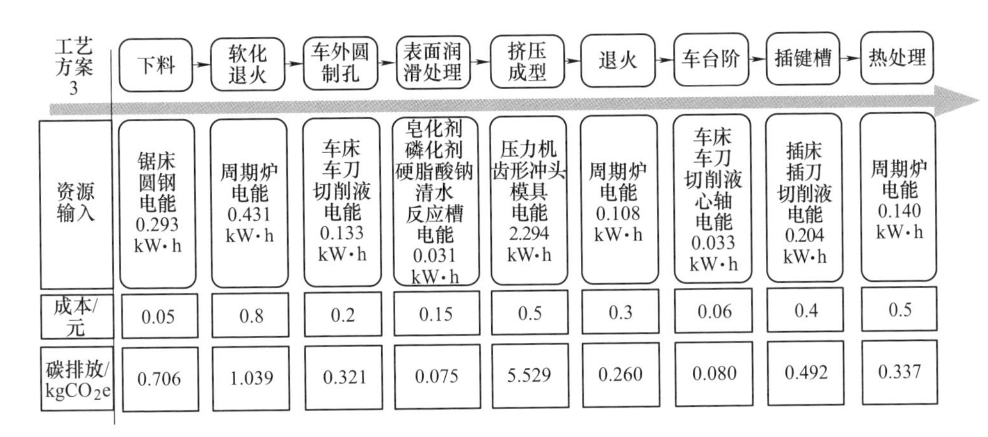

图 7-4 挤齿工艺加工工艺过程详单

在实际生产中，由于每种工艺的成本、碳排放及加工周期都不是一成不变的，生产条件的改变会使它们随之改变，特别是产量 Q 的变化对其影响尤其明显，并且在实际生产中，不同的制造企业在做工艺决策时产量也往往是不同的，因此本书将碳效率的动态特性描述为碳效率随产量的动态变化特性，由此分别建立案例中三种工艺方案的效益、加工周期和碳排放关于产量 Q 的函数。

1. 效益函数

通过实际调研，假设齿轮单个售价为 12 元，资源回收率为 12%，根据每个工艺使用的设备及设备使用年限和工厂管理费用，可以分别计算出三种工艺方案的效益函数为

滚剃工艺：$AB^{Q}(x_1) = 4.4Q - 80747$

粉末冶金工艺：$AB^{Q}(x_2) = 5.7Q - 95246$

挤齿工艺：$AB^{Q}(x_3) = 5.19Q - 110655$

2. 加工时间函数

由于本案例中的生产方式为流水线式的大量生产方式，所以加工时间的计算为工件的传输时间加上瓶颈工序的加工时间。滚剃工艺的瓶颈工艺主要是剃齿工序，而粉末冶金工艺和挤齿工艺的瓶颈工艺主要是成型工序。由此可得出三种工艺方案的加工时间函数分别为

滚剃工艺：$AT^{Q}(x_1) = 9.5Q$

粉末冶金工艺：$AT^{Q}(x_2) = 8Q$

挤齿工艺：$AT^{Q}(x_3) = 8.5Q$

3. 碳排放函数

根据式（7-6），由加工工艺详单可以得出每个工步的碳排放和原材料的碳排放。同时，通过调研可得出工厂的辅助设施产生的碳排放，并由此确定三种不同工艺方案的碳排放函数为

滚剃工艺：$AC^{Q}(x_1) = 68310 + 12.383Q$

粉末冶金工艺：$AC^{Q}(x_2) = 56870 + 9.051Q$

挤齿工艺：$AC^{Q}(x_3) = 60740 + 14.971Q$

根据以上三种工艺方案的效益函数、加工时间函数以及碳排放函数，可得出产量与单位产品利润、碳排放量的关系。如图 7-5 所示，三种工艺方案的单位

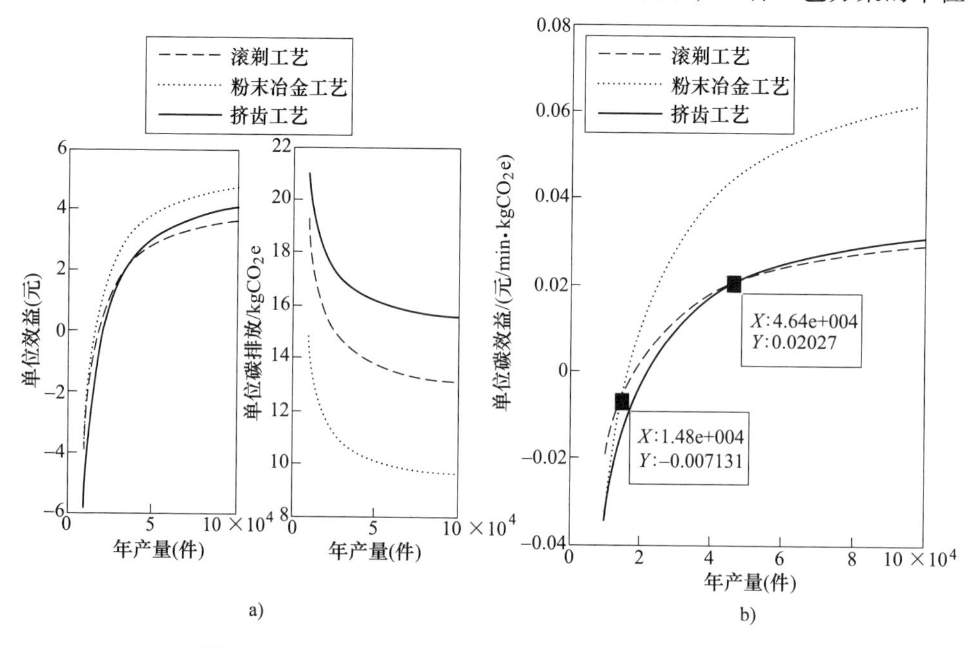

图 7-5　三种工艺方案的单位效益、碳排放、碳效益对比

效益随着产量的增加而增加，但是增加的趋势会不断减缓，而单位碳排放的变化随着产量的增加而不断减少，且变化趋势不断趋于平缓，当产量超出它本身的生产能力时，由于投入将大幅增加，效益将不再增加反而减少，碳排放量也将会增加。

将三种工艺方案的效益函数、加工时间函数以及碳排放函数代入工艺决策模型约束式（7-4）~式（7-8）中，可得

$$
\text{工艺方案 1：}\begin{cases} g_1(x_1) = 9.5 - 15 \leqslant 0 \\ g_2(x_1) = \dfrac{7.6Q + 80747}{Q} - 10 \leqslant 0 \\ g_3(x_1) = \dfrac{68310 + 12.383Q}{12Q} - 1.437 \leqslant 0 \\ g_4(x_1) = 110000 - 100000 \geqslant 0 \end{cases}
$$

$$
\text{工艺方案 2：}\begin{cases} g_1(x_2) = 8 - 15 \leqslant 0 \\ g_2(x_2) = \dfrac{6.3Q + 95346}{Q} - 10 \leqslant 0 \\ g_3(x_2) = \dfrac{56870 + 9.051Q}{12Q} - 1.437 \leqslant 0 \\ g_4(x_2) = 150000 - 100000 \geqslant 0 \end{cases}
$$

$$
\text{工艺方案 3：}\begin{cases} g_1(x_3) = 8.5 - 15 \leqslant 0 \\ g_2(x_3) = \dfrac{6.81Q + 110655}{Q} - 10 \leqslant 0 \\ g_3(x_3) = \dfrac{60740 + 14.971Q}{12Q} - 1.437 \leqslant 0 \\ g_4(x_3) = 130000 - 100000 \geqslant 0 \end{cases}
$$

由此可知，当 $Q \geqslant 33645$ 时，工艺方案 1 滚剃工艺可满足约束条件；当 $Q \geqslant 25770$ 时，工艺方案 2 粉末冶金工艺可满足约束条件；当 $Q \geqslant 34689$ 时，工艺方案 3 挤齿工艺可满足约束条件。因此，在本案例中，决策要求最小产能为 10 万件时，在仅以成本、碳排放、生产率为决策要求时，三种工艺方案均可满足决策约束条件。在上述前提下，根据工艺决策模型，以碳效率为决策目标，可确定如图 7-5b 所示的三种工艺方案的碳效率对比图。由图可知，在生产能力范围内，碳效率随着产量的增加而不断增加，且在不同的产量下，为了取得最大的碳效率，可以选择不同的制造工艺方案。且由图 7-5b 可知，在 $Q \leqslant 14800$ 时，滚剃工艺的碳效率最高，其次为粉末冶金工艺，最后为挤齿工艺，因此可令 $X = \{1\ 0\ 0\}$，即优先选择滚剃工艺；当 $14800 \leqslant Q \leqslant 46400$ 时，粉末冶金工艺碳效率最高，其次为滚剃工艺，最后为挤齿工艺，因此可令 $X = \{0\ 1\ 0\}$，即优先选用

粉末冶金工艺；当 $Q \geqslant 46400$ 时，粉末冶金工艺碳效率最高，其次为挤齿工艺，最后为滚剃工艺，可令 $X=\{0\ 1\ 0\}$，即优先选用粉末冶金工艺，其次选用挤齿工艺。因此，根据图 7-5 及模型约束条件可知，当年产量为 10 万件时，可优先选用粉末冶金工艺。

7.3 基于生产调度的碳效率优化

7.3.1 作业车间描述及碳效率指标定义

机械制造业加工任务多属于多品种小批量加工任务，呈现出以下特点：生产的产品品种多，每个品种的产量小，基本上是按照用户的订货需要组织生产；产品的结构与工艺有较大差异；生产稳定性和专业化程度低；生产设备采用通用设备，按照工艺原则组织生产单位；每个工作中心承担多种生产任务的加工；产品的生产过程间断时间、工艺路线和生产周期较长。

基于上述特点，机械制造系统可以抽象为 job-shop 类型制造系统，系统中每一个工件都需要在特定的一系列机器上加工。假设该系统有 M_1、M_2、…、M_j、…、M_m等 m 台加工设备，用于加工 n 种不同的工件，分别记为 J_1、J_2、…、J_i、…、J_n，每种产品的加工路径随机，J_i 的计划加工批量为 Q_i，工件 J_i 有 N_i 个工序，且工序操作 $O_i^k(k=1,\ \cdots,\ N_i)$ 可以在 m 台设备中的一台进行加工，当 $x_{i,j}^k=1$ 时，表示工件 J_i 的工序操作 O_i^k 在设备 M_j上进行加工。此外对该系统做出如下假设：①至少有一台机床适用于每个工件 $\mathrm{J}_i(i=1,\ 2,\ \cdots,\ n)$ 的某操作 O_i^k；②在零时刻，所有工件都可被加工；③各个工序操作的加工时间、对应设备加工功率以及空载功率均是确定的；④每台机床同一时刻只能加工一个工件；⑤每个工件只能在前一个操作完成后才能进行下一个操作；⑥某操作一旦被进行，其对应机床不能中断，只有当该操作完成后，才能进行下一个操作；⑦设备一旦启动，只有当其完成安排的所有任务时，才能关闭。

系统内功能相同但规格、型号、供应商不同的机床，在加工相同工件时，所产生的碳排放也存在差异，同一加工任务可选择碳排放量更少的机床；系统内设备一旦启动，就必须在完成所有任务后才能停止，因此当设备不加工时，即处于空载状态时，将产生多余无用碳排放。因此，减少系统内所有设备的空载碳排放量，可有效降低无用碳排放。合理的生产方案，在保证产量的情况下可选择最少的碳排放量，此时系统拥有最优的碳排放效率。

作业车间碳效率定义为当系统内同时生产多种类型的产品时，可采用综合产出量衡量系统的生产性能，而环境性能则采用系统内总碳排放量衡量。具体计算公式为

$$\max: \overline{\mathrm{CE}} = \sum_{i=1}^{n} Q_i W_i / \mathrm{CE}_{\mathrm{shop}} \tag{7-12}$$

式中，W_i 为换算成综合产量时的权重。

当综合产量一定时，或者以 $\mathrm{CE}_{\mathrm{shop}}$最小为优化目标，具体计算公式为

$$\min: \mathrm{CE}_{\mathrm{shop}} = \sum_{i=1}^{n}\sum_{k=1}^{n_i}\sum_{j=1}^{m} \boldsymbol{X}_{ij}^{k}\left(\int_0^{t_{i,k}} P_{i,k,j}^{\mathrm{work}} \zeta_{\mathrm{e}} \mathrm{d}t + \mathrm{am}_{ij}^{k}(t)\zeta_{\mathrm{am}} + w_{ij}^{k}(t)\zeta_{\mathrm{w}}\right) + \sum_{j=1}^{m}\int_0^{t_{\mathrm{idle}}} P_j^{\mathrm{idle}}\zeta_{\mathrm{e}}\mathrm{d}t \tag{7-13}$$

式中，$\boldsymbol{X}_{ij}^{k}$为工件 J_i 的操作 k 被分配到设备 M_j的任务分配矩阵；$P_{i,k,j}^{\mathrm{work}}$为设备 M_j用于工件 J_i 的操作 k 时的运行功率（kW）；$\mathrm{am}_{ij}^{k}(t)$ 为设备加工时切削液等辅助物料在时刻 t 的使用量，其碳排放系数为 ζ_{am}；$w_{ij}^{k}(t)$ 为设备加工时在时刻 t 的废料排出量，其碳排放系数为 ζ_{w}；P_j^{idle} 为设备 M_j的空载功率（kW），其大小只与设备的性能有关。

7.3.2 作业车间碳效率影响因素分析

在建立机械制造系统碳效率优化模型之前，本书首先提出一种碳排放动态特性甘特图，用于分析两种碳排放动态特性优化策略，如图 7-6 所示。图中 $O_{i_1,j}^{k_{i_1}}$、$O_{i_2,j}^{k_{i_2}}$、$O_{i_3,j}^{k_{i_3}}$、$O_{i_l,j}^{k_{i_l}}(l \in \boldsymbol{R})$ 分别为需要在设备 j 上进行加工的所有产品操作；$p_{i_1,j}^{k_{i_1}}$、$p_{i_2,j}^{k_{i_2}}$、$p_{i_3,j}^{k_{i_3}}$、$p_{i_l,j}^{k_{i_l}}(l \in \boldsymbol{R})$ 则分别为这些操作对应的工序操作时间；$S_{i_1,j}^{k_{i_1}}$、$S_{i_2,j}^{k_{i_2}}$、$S_{i_3,j}^{k_{i_3}}$、$S_{i_l,j}^{k_{i_l}}(l \in \boldsymbol{R})$ 分别为各个工序操作的起始时间；$F_{i_1,j}^{k_{i_1}}$、$F_{i_2,j}^{k_{i_2}}$、$F_{i_3,j}^{k_{i_3}}$、$F_{i_l,j}^{k_{i_l}}(l \in \boldsymbol{R})$ 分别为各个工序操作的结束时间；$\mathrm{cr}_{i_1,j}^{k_{i_1}}$、$\mathrm{cr}_{i_2,j}^{k_{i_2}}$、$\mathrm{cr}_{i_3,j}^{k_{i_3}}$、$\mathrm{cr}_{i_l,j}^{k_{i_l}}(l \in \boldsymbol{R})$ 分别为各产品工序操作过程设备 M_j的碳流率；$\mathrm{cr}_j^{\mathrm{idle}}$ 表示设备空载运行时的碳流率，其仅与设备的性能有关。

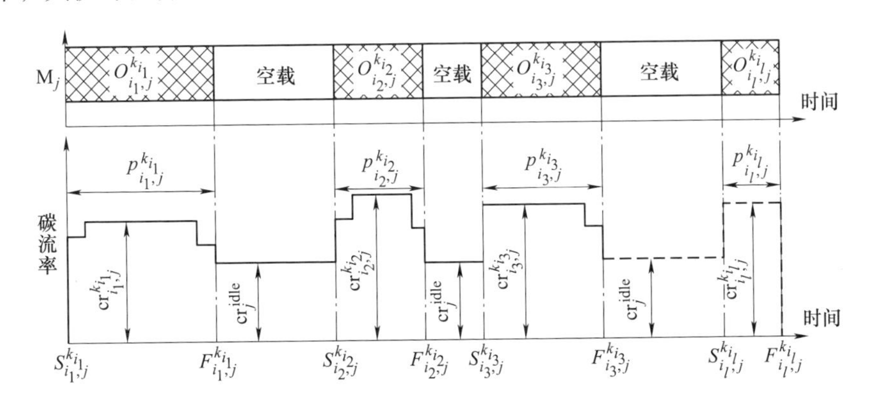

图 7-6　碳排放动态特性甘特图

图 7-6 所示的甘特图关联了工序操作与碳排放，且反映了各工件的工序操作

在时间上的先后顺序，而碳排放则表现为各个设备的碳流率随时间的动态变化，同时设备运行状态决定了设备碳流率的大小，因此，通过碳排放动态特性甘特图可以动态反映生产方案对整个机械制造系统碳排放的影响。

机械制造系统碳排放动态特性除了表现为其碳排放总量随时间、产量等因素的动态变化外，还受到以下两个决策选择的影响：

1）当适用于某一工件 J_i 的某一工序操作 O_i^k 的设备有多台时，由于不同设备性能存在差异，在产出相同的情况下，选择性能优的设备系统的碳排放会更少，因此碳排放动态特性还表现在设备选择所导致的碳排放的差异性。

2）当用于某一工件 J_i 的某一工序操作 O_i^k 的设备选定时，即无其他备选设备或已确定最优设备时，则设备进行某工序操作的时间和碳流率是一定的，而此时 n 个工件的工序操作的加工顺序方案的优劣会导致设备空载过程碳排放的优劣，高功率设备的空载时间越少则整个系统碳排放量越少。

首先基于第一种情况提出优化策略。在机械制造系统内，工件设备的某一工序可能会有几种设备供选择，而由于机械制造系统内不同加工设备性能存在差异，选择综合性能最优的设备可以使整个机械制造系统加工碳排放达到最优。

以工件 J_i 的操作 O_i^k 的设备分配或选择为例，有 M_j 与 $M_{j'}$ 两种设备可供选择（实际选择可能会多于两种），分别选用这两种设备时的碳排放动态特性如图 7-7 所示。由图可知，尽管 $F_{i,j}^k-S_{i,j}^k>F_{i,j'}^k-S_{i,j'}^k$，即 $P_{i,j}^k>P_{i,j'}^k$，但设备 M_j 的碳排放 $ce(i, j, k)$（图 7-7 中左斜线阴影部分）明显小于设备 $M_{j'}$ 的碳排放 $ce(i, j', k)$（图 7-7 中右斜线阴影部分），主要原因是在进行操作 O_i^k 时设备 M_j 的碳流率显著小于 $M_{j'}$ 的碳流率，其中碳流率由加工功率、切削液等辅助物料利用率以及废料排除率等要素决定。因此，采用传统的仅以加工时间最短为目标的优化策略选择设备，无法减少机械制造系统的碳排放量，应以设备时间及碳流率综合最小为目标，选择最优设备，可表示为

$$M_j^{\text{optimal}}=\{M_j \mid p_{i,j}^k \& cr_{i,j}^k \rightarrow \min \text{ 或 } ce(i, j, k) \rightarrow \min \quad j \in 1, 2, \cdots, m\} \tag{7-14}$$

式中，M_j^{optimal} 适合工序操作 O_i^k 的最优设备。

当机械制造系统用于某一工件 J_i 的某一操作 O_i^k 的设备固定时，即无其他备选设备或已确定采用最优设备时，则设备进行某操作的时间和碳流率是一定的，此时设备加工过程的碳排放量是固定的。但除设备加工过程的碳排放外，所有设备还存在另一种空载状态碳排放，这种碳排放其实是一种无用碳排放，但为了维持加工操作的连续性及效率，设备空载状态又不得不存在，从而造成无用碳排放的产生。因此当产出一定时，减少设备空载过程所产生的碳排放也将能够优化碳排放性能及碳效率。由图 7-8 可知，设备的空载碳排放取决于其空载功率及空载时间，而由于对于同一设备其空载功率是固定的，因此其空载碳排放

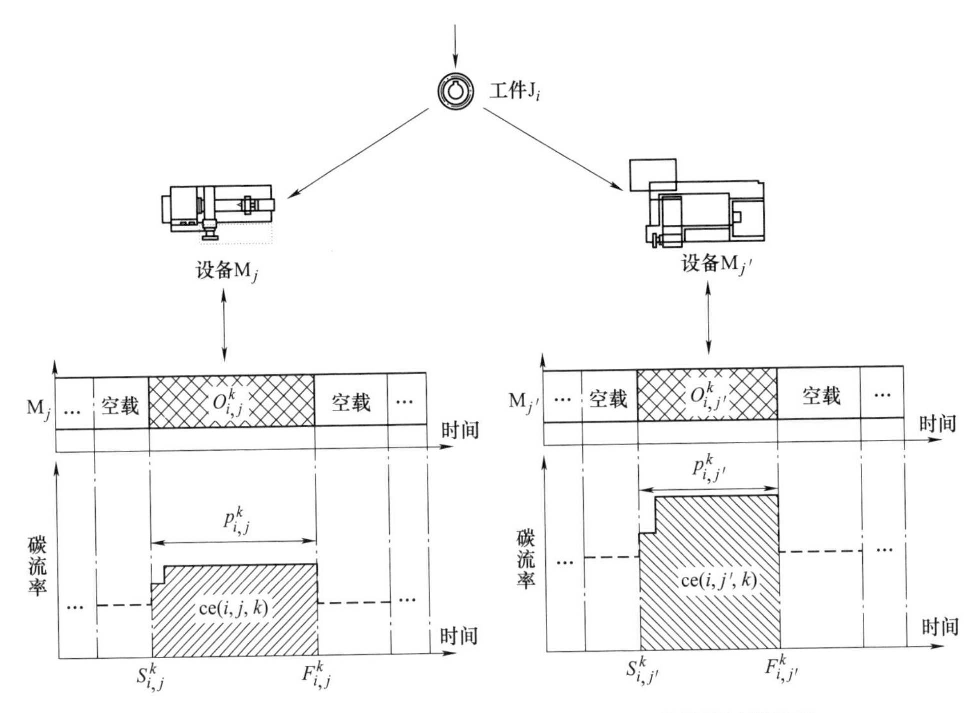

图 7-7 同一产品的同一操作采用不同设备加工碳排放性能比较

仅决定于其空载时间，对于图 7-8 中任一设备 M_j，其空载时间 T_j^{idle} 计算公式为

$$T_j^{idle} = \max(F_{i,j}^k) - \sum_{i=1}^{n}\sum_{k=1}^{N_i} x_{i,j}^k (F_{i,j}^k - S_{i,j}^k) \tag{7-15}$$

对于所有设备，不同设备的空载功率之间也存在差异，空载功率较大的设备其空载状态碳流率也会较大，因此，除考虑降低所有设备空载时间外，还应优先考虑减少大空载功率的设备的运行时间。图 7-8 中，机械制造系统的碳排放性能并未达到最优，设备 M_1 的空载碳流率明显比 M_n 的空载碳流率大，但 M_n 空载时间却比较长，因此机械制造系统内的无用碳排放会增多。

7.3.3 作业车间碳效率评估优化模型

综上分析，机械制造系统碳效率的最优化实质上是任务分配及加工顺序方案的最优化。机械制造系统碳排放动态特性一方面表现为碳排放总量随时间、产量等因素的动态变化过程，另一方面又表现为采用不同生产计划调度方案对机械制造系统碳排放造成的差异。机械制造系统碳排放综合优化将着重采用上述优化策略对机械制造系统的碳排放动态特性及碳效率进行优化。机械制造系统内任一工件的任一操作 O_i^k 在机械制造系统设备上的分配方案可以采用 0-1 矩

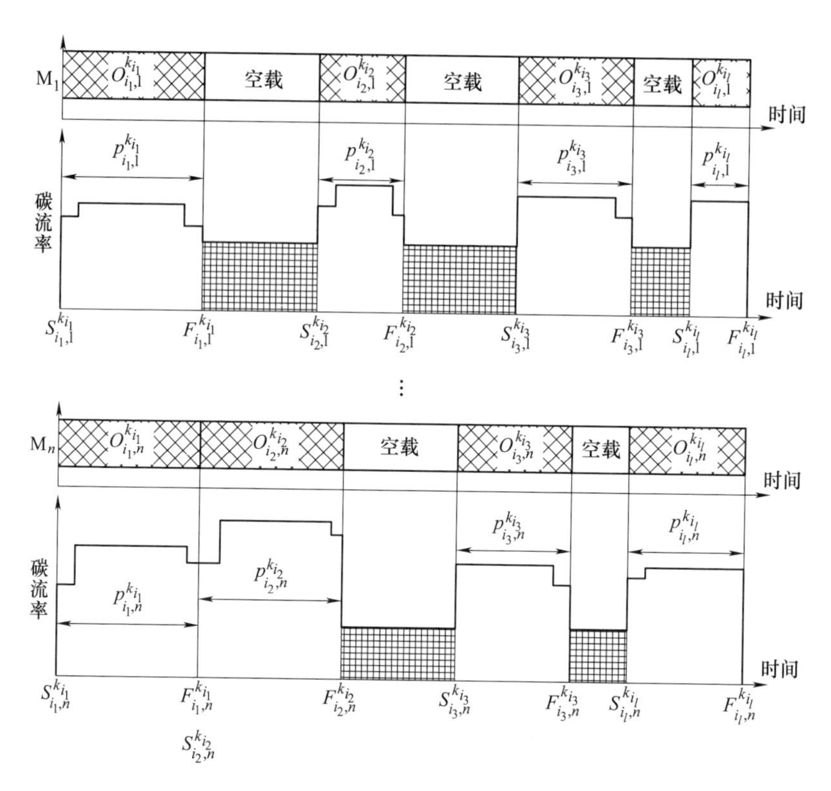

图 7-8 加工顺序对机械制造系统碳排放动态特性的影响

阵方案进行描述，即用矩阵 $\boldsymbol{X}_{(N_1+N_2+\cdots+N_n)\times m}$ 描述为

$$\boldsymbol{X}_{(N_1+N_2+\cdots+N_n)\times m}=\begin{bmatrix} x_{11}^1 & x_{12}^1 & \cdots & x_{1m}^1 \\ x_{11}^2 & x_{12}^2 & \cdots & x_{1m}^2 \\ \vdots & \vdots & x_{1j}^k & \vdots \\ x_{11}^{N_1} & x_{12}^{N_1} & \cdots & x_{1m}^{N_1} \\ \vdots & \vdots & & \vdots \\ x_{i1}^1 & x_{i2}^1 & \cdots & x_{im}^1 \\ \vdots & \vdots & & \vdots \\ x_{i1}^{N_i} & x_{i2}^{N_i} & \cdots & x_{im}^{N_i} \\ \vdots & \vdots & & \vdots \\ x_{n1}^1 & x_{n2}^1 & \cdots & x_{nm}^1 \\ \vdots & \vdots & & \vdots \\ x_{n1}^{N_n} & x_{n2}^{N_n} & \cdots & x_{nm}^{N_n} \end{bmatrix} \tag{7-16}$$

式中，矩阵 $\boldsymbol{X}_{(N_1+N_2+\cdots+N_n)\times m}$ 的行为 n 个工件的 $N=N_1+N_2+\cdots+N_i+\cdots+N_n$ 个操作，列为机械制造系统中的 m 台机床；x_{ij}^k 为决策变量，且 $x_{ij}^k=1$ 表示工件 J_i 的操作 O_i^k 在设备 j 上进行，否则 $x_{ij}^k=0$，x_{ij}^k 对应的行和列描述了各个工件的各个操作与机械制造系统内机床的生产任务分配关系。

通过实验测定，均可获得任一工件 J_i 的任一操作 O_i^k 在其适用设备上的运行时间、平均功率、辅助材料消耗率以及废料排除率等，即可获得其各个操作过程的碳排放量，根据分配方案可构成对应的碳排放矩阵 $\mathbf{CE}(N_1+N_2+\cdots+N_n)\times m$，具体为

$$\mathbf{CE}_{(N_1+N_2+\cdots+N_n)\times m}=\begin{bmatrix} \mathrm{ce}(1,1,1) & \mathrm{ce}(1,2,1) & \cdots & \mathrm{ce}(1,m,1) \\ \mathrm{ce}(1,1,2) & \mathrm{ce}(1,2,2) & \cdots & \mathrm{ce}(1,m,2) \\ \vdots & \vdots & \mathrm{ce}(1,j,k) & \vdots \\ \mathrm{ce}(1,1,N_1) & \mathrm{ce}(1,2,N_1) & \cdots & \mathrm{ce}(1,m,N_1) \\ \vdots & \vdots & & \vdots \\ \mathrm{ce}(i,1,1) & \mathrm{ce}(i,2,1) & \cdots & \mathrm{ce}(i,m,1) \\ \vdots & \vdots & & \vdots \\ \mathrm{ce}(i,1,N_i) & \mathrm{ce}(i,2,N_i) & \cdots & \mathrm{ce}(i,m,N_i) \\ \vdots & \vdots & & \vdots \\ \mathrm{ce}(n,1,1) & \mathrm{ce}(n,2,1) & \cdots & \mathrm{ce}(n,m,1) \\ \vdots & \vdots & & \vdots \\ \mathrm{ce}(n,1,N_n) & \mathrm{ce}(n,2,N_n) & \cdots & \mathrm{ce}(n,m,N_n) \end{bmatrix} \tag{7-17}$$

式（7-17）中 $\mathrm{ce}(i,j,k)$ 为工件 J_i 的某一操作 O_i^k 被安排在 j 机床上时的碳排放量，如果工件 J_i 的某一操作 O_i^k 不允许被安排在 j 机床上或 j 机床不适用该工件加工时，则假定其碳排放为无穷大，可表示为

$$\mathrm{ce}(i,j,k)=\infty \tag{7-18}$$

因此，根据式（7-16）~式（7-18）可以建立机械制造系统碳排放最优任务分配函数，可表示为

$$f_{\mathrm{ce}}(\boldsymbol{X})=\sum_{i=1}^{n}\sum_{k=1}^{N_i}\sum_{j=1}^{m}x_{ij}^k\mathrm{ce}(i,j,k) \tag{7-19}$$

若仅以式（7-19）为目标函数，在具有多种备用设备用于某项操作的情况下，通过式（7-19）可选择出加工过程中碳排放最小的生产方案，但该方案无法确定各个操作的最佳加工顺序，即无法进一步确定机械制造系统设备空载碳排放最小的方案。因此，需要进一步生成最优方案，根据上述分析，由于机械制造系统内设备空载碳排放仅与其空载时间有关，根据设备时间计算公式，可

确定机械制造系统总空载碳排放量，此时可以进一步以机械制造系统总空载碳排放量最小为目标函数生成优化方案，具体为

$$f_{\mathrm{ce}}^{\mathrm{idle}} = \sum_{j=1}^{m} P_j^{\mathrm{idle}} T_j^{\mathrm{idle}} \zeta_{\mathrm{e}} = \sum_{j=1}^{m} P_j^{\mathrm{idle}} [\max(F_{i,j}^k) - \sum_{i=1}^{n} \sum_{k=1}^{N_i} x_j^k (F_{ij}^k - S_{ij}^k)] \zeta_{\mathrm{e}} \tag{7-20}$$

此外，在优化过程中，机械制造系统还应满足以下约束：

$$F_{ij}^{k+1} - F_{ij'}^k \geqslant p_{ij}^{k+1} \qquad 1 \leqslant k < k+1 \leqslant N_i,\ j \neq j' \tag{7-21}$$

$$S_{ij}^{k+1} - F_{ij'}^k \geqslant 0 \qquad 1 \leqslant k < k+1 \leqslant N_i,\ j \neq j' \tag{7-22}$$

$$F_{ij}^k - S_{ij}^k \geqslant p_{ij}^k \qquad 1 \leqslant k \leqslant N_i \tag{7-23}$$

$$\sum_{j=1}^{m} x_{ij}^k = 1 \qquad \forall i \in n,\ 1 \leqslant k \leqslant N_i \tag{7-24}$$

$$F_{i'j}^{k'} - F_{ij}^k \geqslant p_{i'j}^{k'} \qquad y_{ii'}^{kk'} = 1,\ i \neq i' \tag{7-25}$$

式中，$y_{ii'}^{kk'} \in \{0,\ 1\}$，$i \neq i'$，$\forall J_i,\ J_{i'}$，$\forall O_i^k,\ O_{i'}^{k'}$。

式（7-21）与式（7-22）对某一工件的相邻两个加工工序的优先顺序提出了要求，且某工序一旦进行，对应的机床不能中断，只有当该工序操作完成后，才能进行下一个工序操作；式（7-23）表明任意操作的完工时间与开始时间之差不能小于其所需时间；式（7-24）表明至少有一台机床适用于某操作；式（7-25）要求同一设备不能同时用于两个操作。

综上所述，本书采用分阶段优化的思想，提出一种基于遗传算法的二阶段机械制造系统碳效率优化模型，如图 7-9 所示。图中基于上述两种优化策略，分别以$f_{\mathrm{ce}}(\boldsymbol{X})$ 与$f_{\mathrm{ce}}{}^{\mathrm{idle}}$为阶段一与阶段二的优化目标，采用遗传算法进行最优碳效率搜索与求解，考虑到两个阶段的求解特点及目标差异，各个阶段将采用不同的遗传算法编码方式，并根据各个阶段的优化目标建立了不同的适应度函数。

面向机械制造系统的碳效率进行任务分配是一个非常复杂的问题，尤其是当工件数和设备数较多的情况下，分配方案数目庞大，问题更加复杂。作为一种基于随机搜索机制的全局优化算法，遗传算法在求解各类复杂优化问题中具有显著优势。将遗传算法应用于机械制造系统生产过程中各个加工工序的生成与优化，关键是采用有效的编码和解码方式以及适当的交叉、变异操作等。具体设计如下。

1. 染色体编码

编码是应用遗传算法时要解决的首要问题，也是设计遗传算法的一个关键步骤。在阶段一，考虑到便于求解任务分配方案，采用了二进制编码方式。二进制编码使用的编码符号集是由二进制符号 0 和 1 所组成的二值符号集｛0，1｝，其中 1 表示某操作使用了某个设备，其所构成的个体基因型是一个二进制编码符号串。

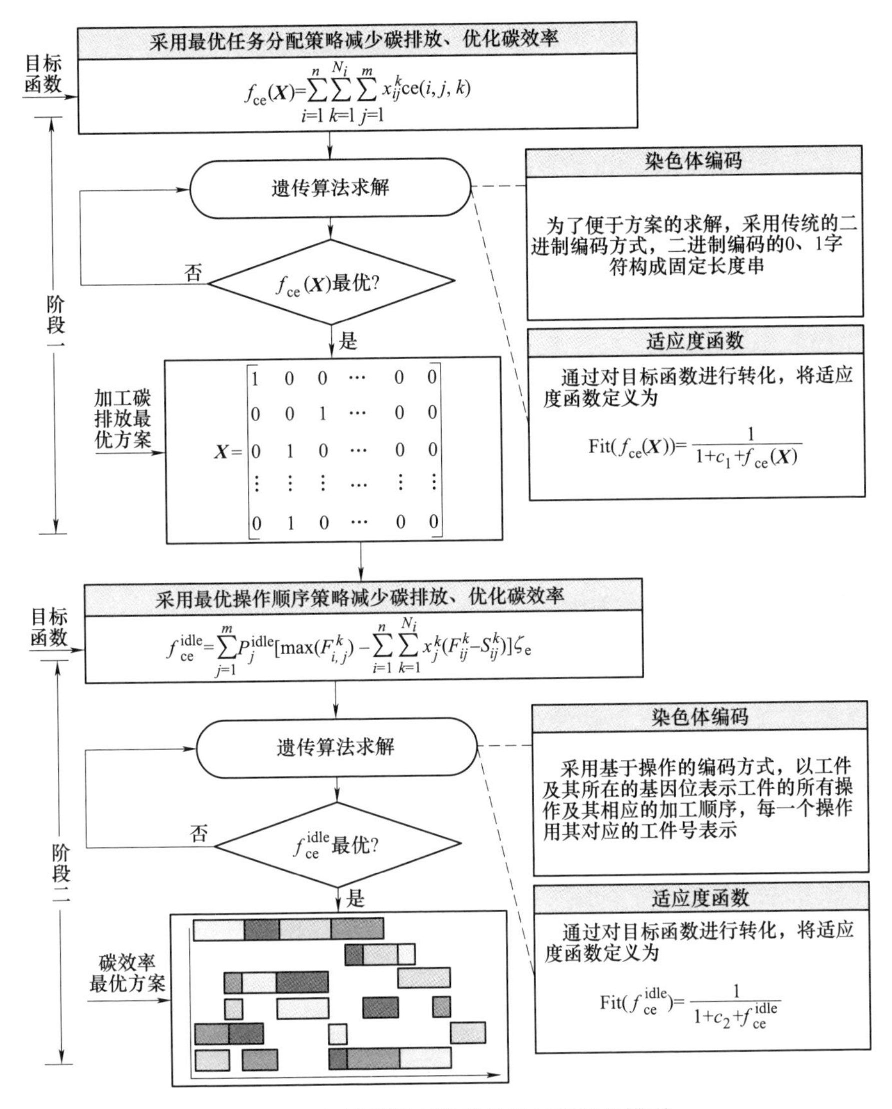

图 7-9 机械制造系统碳效率二阶优化模型

在阶段二，考虑到统一工件的工序之间存在工艺约束，即工件的工艺路径，若直接采用所有的工序排列来表示染色体，则采用相应的解码方法得到的调度方案可能不可行。鉴于此，阶段二采用基于工序的编码方式，以工件号及其所在的基因位表示工件的所有工序及其相应的加工顺序。在这种编码的染色体中，每一个工序用其对应的工件号来表示，而工件号 i 具体表示工件 J_i 的哪个工序需由其在染色体中出现的相对位置确定，即染色体中第 1 个工件号 i 表示工件 J_i 的第 1 个操作 O_{i1}，第 2 个工件号 i 表示工件 J_i 的第 2 个操作 O_{i2}，依次类推，第 n 个工件号 i 表示工件 J_i 的第 n 个操作 O_{in}。例如，在染色体中，第 1 个基因位上的数字 3 表示工件 J_3 的第 1 个操作 O_{31}。

2. 适应度函数

本书适应度函数的确定均根据不同阶段的优化目标进行设定，由于在两个阶段均是为了获得最少碳排放，因此，令两个阶段的适应度函数分别为

阶段一：

$$\mathrm{Fit}(f_{\mathrm{ce}}(\boldsymbol{X}))=\frac{1}{1+c_1+f_{\mathrm{ce}}(\boldsymbol{X})}\qquad c_1\geqslant 0,\ c_1+f_{\mathrm{ce}}(\boldsymbol{X})\geqslant 0 \tag{7-26}$$

阶段二：

$$\mathrm{Fit}(f_{\mathrm{ce}}^{\mathrm{idle}})=\frac{1}{1+c_2+f_{\mathrm{ce}}^{\mathrm{idle}}}\qquad c_2\geqslant 0,\ c_2+f_{\mathrm{ce}}^{\mathrm{idle}}\geqslant 0 \tag{7-27}$$

式中，c_1、c_2 分别为阶段一与阶段二目标函数界限的保守估计值。

3. 交叉方法

本书采用一种基于工序编码的交叉算子（Precedence Operation Crossover, POX）法进行染色体的交叉操作，该交叉方法能够很好地继承父代优良特征。假设父代染色体 Parent1 和 Parent2，POX 交叉产生子代 Children1 和 Children2，具体操作步骤如下：

步骤 1：随机划分工件集 $\{1, 2, 3, \cdots, n\}$ 为两个非空的子集 J_1 和 J_2。

步骤 2：复制 Parent1 包含在 J_1 的工件到 Children1、Parent2 包含在 J_1 的工件到 Children2，保留它们的位置。

步骤 3：复制 Parent2 包含在 J_2 的工件到 Children1、Parent1 包含在 J_2 的工件到 Children2，保留它们的顺序。

4. 变异操作

变异是由对染色体较小的扰动产生，目的是保持群体的多样性。传统调度问题的遗传算法变异操作有交换变异、插入变异和逆转变异。这里采用一种基于邻域搜索的新型变异算子，它不仅能保持群体的多样性，而且能通过局部范围内搜索来改善子代的性能。基于邻域搜索的变异操作如图 7-10 所示，具体操作步骤如下：

步骤 1：设 $i=0$。

步骤 2：判断 $i\leqslant \mathrm{popsize}\times P_{\mathrm{m}}$ 是否满足（popsize 为种群规模，P_{m} 为变异概率），满足则执行步骤 3，否则执行步骤 6。

步骤 3：取变异染色体上 λ 个不同的基因，生成其排序的所有领域。

步骤 4：评价所有领域的调度适应值，取其中的最佳个体。

步骤 5：$i=i+1$。

步骤 6：结束。

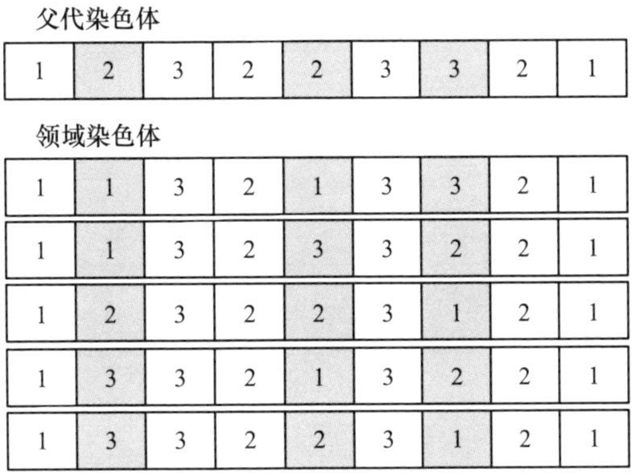

父代染色体

1	2	3	2	2	3	3	2	1

领域染色体

1	1	3	2	1	3	3	2	1
1	1	3	2	3	3	2	2	1
1	2	3	2	2	3	1	2	1
1	3	3	2	1	3	2	2	1
1	3	3	2	2	3	1	2	1

图 7-10 基于邻域搜索的变异操作

以某作业车间为研究对象，该车间拥有包括数控车床、普通车床、普通铣床、普通钻床、数控铣床、镗床等在内的各类加工设备 6 台，各种设备的参数及加工能力见表 7-1。本研究挑选了该车间常加工的 J_1、J_2、J_3、J_4、J_5、J_6 6 种钢构零件作为加工对象，各工件的工艺路径见表 7-2。

表 7-1 车间内设备参数及加工能力

编号	机床类型	额定功率/kW	空载功率/kW	冷却方式	加工能力
M_1	车床	6.0	3.6	油基切削液	粗车
M_2	车床	8.5	4.8	油基切削液	精车、粗车
M_3	铣床	5.5	3.4	油基切削液	粗铣
M_4	铣床	7.0	4.0	油基切削液	精铣、粗铣
M_5	钻床	5.0	2.8	油基切削液	钻孔
M_6	镗床	5.5	3.5	油基切削液	镗

表 7-2 各工件的工艺路径

零件	工艺及加工余量/mm^3
J_1	粗车（1718）—钻孔（2412）—精铣（636）—精车（448）—粗铣（1732）—镗（684）
J_2	镗（684）—粗车（1686）—粗铣（1762）—精车（448）—精铣（636）—钻孔（2412）
J_3	粗铣（1816）—粗车（1822）—钻孔（2412）—精铣（642）—镗（684）—精车（448）
J_4	钻孔（2412）—粗铣（1816）—粗车（1786）—镗（684）—精铣（648）—精车（448）
J_5	钻孔（2412）—粗铣（1816）—镗（684）—粗车（1684）—精车（448）—精铣（642）
J_6	镗（684）—粗车（1686）—精车（448）—粗铣（1816）—精铣（648）—钻孔（2412）

经过实验可测定上述 6 个工件在各加工工序的加工时间见表 7-3，而在设备进行各个工序操作时的运行功率见表 7-4。

表 7-3 各工件各加工工序的加工时间 （单位：min）

零件		工序 1	工序 2	工序 3	工序 4	工序 5	工序 6
J_1	设备	M_1	M_5	M_3	M_2	M_4	M_6
	时间	2	2	3	1	2	1
J_2	设备	M_6	M_1	M_4	M_2	M_3	M_5
	时间	2	3	1	2	3	2
J_3	设备	M_1	M_3	M_5	M_4	M_6	M_2
	时间	3	2	1	3	3	1
J_4	设备	M_5	M_3	M_1	M_6	M_4	M_2
	时间	2	1	3	2	1	3
J_5	设备	M_5	M_3	M_6	M_1	M_2	M_4
	时间	1	3	3	3	2	2
J_6	设备	M_6	M_1	M_2	M_3	M_4	M_5
	时间	2	2	2	3	3	3

表 7-4 各工件各个工序操作时的运行功率 （单位：kW）

零件		工序 1	工序 2	工序 3	工序 4	工序 5	工序 6
J_1	设备	M_1	M_5	M_3	M_2	M_4	M_6
	功率	4.9	3.9	4.8	7.2	5.6	4.6
J_2	设备	M_6	M_1	M_3	M_2	M_4	M_5
	功率	4.1	4.2	4.0	6.2	5.1	3.8
J_3	设备	M_1	M_3	M_5	M_4	M_6	M_2
	功率	5.1	4.8	3.8	5.4	4.6	6.8
J_4	设备	M_5	M_3	M_1	M_6	M_4	M_2
	功率	3.6	4.0	4.4	4.1	4.9	6.3
J_5	设备	M_5	M_3	M_6	M_1	M_2	M_4
	功率	3.2	4.0	3.8	3.8	6.0	4.8
J_6	设备	M_6	M_1	M_2	M_3	M_4	M_5
	时间	3.8	4.0	5.8	4.1	4.8	3.2

根据上述数据，采用 MATLAB 遗传算法工具箱对所提出的碳效率优化模型进行求解，可确定当采用如图 7-11 所示的生产方案时，车间碳排放总量为 7.467kgCO_2e，该车间碳效率最优为 1.41 元/kgCO_2e（考虑到不同类型零件具有差异性，用产量碳效率无法真正反映机械制造系统碳效率的性质，此处采用综合产量，并以各种零件的销售利润作为各类零件的权重，且假设 $J_1 \rightarrow J_6$ 的利润分

别为 2.2 元、1.8 元、2.4 元、2.0 元、0.9 元、1.2 元)，即

$$
\begin{aligned}
\overline{\mathrm{CE}}_{\text{optimal}} &= Q_{\text{综合}}/C_{\text{shop}}^{\text{optimal}} \\
&= \frac{1\times2.2+1\times1.8+1\times2.4+1\times2.0+1\times0.9+1\times1.2}{7.467}\text{元}/\mathrm{kgCO_2e} \\
&= 1.41\text{元}/\mathrm{kgCO_2}
\end{aligned}
$$

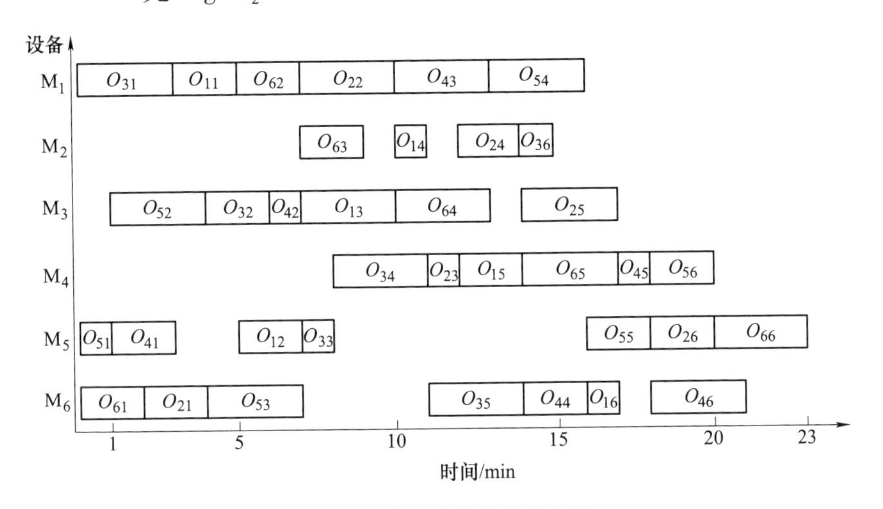

图 7-11 碳效率最优生产方案

采用图 7-11 生产方案进行生产，车间碳效率能达到最优的原因可以归纳为以下几点:

1) 对于运行功率比较大的机床 M_2 与 M_4，其既可以用于精加工又可以用于粗加工，但由于其运行功率较大，方案中仅选择用其进行精加工，而采用只适用于粗加工的 M_1 与 M_3 机床进行粗加工，从而减少了车间加工碳排放，实现了碳效率的初步优化。

2) M_1、M_2、M_4 三种大功率机床在安排任务时，尽量减少了其空载运行时间，尤其对于 M_1 机床，基本上消除了由空载过程产生的碳排放。

3) 与此同时，增加了 M_3、M_5、M_6 3 台机床的加工任务，尽量为其安排更多的加工任务，且考虑到 M_5 与 M_6 的空载功率最小，因此其空载过程相对于其他几个设备时间更长。

基于所提出的生产任务方案，同时可确定机械制造系统或某台设备的碳排放动态过程。图 7-12 为车间内各台设备的碳排放动态特性曲线，反映了各台设备的碳排放动态过程。图 7-13 为整个机械制造系统的碳排放动态特性过程，由图可知该制造系统的碳流率在 13min 时达到峰值，约为 500gCO_2e。图 7-13 还反映了机械制造系统碳排放的波动特性，由图可见，该方案的碳排放波动幅度相

对较小，这也说明了该方案的优越性。

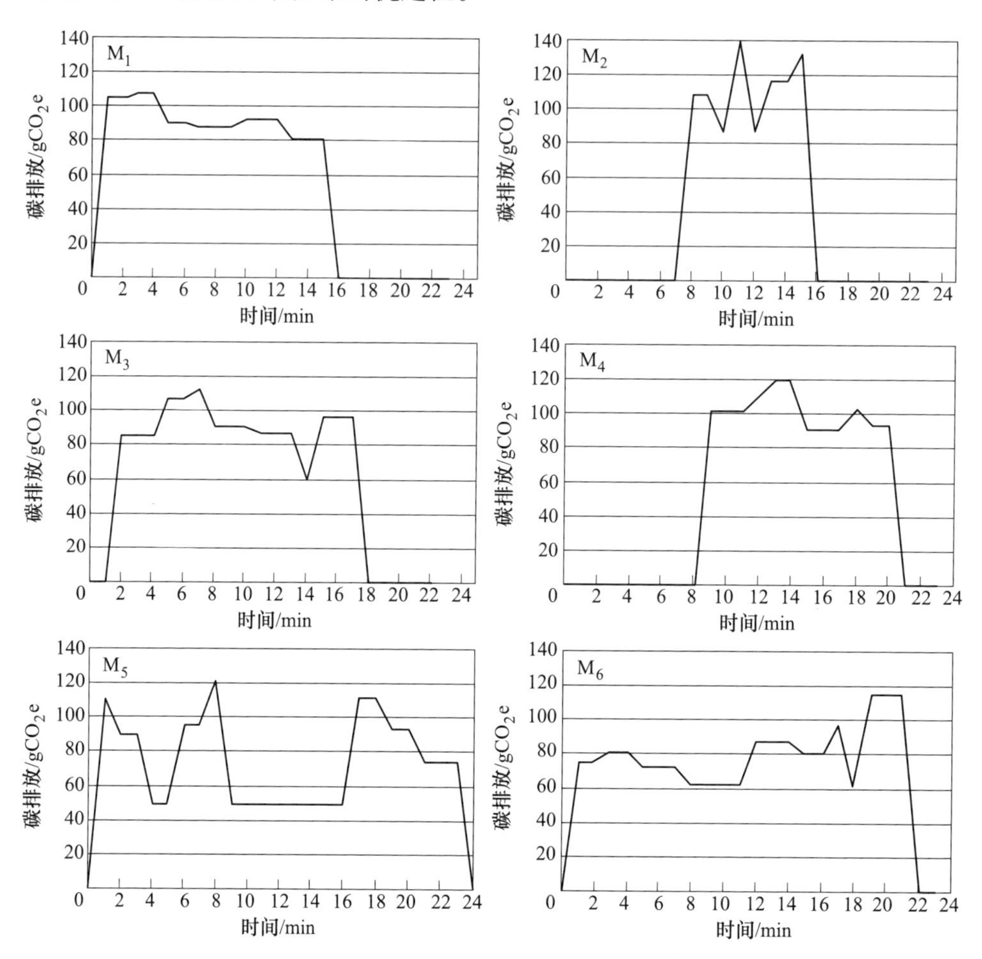

图 7-12　碳效率最优时车间内各台设备的碳排放动态特性曲线

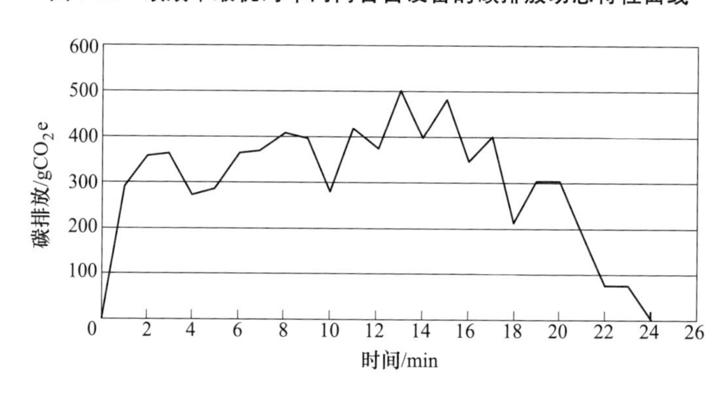

图 7-13　机械制造系统的碳排放动态特性过程

7.4 制造车间碳效率精益管控方法

工业界和学术界提出的典型制造车间节能措施（Energy Efficiency Measures，EEM）主要集中在以工艺技术为中心（如工艺参数节能优化）或以硬件投资为驱动（如购置高能效设备）两个方面。然而，此类节能措施往往孤立于生产运营，制造企业尤其是中小型企业的管理者会由于高初始投资或其他技术和经济壁垒而很少采纳此类节能措施。因此，将能效集成到生产运营中是实现制造车间节能的重要前提，此外还有助于挖掘与生产运营相关的节能潜力，如图7-14所示。

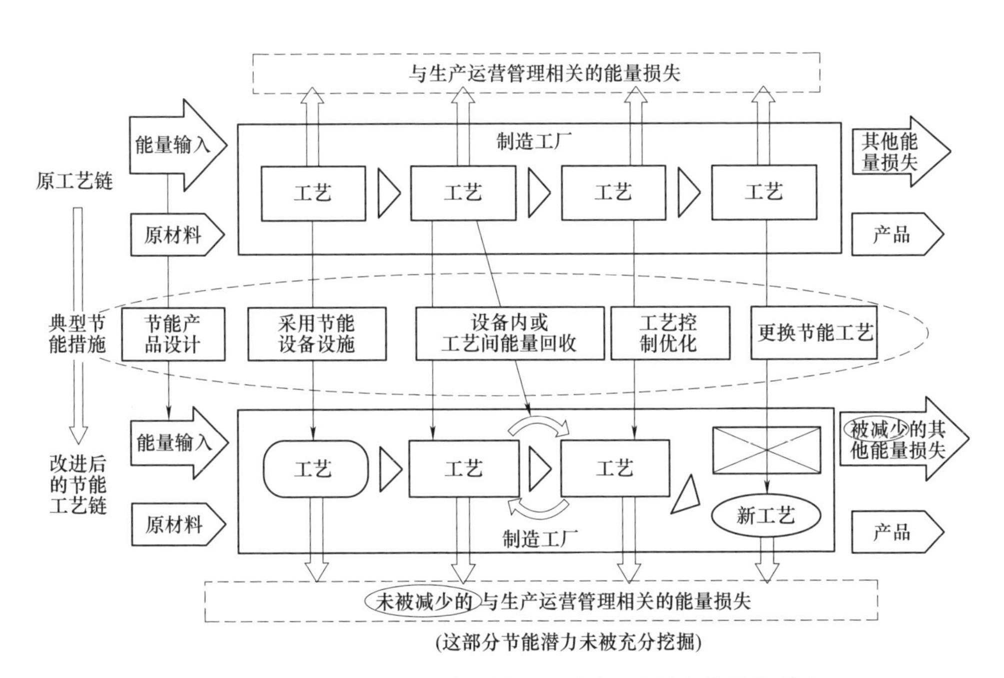

图7-14 制造车间的典型节能措施及其未充分挖掘的节能潜力

精益生产工具一直被视为实现能效与生产运营集成的最具潜力的方案。其中，价值流图可实现制造车间材料流和信息流的可视化，然而传统的价值流图难以捕捉能量流。为此，一些学者提出了绿色改进价值流图，可从“七大浪费”的角度分析制造车间的时间流、能量流、材料流和运输流。然而，此类改进价值流图主要关注能量流的可视化，而在生产力变量（即造成生产力损失的条件）的层面上系统地实现能效与生产管理的集成仍缺乏探索。

7.4.1 基于能量价值流的制造车间碳效率优化方法

为了将能效作为决策准则之一纳入生产管理，可采用能量价值方法（Energy Value Method，EVM）。如图 7-15 所示，能量价值方法包括三个连续的阶段，可对与生产力变量相关的能量损失进行识别、量化、可视化、分析和减少。通过该方法，决策者可以直观地了解以下关于能量损失的“5W1H”问题。

1）阶段 1：能量损失建模。这一阶段力图从整体的角度揭示能源损失与生产力变量之间的耦合关系，从而帮助决策者理解：能源损失发生在什么地方？什么时候？谁对这些事件负责？

2）阶段 2：能量精益分析。这一阶段开发了一套面向生产的能源绩效指标，以诊断能效低下的问题，使决策者能够确定具体的改进领域，并明确回答：为什么会发生能源损失？

3）阶段 3：改进策略决策。最后阶段的目标是在考虑与其他生产管理决策要素的协同和权衡的情况下解决已识别的能量损失，即回答：如何用最合适的改进策略减少能源损失？

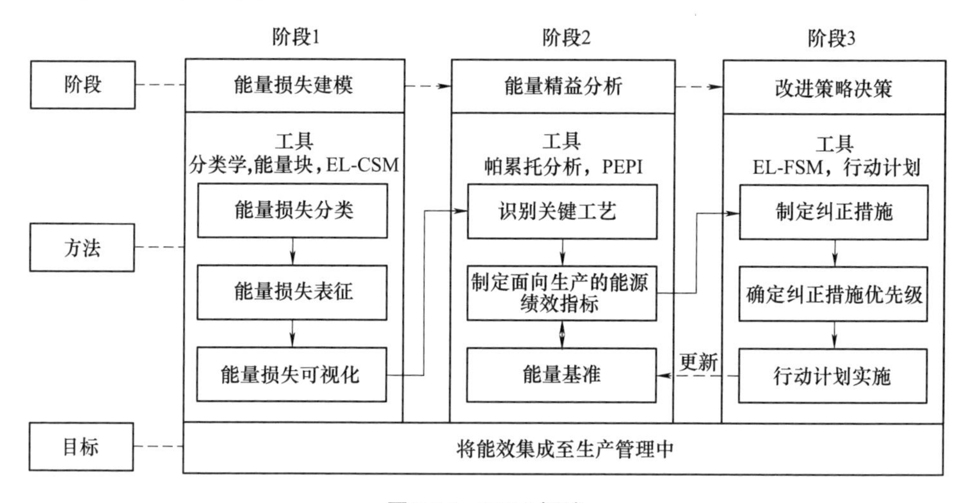

图 7-15 EVM 概述

1. 阶段 1：能量损失建模

（1）能量损失分类

根据精益原则的基本思想，能量损失是指不涉及将原材料或半成品转化为有价值产品的非增值活动（Non Value-Added Activity，NVAA）所消耗的能量。在非增值活动中，有计划的非增值活动（如预防性维护）对于维持一个组织的可持续运作是必不可少的，而非计划性的非增值活动（如生产扰动）则只会导致偏离正常的生产条件，从而降低生产力。据此，能量损失可分为两类：计划损失和计划外损失。

从表面上看，绩效指标最低的制造工艺应被判定为瓶颈并优先改进。然而，损失可能会通过制造系统传播。也就是说，当一种损失发生在生产系统的某个地方时，其他类型的损失可能会因为这种损失而在其他地方发生，而这种损失通常是意料之外的。因此，计划外损失可以进一步分为独立损失和从属损失。

根据相关文献，表7-5总结了与生产力变量相关的常见能量损失（Energy Loss，EL）。这些能量损失被符号化以符合价值流图的图形化特征。为便于区分，计划损失、独立损失和附属损失分别用基于圆、基于三角形和基于六边形的符号表示。

（2）能量损失表征

一台设备的能量特性高度依赖于其运行状态（待机、空载、加工等），而运行状态的转变则基本上归因于设备功能部件的激活和失活。给定一组预定义的条件（产品类型、工艺参数等），分析各部件在不同运行状态下的能耗一般有两种模型：0-1分布模型和离散分布模型。当功能部件完全激活时，0-1分布模型对应部件的功率水平保持恒定。离散分布模型对应部件的功率水平在某一运行状态的时间间隔内保持不变，但在状态发生变化时，功率水平可能会跳转为另一个常数。

通过分割和线性化，可以将设备的功率曲线转化为一系列的状态能量块（State-based Energy Blocks，SEB），这些状态能量块由部件能量块（Component-based Energy Blocks，CEB）叠加而成。SEB和CEB的概念有着广泛的应用，特别是在分析非加工能量占总能耗的比例方面。然而，归根结底是生产力变量导致了设备运行状态的变化。如果不表征能量损失，就不可能完全确定非加工能量占高比例的根本原因。

一种类型的能量损失可能导致一种以上的运行状态，而这种运行状态反之又可能对应多种类型的能量损失。这意味着需要映射能量损失和运行状态之间的因果关系，一般而言这种映射关系是相对固定的。图7-16举例说明了转换损失，涉及转换内部设置和转换外部设置的能量。前者只有在设备不运转时才执行，而后者只有在设备运转时才执行。因此，转换损失将会导致一组具有独特模式（如排列顺序等）的待机、空载和处理状态。即由一组SEB有序排列形成形状不规则的能量损失块（ELB）。其他类型的能量损失也是如此。为简单起见，能量损失可以用矩阵形式表示，矩阵中合并了相同状态的SEB，即

$$\boldsymbol{P}^i=[P_1^i,\ \cdots,\ P_r^i,\ \cdots,\ P_R^i] \tag{7-28}$$

表 7-5　与生产力变量相关的常见能量损失

类型		能量损失	描述	管理域	符号	应对措施
计划损失		测试和试样	设备因质量控制而进行测试和试样	质量	◎	TQM/ LSS
		研发	设备承担开发和改进产品或技术的任务	技术	⊖	标准化作业
		预防性维护	开展日常维护以确保设备处于设计加工能力的状态	维护	(PM)	TPM/RCM
		工人停工	为组织目的（会议、休息等）有计划的暂停和休息	生产	⊗	时间管理
		产品切换	为生产另一种产品而设置设备的一系列步骤	生产		SMED
		生产重启	假期过后设备重新启动	生产		Heijuka
		换班	换班时设备不工作	生产		Heijuka
非计划损失	独立损失	操作人员关联损失	与操作人员有关的问题（如旷工、误操作）导致设备不工作	人力		员工培训
		故障维护	由于某些故障（如工具故障，设备故障等），设备处于维修中	维护		TPM/FMEA
		废弃/返工	在稳定的生产状态下，设备会生产有缺陷或弃用的零件	质量		TQM/ LSS
		微停	生产过程中短暂停顿，时间不够长不足以被确定为设备故障（如传感器阻塞）	维护		Poka-yoke/5S
		工具缺失	缺少可用工具而导致设备不工作	生产		TPM
	附属损失	堵塞和待机	设备被上游工艺饥饿，或被下游工艺阻塞	生产		Pull/Takt
		供应关联损失	由于供应相关的问题（延迟、缺陷等）导致设备不工作	物流/质量		Kanban/Andon
		计划待机	设备根据生产计划安排待机	生产		Heijuka/JIT
		TBS 关联损失	TBS 相关的问题导致设备不工作	维护		TPM

$$
\boldsymbol{S}^i = \begin{bmatrix} S_{11}^i & \cdots & S_{1k}^i & \cdots & S_{1K}^i \\ \vdots & & \vdots & & \vdots \\ S_{r1}^i & \cdots & S_{rk}^i & \cdots & S_{rK}^i \\ \vdots & & \vdots & & \vdots \\ S_{R1}^i & \cdots & S_{Rk}^i & \cdots & S_{RK}^i \end{bmatrix} \tag{7-29}
$$

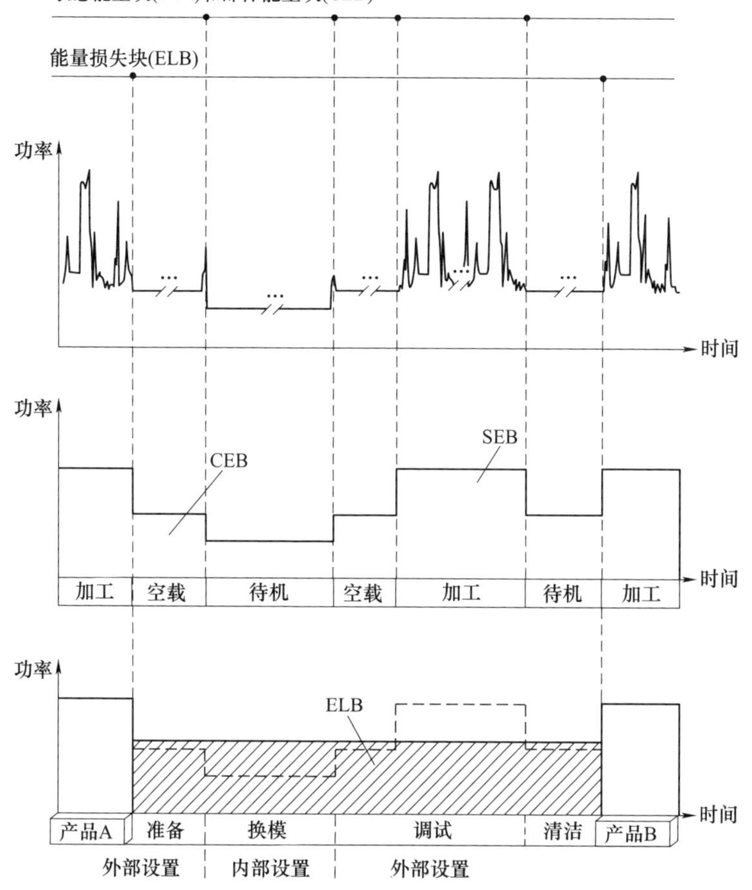

图 7-16　CEB、SEB 和 ELB 的概念（以产品切换为例）

$$
\boldsymbol{t}^i = \begin{bmatrix} t_{11}^i & \cdots & t_{1a_i}^i & \cdots & t_{1,\ a_i+b_i}^i & \cdots & t_{1,\ a_i+b_i+c_i}^i \\ \vdots & & \vdots & & \vdots & & \vdots \\ t_{k1}^i & \cdots & t_{ka_i}^i & \cdots & t_{k,\ a_i+b_i}^i & \cdots & t_{k,\ a_i+b_i+c_i}^i \\ \vdots & & \vdots & & \vdots & & \vdots \\ t_{K1}^i & \cdots & t_{Ka_i}^i & \cdots & t_{K,\ a_i+b_i}^i & \cdots & t_{K,\ a_i+b_i+c_i}^i \end{bmatrix} \tag{7-30}
$$

$$
\boldsymbol{E}^i = [E_1^i,\ \cdots,\ E_{a_i}^i,\ \cdots,\ E_{a_i+b_i}^i,\ \cdots,\ E_{a_i+b_i+c_i}^i] = \boldsymbol{P}^i \times \boldsymbol{S}^i \times \boldsymbol{t}^i \tag{7-31}
$$

$$
E = \sum_{i=1}^{n} \sum_{j=1}^{a_i+b_i+c_i} E_j^i = \sum_{i=1}^{n} \sum_{j=1}^{a_i+b_i+c_i} \sum_{k=1}^{K} \sum_{r=1}^{R} (P_r^i \times S_{r,\ k}^i \times t_{k,\ j}^i) \tag{7-32}
$$

式中，$\boldsymbol{P}^i$、$\boldsymbol{S}^i$、$\boldsymbol{t}^i$ 和 $\boldsymbol{E}^i$ 分别为第 $i(i=1,\ 2,\ 3,\ \cdots,\ n)$ 个制造工艺的部件功率矩阵、部件状态矩阵、状态时间矩阵和能量损失矩阵；P_r^i 为第 r 个（$r=1,\ 2,$

3，…，R）部件的功率水平；$S_{r,k}^{i}$为第 k 种（$k=1$，2，3，…，K）运行状态下第 r 个部件的激活状态。当该部件激活时，若该部件对应于 0-1 分布模型，则 $S_{r,k}^{i}=1$，若对应于离散分布模型，则 $S_{r,k}^{i}$为一个大于 1 的常数，当该部件未激活时，则 $S_{r,k}^{i}=0$；$t_{k,j}^{i}$为第 j 种（$j=1$，2，3，…，$a_i+b_i+c_i$）能量损失中触发的第 k 种运行状态的持续时长，其中 a_i、b_i 和 c_i 分别为计划损失、独立损失和附属损失的种类；E_j^i 为第 j 种能量损失的值；E 为整个工艺链的能量损失的值。

$\boldsymbol{P}^i$ 和 $\boldsymbol{S}^i$ 表示能量损失的静态能量属性（SEA），在没有外部干预或内部退化的情况下，它们的值几乎保持不变。相反，$\boldsymbol{t}^i$ 表示由于状态持续时间的不确定性而产生的动态能量属性（Dynamic Energy Attributes，DEA）。通过这种方法，能量损失以一种结构化和清晰的方式表征，更适合数据收集、存储、处理和集成。

（3）能量损失可视化

VSM 的当前状态流图（Current Stream Mapping，CSM）被修改为嵌入能量损失的 CSM（EL-CSM），可提供关于能量和生产力的全面数据和信息。建立 EL-CSM 的步骤如图 7-17 所示，重点描述与传统 CSM 的区别。

步骤 1：建立工艺链。为简洁起见，传统 VSM 中的一些常规元素被移除，只保留那些可能影响能效的元素（如缓冲容量等）。如图 7-17 所示，工艺链是相互连接的一组工艺盒，工艺盒的上半部分包含工艺 ID，下半部分描述的是操作人员数量和每天的班次数。此外，其他信息，如操作人员的技能水平也可以视情况而涵盖。

步骤 2：将能量损失嵌入工艺链中。如图 7-17 所示，为了清楚地区分嵌入能量损失的类别，计划损失和非计划损失分别用圆形和其他形状表示。此外在每个符号下都注明了能量损失和运行状态之间的因果关系。例如，表明产品切换丢失已发生，导致了一组待机、空载和加工状态。所有工艺的相同运行状态必须由相同的代码表示，当某些工艺有额外的状态时，可以对代码进行补充。

步骤 3：添加数据表格。在每个工艺框下添加一个数据表。循环时间（C/T）、转换时间（C/O）和设备综合稼动率（Overall Equipment Effectiveness，OEE）的时间稼动率、性能稼动率和质量稼动率这三个单独的指标被优先添加到表中。其他关键数据，如平均修复时间（MTTR），可酌情添加。在能量属性方面，可添加被定义为非加工状态（如待机状态）与加工状态的功率水平之比的非加工负荷系数（Non-Production Load Factor，NPLF）。NPLF 越高，通过工程技术（如关闭不必要的功能组件）实现的节能潜力就越大。当然，诸如比能和精益能源指标等总体能源绩效指标也可以涉及。

步骤 4：画出时间和能量条。最后一步是在每个数据表下绘制时间和能量条，以显示每个工艺中存在多大的改进空间。为了更加直观，每个部分的长度表示时间/能量的实际比例。

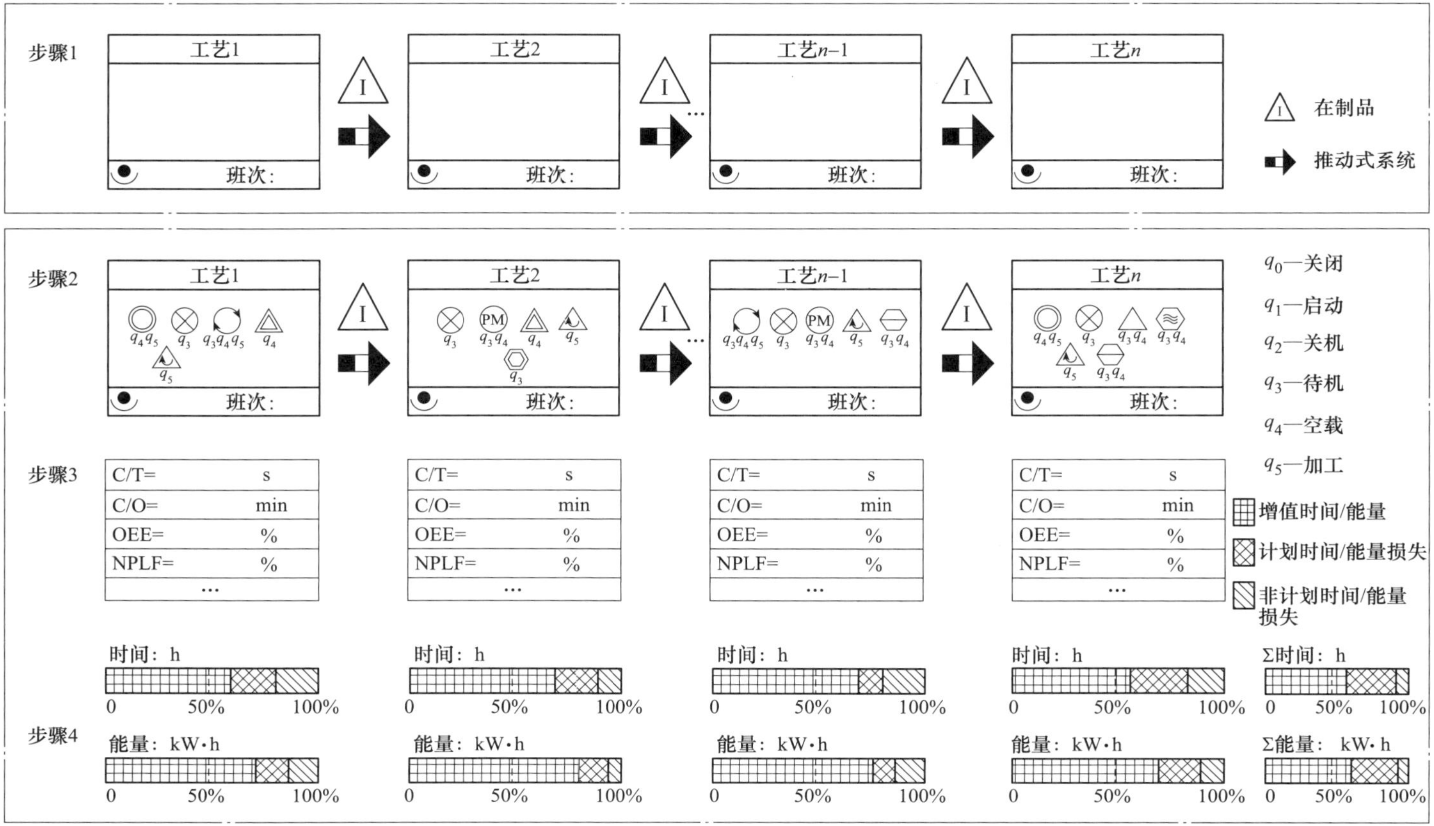

图 7-17 建立 EL-CSM 的步骤

2. 阶段 2：能量精益分析

（1）关键工艺识别

一个工艺链的能效是由每个组成工艺的能效决定的。分析只占总能量损失一小部分的工艺将会降低成本效益。帕累托原理指出 80%的结果来自 20%的原因。因此，在帕累托分析的基础上，从能量损失的角度确定关键工序必不可少。该方法主要包括帕累托图的构造。

（2）制定面向生产的能源绩效指标

制造系统的复杂性包含许多影响能量的生产力变量，这使得能量管理成为一项具有挑战性的工作。因此，在制造工艺层面定义了一套面向生产的关键能源指标（Production-Oriented Key Energy Indicators，PKEI），它与面向生产的能源指标（Production-Oriented Energy Indicators，PEI）共同构成 PEPI。前者可以从某些角度（价值创造、瓶颈等）评价当前的能效以初步识别宏观问题；后者有助于识别主要影响能效的具体能源损失。PEPI 的定义见表 7-6，PEPI 在能源管理中的作用如图 7-18 所示。

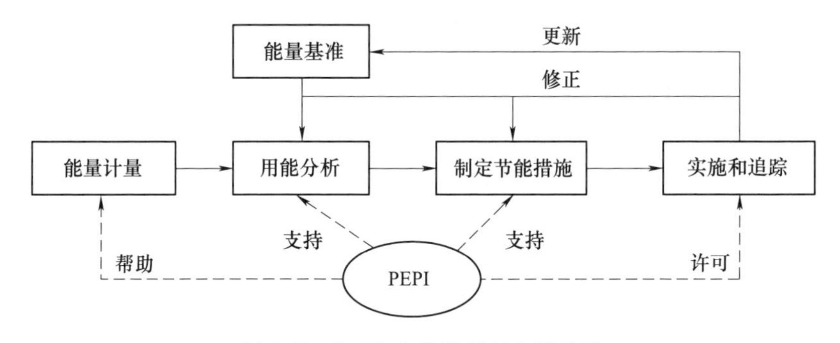

图 7-18　PEPI 在能源管理中的作用

1）理论能耗（Theoretical Energy，TE）：基于化学或物理定律，通过对目标进行规定操作以实现预计转换所需要的能量。$E_{pc,t}$表示加工一个合格零件的理论能耗。

2）运行最优能耗（Operational Energy Optimum，OEO）：在现有运行条件下（设备、技术、操作人员等）生产一定数量合格零件所需的最小能量。可通过生产数量 N 乘以加工一个合格零件所需的最小能量（$E_{pc,min}$）得到。

3）增值能耗（Value-Added Energy，VAE）：在无计划和计划外能量损失的情况下，生产一定数量的合格零件的实际能耗。值得注意的是，由于一些能量损失（如试样）的存在，VAE 并不等于加工能量消耗。$E_{pc,va}$表示生产一个合格零件的实际平均能耗。

4）有效能耗（Effective Energy，EE）：用于价值创造和维持制造系统可持续运作的能耗，同时满足外部客户和内部客户的需求。

5）独立能耗（Independent Energy，IE）：排除外部生产扰动所造成的能量损失后的能耗。内部和外部生产扰动是两个相对的概念，以工艺边界为界。

6）总能耗（Overall Energy，OE）：生产一定数量合格零件的实际能耗。为计算 OE，必须考虑工艺边界内消耗的所有能量。

7）能量基准（Energy Benchmark，EB）：能量基准有助于确定同类制造系统的最佳或平均能效水平，并估计潜在的能源节约。SEC_b 表示基准目标的 SEC。

OE 和 TE 的差值可划分为几种类型的能量损失。具体而言，OEO 和 TE 之差表示与以工艺技术优化为中心和投资驱动的节能措施相关的节能潜力，VAE 与 OEO 之差反映了由于运行条件恶化（机器退化、操作人员不熟练等）产生的不明显的能量损失，EE 与 VAE 之差即计划能量损失，EE 与 IE 之差即独立能量损失。此外，OE 和 IE 之差即附属能量损失，该损失无法在工艺边界内消除。

根据精益原则，减少既不增加价值也不支持组织运营的浪费（即非计划损失）是需要关注的首要任务。因此，在计算 PEPI 时，可以将非计划损失乘以一个大于 1 的附加因子来强调这一原则。与处理局部扰动相比，处理全局扰动（如 TBS 故障）带来的好处在制造系统内部可能会进一步放大，相关损失也是如此。

表 7-6　PEPI 定义

指标		定义	计算公式
PEI	TEI^i	TE 与 OEO 的比值，显示以技术为中心和投资驱动的 EEM 的节能潜力	$TEI^i=\dfrac{E^i_{pc,\ t}}{E^i_{pc,\ min}}$
	PEI^i_{01}	OEO 与 VAE 之比，表示运行条件的变化，有助于识别不明显的节能潜力	$PEI^i_{01}=\dfrac{E^i_{pc,\ min}}{E^i_{pc,\ va}}$
	PEI^i_{02}	VAE 与 EE 的比值，表明在减少计划损失的情况下可能的节能	$PEI^i_{02}=\dfrac{E^i_{pc,\ va}\times N}{E^i_{pc,\ va}\times N+\sum_{j=1}^{a_i}\sum_{k=1}^{K}\sum_{r=1}^{R}(P^i_r\times S^i_{rk}\times t^i_{kj})}$
	PEI^i_{03}	EE 与 IE 之比，反映了与内部扰动相关的独立损失	$PEI^i_{03}=\dfrac{E^i_{pc,\ va}\times N+\sum_{j=1}^{a_i}\sum_{k=1}^{K}\sum_{r=1}^{R}(P^i_r\times S^i_{rk}\times t^i_{kj})}{E^i_{pc,\ va}\times N+\sum_{j=1}^{a_i+b_i}\sum_{k=1}^{K}\sum_{r=1}^{R}(P^i_r\times S^i_{rk}\times t^i_{kj})}$
	PEI^i_{04}	IE 与 OE 之比，对应于由外部干扰引起的相关损失	$PEI^i_{04}=\dfrac{E^i_{pc,\ va}\times N+\sum_{j=1}^{a_i+b_i}\sum_{k=1}^{K}\sum_{r=1}^{R}(P^i_r\times S^i_{rk}\times t^i_{kj})}{E^i_{pc,\ va}\times N+\sum_{j=1}^{a_i+b_i+c_i}\sum_{k=1}^{K}\sum_{r=1}^{R}(P^i_r\times S^i_{rk}\times t^i_{kj})}$

（续）

指标		定义	计算公式
PKEI	$PKEI_{01}^{i}$	VAE 与 OE 的比值，即能量利用率，仅考虑价值创造状况来评价能效	$PKEI_{01}^{i}=\dfrac{E_{pc,va}^{i}\times N}{E_{pc,va}^{i}\times N+\sum_{j=1}^{a_i+b_i+c_i}\sum_{k=1}^{K}\sum_{r=1}^{R}(P_r^i\times S_{rk}^i\times t_{kj}^i)}$
	$PKEI_{02}^{i}$	EE 与 OE 之比，从能源必要性的角度来评价能效	$PKEI_{02}^{i}=\dfrac{E_{pc,va}^{i}\times N+\sum_{j=1}^{a_i}\sum_{k=1}^{K}\sum_{r=1}^{R}(P_r^i\times S_{rk}^i\times t_{kj}^i)}{E_{pc,va}^{i}\times N+\sum_{j=1}^{a_i+b_i+c_i}\sum_{k=1}^{K}\sum_{r=1}^{R}(P_r^i\times S_{rk}^i\times t_{kj}^i)}$
	$PKEI_{03}^{i}$	OEO 与 IE 的比率，反映了内部因素造成的能量损失，有助于揭示真正的能效瓶颈	$PKEI_{03}^{i}=\dfrac{E_{pc,min}^{i}\times N}{E_{pc,va}^{i}\times N+\sum_{j=1}^{a_i+b_i}\sum_{k=1}^{K}\sum_{r=1}^{R}(P_r^i\times S_{rk}^i\times t_{kj}^i)}$
	$PKEI_{04}^{i}$	OEO 与 OE 的比值，即精益能量指标，提供了能效的总体状况	$PKEI_{04}^{i}=\dfrac{E_{pc,min}^{i}\times N}{E_{pc,va}^{i}\times N+\sum_{j=1}^{a_i+b_i+c_i}\sum_{k=1}^{K}\sum_{r=1}^{R}(P_r^i\times S_{rk}^i\times t_{kj}^i)}$
	$PKEI_{05}^{i}$	OE 与生产数量 N 的比率，即 SEC^i，从投入产出方面反映了能效的总体状况	$PKEI_{05}^{i}=\dfrac{E_{pc,va}^{i}\times N+\sum_{j=1}^{a_i+b_i+c_i}\sum_{k=1}^{K}\sum_{r=1}^{R}(P_r^i\times S_{rk}^i\times t_{kj}^i)}{N}$
	$PKEI_{06}^{i}$	SEC^i 与 EB 之比，可能大于或小于 1，表示基准之间的差异	$PKEI_{06}^{i}=\dfrac{SEC^i}{SEC_b^i}$

总能耗分解如图 7-19 所示。图 7-19 定义了能量消耗水平（ECL）。

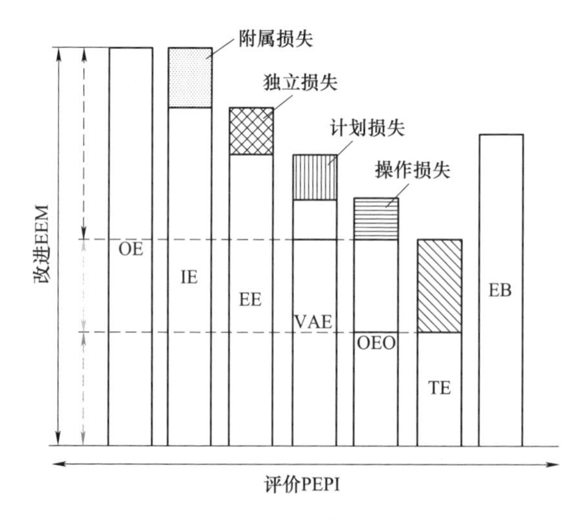

图 7-19 总能量分解示意图

3. 阶段 3：改进策略决策

若不考虑技术和经济壁垒，纠正措施可从简单的操作调整到工艺结构的复杂变化。但制造企业，特别是中小企业，更倾向于采取容易实施、成本低、影响生产力风险小的措施。这样的措施有两种，即工程技术和精益技术。具体来说，工程技术旨在修改 SEA 以降低 ELB 的功率水平，包括优化设备或部件的关闭策略，优化机器配置，维护、翻新、返修、更换或改装部件，恢复最佳运行条件等。相反，精益技术以提高基于生产力的时间性能为中心，从而与 DEA 相对应。

尽管能效已得到越来越多的关注，但本方法的核心概念是将能效纳入生产管理来作为决策的一部分，而不是必须消除所有已确定的能源损失。因此，必须按照下列标准对所有措施进行审查：

1）节能效益，即一项措施的能源效益。

2）可行性，包括在技术上的适宜性和经济上的可行性，取决于执行措施时可能会遇到的障碍。

3）非能源效益，包括能源效率和其他生产管理决策之间的所有协同效应和冲突。

受 GUT 矩阵的启发，专家意见将所有措施的可行性和非能源效益分为低、中、高 3 个等级。这种定性评估使得措施之间可以快速比较，以减小总体评估工作量。相反，必须定量地估计措施的能源效益，以提供更有说服力的见解。该方法通过集成优化活动和 ELB 支持的仿真环境，预测措施对未来情景的影响。具体步骤如下：

1）通过对能量损失的表征获得其 ELB，该 ELB 可以存储在仿真工具中并不断更新。考虑到 DEA 的不确定性，其值可以采用统计方法（如等值法）确定。

2）将 ELB 置于情境化，找出 ELB 与实际操作活动之间的内在对应关系。

3）制定方案并评估修正措施对能源属性的影响（包括工程技术对 SEA 和精益技术对 DEA 的影响），在专家知识下通过模拟获得新预测的 ELB。

4）将新 ELB 与原 ELB 进行比较，定量估算措施的能源收益。

根据可行性和非能源效益，将所有待选措施分为 9 类，修正措施的气泡大小则表示其能源收益，如图 7-20 所示。图中，应对同一种能量损失的不同措施的气泡颜色相同。此外，工程技术和精益技术可通过气泡的填充背景加以区别。

最终，所有待选措施都被评估并确定优先级，而只有优先级最高的措施（如前 3 项措施）将被带入实施阶段（即改善事件）。相应地可以绘制能量损失的未来状态图（EL-FSM），如图 7-21 所示，通过在每个工艺框下标注可能实现的节能潜力，可以将能量流表示为一个未来状态的愿景。

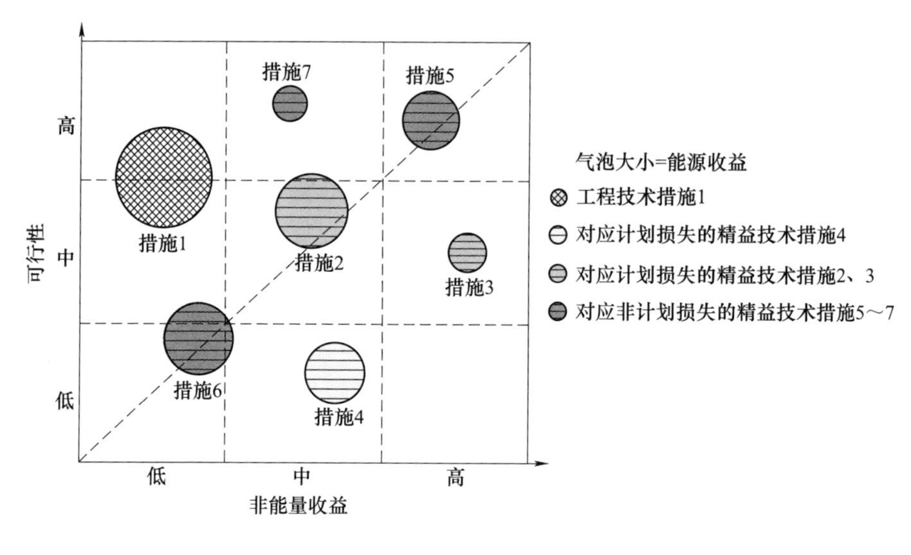

图 7-20　修正措施组合

7.4.2　案例分析

该方法已在我国重庆的一家压铸公司实施，压铸制造属于我国六大能源密集型行业之一，与其他制造工艺（如机械加工）相比，以工艺技术为中心的节能措施的应用可行性有限。鉴于汽车发动机缸体产品系列所占的销售份额最大，选其进行试点研究，以每月为周期实施该方法。

1. 当前状态描述

所选工艺链每天两班倒，每周工作 6 天。首先，将铝合金块和废弃压铸件放入熔炼炉中，得到熔融金属，再通过压铸工艺将其压铸成半成品。接着，利用抛丸工艺改善半成品的表面质量和力学性能。然后，机械加工过程将半成品转换成最终所需的成品形状。清洁后，所有合格的零件都要分类包装、储存和销售。

一旦完成了能量损失的识别和分类，能量损失的 SEA 几乎可以一次性获取，并在很长时间内才进行更新，而 DEA 则是通过整合现有数据进行收集，见表 7-7。此外，还开发了一个基于物联网的框架，可以自动将功率曲线转换为一系列 SEB，不仅允许获取部分关键数据，而且有利于验证和调整能量损失的表征。图 7-22 所示为估算和测量的发动机缸体制造各工艺总能耗。可以看出，经过多次调整，估算和测量的总能耗的差异是可以接受的，一般小于 15%。发动机缸体产品系列 EL-CSM 的建立如图 7-23 所示。一些可忽略不计的能量损失没有嵌入到

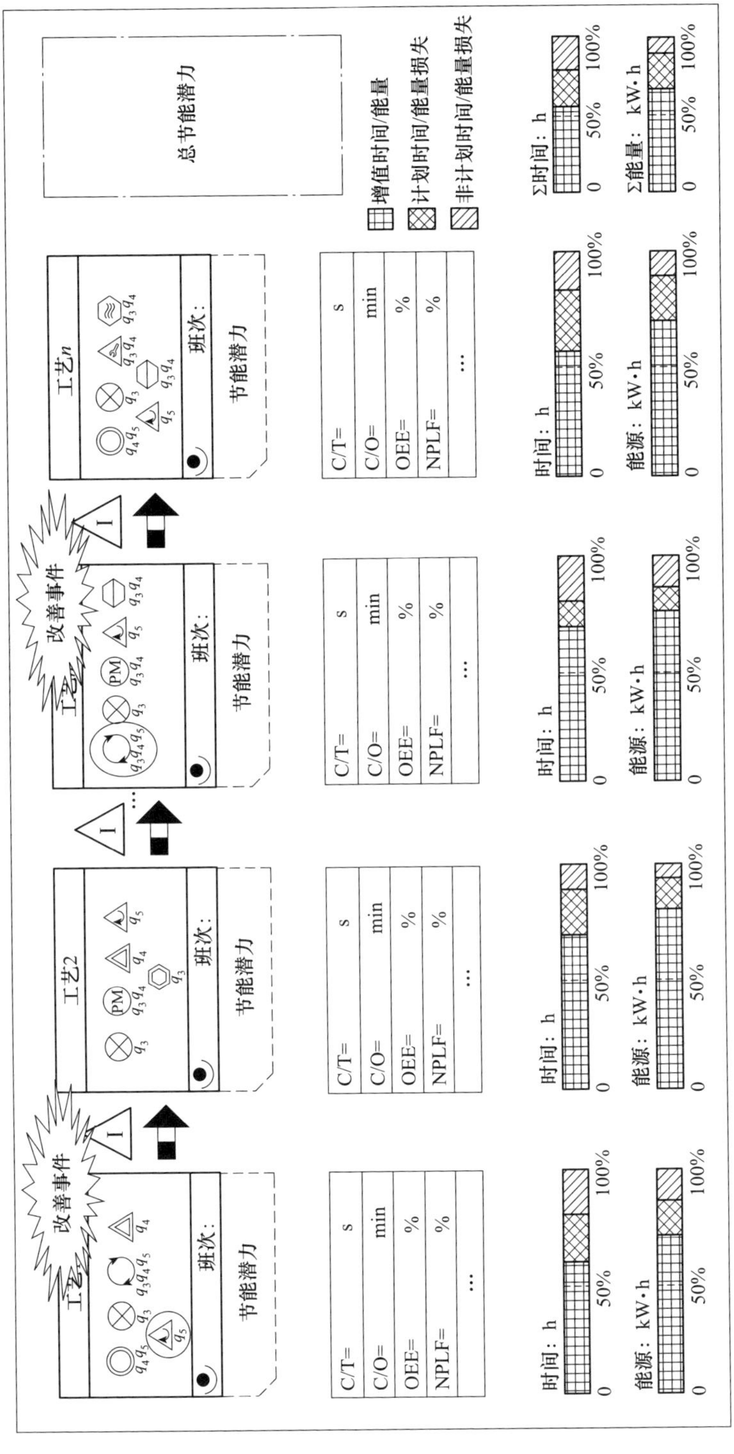

图 7-21 能源损失的未来状态图（EL-FSM）

工艺盒中，以减少识别的工作量。该工艺链的计划生产时间为 1258h，增值时间为 961h。此外，该工艺链的总能耗为 57336kW·h，增值能源为 46217.2kW·h。发动机缸体制造见表 7-8 的性能指标。

表 7-7 数据收集方法

数据	数据源	间隔	相关人员
SEA	直接/间接测量，理论/经验模型，技术规范，部分工作需要原始设备制造商（OEM）的参与	月度，季度	能源经理，维护经理，OEM
DEA	手工报告（生产报告、维修记录等），设备日志，信息系统（如 MES、ERP）	每日，周度，月度	多部门利益相关者（维护经理、生产经理等）
$E_{pc,min}$	基于物联网的能源数据库	实时，每小时，周度	能源经理
$E_{pc,va}$	基于物联网的能源数据库	实时，每小时，周度	能源经理
生产数据	手工报告（生产报告、维修记录等），设备日志，信息系统（如 MES、ERP）	每小时，周度	多部门利益相关者

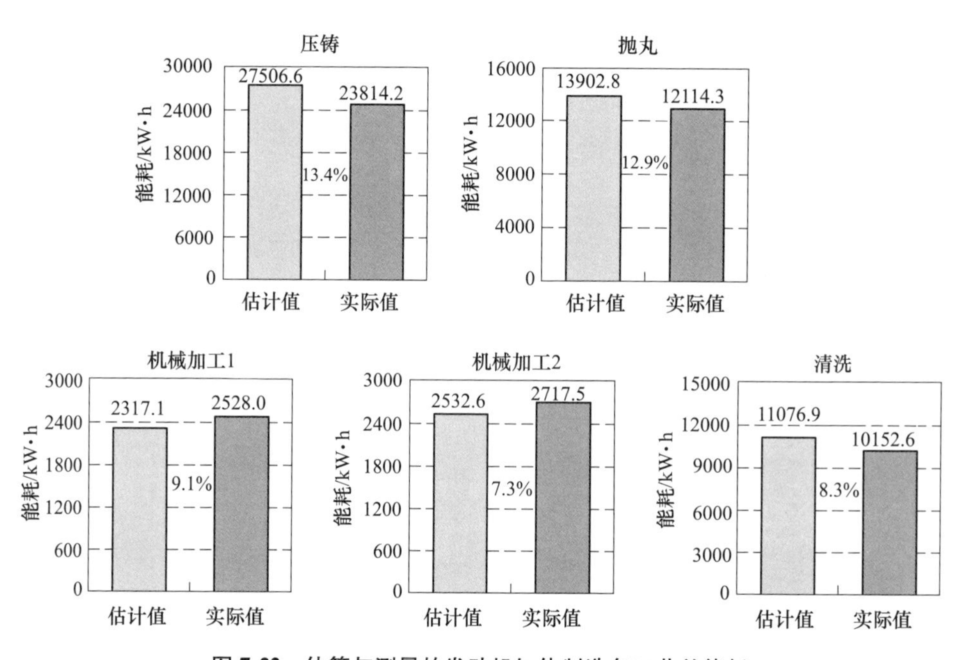

图 7-22 估算与测量的发动机缸体制造各工艺总能耗

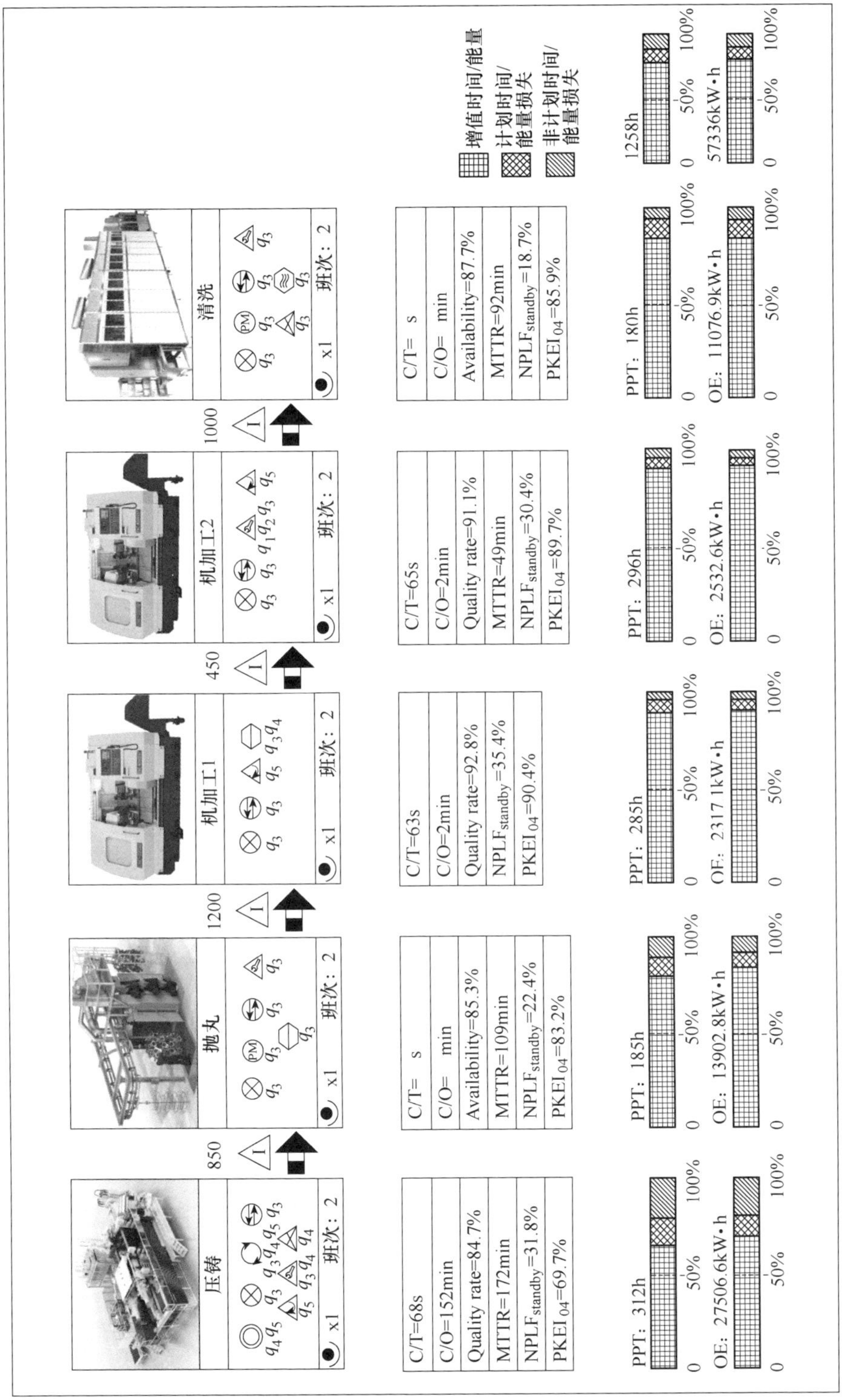

压铸　850　抛丸　1200　机加工1　450　机加工2　1000　清洗

压铸	抛丸	机加工1	机加工2	清洗
q_4q_5 q_3 $q_3q_4q_5$ q_3 q_5 q_3q_4 q_4	q_3 q_3 q_3 q_3 q_3	q_3 q_3 q_5 q_3q_4	q_3 q_3 $q_1q_2q_3$ q_5	q_3 q_3 q_3 q_3 q_3 q_3
x1　班次：2	x1　班次：2	x1　班次：2	x1　班次：2	x1　班次：2

压铸	抛丸	机加工1	机加工2	清洗
C/T=68s	C/T=　s	C/T=63s	C/T=65s	C/T=　s
C/O=152min	C/O=　min	C/O=2min	C/O=2min	C/O=　min
Quality rate=84.7%	Availability=85.3%	Quality rate=92.8%	Quality rate=91.1%	Availability=87.7%
MTTR=172min	MTTR=109min	$NPLF_{standby}$=35.4%	MTTR=49min	MTTR=92min
$NPLF_{standby}$=31.8%	$NPLF_{standby}$=22.4%	$PKEI_{04}$=90.4%	$NPLF_{standby}$=30.4%	$NPLF_{standby}$=18.7%
$PKEI_{04}$=69.7%	$PKEI_{04}$=83.2%		$PKEI_{04}$=89.7%	$PKEI_{04}$=85.9%

增值时间/能量
计划时间/能量损失
非计划时间/能量损失

PPT：312h　PPT：185h　PPT：285h　PPT：296h　PPT：180h　1258h

OE：27506.6kW·h　OE：13902.8kW·h　OE：2317.1kW·h　OE：2532.6kW·h　OE：11076.9kW·h　57336kW·h

0　50%　100%

图 7-23　发动机缸体产品系列 **EL-CSM** 的建立

表 7-8　发动机缸体制造的性能指标

指　　标	单位	值
计划生产时间（PPT）	h	1258
增值时间（VAT）	h	961
计算时间损失	h	92.7
非计划时间损失	h	204.3
时间利用率（VAT 与 PPT 之比）	%	76.4
总能耗（OE）	kW·h	57336
增值能耗（VAE）	kW·h	46217.2
计划能量损失	kW·h	3335.6
非计划能量损失	kW·h	7783.2
能量利用率（VAE 与 OE 之比）	%	80.6
比能	kW·h/件	3.36

2. 能量精益分析

由于该工艺链的时间和能量利用率都在 80%左右，因此存在相当大的改进潜力。从图 7-24 所示的帕累托图可以看出，压铸和抛丸工艺被确定为关键工艺。如图 7-25 所示，压铸过程是一个循环过程。得到表 7-9 列出的 ECL 后，计算其 PEPI，如图 7-26 所示。其中基准来源于性能指标的历史均值。

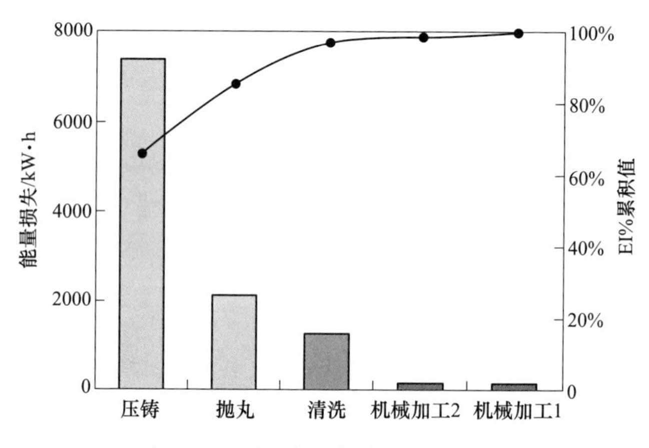

图 7-24　基于能量损失的帕累托图

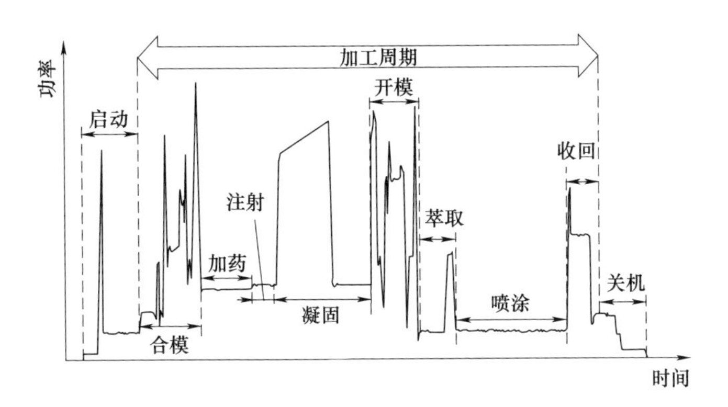

图 7-25　典型的压铸工艺加工周期

表 7-9　压铸工艺的 ECL

ECL	值/kW·h	描　述
TE^1	—	获取 TE^1 超出了该方法的范围，如果有必要，可采用空压的方法来获取，即在一个典型的无材料加工周期中记录的能量消耗
OEO^1	19182.8	OEO^1 和 VAE^1 之间的差异相对较小，因为基于物联网的框架在分析前几个月才开始测量能源数据，即数据样本较小
VAE^1	20150.0	VAE^1 是一个近似值，这是因为加工合格零件的功率水平并不完全等于加工不合格零件的功率水平。然而，这个功率偏差非常低，不到 2%。在实际应用中，这是可接受的
EE^1	22402.2	主要发生的计划损失包括测试、预防性维护、工人停工、转换和换班
IE^1	27083.3	已发生的主要独立损失包括故障维修、微停和产品不合格
OE^1	27506.6	主要发生的相关损失与 TBS 问题有关，其余已在 EL-CSM 中被忽略
EB^1	25912.9	EB^1 来自该公司的一个分支工厂。基准对象选择的设备和产品规格相似，以确保可比性

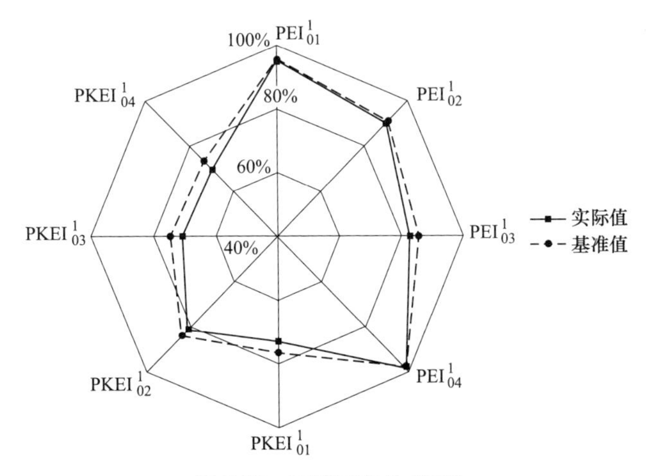

图 7-26　压铸工艺的 PEPI

从 PKEI 开始，精益能源指标为 69.7%，比基准低 3.5%，能效有恶化的趋势。$PKEI_{03}^{1}$相比于其基准有一个显著的下降（4.0%），表明能效恶化的主要原因可能在工艺边界之内。$PKEI_{01}^{1}$的值相对较低（73.3%），进一步表明更为具体的原因主要来自 NVAA，而不是运行条件恶化。此外，压铸工艺的比能为 1.71kW·h/件，因此 $PKEI_{06}^{1}$的值为 106.2%，建议对基准对象的能源管理进行对标，这有助于制订提高能效的修正措施。

在更细的层面上，PEI_{02}^{1}和 PEI_{03}^{1}分别为 89.9%、82.7%，均低于它们的基准，而 PEI_{04}^{1}为 98.5%，只是稍微低于其基准。这证实了改进的方向应该集中在减少计划损失和独立损失上，而不是从属损失上。为了进行更深层次的根本原因分析，下面结合 EL-CSM 提供的数据和信息对这两个指标进行进一步分析。

1）质量控制的改进是重中之重。压铸过程中的缺陷包括缩孔、气孔、孔隙等。在本案例中，气孔和填充不足的缺陷占总缺陷的 65%以上。压铸工艺不存在返工，即生产缺陷件的能量是完全浪费的。当其质量率低至 84.7%时，这一问题被进一步放大。

2）转换的改进也值得关注。在本案例中，一次转换持续超过 150min，在此期间压铸单元没有完全关闭，并消耗相当多的能量。此外，为避免热疲劳而进行的常规模具维护以及为柔性生产而增加的产品品种都要求更高的转换频率。

3）改进维护的优化也需要注意。压铸单元由许多功能单元组成（压铸机、送料单元、取料、喷涂机器人、模具温控器、真空单元、输送机等），当其中任何一个部件出现故障时，其余部件仍处于工作状态，浪费能量。压铸单元的 MTTR 值为 172min，表明维护效率较低。

4）另一个问题是，它的 NPLFStandby 处于 31.8%，在所有工艺中排名第 2，这会给予设备失活相关的能量损失带来负面影响，如工人停工（60min 每班）和换班（160min 每个工作日）。

同理，抛丸工艺的精益能分析表明，抛丸工艺能耗低的主要原因是由于工人停工、换班等原因造成的大量待机能耗。

3. 未来状态描述

在分析完成后，正确应对过度的能源消耗成为一个关键问题。修正措施见表 7-10。基于相关文献和利益相关者的专业知识，对其非能源效益和可行性进行评估。措施 1、2、3、5、6 和 9 被预先选定为优先级。可以发现，压铸工艺预选的措施大多源自精益技术。根据调查，工程技术的采用主要受到一些因素的阻碍，包括额外的投资、对设备或组件的可靠性和寿命的影响等。

表 7-10 修正措施

编号	工艺	识别出的问题	修正措施	非能源收益/可行性
1	压铸	切换能耗高	SMED	高/中
2			田口实验以减少试运行和调整环节	中/中
3		不良质量率影响能效	田口实验以设置更合适的压铸参数	高/中
4			对零件和模具进行优化设计	高/低
5		不佳的维修效率	编制标准操作程序（SOP）文件	中/高
6			线边备件和修理工具	中/中
7		高 NPLFStandby 值	部件停机策略的优化	低/中
8			更换高能耗部件	低/低
9	抛丸	大量的待机能耗	节能意识转换策略	低/高

然后，对预选措施的实施进行模拟，以量化其潜在的能源效益，见表 7-11。同时实施措施 1 和措施 2 的设想是将 C/O 从 152min 减少到 50min（减少 67.1%），从而每月节省约 630kW · h。假设每月产量不变，通过优化铸造参数，压铸工艺的质量率可达 92%，每月可节省约 1900kW · h。此外，据估计，措施 5 和 6 提升修正措施维护效率可能导致每月节省约 225kW · h，连同 MTTR 下降 39%至 105min。最后，抛丸机的能量感知开关策略是指只有相邻缓冲器达到设定的阈值时，才开启加工，而在换班和工人停工时关闭抛丸机，可使能源消耗每月减少约 782kW · h。

表 7-11 各措施模拟节能量

采取的措施	每月节能量/kW · h	基于时间的绩效提升
SMED		
田口实验设计以减少试运行和调整环节	630	C/O(↓102min)
田口实验设计以设置更合适的压铸参数	1900	质量率（↑7.3%）
编制标准操作程序（SOP）文件		
线边备件和修理工具	225	MTTR(↓67min)
节能意识转换策略	782	时间稼动率(↑4.1%)
总计	3537	—

最终，评估使得全部预选措施作为改善事件被采用。发动机缸体制造 EL-FSM 的建立如图 7-27 所示。行动计划实施后，如图 7-28 所示，压铸工艺和抛丸工艺的能量利用率分别提高 8.1% 和 5.1%，时间利用率分别提高 12.4% 和 7.0%。结果表明，该工艺链的总能量需求降低了 6.17%，能量利用率和时间利用率分别提高了 5.0%和 4.8%。

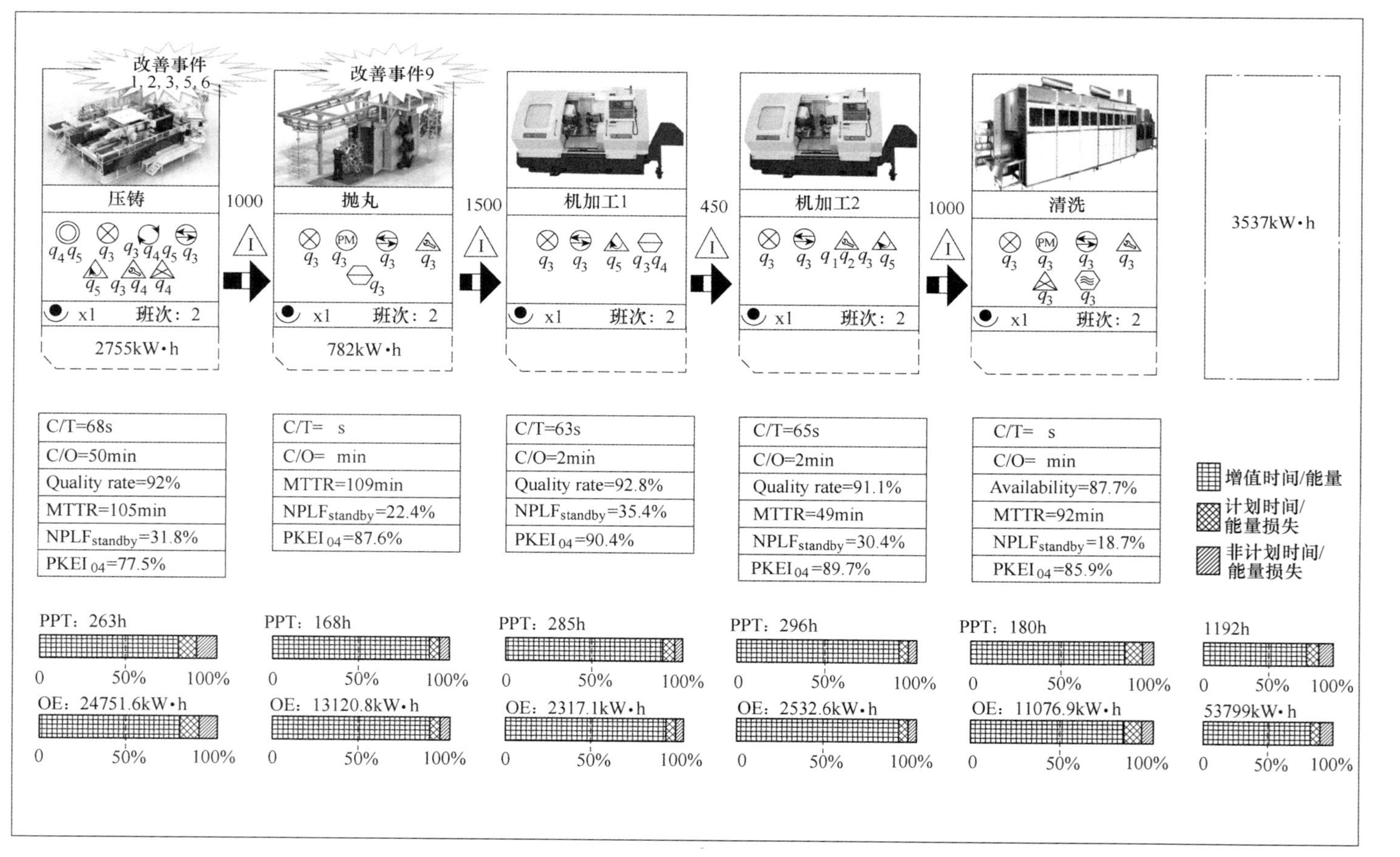

图 7-27　发动机缸体制造 EL-FSM 的建立

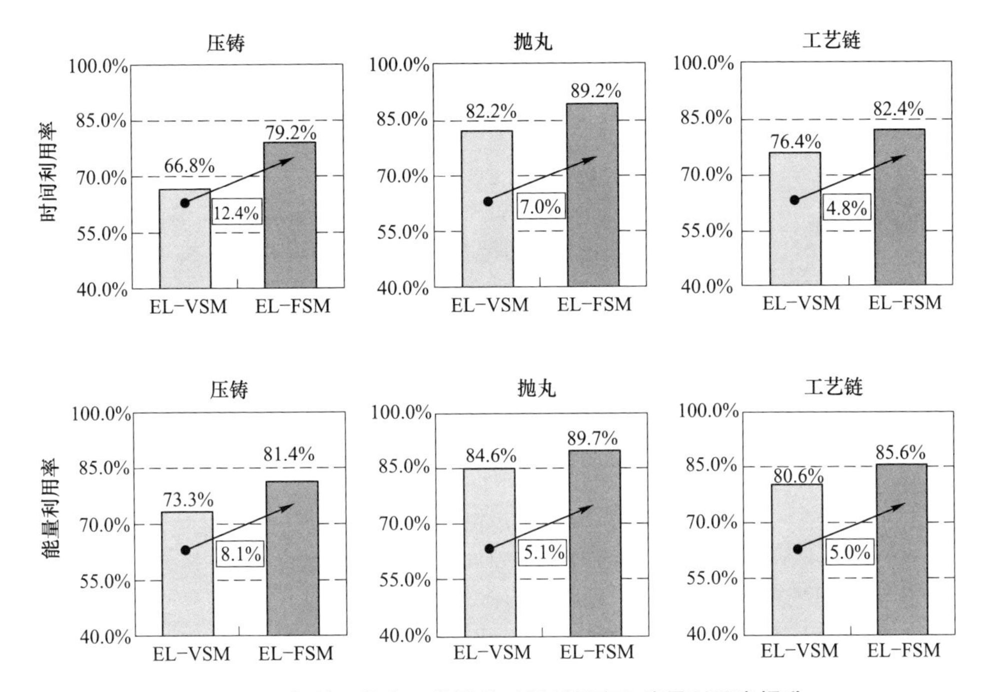

图 7-28　相关工艺和工艺链的时间利用率和能量利用率提升

参 考 文 献

[1] XIAO Q G, LI C B, TANG Y, et al. A knowledge-driven method of adaptively optimizing process parameters for energy efficient turning [J]. Energy, 2019, 166: 142-156.

[2] LIU P J, TUO J B, LIU F, et al. A novel method for energy efficiency evaluation to support efficient machine tool selection [J]. Journal of Cleaner Production, 2018, 191: 57-66.

[3] TRIANNI, ANDREA, CAGNO, et al. Barriers, drivers and decision-making process for industrial energy efficiency: a broad study among manufacturing small and medium-sized enterprises [J]. Applied Energy, 2016, 162 (15): 1537-1551.

[4] BUNSE K, VODICKA M, SCHÖNSLEBEN P, et al. Integrating energy efficiency performance in production management-gap analysis between industrial needs and scientific literature [J]. Journal of Cleaner Production, 2011, 19 (6): 667-679.

[5] MAY G, BARLETTA I, STAHL B, et al. Energy management in production: a novel method to develop key performance indicators for improving energy efficiency [J]. Applied Energy, 2015, 149: 46-61.

[6] FLORENTINA A, ALVES A, MOREIRA F. Lean-green models for eco-efficient and sustainable production [J]. Energy, 2017, 137: 846-853.

[7] HINES P, HOLWE M, RICH N. Learning to evolve: a Review of contemporary lean thinking

[J]. International Journal of Operations & Production Management, 2004, 24 (10): 994-1011.

[8] SB A, OK B, EC A, et al. A simulation-based methodology for the analysis of the effect of lean tools on energy efficiency: an application in power distribution industry-science direct [J]. Journal of Cleaner Production, 2019, 211: 895-908.

[9] DIESTE M, R PANIZZOLO, GARZA-REYES J A, et al. The relationship between lean and environmental performance: practices and measures [J]. Journal of Cleaner Production, 2019, 224: 120-131.

[10] MENGHI R, PAPETTI A, GERMANI M, et al. Energy efficiency of manufacturing systems: a review of energy assessment methods and tools [J]. Journal of Cleaner Production, 2019, 240: 1-18.

[11] LACERDA AP, XAMBRE AR, ALVELOS HM. Applying value stream mapping to eliminate waste: a case study of an original equipment manufacturer for the automotive industry [J]. International Journal of Production Research, 2016, 54 (6): 1708-1720.

[12] ZHU X, ZHANG H, JIANG Z. Application of green-modified value stream mapping to integrate and implement lean and green practices: a case study [J]. International Journal of Computer Integrated Manufacturing, 2020, 33 (7): 716-731.

[13] MÜLLER E, STOCK T, SCHILLIG R. A method to generate energy value-streams in production and logistics in respect of time- and energy-consumption [J]. Production Engineering, 2014, 8 (1): 243-251.

[14] BROWN A, AMUNDSON J, BADURDEEN F. Sustainable value stream mapping (Sus-VSM) in different manufacturing system configurations: application case studies [J]. Journal of Cleaner Production, 2014, 85: 164-179.

[15] JIA S, YUAN Q, LV J, et al. Therblig-embedded value stream mapping method for lean energy machining [J]. Energy, 2017, 138: 1081-1098.

[16] PAPETTI A, MENGHI R, DI DOMIZIO G, et al. Resources value mapping: A method to assess the resource efficiency of manufacturing systems [J]. Applied Energy, 2019, 249: 326-342.

[17] ALVANDI S, LI W, SCHÖNEMANN M, et al. Economic and environmental value stream map (E2VSM) simulation for multi-product manufacturing systems [J]. International Journal of Sustainable Engineering, 2016, 9 (6): 354-362.

[18] KANG N X, ZHAO C, LI J S, et al. A hierarchical structure of key performance indicators for operation management and continuous improvement in production systems [J]. International Journal of Production Research: Continuous Improvement in Manufacturing and Service Systems, 2016, 54 (21): 6333-6350.

[19] CHIEN C F, PENG J T, YU H. Building energy saving performance indices for cleaner semiconductor manufacturing and an empirical study [J]. Computers & Industrial Engineering, 2016, 99: 448-457.

[20] MADAN J, MANI M, LEE J H, et al. Energy performance evaluation and improvement of

unit-manufacturing processes: injection molding case study [J]. Journal of Cleaner Production, 2015, 105: 157-170.

[21] BRAGLIA M, CASTELLANO D, GABBRIELLI R, et al. Energy cost deployment (ECD): a novel lean approach to tackling energy losses [J]. Journal of Cleaner Production, 2020, 246: 119056.

[22] HOPF H, MÜLLER E. Providing energy data and information for sustainable manufacturing systems by energy Cards [J]. Robotics and Computer Integrated Manufacturing, 2015, 36: 76-83.

[23] THANKI S J, THAKKAR J J. Value-value load diagram: a graphical tool for lean-green performance assessment [J]. Production Planning & Control, 2016, 27 (15): 1280-1297.

[24] CHERRAFI A, ELFEZAZI S, GOVINDAN K, et al. A framework for the integration of green and lean six sigma for superior sustainability performance [J]. International Journal of Production Research, 2017, 55 (15): 4481-4515.

[25] TANAKA K. Review of policies and measures for energy efficiency in industry sector [J]. Energy Policy, 2011, 39 (10): 6532-6550.

[26] FOULLOY L, CLIVILLÉ V, BERRAH L. A fuzzy temporal approach to the overall Equipment effectiveness measurement [J]. Computers & Industrial Engineering, 2019, 127: 103-115.

[27] LI Y F, HE Y, WANG Y, et al. A framework for characterising energy consumption of machining manufacturing systems [J]. International Journal of Production Research, 2014, 52 (2): 314-325.

[28] WEINERT N, CHIOTELLIS S, SELIGER G. Methodology for planning and operating energy-efficient production systems [J]. CIRP Annals-Manufacturing Technology, 2011, 60 (1): 41-44.

[29] DEHNING P, BLUME S, DÉR A, et al. Load profile analysis for reducing energy demands of production systems in non-production times [J]. Applied Energy, 2019, 237: 117-130.

[30] TRIANNI A, CAGNO E, WORRELL E, et al. Empirical investigation of energy efficiency barriers in Italian manufacturing SMEs [J]. Energy, 2013, 49 (1): 444-458.

[31] ZAHRAEE S M. A survey on lean manufacturing implementation in a selected manufacturing industry in Iran [J]. International Journal of Lean Six Sigma, 2016, 7 (2): 136-148.

[32] LOPES S D, DELAI I, SOARES D C, et al. Quality tools applied to cleaner production programs: a first approach toward a new methodology [J]. Journal of Cleaner Production, 2013, 47: 174-187.

[33] ZHANG Y, MA S, YANG H, et al. A big data driven analytical framework for energy-intensive manufacturing industries [J]. Journal of Cleaner Production, 2018, 197: 57-72.

[34] HARALDSSON J, JOHANSSON M. Barriers to and drivers for improved energy efficiency in the Swedish aluminium industry and aluminium casting foundries [J]. Sustainability, 2019, 11 (7): 2043.

[35] CAI W, LIU F, ZHOU X, et al. Fine energy consumption allowance of workpieces in the mechanical manufacturing industry [J]. Energy, 2016, 114: 623-633.

[36] BENEDETTI M, CESAROTTI V, INTRONA V. From energy targets setting to energy-aware operations control and back: an advanced methodology for energy efficient manufacturing [J]. Journal of Cleaner Production, 2018, 167: 1518-1533.

[37] VIKHOREV K, GREENOUGH R, BROWN N. An advanced energy management framework to promote energy awareness [J]. Journal of Cleaner Production, 2013, 43: 103-112.

[38] American Recovery and Reinvestment Act of 2009 [EB/OL]. http://en.wikipedia.org/wiki/American_Recovery_and_Reinvestment_Act_of_2009#.

第8章

压铸制造系统碳流动态模型及碳效率评估

8.1 概述

压铸在我国的发展起源于20世纪40年代中后期，随着国民经济的高速发展，压铸市场也不断扩展。20世纪七八十年代至今，依托汽车工业的迅猛发展，我国的压铸行业呈现出日新月异的局面。其中，1991~2004年，压铸件年产量增长了4.72倍，平均年增长率为12%，2008年，压铸件产量突破100万t。2010~2018年，我国的压铸件产量如图8-1所示，压铸行业进入了稳步增长的常态。国际上，美国、日本、意大利、德国等也是生产压铸件的主要国家。据统计，美国90%的制造产品中都存在压铸件。但压铸企业数量相对较少，因其具有技术优势，主要服务于航空、通信等行业。

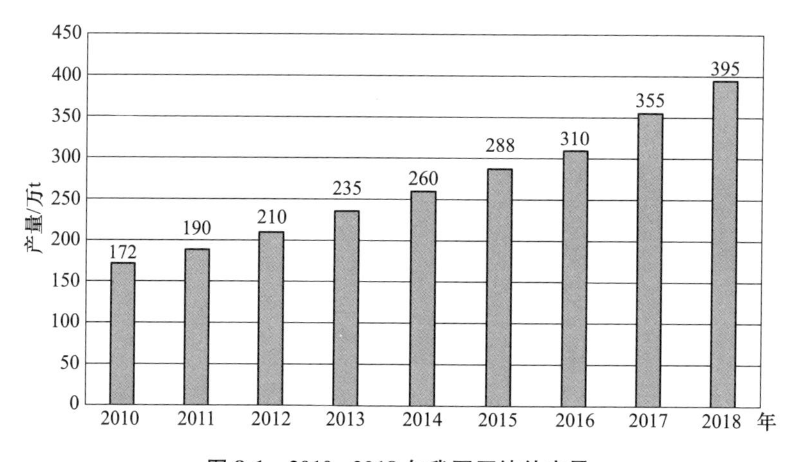

图8-1　2010~2018年我国压铸件产量

压铸作为一种高效的近净成型工艺，由于其轻量化、复杂化、精密化等优势，被广泛应用于汽车、船舶、通信等行业。然而，压铸也是一种能量密集型制造工艺，压铸企业普遍存在能耗高、能效低、碳排放水平高等问题。因此，作为制造业能效研究的关键内容，压铸车间的碳流动态建模及碳效率评价优化有助于实现压铸企业的节能减排、降本增效和绿色可持续发展。

从机械制造系统的组织构成角度来看，压铸制造系统可分为两层：由多条生产线、不同辅助设备等组成的车间层和由多设备、人、资源组成的压铸单元层。因此，要实现对压铸车间的碳效率评估优化，必须深入了解设备、生产线到整个车间的碳流动态特性。压铸车间有各种各样的设备，每种设备所消耗的能量、物料源不同，碳排放也不尽相同，不同品牌、型号的设备又具有不同的碳排放部件。此外，多样性和动态性是压铸设备碳排放的主要特点之一，随着生产工艺的变化，碳排放会随之发生变化。对于不同的压铸产品，有些工艺是可选的，如抛丸、热处理等，因此，不同生产线上的产品碳排放构成是不相同的；在确定了产品的工艺流程后，针对某一特定压铸工艺，可以选择不同的设备。不同的核心设备和辅助设备协同工作构成了不同的工艺路线，增加了产品碳排放的不确定性。在压铸车间，为了生产过程顺利进行，除了核心生产设备外，技术性建筑服务也是压铸车间的重要组成成分，它可以提供压缩空气、水蒸气等耗能工质，保证压铸生产所需的基本环境，而技术性建筑服务的状态和性能对压铸制造系统的碳排放影响巨大。因此，压铸车间碳排放的多样性、不确定性和动态性增加了碳效率评价优化的难度。

压铸车间碳排放数据的数量和质量是碳排放评估优化的关键。目前大部分压铸车间的碳排放数据主要是通过手工抄表的方式进行采集。这种方法不仅费时费力，而且导致碳排放统计信息缺乏完整性、及时性和准确性，无法发现碳效率低下的环节。随着物联网等新技术的发展，可以利用射频识别、智能传感器、智能电能表等先进信息技术收集制造业能源消耗数据，实现压铸车间碳排放数据的智能采集，为碳效率评估优化提供基础数据。

通过物联网获取到的设备海量实时碳排放数据，具有体积大、速度快、种类多、价值高的特点，属于典型的大数据簇，而利用传统的碳排放分析方法，在节能减排方面很难有效实现预期目标，从而取得明显进展。大数据分析方法包括各种各样的人工智能技术，为建立大数据模型提供了一些强大的建模工具，从而为压铸车间的碳效率评估优化带来了新的机遇。然而，大量的碳排放数据增加了碳效率评价优化的复杂性。

因此，为实现压铸车间的碳效率评估优化，首先需要对压铸车间的设备层——压铸机的碳排放特性进行分析研究，在此基础上，分析各压铸单元、生产线及整个压铸车间的碳排放特性，进而根据压铸车间的碳排放动态特性，提出一种大数据驱动下的压铸车间碳效率评估优化体系。

8.2 压铸制造系统碳流动模型

8.2.1 压铸制造系统能量流分析

1. 压铸机能量流分析

能耗成本一直是压铸企业生产成本的重要组成部分。据调研，一个中等规模的压铸工厂每年仅电费就高达千万元，还有以数百万元计的天然气、水等能耗成本。长期以来，由于大部分企业多注重产品的生产过程，但管理效率不高，导致企业的成本居高不下，利润率低。在压铸工厂中，对企业的能耗管理也存在着诸多问题。压铸产品生产过程工序众多，各环节资源能源消耗复杂，多数企业对于生产过程的能源消耗管理面临多种问题，主要表现如下：

1）区域能耗和设备能耗数据不全面，管理不具体。企业中现存能源数据粗陋，大多是部分区域、部分厂区、整栋建筑等总表的数据，且统计频率较低，缺乏对高能耗区域、高能耗设备、高能耗部门的能耗数据的具体且详细的统计。管理者很难通过这些数据找到其中的能耗规律，发现节能潜在点，并制定相应的节能策略。

2）能源数据多通过人工记录的方式进行获取，后续处理分析工作量大。由于生产现场大量的生产数据记录仍采用人工记录的方式，所以在记录能源数据的过程中存在误计、漏计的情况，导致数据的可使用性降低。同时，由于采用纸质记录的方式，导致后续的数据处理和分析需要二次人工输入，增加了工作量。

3）已有的能源数据采集系统采集成本高。由于生产企业设备品牌和类型较多，采用的通信协议多，目前的能源数据采集系统多是直接读取设备中的能源数据，由于多数设备的相关接口不免费对外开放，读取数据需要授权，从而大大增加了数据采集的成本。

4）缺乏对设备的有效管理，造成能源浪费。管理者对设备的运行状态、设备使用效率、设备能源利用率等数据无法有效掌握，对现场造成的浪费，如设备待机时间太长，设备故障产生次品，设备性能下降导致能源消耗增加等异常情况了解不及时，导致大量的能源浪费。

对于压铸机，压铸过程分为多个子过程，包括闭模（DC）、加药（DO）、柱塞正向（PF）、凝固（SO）、开模（DP）、顶出（EO）、抽提（EX）、喷涂（SP）、柱塞反向（PB）。首先，模具合上夹紧，熔融的金属被进料系统填入射模腔。液压控制的柱塞迫使熔化的金属进入模具。柱塞向前移动，使柱塞排出空气，熔化的金属得以充分充满射室。在凝固过程中，熔化的金属通过与流道系统相连的浇口进入模具，浇口允许熔化的金属流入模具的多个型腔中，熔化的金属保持在模具型腔中直到金属凝固。然后，用液压控制的夹紧装置打开模具。在模具开模后启动一个顶出系统，可以将铸件推出模具。一旦零件被弹出，提取机器人就会把它捡起来。最后，通过喷涂机器人将润滑剂喷涂在模具表面，以方便下次铸件的拆卸。

整个压铸单元由核心设备和其他周边设备配合完成，包括压铸机、取料机、切边机、模温机、真空机、配料机、保温定量炉、喷涂机、产品输送机和冷却机。

在压铸过程中，由于设备、工艺参数、产品设计的不同，各子工艺的能耗也不同。压铸机每一个子工艺的启动、工作、停止时间都会受到最后一个子工艺的影响。例如，当夹紧力不满足设定值时，注塑子工艺不会开始。为简便起见，本书在不考虑压铸机异常的情况下，分析和建立能量消耗模型。也就是说，在建立能量消耗模型时，虽然在实际操作中压铸机中的一个子过程可能依赖于另一个子过程，但每一个子过程之间是相互独立的。通过对各子工艺能耗的研究分析，压铸机能耗特点主要体现在一致性和不确定性方面下面讨论压铸机的这两种能耗特点。

一般来说，压铸过程由许多基本的子过程组成，即 DC、DO、PF、SO、DP、EO、EX、SP、PB。任何生产周期的总能耗等于这 9 个子过程的总和。而且，在生产周期中，各类型子工艺的能耗占比基本相同。因此，一致性是压铸机的主要能耗特征之一。

通过比较不同生产周期各子工艺的能耗曲线，可以发现某些点的幅值是不同的。造成这种情况的原因可能是能源效率可变、设备润滑效果不同、模具温度不确定等。另一方面，由于采用一些先进的喷涂系统，可以通过设置不同的喷嘴和喷涂时间来调节压铸模具的温度。因此，不确定性是压铸机的另一个重要能耗特性。

除子工艺能耗外，基本能耗在压铸机总能耗中占很大比例，主要来自压铸机生产周期中始终处于运行状态的润滑系统、冷却系统、控制系统等子系统。基本能耗的多少主要取决于生产周期的长短。生产周期等于压铸工艺中所有子工艺运行时间的总和，包括加药时间、提取时间、喷涂时间。因此，各子工艺的运行时间也是计算压铸机总能耗的一个重要参数。

2. 压铸车间能量流分析

典型压铸生产线的主要设备有熔炼炉（MF）、压铸单元、切边机、去毛刺平台、抛丸机（SBM）、机床（MT）、清洗机（CM）、时效炉等，生产工艺流程如图 8-2 所示。

1）熔炼。熔炼通常分为中央集中熔炼和分体式熔炼，集中熔炼适用于大批量生产，材料型号、品种单一；分体式熔炼适用于生产多品种铝锭牌号，切换材料较快。为降低工艺能耗、提高产能和质量，熔炼设备正向大型化方向发展，蓄热式烧嘴系统成为熔炼炉的常用配置，大量应用磁搅拌器，基本配备收尘、烟气处理系统和余热回收系统。

2）压铸。压铸工艺是铝合金铸件生产最关键的加工工艺，大部分毛坯尺寸为最终产品尺寸，需要严格控制砂孔、合模匹配和调整稳定参数，防止造成铸造缺陷。压铸工艺流程一般为：模具安装与调试，设备自动预热模具，温度达到设定值，喷涂脱模剂，合模保压、冷却凝固后开模。目前大部分压铸车间的压铸工艺流程都由压铸单元自动完成。

3）切边。切边为铝合金压铸车间的后处理工艺。切边加工根据切边难易程度，可以由加工人员直接手动切边，也可以由切边机械加工。通常切边机布置

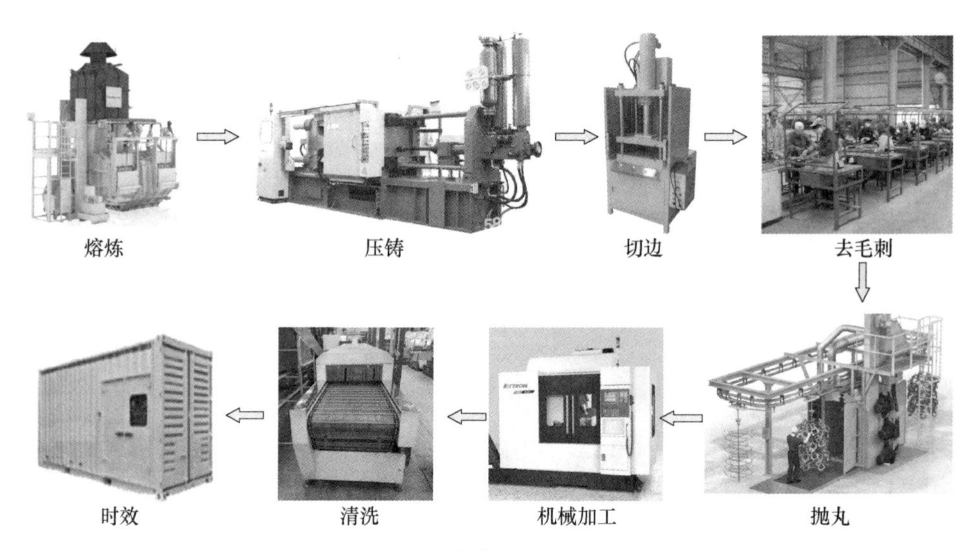

图 8-2　典型压铸生产工艺流程

在压铸机旁边，由加工人员完成切边步骤。

4）去毛刺。去毛刺为铝合金压铸车间的后处理工艺，用于去掉小的切边毛刺以及铸造缺陷，一般为人工去毛刺，采用锉刀（锉刀有人工锉刀和气动锉刀）、砂纸、砂带机、磨头等作为辅助工具。

5）抛丸。抛丸为铝合金压铸车间的后处理工艺，用于去掉铝合金铸件隐秘的毛刺、内部难以处理的氧化皮、脏物等杂质，可以有效改善铸件表面质量，消除应力，提高产品的强度，使铸件表面清洁、平滑、光亮。

6）机械加工。机械加工为铝合金压铸车间的后加工工艺，由于压铸模具及工艺制程的限制，有一些结构或较为精密的加工无法由压铸完成，如螺纹孔、溢流槽、浇口、铣面等，可由机械加工完成。

7）清洗。清洗用于去除铝合金铸件表面的油污、氧化物、粉尘等附着物，有一般清洗、超声波清洗、脱脂清洗、真空清洗等几种方式，铝合金压铸工厂较多使用一般清洗和超声波清洗两种方式。

8）时效。由于急冷和凝固收缩，压铸产品内部存在应力，在自然状态下，这些现象会随着时间趋于减轻或消失，这种自然的变化称为自然时效。人工时效是为了消除压铸产品的内应力，稳定压铸件的尺寸，将压铸产品加热到某一温度并保持一段时间，使压铸件达到稳定状态。

除了压铸生产线的关键设备，压铸车间还有许多高能耗辅助设备，如空压机、废水处理设备等。此外，一些压铸车间还拥有切削液集中回收处理设备、熔炼炉预热回收处理设备等。

8.2.2 压铸制造系统物料流分析

压铸制造系统在工作过程中消耗的与碳排放有关的物料主要分为原材料和辅助材料，原材料为金属锭，常用的机械零件压铸材料包括铝合金、锌合金和镁合金等，其中铝合金是目前应用最多的压铸材料，被广泛应用于汽车、通信、航空航天等领域。辅助材料主要包括脱模剂、切削液、抛丸机用物料等。

压铸制造系统中各个子工艺的原材料损耗原因和损耗量不同，有效控制各个子工艺的金属损耗是降低碳排放的有效措施。在熔炼工艺中，原材料的不同成分、特性等会产生不同程度的金属氧化物，熔化后的金属与炉壁、精炼剂相互作用也会造成不可回收的金属损耗。另外，扒渣过程也会造成熔化的金属浪费，这些统称为熔炼烧损。分型面飞料、冲头跑料等是压铸过程中金属损耗的主要原因，切边、去毛刺、抛丸打磨、机械加工也会造成金属损耗，这些金属损耗都可作为回收料继续熔化使用。清洗和时效过程基本没有金属损耗。各个子工艺完成之后都会进行质量检查，不合格品也是金属损耗的一个重要原因，是金属回收再利用的重要组成部分。压铸制造系统原材料使用及金属损耗如图 8-3 所示。

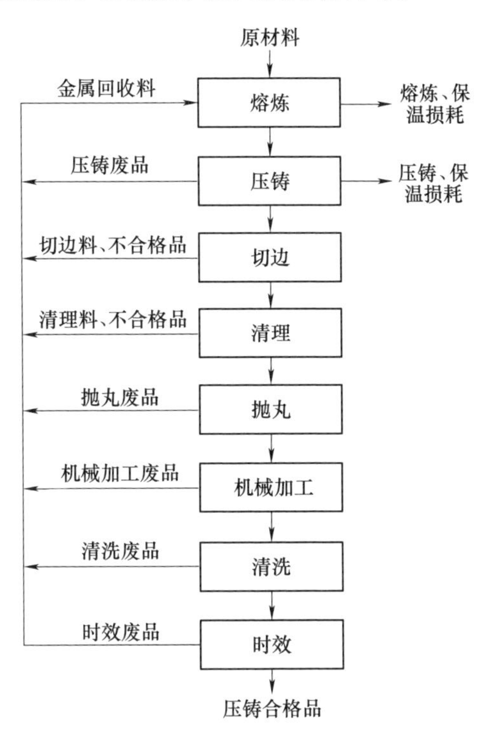

图 8-3 压铸制造系统原材料使用及金属损耗

压铸脱模剂是一种用在彼此易于黏着的物体表面的界面涂层，它可以使物体易于脱离，主要用于压铸工艺过程中的喷涂与动模和静模表面，保证产品顺利脱模。

切削液主要用于压铸制造系统中的机械加工工艺，它是一种用在金属切削加工过程中冷却和润滑刀具、加工件的工业用液体。

为了统一衡量物料流，采用单位重量产品的物质量来计算压铸制造系统的物料流。

8.2.3 压铸制造系统碳流分析

通过对压铸制造系统能量流的分析，可以发现在压铸制造系统中，其消耗的能量主要包括天然气、电、水、压缩空气等。在压铸工艺中，天然气作为主要能源，为熔化金属原材料提供能量，电能主要用于电气控制、上下料等。压铸工艺主要消耗电能、水、压缩空气，电能为压铸机液压系统提供动力，保障压铸机的各个动作协调配合，水用来平衡模具温度，压缩空气保证脱模剂喷涂到模具表面。切边、清洗、抛丸、时效工艺的主要能耗为电能。机械加工工艺的主要能耗包括电能和压缩空气，压缩空气主要用于吹走金属屑，带走热量，保障机床的温度平衡。清洗工艺除了使用电能保证机器运转外，水是最主要的消耗能源。压铸制造系统的能量流与物料流如图 8-4 所示，清单见表 8-1。

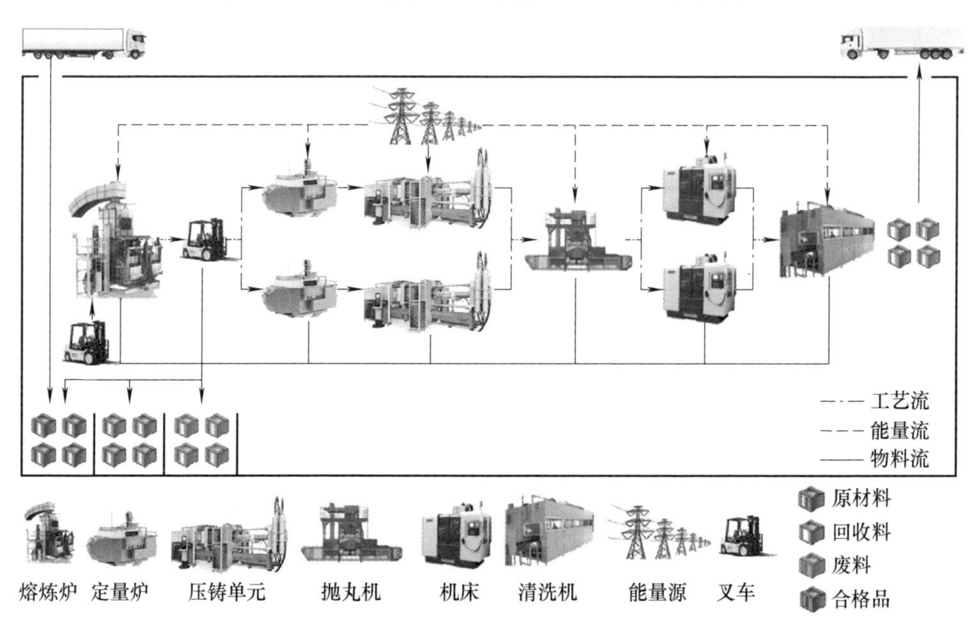

图 8-4　压铸制造系统的能量流与物料流

表 8-1　压铸制造系统的能量流与物料流清单

工艺	主要能源	主要物料	备注
熔炼	天然气、电能	切屑液	高能耗工序
压铸	电能、压缩空气、水	脱模剂	高能耗工序
切边	电能	—	—
清理	电能	—	—
抛丸	电能	抛丸机用物料	—
机械加工	电能、压缩空气	切削液	—
清洗	电能、水	—	—
时效	电能	—	—

为了计算压铸制造系统的碳排放，上述能源及耗能工质需进行标准化，公式为

$$E = \sum_{j=1}^{n} (m_j p_j / d) \tag{8-1}$$

式中，n 为能源的种类；m_j 为第 j 种能耗；p_j 为第 j 种能源折标准煤系数；d 为压铸产品的重量；E 为折标准煤后的综合能耗。

压铸制造系统中单位产品所消耗的物料计算公式为

$$E_{mt} = \sum_{i=1}^{s} (k_i q_i / p_i) \tag{8-2}$$

式中，s 为物料的种类；k_i 为第 i 种物料；q_i 为第 i 种能源折标准煤系数；p_i 为压铸产品的重量；E_{mt} 为折标准煤后的综合物料消耗。

8.3 压铸制造系统碳效率评估

8.3.1 压铸制造系统碳效率评估指标

1. 压铸单元

为了控制铝液温度，保证铸件质量，在生产过程中保温定量炉不应断电。因此，压铸岛的电源在实际生产中需要设计两个部分：一个是保温定量炉，另一个是其他设备。此外，压铸岛消耗多种能源，除了占主导地位的电能消耗外，水的消耗也占有很大比例。因此，压铸岛的总能耗是整个压铸岛所消耗的电能加上生产过程中所消耗的水。计算压铸岛等的总能耗时，需要将水消耗转化为等效电能消耗。总能耗是计算其他指标的基础，可估算为

$$E_t = \int_{t_s}^{t_e} P_d(t)\,dt + \int_{t_s}^{t_e} P_h(t)\,dt + \int_{t_s}^{t_e} \frac{\gamma \pi D_u^2 v_u(t)}{4} dt \tag{8-3}$$

式中，$P_h(t)$ 为监控过程中保温定量炉的实时功率；$P_d(t)$ 为压铸岛内其他设备的总功率；D_u 为水管内径；$v_u(t)$ 为水在管道中的速度；t_s、t_e 分别为监控的开始和结束时间；γ 为用水量换算成的电能消耗系数。式（8-3）中，第 1 个积分对应电能消耗，第 2 个积分为保温炉的能耗，第 3 个积分为用水量，估计为容积流量。

2. 压铸车间

压铸生产线的单位质量能耗（Energy Comsumption per Kilogram，ECPK）是评价压铸生产线各工艺和整个生产线能耗的主要指标。总能耗 E_{ta} 必须提前计算，E_{ta} 是压铸生产线各主要工艺设备能耗之和。典型压铸生产线的主要设备有熔炼炉（MF）、定量炉（QF）、压铸机组、抛丸机（SBM）、清洗机（CM）和机床（MT）。每台设备的能耗计算类似于压铸机组。因此，E_{ta} 计算公式为

$$E_{ta}=\int_{t_{mfs}}^{t_{mfe}}[P_{mf}(t)+\gamma\pi D_g^2 v_g(t)/4)]\mathrm{d}t+\int_{t_{qfs}}^{t_{qfe}}P_{qf}(t)\mathrm{d}t+E_u+$$
$$\int_{t_{sbms}}^{t_{sbme}}P_{sbm}(t)\mathrm{d}t+\int_{t_{mts}}^{t_{mte}}P_{mt}(t)\mathrm{d}t+\int_{t_{cms}}^{t_{cme}}[P_{cm}(t)+\gamma\pi D_e^2 v_e(t)/4]\mathrm{d}t \quad (8\text{-}4)$$

式中，$P_{mf}(t)$、$P_{qf}(t)$、$P_{sbm}(t)$、$P_{mt}(t)$、$P_{cm}(t)$分别为 MF、QF、SBM、MT、CM 监控过程中的实时功率；D_g、D_e分别为 CM 的中水管道和中气管道的内径；$v_g(t)$、$v_e(t)$分别为气、水在管道中的速度；γ 为由气体消耗转化为电能消耗的系数；t_{mfs}、t_{qfs}、t_{sbms}、t_{mts}、t_{cms}分别为 MF、QF、SBM、MT、CM 的监控开始时间；t_{mfe}、t_{qfe}、t_{sbme}、t_{mte}、t_{cme}分别为 MF、QF、SBM、MT、CM 的监测结束时间。积分依次对应 MF、QF、SBM、MT、CM 的总能耗。

次品只占总产量的一小部分，通常可以忽略不计。为保证所提出的指标的合理性和可操作性，由 E_{ta_k}表示压铸生产线的 ECPK，公式为

$$E_{ta\_k}=E_{ta}/(m_{ta}n_{ta}) \quad (8\text{-}5)$$

式中，n_{ta}、m_{ta}为压铸生产线上零件的数量和质量。

8.3.2 压铸制造系统碳效率评估方法

根据压铸制造系统的碳效率评估指标，设计了碳效率基准对压铸制造系统进行碳效率评估。在压铸设备层面，压铸机的碳效率基准根据产品是否相同分为两类。对于不同产品，获取不同生产周期下的碳效率数据，以每个生产周期的最大碳效率数据作为对应产品的碳效率基准。对于相同产品，在理想运行条件下和实际运行条件下可以得到不同的碳效率值，理想的碳效率值是压铸单元运行状态下的最大碳效率值，低于理想运行条件下的碳效率可能是由于操作人员的经验差异、设备性能退化等原因造成的。实际的碳排放基准可以通过计算一段时间内的平均碳排放得到，用以帮助管理者识别由换班、产品更换、设备故障以及维修、产品测试、技术改进等各种情况造成的待机碳排放。在生产线上，不同的产品采用不同的生产工艺。碳效率基准是所有生产过程中能耗最小的。当同一工艺可以选择多台设备时，不同工艺路线的碳效率基准是不同的。在车间层面，可以根据运行中的设备确定不同的生产能力，碳效率基准是整个车间的平均碳效率。

为了准确描述和分析压铸车间的碳效率水平，不同级别（压铸单元级、车间级）的碳效率得分计算公式为

$$u_{bm}=(E_{bm}/E_p)\times 100 \quad (8\text{-}6)$$

式中，u_{bm}为碳效率得分；E_p为压铸机单元、生产线或车间实际碳效率；E_{bm}为特定层级的碳效率基准。碳效率得分分为 0 ~ 70、71 ~ 90、91 ~ 110、111 ~ 130、>130五个等级，分别用 A、B、C、D、E 表示。根据式（8-6），当实际单

位能耗等于能耗基准（Energy Consumption Benchmark，ECB）时，碳效率得分为100分。当实际单位碳效率低于ECB时，碳效率得分大于100分；否则，碳效率得分将小于100分。当碳效率得分大于130分，对应的碳效率等级为A时，此时碳效率最优。当碳效率得分在70分以下，碳效率等级为E级时，碳效率最低。压铸车间的能源等级根据实际情况以及地区和国家政府的政策可能会有所不同。利用大量的碳排放数据，可以计算出三个层次的能源基线，即碳效率的平均值，具体表示为

$$E_{bm}=\begin{cases}\sum_{l=1}^{x}E_{p}^{l}/x & \text{压铸机组}\\ \sum_{m=1}^{y}E_{t\_w}^{m}/y & \text{压铸生产线}\\ \sum_{n=1}^{z}E_{w\_w}^{n}/z & \text{压铸车间}\end{cases} \tag{8-7}$$

式中，x、y、z分别为压铸机组、压铸生产线、压铸车间得到的碳效率值的个数；E_{p}^{l}为压铸机组对不同产品或理想运行状态或实际运行状态的第l个碳效率值；$E_{t_w}^{m}$为产品或工艺路线的第m个碳效率值；$E_{w_w}^{n}$为压铸车间不同生产能力的第n个碳效率值。以某型压铸机组为例，如果每天计算碳效率值，需要30天才能得到E_{bm}（$x=30$），则E_{bm}等于30天的平均碳效率值。

8.4 案例分析

以我国某典型铝合金压铸车间为例，主要针对能耗引起的碳排放，对制造系统的碳效率进行评估。该车间有4台MF、11个压铸机组、11台QF、2台SBM、24台MT、2台CM、3台空压机和2个污水处理设施。图8-5为压铸车间的数据采集系统。数据采集系统从安装在不同设备上的不同仪表中收集能源数据。雾平台包括研华的智能网关和工业计算机，华为的无线路由器，以及联想的服务器。利用阿里云进行压铸车间碳效率评价。

在压铸设备层，研究对象为布勒160压铸机，产品为发动机舱盖，质量为3.05kg，产品生产周期为67s。

利用上述系统可以得到所选压铸单元的碳效率指标和等级。压铸单元的碳效率评估见表8-2。表中Ⅰ和Ⅱ表示采用所提议的方法前后的情况。压铸机组实际运行状态下的碳排放基准为1.08kgCO_2e/kg。根据模具管理记录，2018-8-15和2018-8-17进行了一次模具维修，压铸单元处于待机状态超过5h，导致待机碳

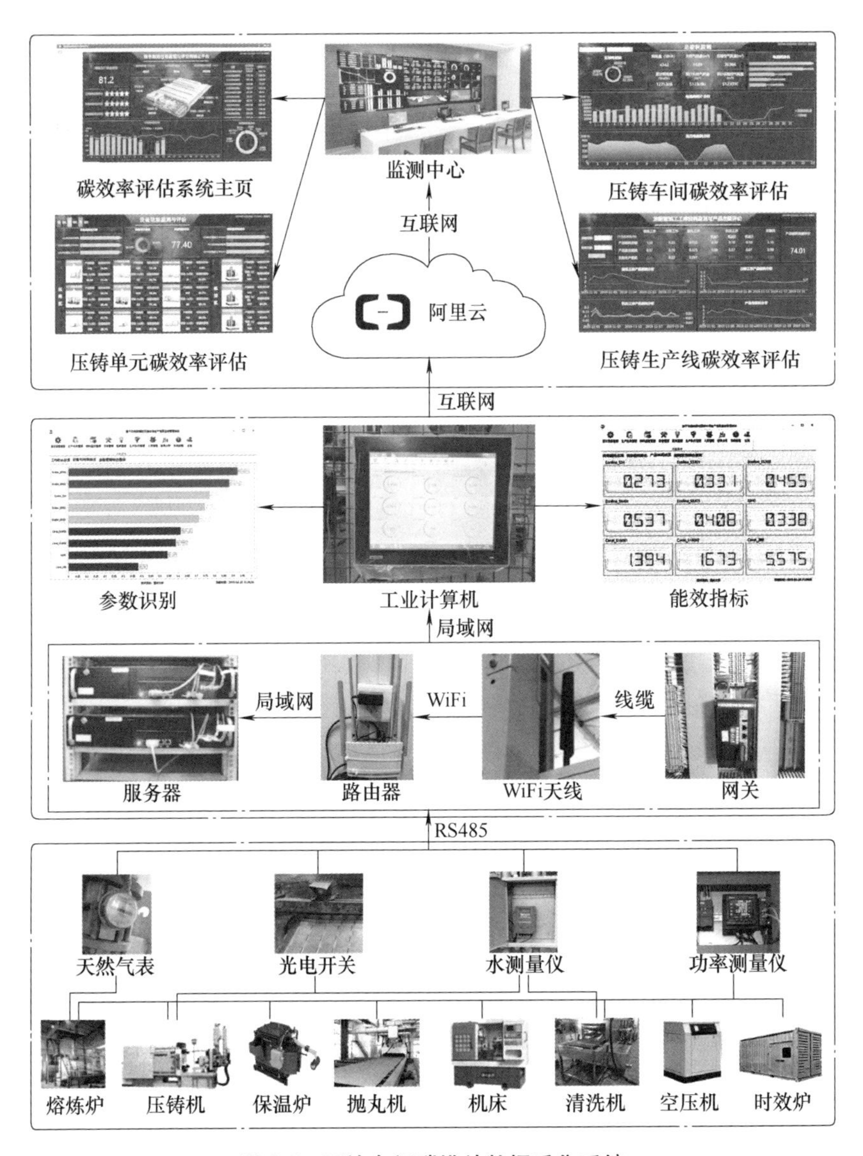

图 8-5　压铸车间碳排放数据采集系统

排放激增，所以这两天的碳排放比其他 3 天的碳排放大。因此，无生产任务、无修换模具时，应关闭压铸机及周边设备。实施这些节能措施后，压铸单元平均碳排放由 1. 1540 $kgCO_2e/kg$ 下降到 1. 0269$kgCO_2e/kg$，下降了 11%。值得一提的是，2018-8-15 和 2018-8-17 两天的碳排放分别下降了 19%和 21%，碳效率等级从 D 级上升到 C 级。因此，提高设备利用率是降低压铸单元碳排放的有效途径。

表 8-2 压铸单元的碳效率评估

日期	运行能耗/kW·h	停机能耗/kW·h	碳效率基准/($kgCO_2e/kg$)	碳排放/($kgCO_2e/kg$)		碳效率等级	
				Ⅰ	Ⅱ	Ⅰ	Ⅱ
2018-8-13	1220.3	149.4	1.08	0.9943	0.978	C	C
2018-8-14	1021.4	142.2	1.08	1.0432	1.0106	C	C
2018-8-15	689.8	247.1	1.08	1.2877	1.0432	D	C
2018-8-16	1241.2	177.1	1.08	1.0595	1.0106	C	C
2018-8-17	847.7	282.3	1.08	1.3855	1.0921	D	C
平均值	1004.1	199.6	1.08	1.1540	1.0269	C	C

针对同一产品选择了两种工艺路线，对压铸生产线进行研究。采用同类型设备的工艺路线 A、B 的碳效率分析和评价结果分别见表 8-3 和表 8-4。类似于压铸单元，表中Ⅰ和Ⅱ分别表示采用建议方法前后的情况。整条压铸生产线的碳效率基准为 3.824 $kgCO_2e/kg$。通过对比Ⅰ和Ⅱ的数据可以看出，工艺路线 A 的总碳排放和碳效率实际值均小于工艺路线 B；因此，工艺路线 A 对于特定的产品更绿色，从而可以获得更节能的生产路线。工艺路线 B 的高碳排放是由于较高的待机能耗，可以通过更有效的生产管理予以降低。此外，通过对能耗数据的分析，可得出各工艺的能耗比例。熔炼工艺能耗最高，超过总能耗的一半，其次是定量铸造和压铸。因此，减排措施应重点关注这三个工艺。

表 8-3 工艺路线 A 的碳效率评估

设备	运行能耗/kW·h	待机能耗/kW·h	总能耗/kW·h	碳效率基准/($kgCO_2e/kg$)	碳排放/($kgCO_2e/kg$)		碳效率等级	
					Ⅰ	Ⅱ	Ⅰ	Ⅱ
熔炼炉	8790.26	1825.7	10615.96	1.141	1.2225	1.1736	D	D
定量炉	464.5	48.2	512.7	0.6031	0.6683	0.6031	D	C
压铸单元	1094.42	128.36	1222.78	1.06928	1.0106	0.9943	C	C
抛丸机	738.29	54.65	762.94	0.2771	0.2771	0.2771	C	C
机床	142.81	30.17	172.98	0.1304	0.1467	0.13366	D	C
清洗机	701.25	69.54	770.79	0.6031	0.5705	0.5216	C	B
累计	11931.53	2156.62	14058.15	3.82398	3.8957	3.70336	C	C

压铸车间的关键能效指标和碳效率评价见表 8-5。表中Ⅰ和Ⅱ为应用本章所提方法前后的结果。压铸车间目前产能下的碳效率基准为 4.1076$kgCO_2e/kg$。2018-8-15 和 2018-8-17 两天的碳排放异常偏高，约为 4.5$kgCO_2e/kg$，原因很可

表 8-4 工艺路线 B 的碳效率评估

设备	运行能耗/kW·h	待机能耗/kW·h	总能耗/kW·h	碳效率基准/($kgCO_2e/kg$)	碳排放/($kgCO_2e/kg$)		碳效率等级	
					Ⅰ	Ⅱ	Ⅰ	Ⅱ
熔炼炉	8864.31	2174.72	11039	1.141	1.3203	1.1899	E	D
定量炉	432.8	101.5	534.3	0.6031	0.6846	0.5705	D	C
压铸单元	1007.37	199.76	1207.13	1.06928	1.0269	1.0106	C	C
抛丸机	772.1	92.16	864.26	0.2771	0.326	0.30318	D	C
机床	172.38	35.63	208.01	0.1304	0.13692	0.1304	C	C
清洗机	714.43	98.91	813.34	0.6031	0.5868	0.57539	C	C
累计	11963.39	2702.68	14666.04	3.82398	4.08152	3.77997	D	C

能是因为即使没有生产任务正在执行，设备也没有关闭。某些核心及辅助设备在空载时应断电。通过计算车间辅助设备能耗与碳排放的比例，可以发现辅助设备能耗所占比例与车间碳排放呈正相关。因此，辅助设备的能耗是影响压铸车间碳排放的重要因素。

表 8-5 压铸车间的关键能效指标和碳效率评价

日期	核心设备能耗/kW·h	辅助设备能耗/kW·h	总能耗/kW·h	碳效率基准/($kgCO_2e/kg$)	碳排放/($kgCO_2e/kg$)		碳效率等级	
					Ⅰ	Ⅱ	Ⅰ	Ⅱ
2018-8-13	54234.11	1942.48	56176.59	4.1076	4.0587	3.6512	C	B
2018-8-14	53157.32	2042.64	55199.96	4.1076	4.0913	3.8305	C	C
2018-8-15	46949.83	2213.84	49163.67	4.1076	4.5803	4.3521	D	C
2018-8-16	54125.75	1981.42	56107.17	4.1076	4.3847	4.0424	C	C
2018-8-17	47882.42	2151.61	50034.03	4.1076	4.5477	4.1891	D	C
平均值	51269.89	2066.40	53336.28	4.1076	4.3325	4.0131	C	C

本章所提出的方法为更好地理解车间碳排放行为提供了许多机会。在此基础上，本章提出了调整进料时间和熔炼量、改变 MF 和 QF 的保温策略以及辅助设备运行状态控制等提高能效的策略。从表 8-5 可以看出，能源得分明显提高，尤其是 2018-8-13、2018-8-15 和 2018-8-17 这 3 天，碳效率等级提高了一级。此外，平均碳排放由 4.3325$kgCO_2e/kg$ 下降至 4.0131$kgCO_2e/kg$，下降了 7.4%。两种压铸车间碳排放减排的方法应被予以关注：压铸车间可采用生产调度优化和物流管理等管理方法；选择更节能的设备或淘汰/改进高能耗设备，降低能耗，从而减少排放。

参考文献

[1] 宋才飞. 中国压铸行业现状及发展趋势［J］. 特种铸造及有色合金，2002（S1）：1-20.

[2] 黄久晖. 我国压铸行业及压铸机制造业的情况介绍［J］. 中国铸造装备与技术，2006（2）：8-9.

[3] 2017年中国压铸行业市场概况分析［EB/OL］.［2018-01-10］. https：//www. chyxx. com/industry/201801/602175. html.

[4] 邹剑佳. 压铸产业发展战略研究［J］. 特种铸造及有色合金，2012，32（12）：1107-1110.

[5] 徐年生. 压铸装备节能标准体系建设方案研究［J］. 机械工业标准化与质量，2013（480）：14-17.

[6] MUKHERJEE D P. Barriers towards cleaner production for optimizing energy use and pollution control for foundry sector in Howrah，India［J］. Clean Technologies and Environmental Policy，2010，13（1）：111-123.

[7] HE K Y，TANG R Z，JIN M Z，et al. Energy modeling and efficiency analysis of aluminum die-casting processes［J］. Energy Efficiency，2019，12（5）：1167-1182.

第 9 章

蓝宝石衬底制造系统碳流动态模型及碳效率评估

9.1 概述

图 9-1 为蓝宝石衬底制造的主要环节。首先，氧化铝原料经过长晶工艺生长

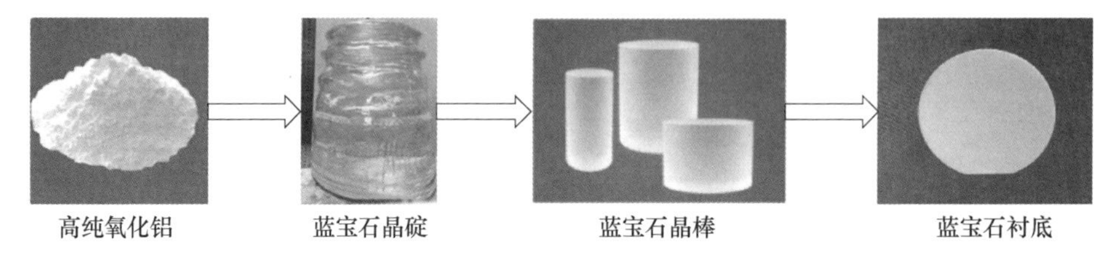

图 9-1 蓝宝石衬底制造的主要环节

为蓝宝石晶碇；然后，蓝宝石晶碇经过定向→掏棒→滚磨工艺后制备成蓝宝石晶棒，其中图 9-2 为蓝宝石晶体结构示意图，其晶向主要分为 *A*、*C*、*R*、*M* 四个方向，其中 *C* 向为光轴；最后，蓝宝石晶棒经过切片→倒角→研磨→退火→上蜡→铜抛→软抛→清洗工艺后制备成蓝宝石衬底晶片。蓝宝石晶棒制备主要工艺流程如图 9-3 所示，蓝宝石衬底生产线主要工艺流程如图 9-4 所示。蓝宝石衬底原料为高纯度的 α-Al_2O_3，其晶格能大，常温下不溶于水、酸和碱，故蓝宝石衬底具有高硬度、耐腐蚀等性质，是制备 LED 衬底的优良材料。蓝宝石衬底的主要性能参数见表 9-1。

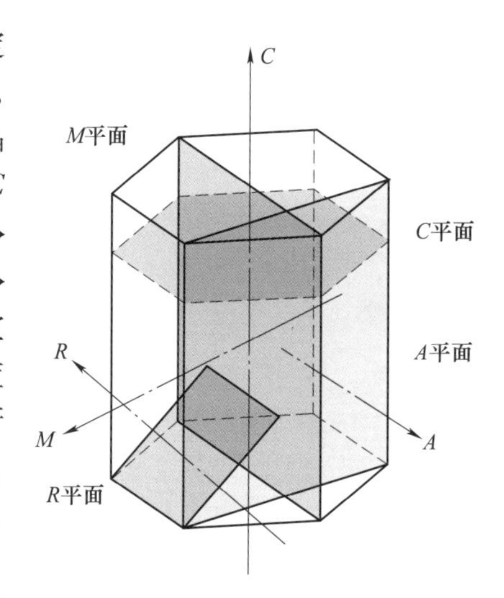

图 9-2 蓝宝石晶体结构示意图

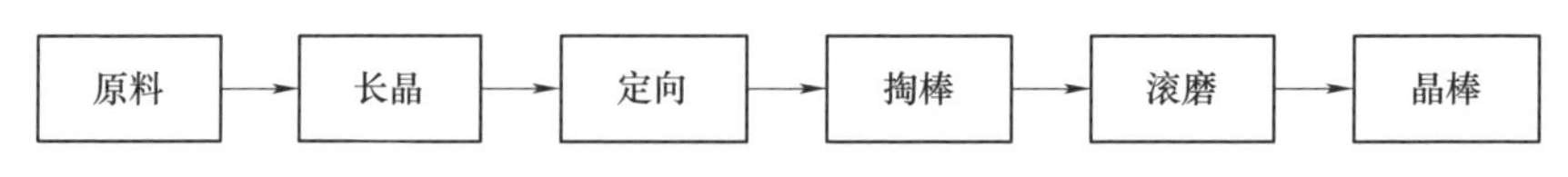

图 9-3 蓝宝石晶棒制备主要工艺流程（原料→晶棒）

蓝宝石衬底生产线（晶棒→晶片）主要工艺简介如下：

1）切片：采用多线切割机将制备的蓝宝石晶棒切割成一定厚度的晶片。

2）倒角：利用磨边机将晶片的边缘磨成圆弧，防止衬底边缘应力集中而影响后续加工，从而导致衬底晶片产生缺陷。

3）研磨：采用研磨料对衬底晶片进行加工，去除切片加工时对衬底晶片表面造成的划痕，提高晶片表面的平整度。

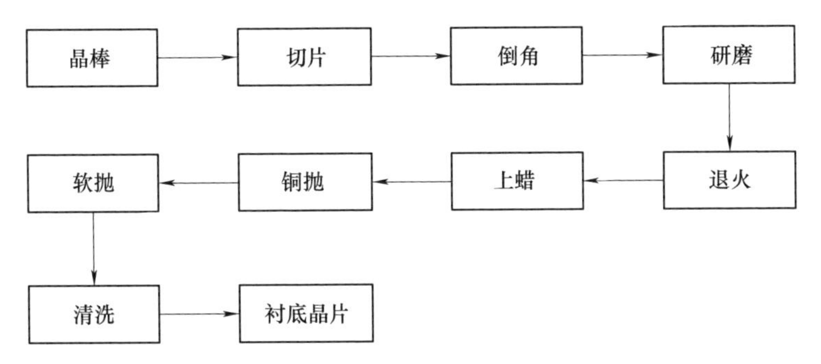

图 9-4 蓝宝石衬底生产线主要工艺流程（晶棒→晶片）

表 9-1 蓝宝石衬底的主要性能参数

序号	物理特性	指标参数
1	晶系	六方晶系
2	晶格常数/nm	$a=0.4748$，$c=1.297$
3	熔点/℃	2040
4	密度/$g\cdot cm^{-3}$	3.98
5	莫氏硬度	9
6	比热容/$J\cdot(kg\cdot ℃)^{-1}$	0.181
7	热膨胀系数/（10^{-6}/℃）	7.5
8	介电常数	13.2（垂直 C 方向） 11.4（平行 C 方向）

4）退火：采用退火炉对衬底晶片进行热处理，降低晶片残余应力，减小晶片两面应力不均匀造成晶片弯曲而对后续衬底加工造成不良的影响。

5）上蜡：采用黏结剂对衬底晶片进行黏结固定，保证后续铜抛工艺设备的加工。晶片黏结的牢固程度以及黏结剂的均匀性直接决定了蓝宝石衬底晶片的外形尺寸精度，如总厚度偏差（TTV、线性厚度变化（LTV）、表面总平整度（TIR）等。

6）铜抛：主要用于晶片的快速减薄，去除晶片表面深层刮伤，为晶片抛光形成良好的外形尺寸。

7）软抛：改善衬底晶片表面粗糙度，去除铜抛工艺中产生的刮伤，使晶片表面达到纳米级镜面等级。

8）清洗：在超净室中对衬底晶片进行清洗，以去除衬底晶片表面的杂质，使其达到芯片外延层生长的要求。

9.2 蓝宝石衬底制造系统碳流动态模型

本书针对蓝宝石衬底制造过程中从晶棒到衬底晶片的生产线碳流动态特性进行研究。根据如图 9-5 所示的“三环节”结构模型，以及如图 9-6 所示的常见制造系统能量流、信息流、物料流模型，对蓝宝石衬底生产线进行分析。

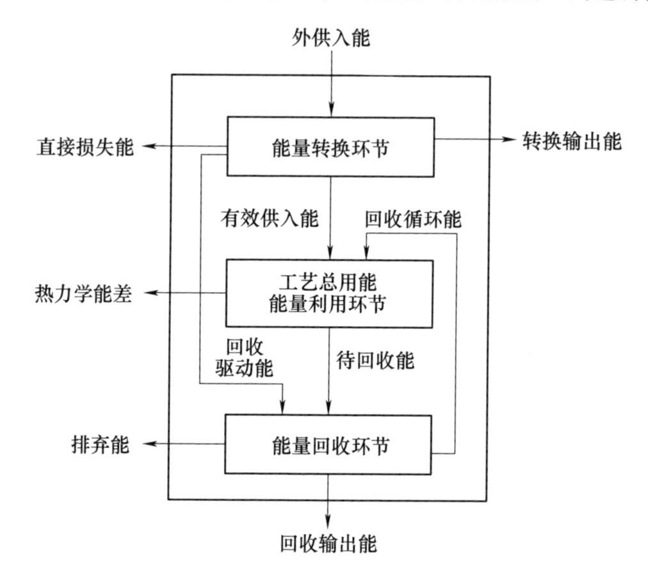

图 9-5 “三环节”能量结构示意图

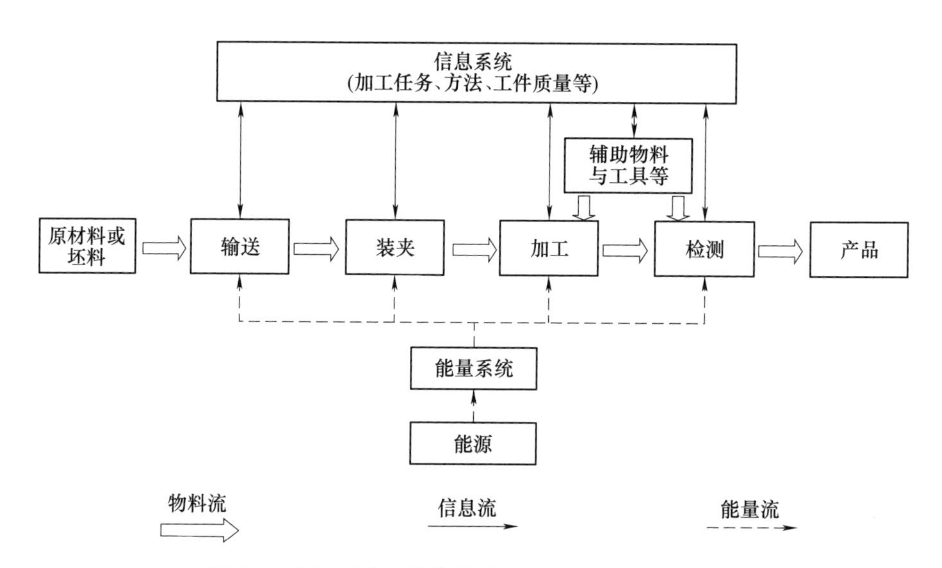

图 9-6 常见制造系统能量流、信息流、物料流模型

其中，蓝宝石衬底生产线输入/输出模型如图 9-7 所示，该模型包含物料系统、信息系统和能量系统。同时，根据蓝宝石衬底加工工艺流程建立蓝宝石衬底生产线系统边界，如图 9-8 所示，整个生产加工过程主要包括能量转换输送环

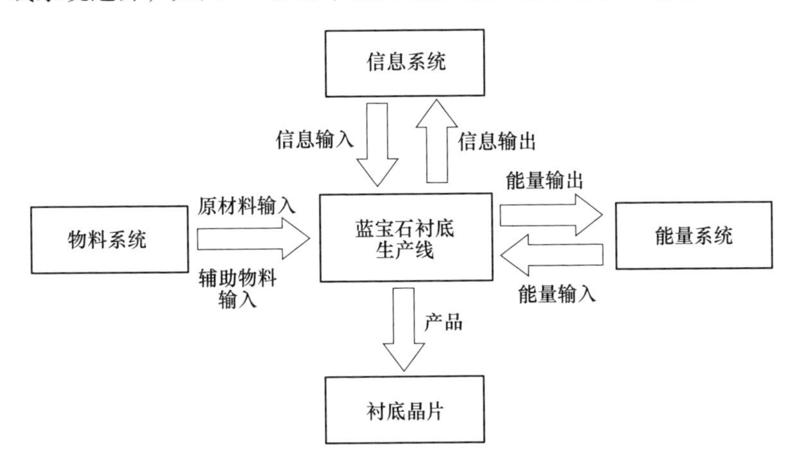

图 9-7　蓝宝石衬底生产线输入/输出模型

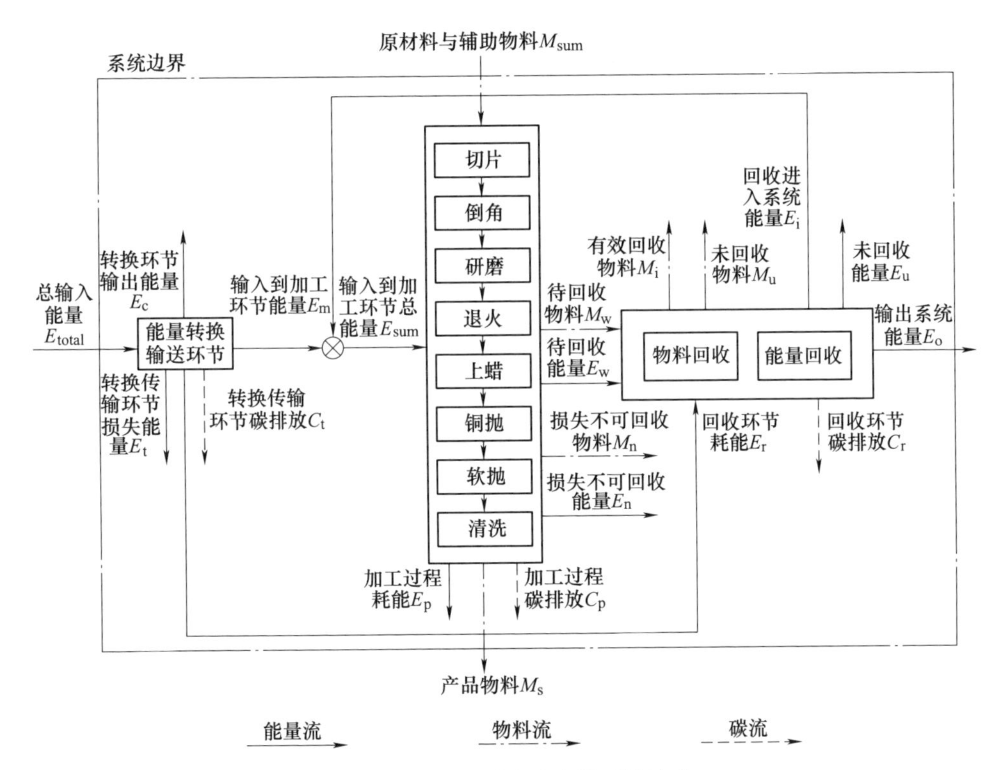

图 9-8　蓝宝石衬底生产线系统边界

节、蓝宝石衬底加工环节以及物料和能量回收环节。表 9-2 为蓝宝石衬底生产线各工艺主要能源、物料消耗清单。

表 9-2　蓝宝石衬底生产线各工艺主要能源、物料消耗清单

工艺	主要能源	主要物料	备注
切片	电能	切削液	—
倒角	电能、压缩空气	—	—
研磨	电能、水、压缩空气	研磨液 1	高能耗工序
退火	电能	—	高能耗工序
上蜡	电能、压缩空气	—	—
铜抛	电能、水	研磨液 2	高能耗工序
软抛	电能、水	研磨液 3	高能耗工序
清洗	电能、水	清洗液	—

9.2.1　蓝宝石衬底生产线能量流分析

根据本章的参考文献［5］，常见能源及耗能工质折标准煤系数见表 9-3。在制造系统加工过程中，输入系统的能源消耗包括一次能源（原油、天然气、原煤等）、二次能源（主要为电能）和耗能工质（自来水、压缩空气等）。蓝宝石衬底生产线加工过程中，能源消耗主要为电能。由图 9-8 可知，输入到系统的总能量包含转化和输送、加工、回收使用三个主要环节。将上述能源及耗能工质按照综合能耗进行统一，可表示为

表 9-3　常见能源及耗能工质的折标准煤系数

序号	能源类型	折标准煤系数
1	原煤	0.7143kgCe/kg
2	洗精煤	0.9000kgCe/kg
3	原油	1.4286kgCe/kg
4	汽油	1.4714kgCe/kg
5	煤油	1.4714kgCe/kg
6	柴油	1.4571kgCe/kg
7	煤焦油	1.1429kgCe/kg
8	液化石油气	1.7143kgCe/kg
9	气田天然气	1.2143kgCe/m^3
10	油田天然气	1.3300kgCe/m^3
11	水	0.0857kgCe/t
12	压缩空气	0.0400kgCe/m^3
13	电力（当量值）	0.1229kgCe/(kW·h)

$$E = \sum_{j=1}^{n} m_j p_j \tag{9-1}$$

式中，n 为能源的种类数；m_j 为第 j 种能源的质量；p_j 为第 j 种能源折标准煤系数；E 为折标准煤后的综合能耗。

按照综合能耗进行统一折算后其能量流满足以下关系式：

转换输送环节综合能耗

$$E_{total} = E_c + E_t + E_m + E_r \tag{9-2}$$

式中，E_{total}为总输入能量；E_c 为转换环节输出能量；E_t 为转换传输环节损失能量；E_m 为输入到加工环节的能量；E_r 为回收环节耗能。

加工环节综合能耗

$$E_{sum} = E_m + E_i = E_w + E_n + E_p \tag{9-3}$$

式中，E_{sum}为输入到加工环节的总能量；E_i 为回收进入系统能量；E_w 为待回收能量；E_n 为损失不可回收能量；E_p 为加工过程耗能。

回收环节综合能耗

$$E_w = E_i + E_u + E_o \tag{9-4}$$

式中，E_u 为未回收能量；E_o 为输出系统能量。

9.2.2 蓝宝石衬底生产线物料流分析

蓝宝石衬底生产线加工过程中消耗的物料主要分为原材料和辅助物料，其中原材料为蓝宝石晶棒，辅助物料主要为在加工过程中所需的研磨液、切削液和清洗液。为统一衡量物料流，采用单位时间累积的物质量进行计算，则可得到生产加工系统物料流动态平衡方程。

加工利用环节单位时间累积的物质量可表示为

加工环节单位时间累积的物质量

$$\frac{dM_{sum}}{dt} = \sum \dot{M}_s + \sum \dot{M}_w + \sum \dot{M}_n \tag{9-5}$$

式中，M_{sum}为原材料和辅助物料总物质量；$\dot{M}_s$ 为单位时间产品累积物料；$\dot{M}_w$ 为单位时间待回收物料；$\dot{M}_n$ 为单位时间损失不可回收物料。

回收环节单位时间累积的物质量

$$\frac{dM_w}{dt} = \sum \dot{M}_i + \sum \dot{M}_u \tag{9-6}$$

式中，$\dot{M}_i$ 为单位时间有效回收物料；$\dot{M}_u$ 为单位时间未回收物料。

9.2.3 蓝宝石衬底生产线碳流分析

碳排放是温室气体（如 CO_2、N_2O、CH_4、SF_6等）排放的总称，由于不同温室气体的辐射强迫不相同，从而导致一段时期内累积辐射强迫不同，即各温室气体对气候的潜在影响不同。为了方便计算与分析，全球气候变化委员会提出采用全球增温潜值，即 CO_2 当量，用于表征不同温室气体排放对潜在气候变化的影响。具体折算方法为：将 CO_2 的全球增温潜值设定为 1，其他温室气体的排放量根据对应的全球增温潜值折算为 CO_2 的排放量采用表 1-1 数据。蓝宝石衬底生产线加工过程中碳排放主要分为传输转换环节碳排放、加工环节碳排放和回收环节碳排放，同时各环节碳排放主要由能量碳排放与物料碳排放组成。

Δt 时间段内，生产线总碳排放计算公式为

$$\begin{aligned} C_{\text{消耗}} &= C_{\text{消耗能量}} + C_{\text{消耗物质}} \\ &= \sum_{i=1}^{n_1} \alpha_i E_i^{a\text{消耗}} + \sum_{i=1}^{n_2} \beta_i E_i^{b\text{消耗}} + \sum_{i=1}^{n_3} \gamma_i E_i^{c\text{消耗}} + \sum_{i=1}^{n_4} \omega_i E_i^{d\text{消耗}} \end{aligned} \tag{9-7}$$

$$\begin{aligned} C_{\text{回收}} &= C_{\text{回收能量}} + C_{\text{回收物质}} \\ &= \sum_{i=1}^{m_1} \psi_i E_i^{e\text{回收}} + \sum_{i=1}^{m_2} \varphi_i E_i^{f\text{回收}} \end{aligned} \tag{9-8}$$

$$\begin{aligned} C_{\text{实际}} &= C_{\text{消耗}} - C_{\text{回收}} \\ &= \sum_{i=1}^{n_1} \alpha_i E_i^{a\text{消耗}} + \sum_{i=1}^{n_2} \beta_i E_i^{b\text{消耗}} + \sum_{i=1}^{n_3} \gamma_i E_i^{c\text{消耗}} + \sum_{i=1}^{n_4} \omega_i E_i^{d\text{消耗}} - \\ &\quad \sum_{i=1}^{m_1} \psi_i E_i^{e\text{回收}} - \sum_{i=1}^{m_2} \varphi_i E_i^{f\text{回收}} \end{aligned} \tag{9-9}$$

式中，$C_{\text{消耗}}$为 Δt 时间段内生产线消耗总碳排放（$kgCO_2e$）；$C_{\text{回收}}$为 Δt 时间段内生产线回收总碳排放（$kgCO_2e$）；$C_{\text{实际}}$为 Δt 时间段内生产线实际总碳排放（$kgCO_2e$）；α_i 为 Δt 时间段内消耗的第 i 种一次能源的碳排放系数；β_i 为 Δt 时间段内消耗的第 i 种二次能源的碳排放系数；γ_i 为 Δt 时间段内消耗的第 i 种耗能工质的碳排放系数；ω_i 为 Δt 时间段内消耗的第 i 种物料的碳排放系数；ψ_i 为 Δt 时间段内回收的第 i 种能源（或等价能源）的碳排放系数；φ_i 为 Δt 时间段内回收的第 i 种物料的碳排放系数；$E_i^{a\text{消耗}}$、$E_i^{b\text{消耗}}$、$E_i^{c\text{消耗}}$、$E_i^{d\text{消耗}}$ 分别为在 Δt 时间段内，一次能源、二次能源、耗能工质以及物料的消耗量；$E_i^{e\text{回收}}$、$E_i^{f\text{回收}}$ 分别表示在 Δt 时间段内，回收的能源（或等价能源）与物料的回收量。

常见能源及耗能工质的碳排放系数见表 9-4。

根据文献［8］可知，电网边界被统一划分为华北、东北、华东、华中、西北和南方区域电网，不包括西藏自治区、香港特别行政区、澳门特别行政区和台湾省。电网边界地理范围以及 2017 年不同区域电网碳排放因子见表 9-5。

表 9-4 常见能源及耗能工质的碳排放系数

序号	能源类型	碳排放系数
1	原煤	3. 138kgCO_2e/kg
2	洗精煤	3. 287kgCO_2e/kg
3	原油	2. 253kgCO_2e/kg
4	汽油	2. 492kgCO_2e/kg
5	煤油	2. 492kgCO_2e/kg
6	柴油	2. 632kgCO_2e/kg
7	焦炉煤气	1. 677kgCO_2e/kg
8	液化石油气	2. 300kgCO_2e/kg
9	天然气	1. 744kgCO_2e/m^3
10	水	0. 212kgCO_2e/t
11	压缩空气	0. 099kgCO_2e/m^3

表 9-5 电网边界地理范围 2017 年不同区域电网碳排放因子

序号	电网名称	覆盖地区	碳排放系数/[kgCO_2/(kW·h)]
1	华北区域电网	北京市、天津市、河北省、山西省、山东省、内蒙古自治区	0. 9680
2	东北区域电网	辽宁省、吉林省、黑龙江省	1. 1082
3	华东区域电网	上海市、江苏省、浙江省、安徽省、福建省	0. 8046
4	华中区域电网	河南省、湖北省、湖南省、江西省、四川省、重庆市	0. 9014
5	西北区域电网	陕西省、甘肃省、青海省、宁夏回族自治区、新疆维吾尔自治区	0. 9155
6	南方区域电网	广东省、广西壮族自治区、云南省、贵州省、海南省	0. 8367

在蓝宝石衬底加工过程中，其碳排放随时间不断变化。本书采用碳流率定义蓝宝石衬底生产线在 t 时刻能源、物料等资源消耗的碳排放，其碳流动态特性模型可表示为

$$\frac{\mathrm{d}C_{\text{实际}}}{\mathrm{d}t}=\sum_{i=1}^{n_1}\alpha_i\frac{\mathrm{d}E_i^{a\text{消耗}}}{\mathrm{d}t}+\sum_{i=1}^{n_2}\beta_i\frac{\mathrm{d}E_i^{b\text{消耗}}}{\mathrm{d}t}+\sum_{i=1}^{n_3}\gamma_i\frac{\mathrm{d}E_i^{c\text{消耗}}}{\mathrm{d}t}+\sum_{i=1}^{n_4}\omega_i\frac{\mathrm{d}E_i^{d\text{消耗}}}{\mathrm{d}t}-\sum_{i=1}^{m_1}\psi_i\frac{\mathrm{d}E_i^{e\text{回收}}}{\mathrm{d}t}-\sum_{i=1}^{m_2}\varphi_i\frac{\mathrm{d}E_i^{f\text{回收}}}{\mathrm{d}t} \tag{9-10}$$

9.3 蓝宝石衬底制造系统碳效率评估

基于文献中关于制造系统的碳排放动态模型可知，蓝宝石衬底加工系统的碳排放随制造加工性能指标而变化，其碳排放具有动态特性。其中，碳效率定

义为实现某一生产目标与制造系统碳排放的比值，可表示为

$$\eta = \frac{\int_{t_0}^{t_n} Q(t)\,\mathrm{d}t}{\int_{t_0}^{t_n} \mathrm{CE}(t)\,\mathrm{d}t} = \frac{\overline{Q(t)}\Delta t}{\overline{\mathrm{CE}(t)}\Delta t} \tag{9-11}$$

式中，η 为生产线的碳效率；$Q(t)$ 为 t 时刻的生产目标实现率（如生产率、经济效益等）；$\mathrm{CE}(t)$ 为 t 时刻的碳排放率；$\overline{Q(t)}$ 为 Δt 时间段内生产目标的平均实现率，$\overline{\mathrm{CE}(t)}$ 为 Δt 时间段内的平均碳排放率。

为了从多角度分析蓝宝石衬底制造工艺对物料消耗和能源消耗引起的碳排放特性，根据蓝宝石衬底实际生产线，从生产率和经济效益两方面对蓝宝石衬底生产线进行分析，提出了生产率碳效率和经济效益碳效率评价指标。

9.3.1 生产率碳效率评价指标

将生产率碳效率定义为蓝宝石衬底生产线的生产率与单位时间平均碳排放的比值，即

$$\eta_{\text{productivity}} = \frac{\frac{N}{\Delta t}}{\frac{C_{实际}}{\Delta t}} = \frac{\overline{N}}{\overline{\mathrm{CE}}} \tag{9-12}$$

式中，$\eta_{\text{productivity}}$ 为生产线的生产率碳效率（件/kgCO_2e）；$\overline{N}$ 为 Δt 时间段内生产线的平均生产率（件/h）；$\overline{\mathrm{CE}}$ 为 Δt 时间段内生产线的平均碳排放（kgCO_2e/h）；N 为 Δt 时间段内生产线加工产品总数量（件）；$C_{实际}$ 为 Δt 时间段内生产线的实际碳排放（kgCO_2e/h）。

生产率碳效率用来评价蓝宝石衬底生产线的加工性能，其值越大表明生产线加工工艺对环境产生的碳排放越小，则生产线性能越好；反之，则越差。

9.3.2 经济效益碳效率评价指标

经济效益碳效率定义为单位时间蓝宝石衬底生产线所加工产品的经济增值与单位时间平均碳排放的比值，即

$$\eta_{\text{economy}} = \frac{\frac{S_{\text{profit}}}{\Delta t}}{\frac{C_{实际}}{\Delta t}} = \frac{\overline{S_{\text{profit}}}}{\overline{\mathrm{CE}}} \tag{9-13}$$

式中，η_{economy} 为生产线的经济效益碳效率（元/kgCO_2e）；$\overline{S_{\text{profit}}}$ 为 Δt 时间段内生

产线的平均经济增值量（元/h）；S_{profit}为 Δt 时间段内生产线所加工产品的经济增值量（元）。

经济效益碳效率用来评价生产线经济增值对环境的影响，其值越大表明生产线单位经济增值对环境产生的碳排放越小，则生产线性能越好；反之，则越差。

9.3.3 两种碳效率评价指标之间的关系

根据生产率碳效率 $\eta_{productivity}$ 与经济效益碳效率 $\eta_{economy}$ 的定义，联立式（9-12）与式（9-13），可得 $\eta_{productivity}$与 $\eta_{economy}$之间的关系函数为

$$K=\frac{\eta_{economy}}{\eta_{productivity}}=\frac{\dfrac{S_{profit}}{C_{实际}}}{\dfrac{N}{C_{实际}}}=\frac{S_{profit}}{N} \tag{9-14}$$

式中，K 为单个产品的经济增值（元/件）。

由图 9-9 可知，生产率碳效率 $\eta_{productivity}$ 与经济效益碳效率 $\eta_{economy}$ 相互关联，其系数 K 为 Δt 时间段内，生产线所加工产品的经济增值量 S_{profit}与生产线加工产品总数量 N 的比值，即生产线所加工的单个产品所创造的经济增值。在实际生产过程中，对于批量生产相同产品，系数 K 可视为常数。

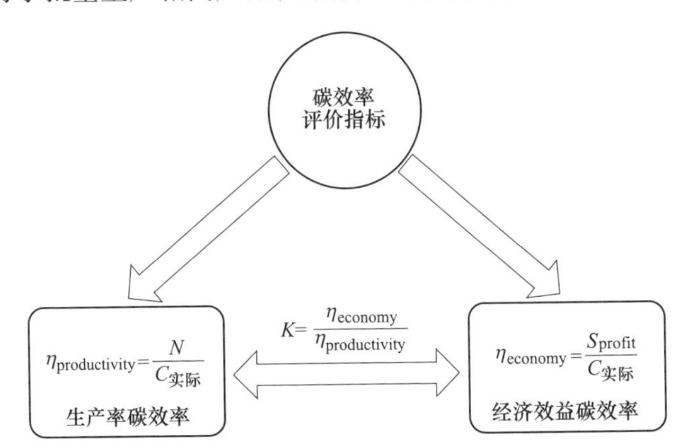

图 9-9 生产率碳效率与经济效益碳效率之间的关系

9.4 蓝宝石衬底生产线碳流动态特性建模

混合 Petri 网作为一种可视化的建模方法，常用于描述生产线连续变量与离散事件之间的关系。蓝宝石衬底加工过程中，其电能以及切削液、研磨液、清洗液等辅助物料消耗具有连续性，而其加工工序以及设备故障与维修、生产调

度等事件具有离散性，从而构成了一种兼具连续和离散两种特性的耦合系统，其碳排放过程动态复杂。本书采用混合 Petri 网对蓝宝石衬底生产线碳流进行动态建模与仿真，图 9-10 为蓝宝石衬底生产线的混合 Petri 网建模框架。

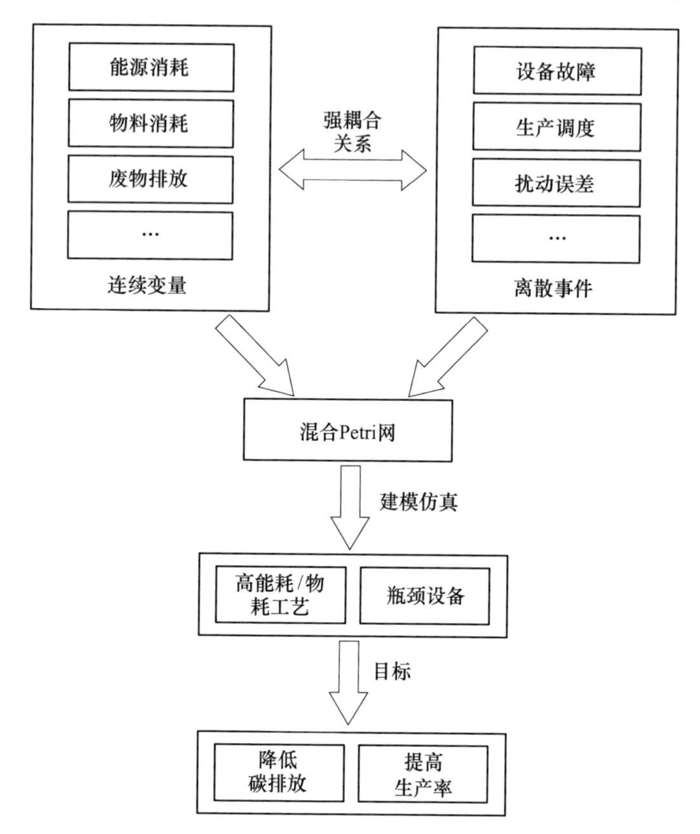

图 9-10 蓝宝石衬底生产线的混合 Petri 网建模框架

根据蓝宝石衬底生产线的主要工艺（晶棒→衬底晶片）建立如图 9-11 所示的基于混合 Petri 网的蓝宝石衬底生产线碳流动态模型。在该模型中，$M_1 \sim M_8$ 分别对应蓝宝石衬底生产线加工中的切片、倒角、研磨、退火、上蜡、铜抛、软抛、清洗工艺中的加工设备。在模型扰动因素中，主要考虑设备故障、维修以及缓存区库存的容量限制对加工生产线的影响，通过抑制弧和控制弧在模型中进行实现。该模型中库所 P 参数的含义见表 9-6，变迁 t 参数的含义见表 9-7。$W_1 \sim W_8$ 分别表示其所对应的变迁激发时单位时间电能消耗量权值；$Q_1 \sim Q_5$ 分别表示其对应工序设备单位时间切削液、研磨液、清洗液的消耗量权值；C_{B3}、C_{B4}、C_{B6}、C_{B7}、C_{B8}、C_{B10}、C_{B12}分别为对应缓存区可供使用的容量大小；C_{B1}、C_{B2}、C_{B5}、C_{B9}、C_{B11}、C_{B13}分别为对应库所中 token 值，默认情况下原材料晶棒、电能、切屑液、研磨液和清洗液连续无限供应。该模型中 t_i 表示平均扰动间隔时间或平均扰动恢复时间，其属于随机离散变迁，一般服从指数分布，即其变迁平均激发速率 $\lambda_i = 1/t_i$。

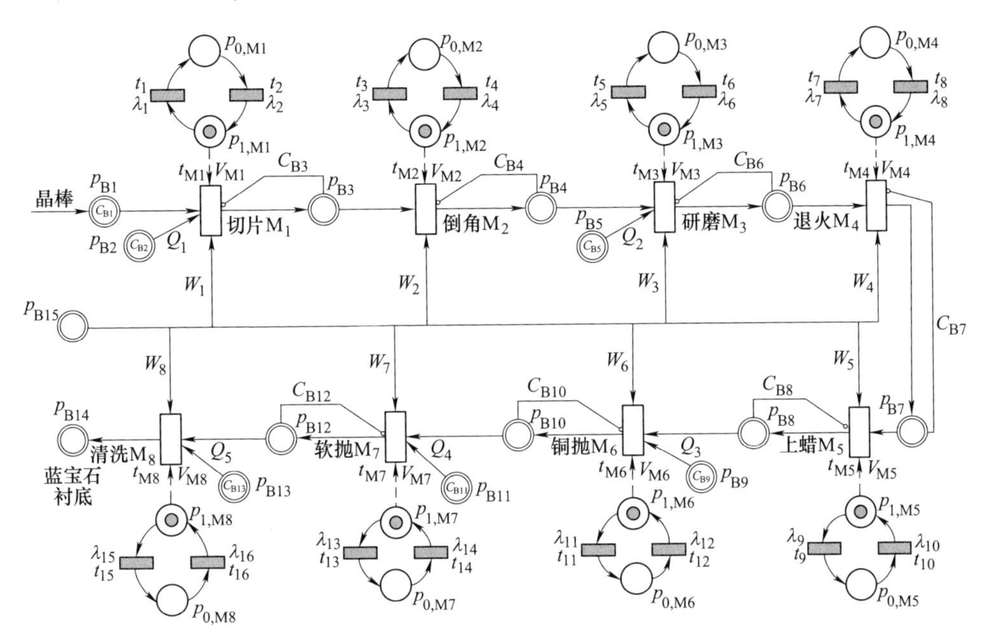

图 9-11　基于混合 Petri 网的蓝宝石衬底生产线动态模型

表 9-6　模型中库所 *P* 参数的含义

库所	含　义
$p_{0,M1} \sim p_{0,M8}$	分别为工序 $M_1 \sim M_8$ 处于扰动状态的库所
$p_{1,M1} \sim p_{1,M8}$	分别为工序 $M_1 \sim M_8$ 处于正常运行状态的库所
p_{B3}、p_{B4}、p_{B6}、p_{B7}、p_{B8}、p_{B10}、p_{B12}	分别为工序 $M_1 \sim M_7$ 的输出缓存的库所
p_{B2}、p_{B5}、p_{B9}、p_{B11}、p_{B13}	分别为工序 1 切削液、工序 3 研磨液、工序 6 研磨液、工序 7 研磨液、工序 8 清洗液的库所
p_{B1}、p_{B14}、p_{B15}	分别为晶棒的输入、衬底成品、电能的库所

表 9-7　模型中变迁 *t* 参数的含义

变迁	含　义
t_1、t_3、t_5、t_7、t_9、t_{11}、t_{13}、t_{15}	分别为工序 $M_1 \sim M_8$ 因扰动停止工作的离散变迁
t_2、t_4、t_6、t_8、t_{10}、t_{12}、t_{14}、t_{16}	分别为工序 $M_1 \sim M_8$ 恢复正常工作的离散变迁
$t_{M1} \sim t_{M8}$	分别为工序 $M_1 \sim M_8$ 加工时的连续变迁

9.5 案例分析

依托工信部“基于先进电子材料的 LED 绿色制造工艺与装备应用”项目，本书对该项目牵头单位重庆某光电公司的蓝宝石衬底生产线关键工艺进行研究。该企业是电子信息领域的国家级高新技术企业以及国家级知识产权优势企业，拥有“重庆市蓝宝石材料与半导体照明工程技术研究中心”，并获得重庆市“十大节能绿色经济企业”称号；是国际半导体产业协会（SEMI）的会员。该企业于 2010 年开始从事蓝宝石长晶工艺以及蓝宝石衬底加工技术研究与生产，是国内开展大尺寸蓝宝石晶体生产与大尺寸 LED 蓝宝石衬底批量生产的领军企业。该企业具有不同尺寸蓝宝石衬底加工的成熟技术，拥有 Takatori Multi-Wiresaw、SpeedFam、Accretech 等高精度、高智能蓝宝石衬底生产加工设备，同时还拥有美国 KLA Candela 8620 表面缺陷检测仪、美国 Ultrasort Tropel 表面形貌检测仪、瑞士 Nanosurf Nanite AFM 等高精度、超 SEMI 标准的先进检测设备，具备蓝宝石晶体和衬底制造核心技术以及完善的制造产业链。

根据目前的蓝宝石衬底制备技术水平以及该企业的生产线实际情况，为实现蓝宝石衬底产品的节能降耗，提升资源效率，降低环境影响，加快推进蓝宝石衬底产业绿色发展，该企业对蓝宝石衬底生产线中的退火、上蜡和研磨三个关键工艺进行了优化改造。通过安装智能传感器，实现对蓝宝石衬底生产线中退火和上蜡工艺中的真空退火炉、有氧退火炉、上蜡机等关键生产设备的能耗数据进行采集；基于采集到的设备能耗数据，建立可视化能耗管理界面，形成能源管理系统，实时监测设备生产能耗；根据采集到的能耗数据变化曲线，分析退火和上蜡等关键工艺的能耗情况，并折合成当量尺寸衬底晶片来计算单位产品能耗，从而为优化蓝宝石衬底绿色制造工艺提供数据支持；同时通过比较蓝宝石衬底生产线关键工艺优化改造前后的单位产品能耗，开展工艺节能评价。图 9-12 为蓝宝石衬底生产线中上蜡和退火工艺的能耗采集系统。

1. 蓝宝石衬底退火工艺改造优化前后评估分析

退火的主要目的是消除应力。晶棒的加工会在晶棒端面产生加工应力，并在晶棒表面聚集，而线切割会对晶片表面造成新的加工应力，这种加工应力受线切割总厚度偏差影响导致应力分布极不均匀；同时在重压研磨过程中，虽然应力会均分但是重压研磨又会在晶片表面形成新的应力分布。

真空炉退火原理：真空炉属于大功率设备，通过机械泵和扩散泵相互配合将其炉体中的空气抽离而形成炉内真空状态，同时使用加热棒将炉内温度加热到要求的温度；炉体的降温则需使用冷却水循环系统。

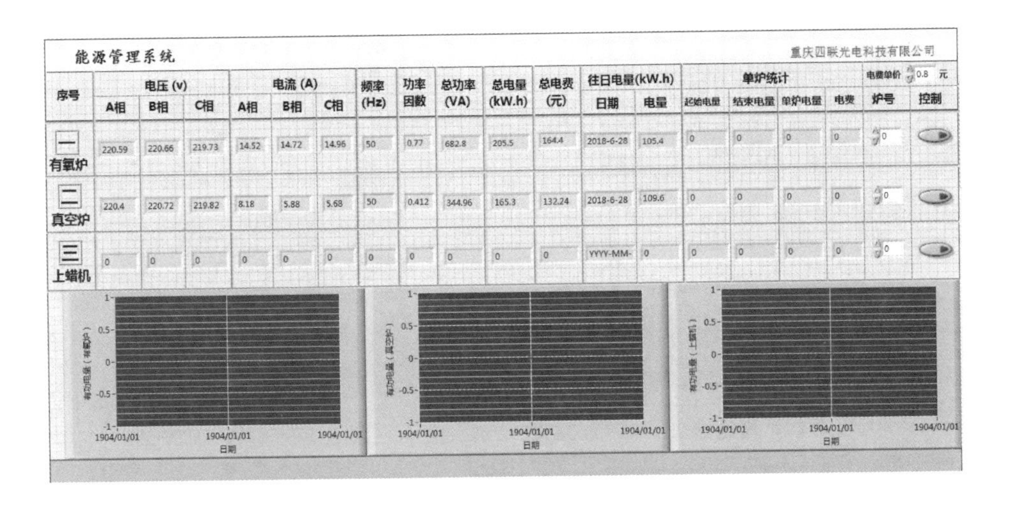

图 9-12　蓝宝石衬底上蜡和退火工艺的能耗采集系统

有氧炉退火原理：有氧炉是采用高纯度氧化铝作为炉体保温材质，并使用硅钼加热棒直接升温的小功率设备。

真空退火炉存在的缺点：①退火炉运行时需要持续供能来维持退火的真空状态，并不断通过扩散泵抽离杂质；②退火过程中需要持续的冷却水对控制面板等元器件进行冷却降温，由于整个炉腔均为金属材质，炉体温度会持续流失，必须持续加热才能维持退火温度，故运行时能耗高；③如果出现热电偶短路或断电情况，晶片和宝石架均有很高的断裂风险，如果正在退火的蓝宝石衬底晶片尺寸较大，在快速降温的情况下，绝大多数（约 99%）晶片都会炸裂。根据生产现场统计数据，在退火炉出现断电或故障停止工作后，其炉体温度从 1600℃降至 1100℃只需要 3min，而操作人员需要在 90s 内重启退火炉才能挽救晶片，故操作难度极大；④为了维持炉体真空状态，需要对炉体内腔填充保护性气体，故进行真空退火时所需要的外围条件较为苛刻。

真空炉相对有氧炉存在操作复杂、额定功率大、产品炸裂风险高、冷却水用量大、产能低、价格高、维修费用高等劣势。从产能、能耗、产品炸裂风险的角度看，用有氧炉替代真空炉进行热处理是必然的趋势。图 9-13 和图 9-14 分别为退火工艺改造后的真空退火炉和有氧退火炉。

常见蓝宝石衬底晶片尺寸有 2in、4in、6in（1in = 0.0254m）规格，如图 9-15 所示。为方便计算生产线产能，采用相对体积法计算当量片数，即将不同尺寸的蓝宝石衬底晶片根据体积比折算成 2in 晶片。常见不同尺寸蓝宝石衬底晶片参数及当量片数折算系数见表 9-8。

图 9-13 真空退火炉

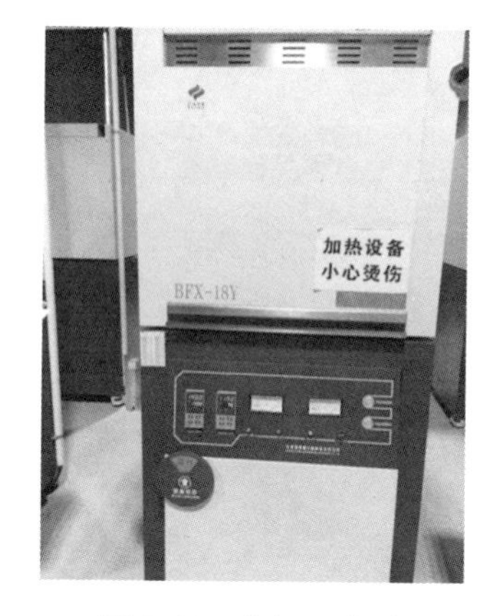

图 9-14 有氧退火炉

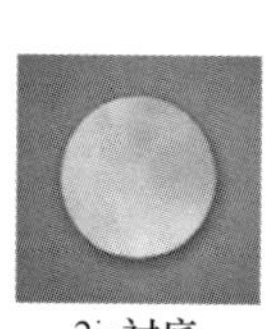

2in衬底

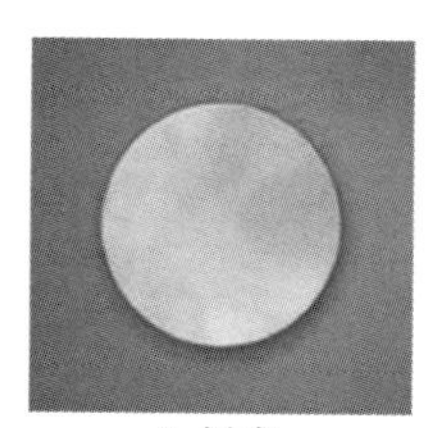

4in衬底

6in衬底

图 9-15 常见蓝宝石衬底晶片尺寸

表 9-8 常见不同尺寸蓝宝石衬底晶片参数及当量片数折算系数

衬底晶片尺寸/in	直径 D/mm	厚度 H/mm	体积 V/mm^3	当量片数（相对 2in 晶片）	备注
2	50.8	0.54	1094	1	当量片数$=\frac{V_{4或6in}}{V_{2in}}$
4	100	0.81	6368	5.82	
6	150	1.57	27760	25.36	

表 9-9 为根据能耗采集系统统计的真空退火炉与有氧退火炉产能与能耗对比数据。

表 9-9 真空退火炉与有氧退火炉能耗

设备类别	加工片数	总耗电量/kW·h	单位晶片耗电量/(kW·h/片)	备注
真空退火炉	7092	8874.3	1.25	加工片数已折算成 2in 当量片数
有氧退火炉	65549	2311.5	0.035	

退火工艺改造优化节能率的计算公式为

$$退火工艺改造优化节能率=\frac{|改造后单位产品能耗-改造前单位产品能耗|}{改造前单位产品能耗}$$

$$=\frac{|0.035-1.25|}{1.25}\times 100\%$$

$$=97\%$$

通过将蓝宝石衬底退火工艺中真空退火炉替换成有氧退火炉，在保证晶片穿透率、晶片应力残值、晶片退火温度阶梯基本不变的情况下，使该工艺当量衬底晶片能耗由 1.25kW·h/片降低至 0.035kW·h/片，达到该工艺当量衬底晶片单片节能 97%的效果。

2. 蓝宝石衬底上蜡工艺改造优化前后评估分析

在蓝宝石衬底加工过程中，上蜡工艺采用黏结剂对衬底晶片进行粘接固定，来保证后续铜抛工艺设备的加工。其晶片的牢固程度及黏结剂的均匀性直接决定了蓝宝石衬底晶片的外形尺寸，即总厚度偏差（TTV）、线性厚度变化（LTV）、表面总平整度（TIR）等参数。

国内 LED 行业当前普遍采用液态蜡作为晶片的黏结剂，液态蜡的工作原理是使用醇类溶剂以及易挥发悬浮剂作为蜡的载体，以此来维持蜡的液态状。首先把混合蜡滴在晶片上并使用离心技术使蜡均匀分布在晶片表面，随后去除多余的蜡来保证晶片蜡层厚度，再使用烘烤盘对晶片进行均匀加热，将表面的醇类溶剂和其他溶剂加热挥发掉，并保证蜡处于熔融状态且附着于晶片表面，之后再将晶片贴于陶瓷盘上，使用重压进行挤压，去除多余的蜡，最后均匀降温使蜡凝固。

由于蜡的物理特性，烤硬后的蜡较脆，其抗剪切力不足，在晶片抛光过程中容易出现蜡层剥落的情况而导致爆盘。同时由于蜡的熔点较低，铜抛工艺中不能使用高于 30℃的温度进行抛光，否则蜡有熔化的风险。同时，采用液态蜡对周围环境和载具的耐热冲击度要求高且所需能耗高。通过技术改造，采用 UV 胶取代液态蜡用于粘接晶片，其中改造前上蜡工艺设备及其局部细节图分别如图 9-16 和图 9-17 所示；改造后上蜡工艺设备及其局部细节图分别如图 9-18 和图 9-19所示。

上蜡工艺改造优化后具备以下优点：

1）缩减工步。通过对上蜡工艺进行优化，其工艺流程由改造前的 8 个工步缩减至改造后的 6 个工步，减少了陶瓷盘预热和衬底烘烤两个环节。图 9-20 和图 9-21 分别为上蜡工艺改造前和改造后的工艺流程图。

2）提高效率。由于减少了两个工步，且这两个工步在整个工艺中的耗时较长，故通过对上蜡工艺进行优化，显著提高了衬底黏结效率。

图 9-16　改造前的上蜡工艺设备

图 9-17　改造前的上蜡工艺设备局部细节图

图 9-18　改造后的上蜡工艺设备

3）降低能耗。改造后不再使用加热台对载具进行预热，同时不再使用烘烤盘对衬底进行烘烤，节约了电能。

图 9-19 改造后的上蜡工艺设备局部细节图

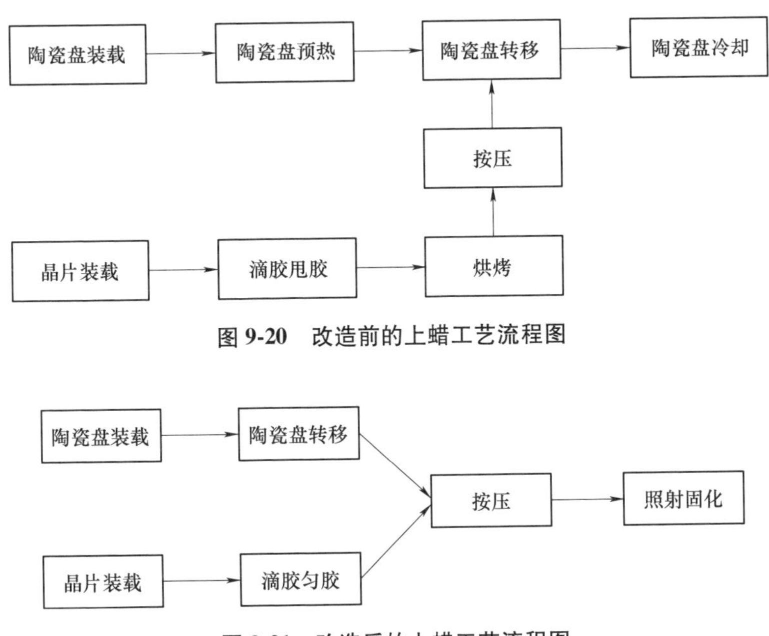

图 9-20 改造前的上蜡工艺流程图

图 9-21 改造后的上蜡工艺流程图

4）提升载具寿命。使用 UV 光固化衬底取代冷水管路的冷却工步，使得载具及工件的贴合变得容易，在常温下即可完成，而不再使用高低温交错的模式，故对载具的寿命提升巨大。

5）安全环保。改善传统上蜡工艺后的下蜡清洗工步，无须再使用清洗剂等有机溶剂来清洁衬底下片后残余的蜡，整个流程更加安全环保。

6）避免抛光滑片。当带胶抛光时，由于 UV 胶的高黏性、耐高温性，故可解决传统蓝宝石衬底等行业面临的高温带蜡抛光易滑片的问题。

7）减少挥发性有机化合物。UV 胶不会产生挥发性有机化合物，对加工生产线周围的环境没有污染，同时其可燃性较低，因此使用更加安全，对工人操作环境更加友好；而液态蜡的熔点低、易燃，使用排放后的废物较难分解，同时回收较为困难。

8）显著释放贴片设备产能。使用 UV 胶贴片，减少了载具预热、烘烤、高温贴合环节，可以对设备的空间进一步释放，使设备体积变小，同时显著降低设备能耗，使得固定功率的厂区内可以容纳更多设备，实现纵向释放产能，从而解决衬底贴片的产能瓶颈等问题。

表 9-10 为根据能耗采集系统统计的上蜡工艺改造前后的单位产品能耗对比。

表 9-10　上蜡工艺改造前后的单位产品能耗对比

设备	产量/片	耗电量/kW · h	单位产品能耗/(kW · h/片)
液态蜡（改造前）	280	14.5	0.05
UV 胶（改造后）	532	4.1	0.008

上蜡工艺改造优化节能率计算公式为

$$\text{上蜡工艺改造优化节能率}=\frac{|\text{改造后单位产品能耗}-\text{改造前单位产品能耗}|}{\text{改造前单位产品}}$$

$$=\frac{|0.008-0.05|}{0.05}\times 100\%$$

$$=84\%$$

通过将蓝宝石衬底上蜡工艺中的液态蜡替换成 UV 胶，优化了工艺流程，降低了加工能耗，使上蜡工艺当量衬底晶片能耗由 0.05kW · h/片降低至 0.008kW · h/片，实现了该工艺当量晶片单片节能 84%的效果。

3. 蓝宝石衬底研磨工艺改造优化前后评估分析

图 9-22 为该企业蓝宝石衬底生产线中的研磨工艺设备。针对研磨工艺中存在的碳化硼研磨液回收利用率低、排放严重等问题，开展碳化硼研磨液循环再利用技术研究，研制了碳化硼研磨液循环再利用设备，如图 9-23 所示，有效降低了研磨工艺中的资源环境代价，提高了碳化硼磨料的资源利用率。经过现场测试，其碳化硼研磨液循环回收利用率超过 50%（平均回收利用率可达 55.9%）。图 9-24 为采用该碳化硼研磨液循环再利用设备回收的碳化硼磨料。

4. 仿真结果与分析

该光电企业蓝宝石衬底生产线流程如图 9-25 所示，其工艺改造前参数见

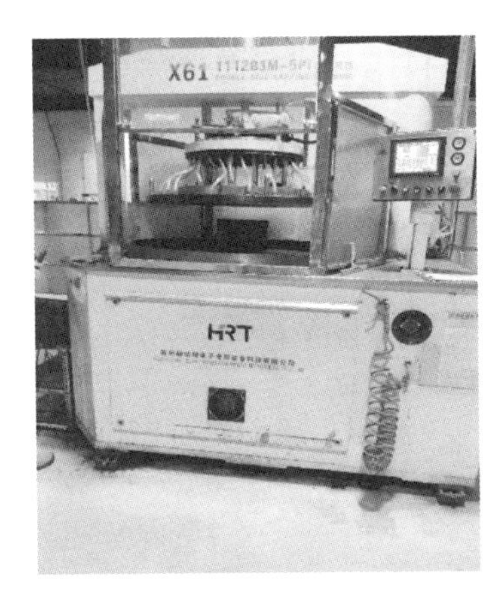

图 9-22　蓝宝石衬底生产线中的研磨工艺设备

图 9-23　碳化硼研磨液循环再利用设备

表 9-11。通过对生产线中的退火和上蜡关键工艺进行改造优化，同时对研磨工艺中的碳化硼研磨废液进行回收利用，分析上述退火、上蜡和研磨工艺改造优化前后的效果可知：①将退火工序中的真空炉替换成有氧炉，该工艺当量衬底晶片平均加工能耗由 1.25kW·h/片降低至 0.035kW·h/片，同时，改造后其生产效率提高了 70%，即通过改造该工艺平均加工速度由改造前 2.0 片/min 变为改造后 3.4 片/min；②将上蜡工艺中的液态蜡改成 UV 胶，该工艺当量衬底晶片平均

图 9-24　采用图 9-23 设备回收的碳化硼磨料

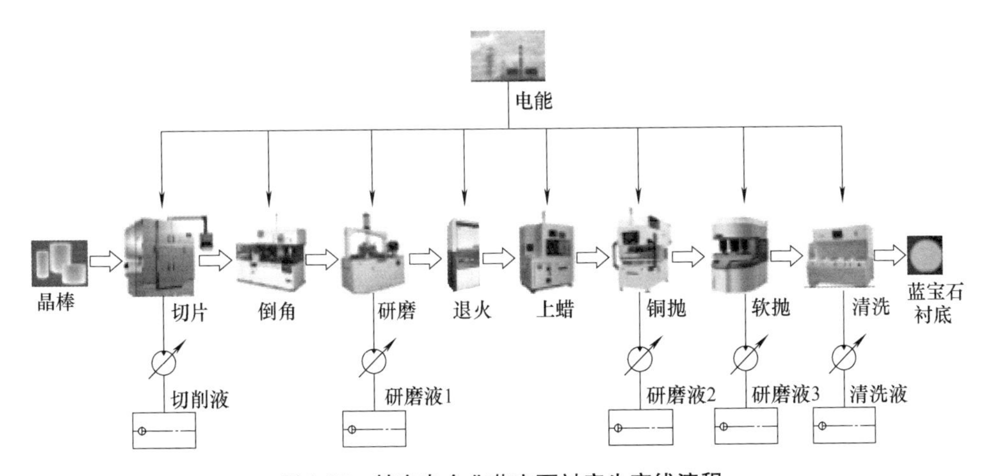

图 9-25　某光电企业蓝宝石衬底生产线流程

加工能耗由 0.05kW·h/片降至 0.008kW·h/片；③通过对研磨工艺中的碳化硼研磨废液进行循环回收利用，该工艺单片蓝宝石衬底晶片研磨液消耗速率将由 0.004L/片降至 0.002L/片（回收利用率按照 50%计算）。同时，考虑到研磨、铜抛、软抛加工环节中产品存在返工情况，根据生产线现场统计数据，取平均返工率为 0.1。

表 9-11 重庆某光电企业蓝宝石衬底生产线工艺改造前参数

工艺	平均加工能耗/(kW·h/片)	平均加工速率/(片/min)	平均扰动间隔 t_q/min	平均扰动恢复时间 t_r/min	其他参数
切片	0.20	2.00	40	10	切削液消耗 0.01L/片
倒角	0.10	1.80	50	20	—
研磨	0.12	1.90	35	25	研磨液消耗 0.004L/片
退火	1.25	2.00	60	10	—
上蜡	0.05	1.50	30	10	—
铜抛	0.13	1.60	35	15	研磨液消耗 0.006L/片
软抛	0.11	1.80	45	20	研磨液消耗 0.005L/片
清洗	0.05	2.00	40	15	清洗液消耗 0.04L/片

采用 Visual Object Net++软件对该蓝宝石衬底生产线退火、上蜡和研磨工艺优化改造前后的碳流动态特性进行建模与仿真，改造前后的仿真模型如图 9-26、图 9-27 所示。其中，工序 m1～m7 输出缓存库所可根据生产现场情况进行设置，此处设置为 40，系统仿真时间设置为 480min，电能初始库存设置为 10MW·h。根据文献［8］取电能碳排放系数为 0.9014 $kgCO_2e/kW·h$；因切削液、研磨液和清洗液成分复杂，主要为矿物质成分和水，碳排放系数按照原油生产的碳排放系数均取 0.081$kgCO_2e/L$，其中切削液、研磨液或清洗液的消耗量与对应工艺电能消耗量成比例。以切片工艺为例，每片蓝宝石衬底晶片在该工艺消耗电能为 0.2kW·h，对应切削液消耗为 0.01L，因此，若得到该工艺电能消耗总量，则按照上述比例可折算出该工艺切削液消耗总量。同理，研磨、铜抛、软抛和清洗 4 个工艺研磨液或清洗液的消耗量可依此类推。表 9-12 为改造前蓝宝石衬底生产线的仿真结果，表 9-13 为改造后蓝宝石衬底生产线的仿真结果。

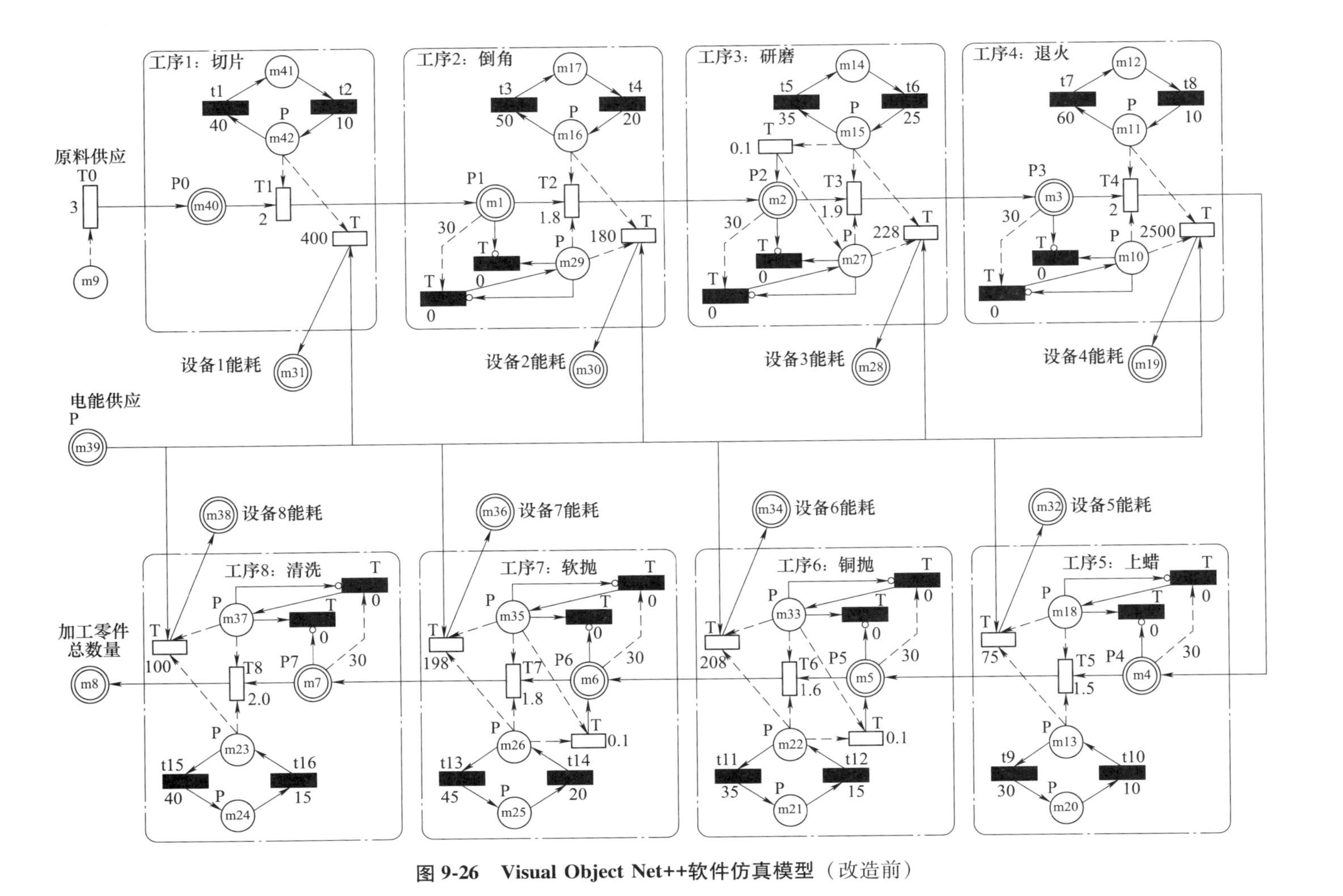

图 9-26 Visual Object Net++软件仿真模型（改造前）

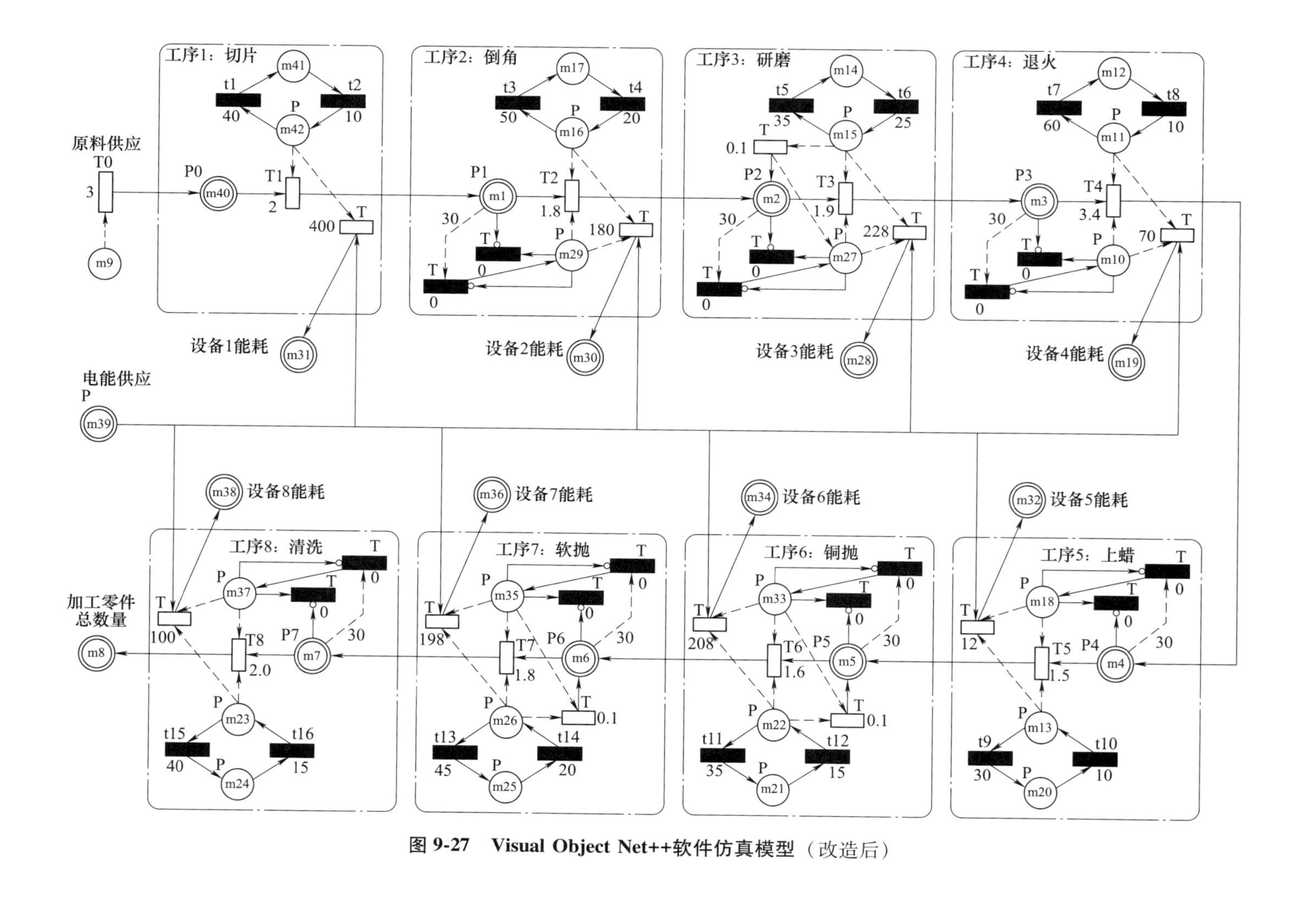

图 9-27 Visual Object Net++软件仿真模型（改造后）

表 9-12 改造前蓝宝石衬底生产线的仿真结果

工艺	电能消耗/kW·h	切削液/研磨液/清洗液消耗/L
切片	156.8	7.84
倒角	63.0	—
研磨	64.3	2.14
退火	715.0	—
上蜡	27.2	—
铜抛	72.2	3.33
软抛	67.7	3.08
清洗	32.1	25.68

表 9-13 改造后蓝宝石衬底生产线仿真结果

工艺	电能消耗/kW·h	切削液/研磨液/清洗液消耗/L
切片	156.0	7.80
倒角	63.0	—
研磨	63.8	1.06
退火	11.7	—
上蜡	4.3	—
铜抛	71.8	3.31
软抛	67.3	3.06
清洗	32.1	25.68

图 9-28 为改造前蓝宝石衬底生产线加工的成品数量随时间的变化曲线，图 9-29 为改造后蓝宝石衬底生产线加工的成品数量随时间的变化曲线，当仿真时间为 $t=480\text{min}$ 时，改造前加工蓝宝石衬底数量为 640 片，改造后加工蓝宝石衬底数量为 642 片，因衬底晶片成品数量受该生产线的最后一道清洗工艺制约，而该工艺尚未进行改造优化，故其加工速度基本不变，则改造前后仿真结果中衬底成品片数基本相同。因此，要想提高整个生产线蓝宝石衬底晶片成品生产率，后期还需要对生产线中清洗工艺的设备进行改造和优化。图 9-30 为工艺改造前后生产线电能消耗随时间的变化曲线，从仿真结果可知，改造前，当 $t=480\text{min}$ 时，剩余电能为 8.80MW·h，生产线消耗电能为 1.20MW·h；改造后，当 $t=480\text{min}$ 时，剩余电能为 9.53MW·h，生产线消耗电能为 0.47MW·h，即 470kW·h。因此，改造前单片蓝宝石衬底电耗为 1.88kW·h/片，改造后单片蓝宝石衬底电耗为 0.73kW·h/片，改造后相比改造前单片蓝宝石衬底加工电耗降低 61%。综合考虑电能、切削液、研磨液、清洗液在加工过程中消耗所产生

的碳排放，经计算可得改造前蓝宝石衬底生产线总碳排放为 1085. 09kgCO_2e，改造后为 426. 97kgCO_2e，则改造前蓝宝石衬底生产线的生产率碳效率为 0. 59 片/kgCO_2e，改造后为 1. 50 片/kgCO_2e，改造后相比改造前生产率碳效率增加 1. 5 倍，如图 9-31 所示。以目前市场上 2in 蓝宝石衬底的平均价格 60 元/片计算，则改造前蓝宝石衬底生产线的经济效益碳效率为 35. 4 元/kgCO_2e，改造后为 90. 0 元/kgCO_2e，改造后相比改造前其经济效益碳效率增加 1. 5 倍，如图 9-32 所示。

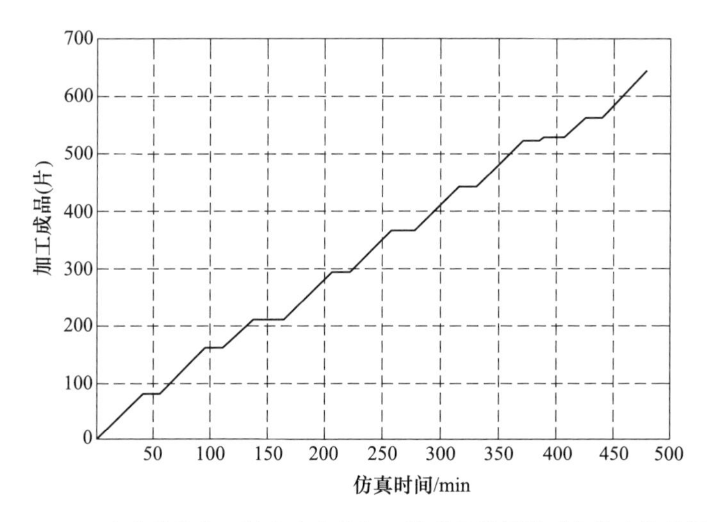

图 9-28　改造前蓝宝石衬底生产线加工的成品数量随时间的变化曲线

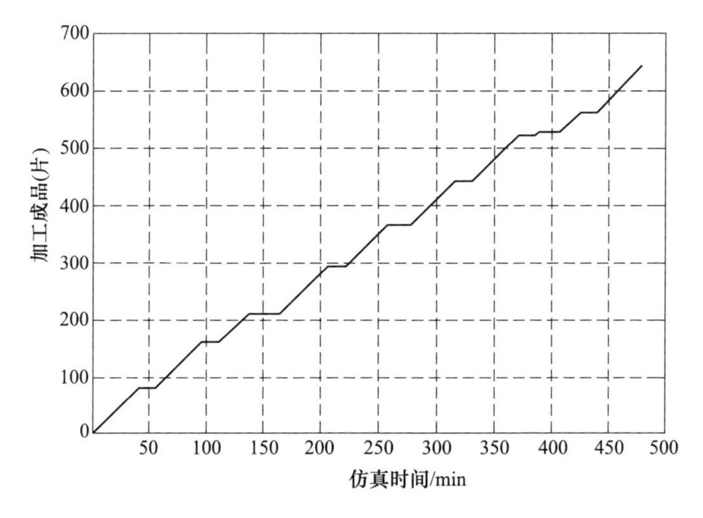

图 9-29　改造后蓝宝石衬底生产线加工的成品数量随时间的变化曲线

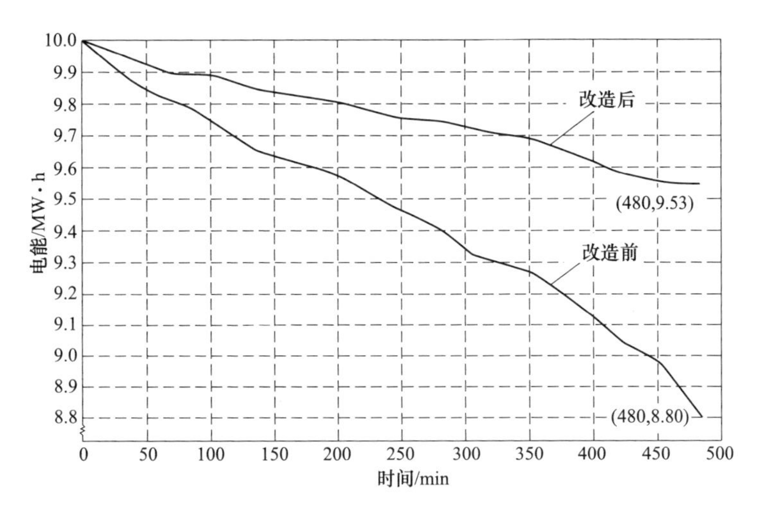

图 9-30 改造前后生产线电能消耗随时间的变化曲线

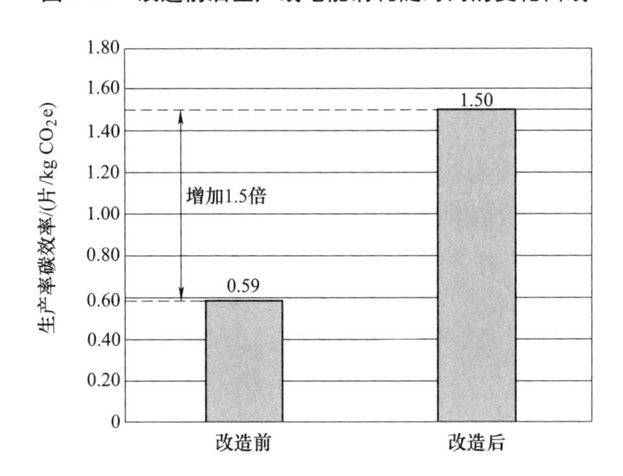

图 9-31 改造前后蓝宝石衬底生产线的生产率碳效率

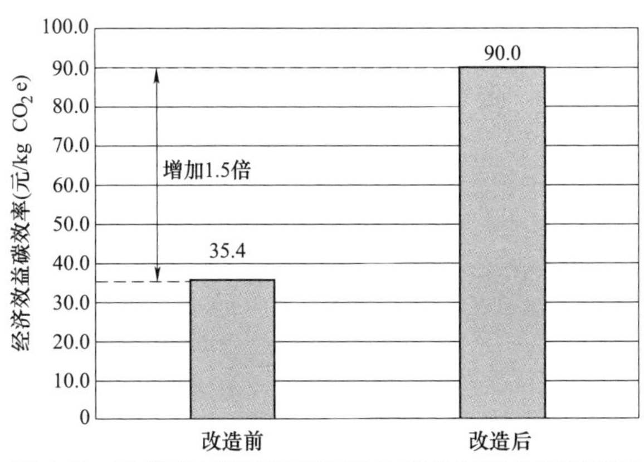

图 9-32 改造前后蓝宝石衬底生产线的经济效益碳效率

通过对该生产线退火、上蜡和研磨关键工艺改造优化前后的碳排放总量以及生产率碳效率和经济效益碳效率进行计算与分析可知，通过改造优化，极大地降低了生产线能源消耗，提升了资源利用效率，减少了产品碳排放，从而验证了改造优化方案的有效性。

参考文献

[1] 庄敏杰．蓝宝石衬底面形特征对退火工艺的影响研究［D］．厦门：华侨大学，2016.

[2] 高慧莹．国内LED衬底材料的应用现状及发展趋势［J］．电子工业专用设备，2011，40（7）：1-6.

[3] 华贲．工艺过程用能分析与综合［M］．北京：烃加工出版社，1989.

[4] 陈清林，尹清华，王松平，等．过程系统能量流结构及其应用［J］．化工进展，2003，22（3）：239-243.

[5] 中华人民共和国国家质量监督检验检疫总局，中国国家标准化管理委员会．综合能耗计算通则：GB/T 2589—2008［S］．北京：中国标准出版社，2008.

[6] ZHANG H，WU J X，SHEN Z P. Radiative forcing and global warming potential of perfluorocarbons and sulfur hexafluoride［J］. Science China：Earth Sciences，2011，54（5）：764-772.

[7] 王长科，罗新正，张华．全球增温潜势和全球温变潜势对主要国家温室气体排放贡献估算的差异［J］．气候变化研究进展，2013，9（1）：49-54.

[8] 中华人民共和国生态环境部．2017年度减排项目中国区域电网基准线排放因子［EB/OL］．［2018-12-20］. http：//www. mee. gov. cn/.

[9] SCHALTEGGER S，STURM A. Okologische rationalitat：ansatzpunkte zur ausgestaltung you okologieorienttierten management instrumenten［J］. Die Unternehmung，1990，44（4）：273-290.

[10] VERFAILLIE H A，BIDWELL R. Measuring eco-efficiency：a guide to reporting company performance［EB/OL］．［2014-11-26］. http：//www. wbcsd. org/web/publications/measuring_eco_efficiency.

[11] CAO H J，LI H C，CHENG H Q，et al. A carbon efficiency approach for life-cycle carbon emission characteristics of machine tools［J］. Journal of Cleaner Production，2012，37（4）：19-28.

[12] LIMA F，CORTEZ M F R，SCHMIDT P P，et al. Petri net application in simulation of ambulatory processes［C］// IECON 2015-41st Annual Conference of the IEEE Industrial Electronics Society，IEEE，Yokohama，Japan. New York：IEEE，2015：4696-4701.

[13] DOTOLIA M，FANTI M P，GIUA C，et al. First-order hybrid petri nets. An application to distributed manufacturing systems［C］// International Conference on Hybrid Systems and Applications，Lafayette，USA. New York：IEEE，2008：408-430.

第 10 章

陶瓷制造系统碳流动态模型及碳效率评估

10.1 概述

陶瓷工业是我国国民经济的一个重要产业，陶瓷的制造过程是一种流程式的生产过程，生产周期较长，生产过程的专业化和协作水平较低，并具有资源和能源消耗大、环境污染严重、碳排放压力大等特点。陶瓷企业低碳制造系统是一个以碳排放减量化为目标的将各种制造资源转变为陶瓷产品的输入输出系统，涉及陶瓷产品的全生命周期（包括市场分析、产品设计、工艺规划、加工工艺过程、运输、产品销售及售后服务、回收处理等）的全过程或部分环节，涉及生产模式、生产方式、管理模式、制造工艺、加工设备、人员素质等方面的新的技术革命，致力于通过高效地利用能源和资源进而降低全生命周期过程的碳排放强度，强调从原材料获取、能源生产、产品设计、制造、使用到报废处理的全生命周期中实施碳排放量的减量化与控制。陶瓷企业低碳制造全过程如图 10-1 所示。

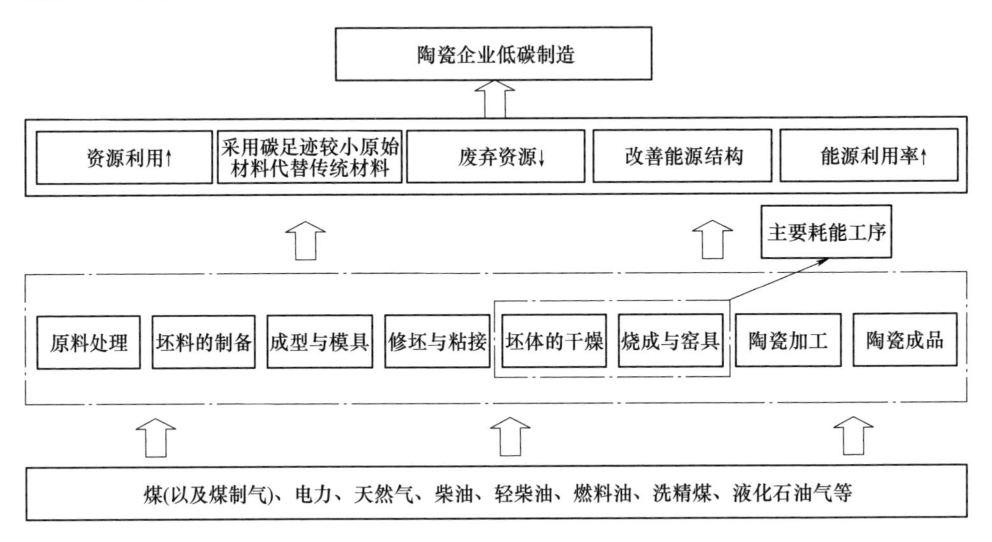

图 10-1　陶瓷企业低碳制造全过程

陶瓷制造是一个物料流动和状态持续转化的过程。输入系统的原料、毛坯半成品等，经过原料处理、坯料制备、成型处理、干燥、施釉烧结、陶瓷加工及改性等过程，输出陶瓷产品。物料的流动过程伴随着碳排放的产生，物料流是碳排放的实体体现。陶瓷企业实现低碳制造，要从物料流的角度出发，提高原料利用率以及回收率，并寻找碳足迹较小的原料来替代传统材料。

陶瓷企业制造系统是一个动态系统，其制造过程中的所有运动，包括各个生产工艺过程和物流环节，均需要能量来维持，都伴随着能量的流动。来自陶瓷企业制造系统外部的能量（如电能），流向制造系统的各有关环节或子系统，一部分用以维持各环节或子系统的运动，另一部分通过传递、损耗、储存、释放、转化等有关过程，以完成制造过程的有关功能。我国陶瓷企业所使用的能源燃料有多种来源，包括煤（以及煤制气）、电力、天然气、柴油、轻柴油、燃料油、洗精煤和液化石油气等。能源的使用过程是一个碳排放的过程，而且能量流是碳排放的最主要来源。目前我国陶瓷企业能耗大，导致碳排放压力特别大。陶瓷企业要实现低碳制造，必须实施节能减排策略，改善能源结构，提高能源利用率，从能量流角度实现低碳化。

10.2 陶瓷低碳制造系统生命周期碳排放特性

10.2.1 陶瓷企业能源碳排放特性及系数计算

随着我国陶瓷工业的快速发展，我国陶瓷产量已居世界第一位，但总体上仍存在产品档次低、能耗高、资源消耗大、综合利用率和生产效率低等问题，陶瓷工业仍属高投入、高排放、高消耗、低污染的行业。目前我国陶瓷行业的能源利用率与国外相比较差距大，发达国家的能源利用率一般高达 50%以上，美国高达 57%，而我国仅达 28%～30%。表 10-1 为国内外建筑陶瓷和卫生陶瓷的能耗统计比较。

表 10-1 国内外建筑陶瓷和卫生陶瓷的能耗统计比较

（单位：kg 标煤/m^2）

能耗水平	综合能耗		烧成能耗	
	建筑陶瓷	卫生陶瓷	建筑陶瓷	卫生陶瓷
国内落后水平			>4651	62790～79350
国内一般水平	2.5～15	400～1800	8372～12558	20930～41860
国内先进水平			2930～6279	6280～16700
国外先进水平	0.77～6.42	238～476	1256～4186	3350～8370

虽然陶瓷产品的单位产值能耗不断下降，但随着陶瓷产量的急剧增加，陶瓷工业的总能耗却逐年增加。建筑、卫生陶瓷行业的不断发展，表现出机械化、电气化水平的不断提高，一方面因装机功率的增加而导致单位电耗上升；另一方面设备的改进、效率提高和规模经济的实现而使产品单位电耗下降，所以，单位电耗变化不是很明显。表 10-2、表 10-3 为建筑陶瓷和卫生陶瓷产品 1995 年、2000 年、2005 年的产品单耗表。

表 10-2　建筑陶瓷产品 1995 年、2000 年、2005 年的产品单耗表

能耗	单位	1995 年	2000 年	2005 年
热耗	kg 标煤/m²	9.50	6.86	5.10
	kg 标煤/t	485	298.27	221.75
电耗	kW·h/m²	4.38	4.28	4.20
	kW·h/t	219	186.09	182.61
综合能耗	kg 标煤/m²	11.26	8.59	6.8
	kg 标煤/t	563	373.49	295.52

注：1995 年建筑陶瓷按 20kg/m² 计；2000 年按 23kg/m² 计。

表 10-3　卫生陶瓷产品 1995 年、2000 年、2005 年的产品单耗表

能耗	单位	1995 年	2000 年	2005 年
热耗	kg 标煤/m²	15.60	13.31	11.67
	kg 标煤/t	1200	1023.85	778
电耗	kW·h/m²	8.45	7.46	6.75
	kW·h/t	650	573.85	450
综合能耗	kg 标煤/m²	18.55	16.32	14.40
	kg 标煤/t	1426.9	1255.69	960

注：1995~2004 年卫生陶瓷按 13kg/m² 计。

我国陶瓷工业所使用的能源主要有煤及煤制气、洗精煤、柴油、燃料油、液化石油气、天然气、电力等。建筑陶瓷的能源消耗量见表 10-4，结构图如图 10-2所示。

表 10-4　建筑陶瓷的能源消耗量

能源名称	计量单位	能源消耗	占比（%）
原煤	万 t	391	27.95
电力	亿 kW·h	44.05	43.14
天然气	亿 m³	8.29	10.07
柴油	万 t	53.65	7.83
燃料油	万 t	52.48	7.50
洗精煤	万 t	26.25	2.36
液化石油气	万 t	6.72	1.15
总计	万 t 标煤	999.32	100

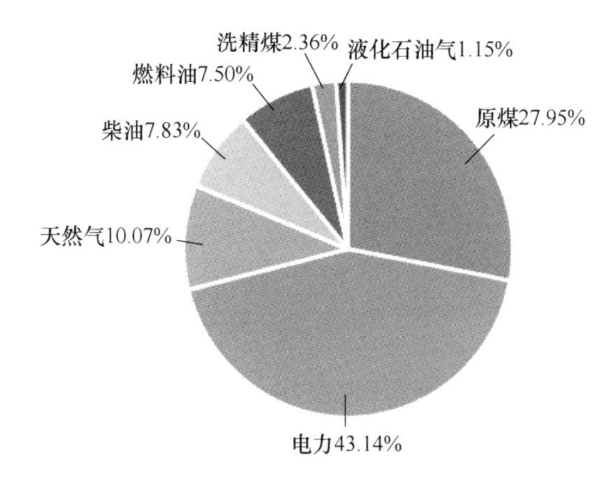

图 10-2　建筑陶瓷企业能源消耗结构图

10. 2. 2　陶瓷企业物料碳排放特性及系数计算

原料是陶瓷生产的基础，最初使用的陶瓷原料主要是天然的矿物原料或岩石原料，这些原料多为硅酸盐矿物，种类繁多，资源蕴藏丰富，分布广泛。但是，由于地质条件的复杂性，天然原料往往并非是单一的、纯净的，总是伴随着其他不同种类、含量的杂质矿物，从而导致天然原料的化学组成、矿物组成和工艺性能产生不确定性。随着陶瓷工业的快速发展，新型陶瓷材料及新的品种不断涌现，出现了种类繁多的陶瓷原料。然而，这些原料并不是开采出来就能够直接作为陶瓷物料，而是要经历采矿、运输、原料处理等阶段才能够真正意义上成为陶瓷可用的物料。陶瓷的各种物料也有其自身的生命周期过程，在这个过程中要消耗大量的能源，从而间接地产生大量的温室气体，在考虑陶瓷产品的环境影响时，这一部分温室气体也应该算作陶瓷产品的排放。陶瓷产品的物料要经历采矿、运输、原料处理等阶段，因此，利用生命周期法可以有效地确定各种物料的碳排放系数。

1. 陶瓷原料的构成

陶瓷原料有多种类型，主要包括黏土类原料、石英类原料、长石类原料及其他矿物原料，如瓷石、叶蜡石等。随着技术的发展，越来越多的新型原料也用于制作陶瓷，如氧化物类原料、碳化物类原料等。陶瓷原料分为三大类：具有可塑性的黏土类原料、具有非可塑性的石英类原料（瘠性原料）和长石类原料。

（1）黏土类原料

黏土是陶瓷工业的主要原料，黏土的性质对陶瓷的生产有很大的影响，因此掌握黏土的性质，尤其是工艺性质，是稳定陶瓷生产的基本条件。黏土的工艺性质指标有可塑性、结合性、触变性、干燥收缩性、烧结性与耐火度等，由于赋予了泥料可塑性和烧结性，黏土不仅能保证陶瓷制品的成型，而且能决定制品烧结后的性质，其具体作用如下：①赋予了坯泥一定的可塑性；②使注浆泥料及釉料具有悬浮性和稳定性；③其在坯料中结合其他非可塑性原料，使坯泥具有一定的干坯强度；④黏土是陶瓷生成时莫来石的主要来源。

（2）石英类原料

石英即为结晶态的二氧化硅，由于经历的地质作用及成矿条件不同，石英呈现多种状态，并有不同的纯度。石英的类型较多，一般包括水晶、脉石英、砂岩等。石英作为日用陶瓷的主要原料之一，在陶瓷生产中起着重要的作用，具体如下：①最为瘠性原料，可调节泥料的可塑性；②在陶瓷烧成时，石英的体积膨胀可部分地抵消坯体收缩的影响；③合理的石英颗粒能大大提高陶瓷器坯体的强度；④增加釉料中石英含量能提高釉的熔融温度与黏度，并减小釉的热膨胀系数。

（3）长石类原料

长石是陶瓷原料中最常用的熔剂性原料，在陶瓷生产中用作坯料、釉料、色料熔剂等基本组分，用量较大，是陶瓷三大原料之一。长石类原料主要是含碱金属氧化物的矿物原料，除此之外，一些含碱土金属的矿物也可作为熔剂原料使用，其中含氧化钙和氧化镁的碳酸盐矿物较为常见。

2. 物料碳排放系数确定

碳足迹作为描述某个特定活动或实体产生温室气体排放量的术语（PAS 2050），已成为一种评价温室气体排放对气候变暖贡献的方式，并且很多组织已经提供了比较规范的计算碳足迹的方式。碳足迹是指由某一活动或产品在其整个生命周期阶段直接和间接排放的各种温室气体总量；碳足迹的计算是根据生命周期评价的基本原理，计算产品整个生命周期内的温室气体排放。因此，通过计算各种物料的碳足迹可以有效地确定各种物料的碳排放系数。

根据《PAS 2050 规范》，计算任何商品和服务的碳足迹有以下几个必需步骤：

1）选定产品并确定其功能单元，在计算碳足迹时，确定功能单元是一个非常重要的步骤，为了进行计算，功能单元可以被认为是某一特定产品的一个有意义的数量。

2）基于产品或服务的生命周期过程，绘制一幅过程图即生命周期流程图。

3）检查边界并确定优先顺序。

4）收集数据。

5）计算碳足迹。《PAS 2050 规范》把产品中的每种物料看成一种产品，碳排放系数指每吨物料的碳排放，因此把功能单元指定为1t某种物料（如1t高岭石等）；从矿石到最终成为陶瓷所需要的物料，陶瓷物料一般经历矿石采选、运输、原料处理等几个阶段，然后进入陶瓷的制造系统。因此，物料的生命周期流程及系统边界如图 10-3 所示。

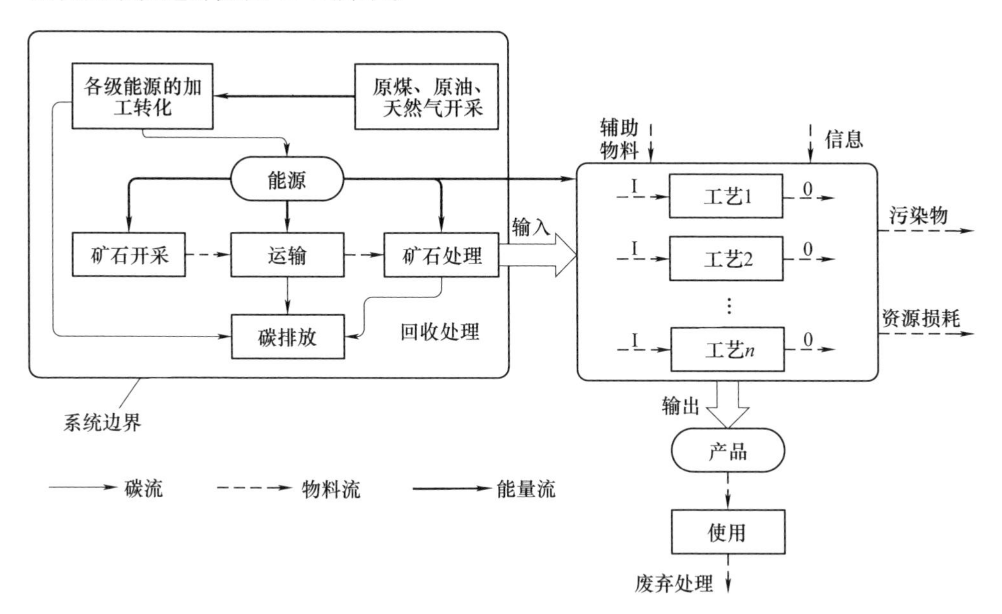

图 10-3　物料的生命周期流程及系统边界

由图 10-3 可以看出，在所确定的系统边界内，物料要经过矿石开采、运输、矿石初加工等阶段，在各个阶段物料要消耗一定量的不同种类的能源且同时产生碳排放。而物料的碳排放主要来自于两个方面：一方面是来自于耗能引起的碳排放；另一方面是来自于物料生产过程中逸散、化学反应等的排放。因此，在计算物料碳足迹时应该把这两方面都考虑进来。然而，物料生产过程中逸散、化学反应等的排放量一般相对较少，且具体数据难以统计，故这方面的碳排放暂不考虑。如图 10-3 所示，系统边界内，能源的开采、生产环节也会产生碳排放，由于这一部分碳排放已经被考虑到能源的碳排放系数中，在计算物料的碳排放系数时就不再考虑。

因此，可以通过系统边界内的物料分能源品种的能耗量乘以分能源品种的碳排放系数求取某种物料的碳足迹，即碳排放系数，而能耗量应为各个阶段的能耗量之和。

综合以上分析，各种物料的碳排放系数的具体计算公式为

$$\mathrm{EF}_j^{\mathrm{m}} = \mathrm{CFP}_j^{\mathrm{m}} = \sum_{i=1}^{n} E_i \mathrm{EF}_i^{\mathrm{f}} \tag{10-1}$$

$$E_i = E\eta_i = (E_{\mathrm{ex}} + E_{\mathrm{tr}} + E_{\mathrm{pr}})\eta_i \tag{10-2}$$

式中，EF_j^m 为第 j 种物料的碳排放系数（$kgCO_2e/t$）；CFP_j^m 为第 j 种物料的碳足迹（$kgCO_2e$）；EF_i^f 为第 i 种能源的碳排放系数（$kgCO_2e/t$ 标准煤）；E_i 为第 i 种分能源量（t 标准煤）；E 为第 j 种物料系统边界内物料的载能量（t 标准煤），由开采阶段能耗 E_{ex}、运输阶段能耗 E_{tr} 及除加工阶段能耗 E_{pr} 三部分组成；η_i 为消耗的第 i 种能源在物料载能量中的百分比。

由式（10-1）可知，计算物料碳排放系数的问题可以转换成计算物料的载能量及其生产中的能源构成，且由陶瓷原料构成分析可知，原料总体上可以分为黏土类原料、石英类原料、长石类及石膏原料四种，因此只需考虑计算这四种原料的载能量。由于国内对这方面的研究暂时比较少，参考 Sim pro7. 1、相关文献以及实际调研数据等，陶瓷原料的载能量见表 10-5。

表 10-5　陶瓷原料的载能量

能源	黏土类/kg	石英类/kg	长石类/kg	石膏/kg
天然气/m^3	3. 06e-3	7. 95e-3	2. 7e-4	2. 05e-2
原煤/kg	4. 35e-3	9. 66e-2	1. 12e-3	1. 26e-2
原油/kg	3. 99e-2	9. 76e-3	2. 59e-3	2. 03e-2

根据表 10-6 中各种原料的载能量，以及不同能源的碳排放系数，按照式（10-2）可计算得出各物料的碳排放系数见表 10-6。

表 10-6　物料的碳排放系数 EF_j^m

物料	黏土类/kg	石英类/kg	长石类/kg	石膏/kg
碳排放系数/($kgCO_2e/t$)	145. 32	266. 40	11. 48	141. 16

10. 2. 3　陶瓷产品生命周期物料与能量平衡分析

1. 物料平衡分析与计算方法

陶瓷物料平衡分析是陶瓷工艺设计的重要组成部分，它是以产品方案、工艺流程、工艺参数、生产规模及生产班制为基础，对陶瓷生产过程中各工序物料量的一种近似计算方法。通过物料的平衡计算，不仅可以计算从原料进厂至成品出厂各工序所需处理的物料量，作为确定车间生产任务、设备选型及人员编制的依据，还可以确定各种原材料单位消耗指标，作为计算陶瓷产品物料碳排放及生产成本的依据。

（1）物料平衡理论

物料平衡是通过测定和计算，确定输出系统物流的量（或物流中某一组分的量）和输入系统物流的量（或物流中某一组分的量）相符情况的过程。物料平衡分析是对物料投入量与产出量进行分析的方法，在陶瓷产业实施低碳制造过程中，利用物料平衡分析法，可以准确判断废物流，定量确定废弃物的数量、成分以及去向，从而发现过去无组织排放或未被注意的物料流失，发现资源的有效利用量、过程损耗，进而采取措施提高资源的利用率，从而为实现低碳制造提供科学依据。物料平衡的理论依据是质量守恒定律，即在一个孤立的系统中，不论物质发生何种变化，它的质量始终不变。根据质量守恒定律，对于某个系统，输入的物料量应该等于中间产品量与可见损耗量之和，故物料在其平衡边界内的基本关系可以表示为

$$理论投料量=中间产品量+可见损耗量$$

物料平衡是以生产过程数据、计量数据和物性数据为基础进行计算。准确的平衡结果可以真实地再现整个生产过程的物流情况。

（2）物料平衡模型

在物料平衡计算中，损失率、废品率、回坯率等工艺参数可以直接说明输入物料和输出物料的数值关系。因此，可以根据这些工艺参数直接由输入量得出输出量。可以建立图10-4所示框图模型来描述物料平衡计算，第 i 道工序的输入为 M_1^i、M_2^i、…、M_k^i 等 k 种物料，输出为 M_1^{i+1}、M_2^{i+1}、…、M_k^{i+1}，输入与输出物料之间的关系为 $M_k^i=M_k^{i+1}\times\eta_k^i$，其中 η_k^i 为第 i 道工序中物料 M_k^i 的转换关系。

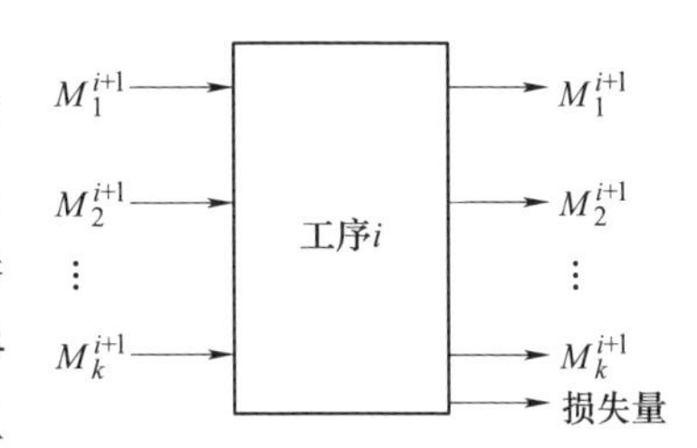

图10-4 物料平衡框图模型

一旦单个工序的物料平衡关系被确定，则可根据陶瓷生产的工艺流程，逆着工艺流程可以确定整个生产过程中各种物料的需求量。因此，结合本章参考文献［21］确定了陶瓷产品物料平衡计算的步骤如下：

1）确定陶瓷的生产工艺流程，并根据生产工艺流程选择平衡计算项目。

2）确定与平衡计算项目密切相关的工艺参数。

3）逆着生产流程的工序，逐项计算各种物料的最终需求量。

1）陶瓷生产工艺流程分析。陶瓷生产过程中的工序繁多、复杂，对于不同的陶瓷产品，工序也往往差异很大，如对于常用的建筑陶瓷、卫生陶瓷及工艺陶瓷等，其功能、结构的差异性导致其生产工艺千差万别。尽管各种陶瓷产品的工序差异较大，但除了探矿、采矿等阶段外，陶瓷产品生产过程中一般主要经历以下几大工序：原料处理、坯料制备、制模、成型加工、干燥、施釉、烧成、装饰包装等。

图10-5为陶瓷生产的一般工艺流程。可以看出，在陶瓷生产过程中所需的物料主要有三种，其中陶瓷生产所需坯料是陶瓷的基础物料，而制釉原料和制模原料作为辅助物料成为陶瓷的一部分。各种物料在陶瓷生产过程中要经过多

个加工工序处理而成为陶瓷的一部分，因此各种物料会以杂质、污染物及废弃物的形式损耗掉。为了对陶瓷生产进行物料平衡计算，可以以陶瓷坯料所经历的工艺路线为主线，以辅料所经历的工艺路线为辅线，对各个工序进行物料平衡分析，进而确定整个生产过程中的物料需求、消耗情况。

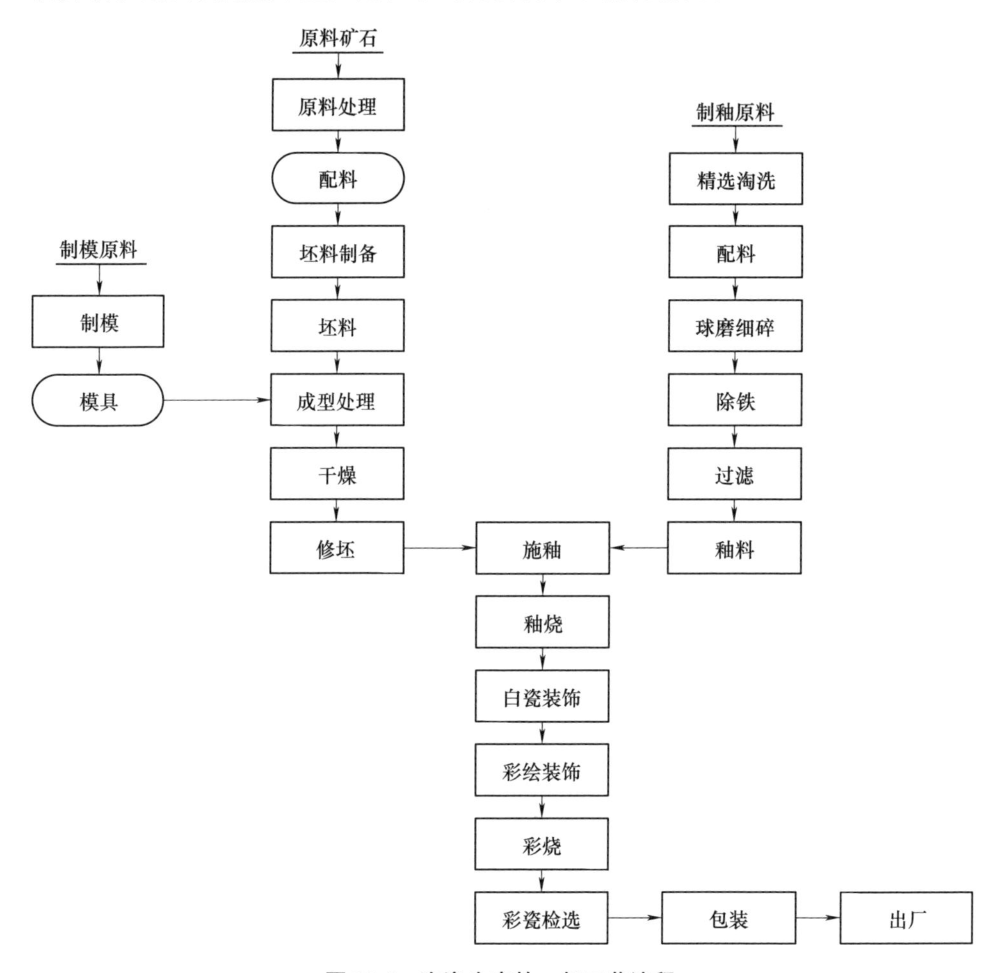

图 10-5 陶瓷生产的一般工艺流程

由图 10-5 可以看出，原料矿石经过原料处理阶段后制得粉体原料，并根据陶瓷的坯料的构成及性质，选择各种不同量的原料制备坯料，然后坯料经过成型处理成为坯体，坯体经过干燥、烧成等工序成为最终品，在这些工序中，由于要除杂、除铁及灼烧等将会使各种原料造成损失；制釉过程包含了原料精选淘洗、配料、球磨细碎、出铁及过滤等工序，在各个工序中各种原料会以杂质及粉尘等形式损失掉；制模是陶瓷生产的一项重要工序，在生产过程中每件陶瓷可以多次使用，因此制模所需的制模原料消耗应根据总产出量分配到单位产出的产品上。

2）确定工艺参数。确定工艺参数是进行物料平衡计算的前提，工艺参数的确定可以按照工艺流程，参考加工实验报告和生产实践数据来计算。陶瓷厂的主要工艺参数主要有各种原料的烧灼量及自然含水率、各工序损失率、各工序废品率、坯料烧失率等。在物料平衡计算过程中，不同陶瓷产品的工艺参数要根据自身企业生产实践来确定，表10-7给出了不同陶瓷产品的工艺参数实例。

表10-7 不同陶瓷产品的工艺参数实例

参数	石英类	长石类	石膏
原料净选损失率（%）	10~15	10~15	10~15
原料加工损失率（%）	3~5	3~5	3~5
成型过程原料损失（%）	2	2	2
坯料烧失率（%）	8~10	8~10	8~10
坯体入干燥室水分（%）	6.5~9	13~18	15~20
坯体出干燥室水分（%）	1~2	<2	1~3
素烧合格率（%）	85~90	80~85	彩烤98
釉烧合格率（%）	90~95	80~85	烧成96~97
石膏模使用次数	—	65~70	—

3）基于工艺的物料平衡计算。包括：

烧成量（t）

烧成量=陶瓷成品/(1-检验、包装废品率)

装窑量（t）

装窑量=烧成量/(1-烧成废品率)

施釉量（t）

施釉量=装窑量/(1-施釉废品率)

干燥量（t）

干燥量=施釉量/(1-干燥废品率)

成型量（t）

成型量=干燥量/(1-成型、修坯废品率)

坯料需求量（干基）（t）

坯料需求量(干基)=成型量/(1-烧失率练泥)/(1-过滤损失率)/(1-切削损失率)

泥料破碎、粉碎加工量（干基）

泥料破碎、粉碎加工量(干基)=干基坯料需求量/(1-粗、中碎损失率)/(1-

球磨、过筛损失率)

各种原料处理量（干基）(t)

各种原料处理量(干基)(t)= 泥料破碎、粉碎加工量(干基)×该原料在配料中的百分比(%)

各种原料进厂量（湿基）(t)

各种原料进厂量(湿基)(t)= 各种原料处理量(干基)/(1-存储损失率)/(1-洗选损失率)/(1-自然含水率)

2. 能量平衡分析与计算方法

(1)“三环节”能量模型简介

“三环节”能量模型是根据过程系统中能量的作用及其变化线索提出的，模型结构如图 10-6 所示。该模型按系统中能量的演变过程将系统划分为三个不同功能的环节，即能量转换环节、能量利用环节和能量回收环节。“三环节”模型不仅概括了各种类型与复杂程度的过程系统能量结构与共性规律，并给出了严格、定量的过程系统能量流结构的拓扑关系。

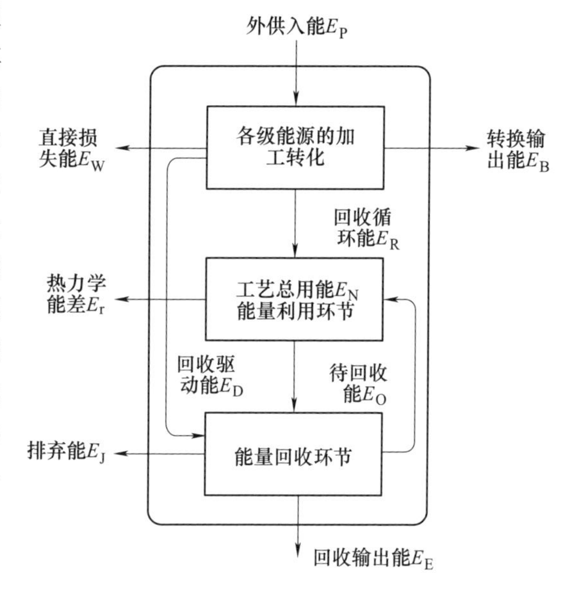

图 10-6 “三环节”能量模型结构

(2) 陶瓷企业“三环节”能量平衡模型及计算方法

1) 陶瓷企业“三环节”能量模型。结合陶瓷制造工艺流程以及陶瓷企业的实际生产情况，可以提出反映陶瓷企业的能量模型，如图 10-7 所示。根据图 10-7 中陶瓷企业“三环节”能量模型结构及各环节的能源使用特点，可以计算出陶瓷企业能量系统各环节的能量效率。

① 能量转换与传输环节。陶瓷企业的能源消费主要是煤、液化石油、重油、水煤气、电等，主要用于生产设备（窑炉、雷蒙机、搅拌机、喷雾塔、压滤机、真空练泥机、旋坯机等）、全厂空调、照明设备等。此环节是将这些一次或二次能源及含能工质通过转换或传输环节送到工艺系统中。如煤气发生站将原煤转换为煤气供窑炉使用，重油用于喷雾塔和窑炉，电能通过配电站输送到各车间层等。其能量转换效率可表示为

$$\eta_U = 1 - \frac{E_W}{E_P} = \frac{E_U + E_D + E_B}{E_P} \tag{10-3}$$

式中，η_U为转换环节的能量转换效率；E_P为进入转换环节的能源总量（J）；E_W为转换环节直接损失的能量（J）；E_U为从转换环节送入利用环节的有效能（J）；E_D为从转换环节送入回收环节驱动能（J）；E_B为从转换环节送入系统外的能量（J）。

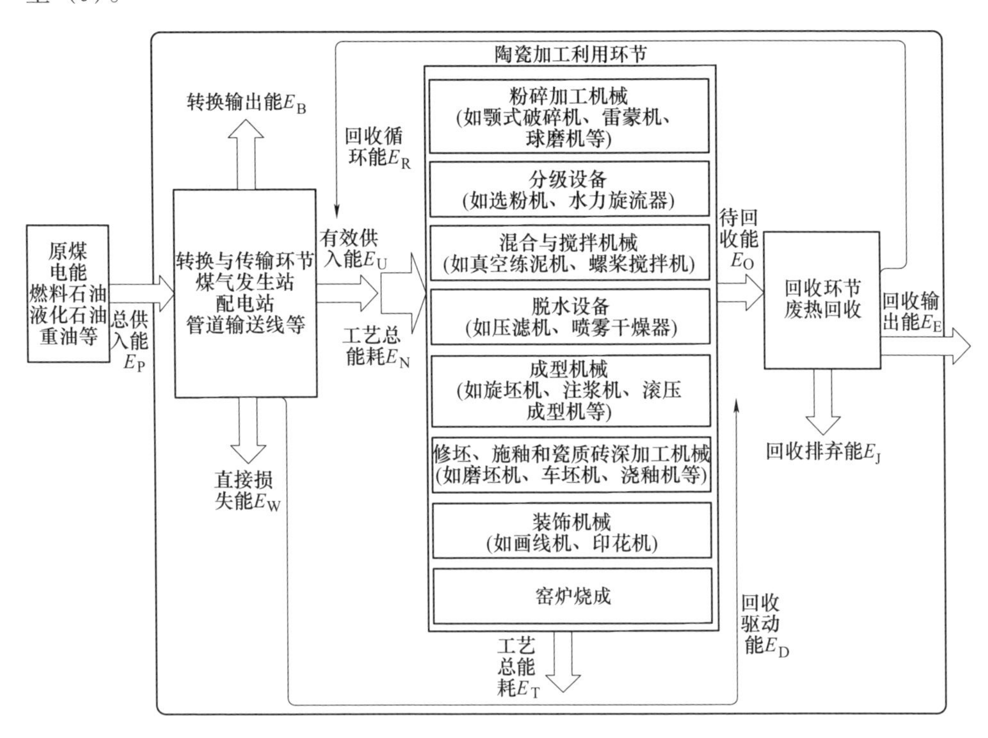

图 10-7　陶瓷企业“三环节”能量模型结构

② 能量利用环节。能量利用环节（主要生产系统、辅助生产系统、附属生产系统）是陶瓷企业的核心环节，主要由原料处理、成型、干燥、修坯、烧成等工艺单元组成。工艺过程的总用能 E_N（$E_N = E_U + E_R = E_T + E_O$）和工艺总能耗（用于工艺系统中各操作单元的能量消耗）E_T的大小反映了能量利用环节的用能水平，此环节能源效率可表示为

$$\eta_T = 1 - \frac{E_T}{E_N} \tag{10-4}$$

式中，η_T为利用环节的能量转换效率。

③ 能量回收环节。此环节是尽可能多地回收循环能和输出能 E_R和 E_E，评价指标能量回收率 η_R可表示为

$$\eta_R = 1 - \frac{E_R + E_E}{E_D + E_O} \tag{10-5}$$

式中，η_R为回收环节的能量使用效率；E_R为回收环节回收的循环能量（J）；E_E为回收环节的回收输出能（J）；E_O为进入回收环节的待回收能量（J）；E_D为进入回收环节的驱动量（J）。

2）陶瓷企业能量需求—分布流向分析。“三环节”能量模型是从系统的角度出发，综合考虑能量的转换与传输、能量的利用、能量的回收三个环节中的能源演变情况。为了计算出企业及企业内各单位、各设备的用能有效率，结合统计资料计算单位综合能耗，反映陶瓷企业各种能源消耗水平，可根据“三环节”能量模型分析企业的能量需求及分布流向，具体能量需求—分布流向图如图 10-8 所示。

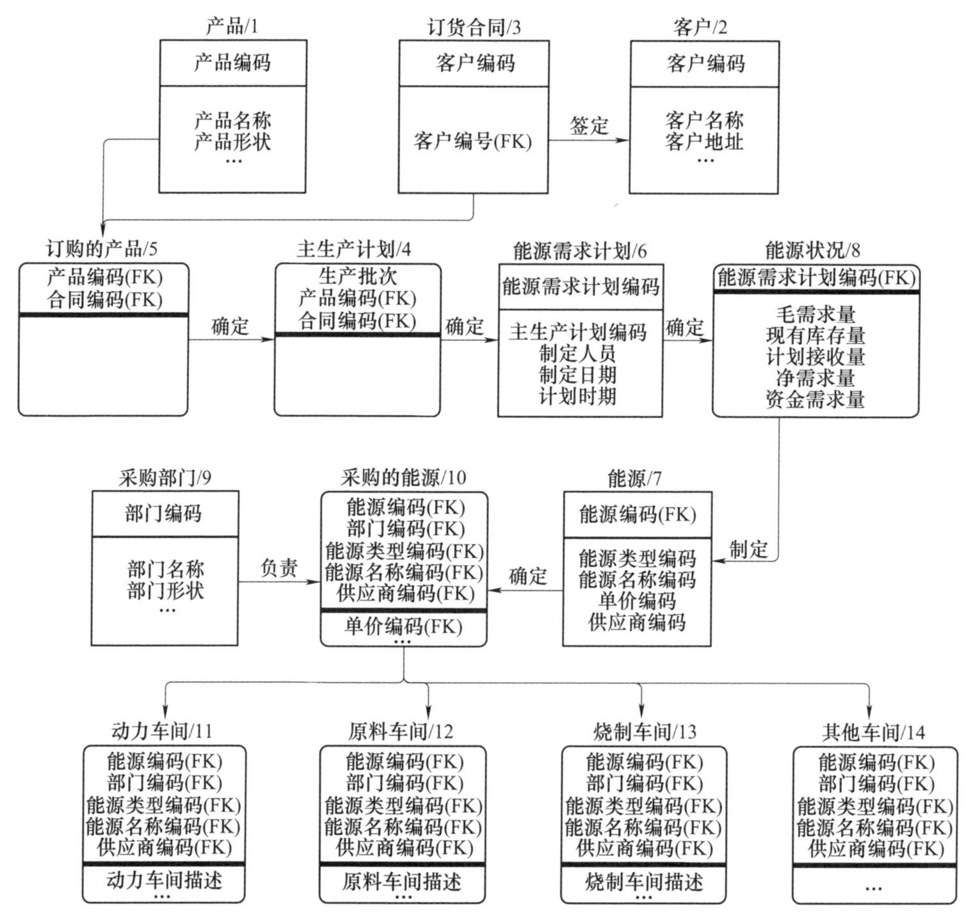

图 10-8　典型陶瓷企业的能量需求—分布流向图

图 10-8 综合反映了陶瓷生产企业对能源的需求投入情况、能源的流动情况及能源的分配消耗情况，从而可以确定生产设备、制造单元、车间甚至工厂四个层次的制造系统能源利用情况。

3）能量平衡计算。根据所建的陶瓷企业“三环节”能量模型，可以确定整个制造系统的能量平衡关系，见表 10-8。

表 10-8　制造系统能量平衡关系

环节	能量转换与传送	能量利用	能量回收
平衡关系	$E_U+E_R=E_N$ $E_N=E_T+E_O$	$E_O+E_D=E_R+E_E+E_J$	$E_P=E_U+E_D+E_B+E_W$
效能指标	$\eta_U=1-E_W/E_P$	$\eta_T=1-E_T/E_N$	$\eta_R=1-(E_R+E_E)/(E_D+E_O)$

表 10-9 中的平衡关系确定了各个环节总的能源输入量及总的输出量，针对各个环节，根据建立的能量需求—分布图，可以确定设备、制造单元等不同层次的耗能量，建立其平衡表。重油平衡实例见表 10-9。

表 10-9　重油平衡表

输入/kg	输出/kg	
12696. 92	原料车间	4813. 91
	烧制车间	7796. 67
	库存	86. 34
	输出合计	12696. 92

10. 3　陶瓷低碳制造系统碳足迹评估

10. 3. 1　研究目的与范围

1. 研究目的

本章的研究目的是确定我国陶瓷行业陶瓷产品在其生产过程中单位重量产品的碳排放情况，找出影响我国陶瓷行业陶瓷产品整个生命周期过程中碳排放源，并确定碳排放的薄弱环节，从而提出改进措施，为我国陶瓷企业实现低碳化制造提供科学理论依据。

2. 研究范围

本章将研究陶瓷产品整个生命周期流程的能源、物料消耗情况及碳排放情况，包括陶瓷物料生产、陶瓷生产、陶瓷运输及使用、陶瓷废弃物处置及回收再利用等各个阶段，系统边界包括上述所有阶段，如图 10-9 所示。并将其功能单元设置为1t陶瓷产品。

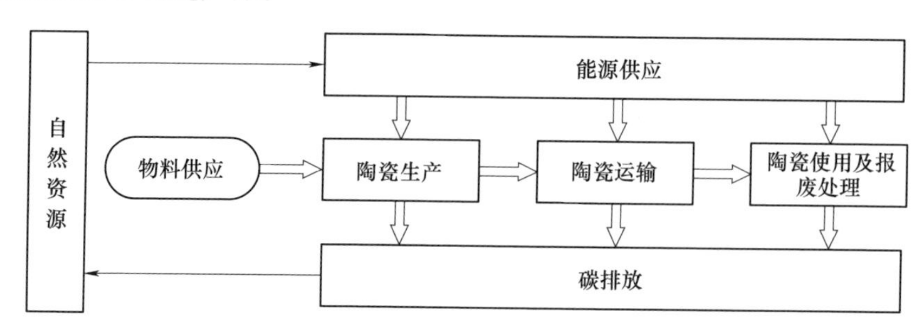

图10-9 陶瓷产品生命周期评价系统边界

10.3.2 数据采集

陶瓷产品的碳排放主要来自两个方面：一方面是物料生产过程中的碳排放，即在原料开采、原料运输及原料制备三个阶段的碳排放之和；另一方面是陶瓷生产、运输、使用及处置等各个阶段能源消耗引起的碳排放。因此清单分析的主要任务是分析陶瓷产品生命周期各阶段物料及能源引起的间接碳排放，而生产过程中的直接碳排放由于量比较少且难以测量，暂不考虑。

因此，数据采集需要采集两类数据：活动水平数据和碳排放系数数据。活动水平数据指陶瓷在其生命周期中所涉及的各种物料输入和输出量及能源使用量。碳排放系数是指单位活动水平数据排放的温室气体数量。

10.2.2节中已计算出各种常用能源的碳排放系数及物料的碳排放系数，因此，只需确定陶瓷在其生命周期内各种物料消耗量及各种能源消耗量，根据10.2.3节中给出的陶瓷生命周期内物料平衡模型及能源平衡模型，并结合企业实际生产情况，可以确定陶瓷产品生命周期内的物料消耗量及能源消耗量。

10.3.3 碳足迹计算

研究表明，陶瓷生产过程中的碳排放源主要有能源碳排放、物料碳排放及工艺过程碳排放三类。能源碳排放主要指一次能源（原煤、原油及天然气）、电能及其他二次能源（焦炭、汽油、柴油等）的碳排放；物料碳排放主要指陶瓷生产过程中所需各种物料在其生产加工过程中的碳排放；工艺过程碳排放指生产过程中的直接碳排放，考虑到这种碳排放量较少且不易统计，暂不做考虑。

陶瓷产品的碳足迹计算公式为

$$\mathrm{CFP} = \sum_{i=1}^{n} \mathrm{EF}_i^{\mathrm{f}} Q_i^{\mathrm{f}} + \sum_{j=1}^{m} \mathrm{EF}_j^{\mathrm{m}} Q_j^{\mathrm{m}} \tag{10-6}$$

式中，CFP为陶瓷产品的碳足迹（$\mathrm{kgCO_2e/t}$ 陶瓷）；$\mathrm{EF}_i^{\mathrm{f}}$ 为各种能源的碳排放系

数（$kgCO_2e/t$ 标准煤）；Q_i^f 为各种能源的消耗量（t 标准煤）；EF_j^m 为各种物料的碳排放系数/($kgCO_2e/t$)；Q_j^m 为各种物料的消耗量/(t)。

10.3.4 案例分析

我国陶瓷产量已居世界第一位，而建筑、卫生陶瓷约占总陶瓷生产的90%，图 10-10 为我国近年来卫生陶瓷的年产量变化。然而，我国陶瓷行业却总体存在能耗高、资源消耗大、综合利用率低等问题。与此同时，高能耗带来的高污染，对主要瓷区级周边地区带来极大的环境压力。

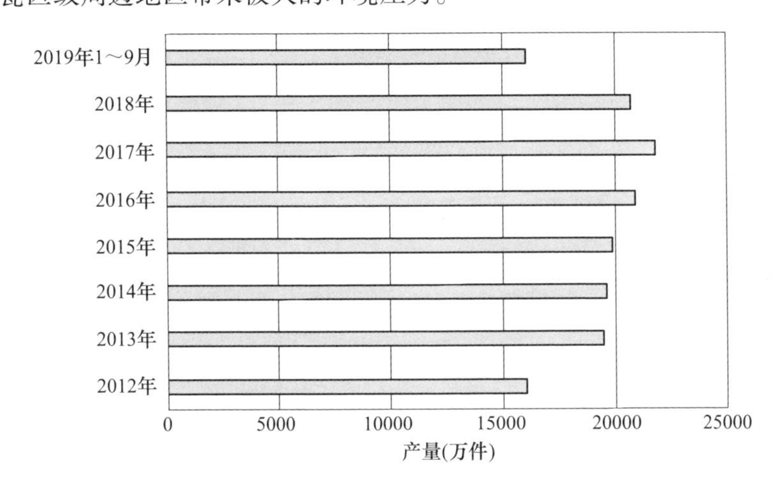

图 10-10 我国卫生陶瓷年产量统计表

由于建筑、卫生陶瓷在我国陶瓷生产中占比较大，对环境影响较大，因此本书选择景德镇一家具有代表性的卫生陶瓷生产企业作为研究对象，分析量化该企业陶瓷产品生产各个工序过程的各种物料和能源消耗，计算该企业生命周期各个阶段的碳排放情况及其碳足迹，从而发现导致碳足迹偏大的因素，并为企业实现低碳制造提供可靠的依据。功能单位选择为 1t 该企业生产的卫生陶瓷，系统边界涵盖卫生陶瓷从原料开采、原料运输、原料处理、成型处理、干燥、施釉烧成到使用及回收、废弃填埋所有生命周期阶段。

1. 计算各种物料消耗及其碳排放

通过进入该企业实际调研，该企业 2008 年共生产卫生陶瓷成品 7878. 7t，中间产品泥浆 13780. 98t，釉浆 590. 2t，石膏模 1210. 1t。为了方便计算各种物料的碳排放，根据矿物原料所属种类，现将该企业所消耗的物料划分为黏土类矿物原料、石英类矿物原料、长石类矿物原料及石膏。黏土类原材料主要包括苏州土、碱石、紫木节和彰武黏土等；石英类原材料主要包括石英及大同砂石等；长石类原料主要包括长石、滑石等。根据调研企业坯体、釉浆等生产配方，以及上述各种原料的分类及其所在地区资源特点，可以得到该卫生陶瓷企业的各种物料消耗清单，见表 10-10。

表 10-10　各种物料消耗量

原料种类	苏州土	碱石	紫木节	彰武黏土	石英
质量/t	2268.21	1610	2605.52	430.93	3778.18
百分比（%）	15.8	11.2	18.2	3	26.3
原料种类	大同砂石	长石	滑石	石膏	
质量/t	443.36	3076.37	143.65	1210.11	
百分比（%）	3.1	21.4	1		

由表 10-10 可知，该卫生陶瓷企业 2009 年共消耗各种原料 15566.33t，其中用于生产泥浆及釉浆的原料为 14356.22t，而用于石膏模生产的原料为 1210.11t。黏土类原料共消耗 6914.66t，占总消耗原料的 48.2%；石英类原料共消耗 4221.54t，占总消耗原料的 29.4%；长石类原料共消耗 3220.02t，占总消耗原料的 22.4%。而该企业 2009 年共生产卫生陶瓷 7878.7t，因此，可以计算该企业生产 1t 陶瓷所需各类物料的质量，计算结果见表 10-11。

表 10-11　生产 1t 陶瓷所需各类原料量

原料种类	黏土类	石英类	长石类	石膏
质量/t	0.878	0.536	0.409	0.154

根据 10.2.3 节各种物料碳排放系数的计算，可确定该企业的物料碳排放，见表 10-12。

表 10-12　物料碳排放

原料种类	黏土类	石英类	长石类	石膏
质量/t	0.878	0.536	0.409	0.154
碳排放系数/($kgCO_2e/t$)	145.32	266.40	11.48	141.16
碳排放量/($kgCO_2$/t 陶瓷)	127.59	142.79	4.69	21.74

通过表 10-12 对各种物料引起的碳排放计算，可以确定 1t 陶瓷生产所消耗物料的碳排放为 296.81$kgCO_2$/t 陶瓷。

2. 计算各阶段能源消耗及碳排放

由陶瓷生产工艺流程可知，陶瓷生产主要工序包括原料制备、成型处理、施釉烧成、制模、检验等辅助性生产等，这些工序都需要消耗能源，因此，需要考虑这些阶段的能源消耗及其碳排放。此外，陶瓷产品还要经过分销运输、废弃回收及填埋处理等，因此，也需要考虑这些阶段的碳排放。但陶瓷的废弃回收及填埋处理过程复杂，数据难以统计，因此该阶段的碳排放暂不考虑。在调研过程中，还发现部分数据无法统计，因此，对于无法统计的部分数据采用估算和取经验值的方法获得。

由调研结果可知，该卫生陶瓷企业消耗的能源主要包括电力、天然气、柴油等，根据2009年该企业的生产情况，该企业年消耗能源为7327.8t标准煤，其中电力共消耗8222999kW·h（生产用电7939616kW·h，占用电总量的96.55%）；柴油消耗10.85t，主要用于原材料制备等；天然气使用量为4737508m^3，其中施釉烧成消耗天然气为2897322m^3，占总使用量的61.15%。运输分销阶段，假设陶瓷通过铁路和公路两种运输方式进行运输，且两种运输方式运送的陶瓷量各占一半，运输距离取300km，铁路运输主要消耗的是电能而公路运输主要消耗的是汽油，且根据《2008年中国能源统计年鉴》，我国铁路货运综合能耗为72.5kg标准煤/10^4t·km，我国公路运输油耗为7.06L/10^2t·km。

通过实际调研，根据各个阶段的耗能特点及该年的陶瓷总产量，并综合以上分析，可以得出生产1t陶瓷产品在各个阶段的能源消耗量，结果见表10-13。

表10-13　生产1t陶瓷产品在各个阶段的能源消耗量

阶段	电力/kW·h	天然气/m^3	柴油/kg	汽油/kg
制模	3.31e+01	1.46e+01	0.00e+00	0.00e+00
原料处理	2.01e+02	0.00e+00	1.56e+00	0.00e+00
成型处理	3.07e+02	1.58e+02	0.00e+00	0.00e+00
施釉烧成	3.13e+02	4.16e+02	0.00e+00	0.00e+00
辅助类生产	3.22e+02	9.1e+01	0.00e+00	0.00e+00
分销传输	3.02e+00	0.00e+00	0.00e+00	7.73e+00
总计	1.48e+03	6.8e+02	1.56e+00	7.73e+00

根据各种能源的碳排放系数，可计算各阶段或工序的碳排放量见表10-14。

表10-14　各阶段的碳排放量　（单位：kgCO_2e/t陶瓷）

阶段	制模	原料处理	成型处理	施釉烧成	辅助生产	分销运输
碳排放量	87.8	333.6	866.9	1476.1	735.9	33.3

所以，生产1t陶瓷产品的能源碳排放为3.534t CO_2e/t陶瓷。

3. 碳足迹计算

综合以上分析，可计算出该企业2009年所生产的碳足迹，见表10-15。

表10-15　2009年陶瓷产品碳足迹（单位：kgCO_2e/t陶瓷）

指标	物料碳排放	能源碳排放	碳足迹
结果	296.81	3538	3834.81

根据上述结果，作图10-11，可以看出，在只考虑物料碳排放及能源碳排放的情况下，能源碳排放占产品碳足迹的92%，陶瓷企业生产过程中的能源消耗是导致陶瓷产品碳足迹较大的主要原因。且在生产过程中，不同工序或阶段由于能源消耗各异，因此碳排放也会有差异。由图10-12可以看出，成型处理和施釉烧阶段的碳排放最大，在陶瓷企业实施低碳制造时，要优先考虑这些阶段对产品生命周期内碳足迹的影响。

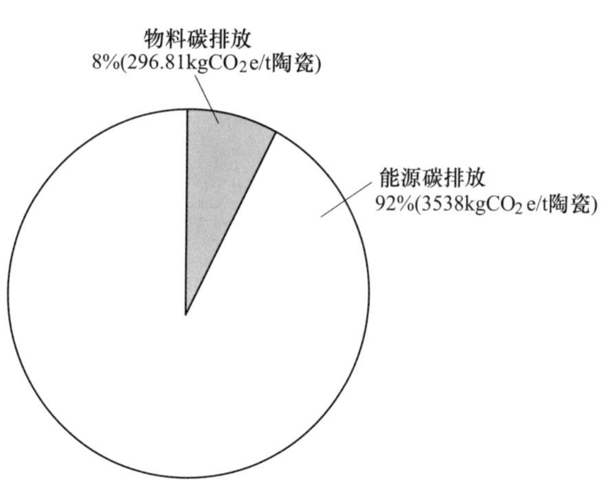

图10-11 物料碳排放与能源碳排放的百分比

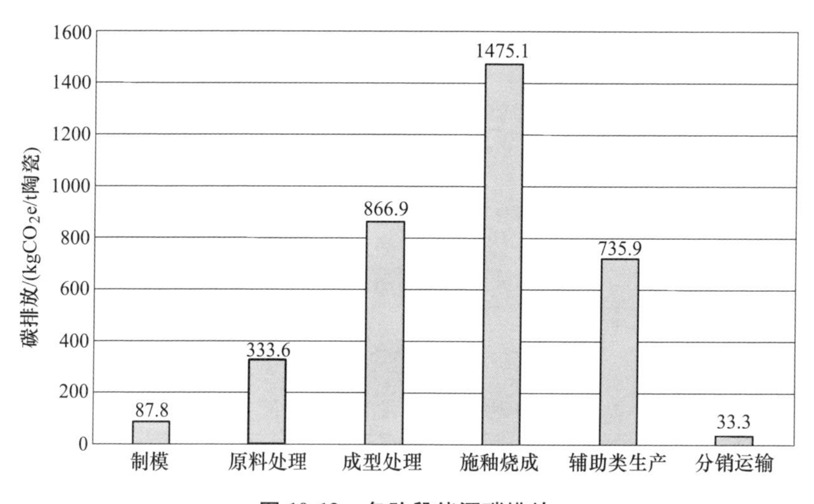

图10-12 各阶段能源碳排放

10.4 基于模糊Petri网的陶瓷低碳制造系统建模方法

10.4.1 陶瓷企业生产过程建模

图10-13为陶瓷产品的生产工艺流程图，主要包括6个阶段，即原料处

理阶段、坯料制备阶段、成型阶段、干燥处理阶段、施釉烧制阶段以及装饰阶段。原料处理是指进行陶瓷生产之前，对原料进行粉碎、精选、洗涤等处理；坯料的制备主要有可塑坯料的制备和压制坯料的制备，泥浆经压滤机过滤后得到的泥饼由于过滤工艺本身的原因，泥饼中各组分的分布往往是不均匀的，需经真空练泥得到各组分的均匀分布，结构致密；成型指采用不同的方法将坯料制成具有一定形状和尺寸的坯料；干燥指用于提高坯体的机械强度、力学性能，有利于装窑操作，并保证烧成初期的顺利进行；施釉烧制指通过高温方式，在陶瓷体表面上附着一层玻璃态层物质和利用热能使粉末坯体致密化；装饰指在制品表面进行美术加工，绘制丰富多彩的画面，以增进美观和取得艺术效果。

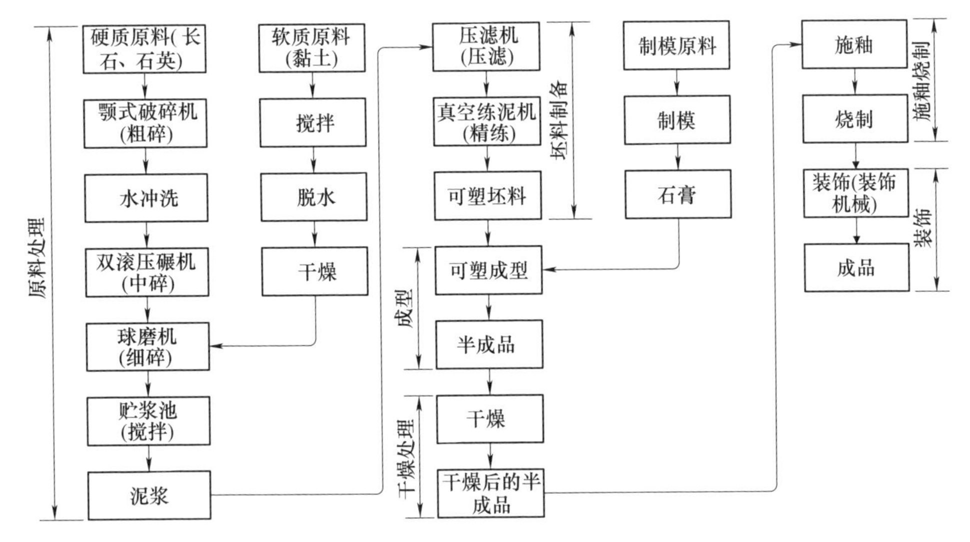

图 10-13 陶瓷企业生产工艺流程

1. 陶瓷企业生产过程模糊 Petri 网框架模型及嵌套子模型

根据 4.1 节中模型的定义与演化规则，结合图 10-13 陶瓷产品的生产工艺流程，可得陶瓷企业低碳制造过程模糊 Petri 网总框架模型以及各个模糊变迁的嵌套子模型如图 10-14 所示。图 10-15~图 10-17 分别给出 T1、T2、T5 的嵌套子模型，这些嵌套子模型为非原子型，可进一步分解。图 10-18 为模糊变迁 T1.4 的嵌套子模型，图 10-19 为模糊变迁 T2.2 的嵌套子模型。表 10-16 给出了模型中网元素及其相关约束说明。

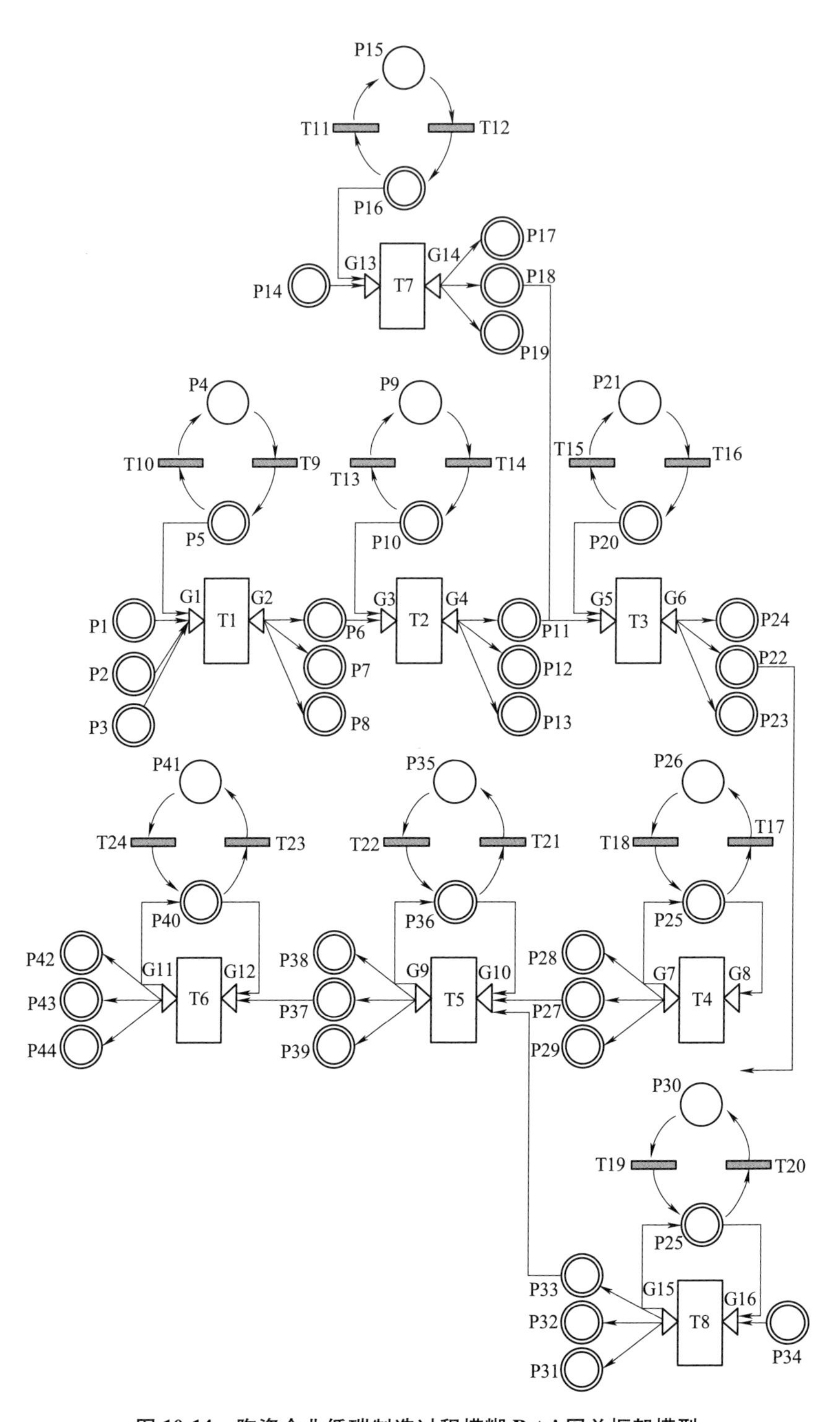

图 10-14　陶瓷企业低碳制造过程模糊 Petri 网总框架模型

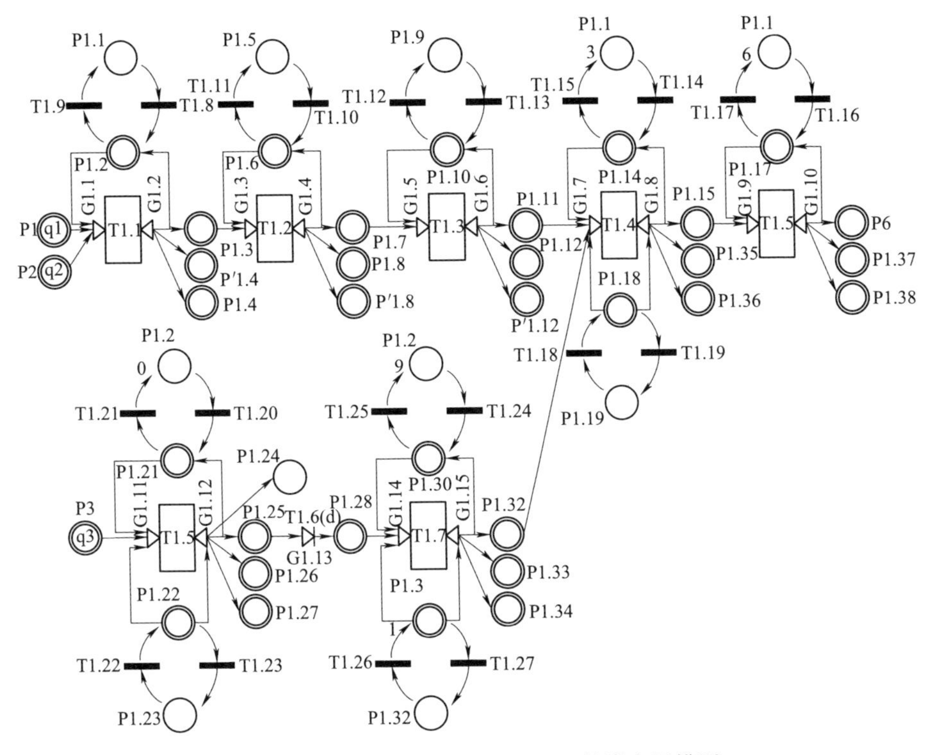

图 10-15 图 10-14 中模糊变迁 T1 的嵌套子模型

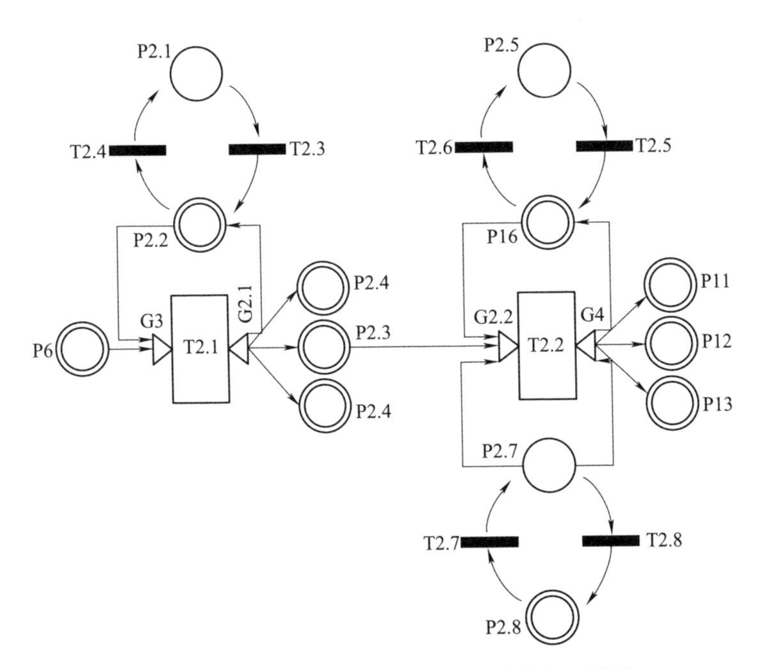

图 10-16 图 10-14 中模糊变迁 T2 的嵌套子模型

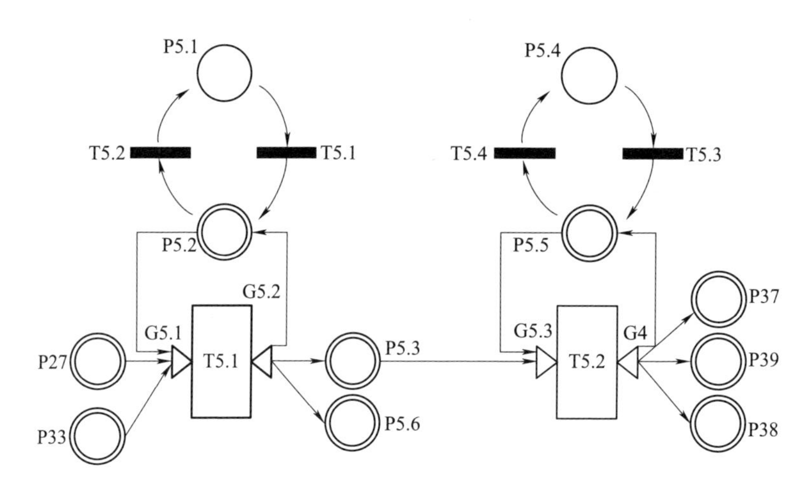

图 10-17　图 10-14 中模糊变迁 T5 的嵌套子模型

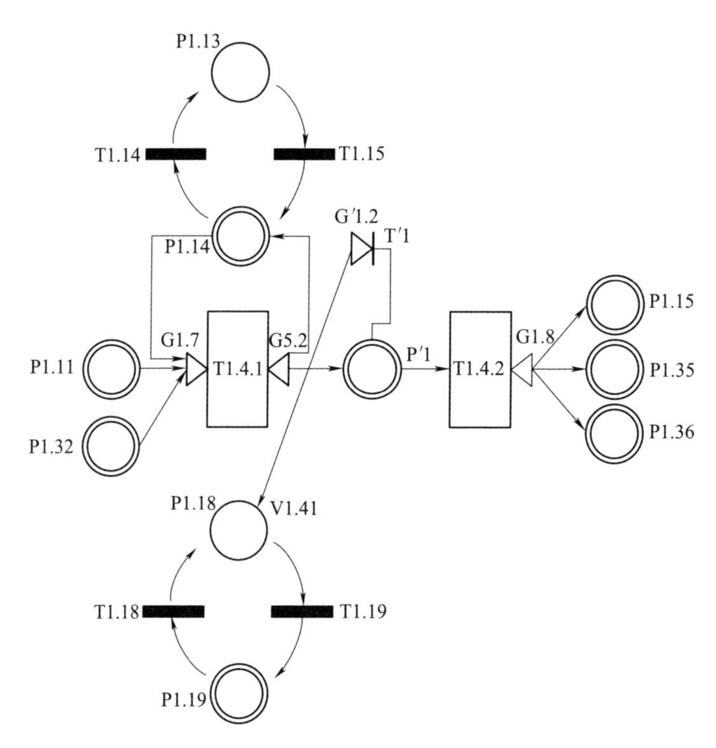

图 10-18　图 10-15 中模糊变迁 T1.4 的嵌套子模型

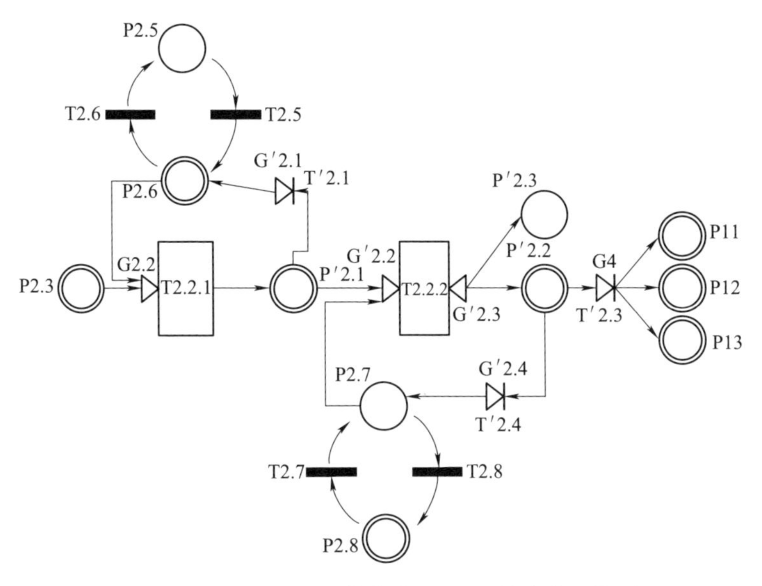

图 10-19　图 10-16 中模糊变迁 T2.2 的嵌套子模型

表 10-16　CELC-PNC 模型中网元素及其约束说明

元素	约 束 说 明
P1	原料长石的输入，其内标记 q1 是长石的初始值，即 M0（P1）= 任意值，$d_1=0$，$h_1=1$，$k_1=\infty$
P2	原料石英的输入，其内标记 q2 是石英的初始值，即 M0（P2）= 任意值，$d_2=0$，$h_2=1$，$k_2=\infty$
P3	原料黏土的输入，其内标记 q3 是石英的初始值，即 M0（P3）= 任意值，$d_3=0$，$h_3=1$，$k_3=\infty$
P4，P9，P15	供能设备处于停止状态的库所（其他类似进行定义）
P5，P10，P16	供能设备处于停止状态的库所（其他类似进行定义）
P6	泥浆的输出，M0（P6）= 0，$d_6=0$，$h_6=1$
P7，P12，P17，P24，P28，P32，P39，P42	碳的排放库所，初始值为 0，均为连续型
P8	其他的废弃物的排放或输出库所（其他生产阶段的输出物中，最下面的模糊库所的定义与 P8 类似）
P11	泥浆通过可塑坯料的制备，得到的可塑坯料的输出，即 M0（P11）= 0，$d_{11}=0$，$h_{11}=1$
P22	可塑坯料通过成型阶段的制备，得到的半成品的输出，即 M0（P22）= 0，$d_{22}=0$，$h_{22}=1$

（续）

元素	约束说明
P27	半成品通过干燥阶段的制备，得到的干燥后的半成品的输出，即 M0（P27）=0，$d_{27}=0$，$h_{27}=1$
P34	制釉原料的输入，其内标记 q34 是制釉原料的初始值，即 M0（P34）= 任意值，$d_{34}=0$，$h_{34}=1$，$k_{34}=\infty$
P33	制釉原料通过制釉阶段的制备，得到的釉料的输出，即 M0（P33）=0；$d_{33}=0$，$h_{33}=1$
P37	干燥后的半成品通过施釉烧制阶段的制备，得到的成品的输出，即 M0（P37）=0，$d_{37}=0$，$h_{37}=1$
P43	成品通过装饰阶段的加工制备，得到的最终产品的输出，即 M0（P43）=0，$d_{43}=0$，$h_{43}=1$
T1	体现原料处理阶段的工作特性，为嵌套的模糊变迁
T2	体现坯料制备阶段的工作特性，为嵌套的模糊变迁
T3	体现成型阶段的工作特性，为嵌套的模糊变迁（子模型略）
T4	体现干燥处理阶段的工作特性，为嵌套的模糊变迁（子模型略）
T5	体现施釉烧制阶段的工作特性，为嵌套的模糊变迁
T6	体现装饰阶段的工作特性，为嵌套的模糊变迁（子模型略）
T7	体现制模的工作特性，为嵌套的模糊变迁（子模型略）
T8	体现制釉阶段的工作特性，为嵌套的模糊变迁（子模型略）
T9，T10	供能设备的启动、停止变迁，点火阈值均为 1，有关陶瓷产品生产阶段的供能设备的启、停变迁的点火阈值的定义与其相似
T1.1	体现颚式破碎机（粗碎）的工作特性，为嵌套的模糊变迁
T1.2~T1.5，T1.7~T1.8	分别体现冲洗、中碎、细碎、软质原料搅拌、软质原料经过搅拌后得到的泥浆的脱水干燥、各种原料的搅拌的工作特性，为嵌套的模糊变迁，在此，仅以 T1.4 为例，进行嵌套的举例，如图 10-18 所示
T1.6（d）	软质原料经过搅拌后得到的泥浆的沉淀时间，为离散的模糊变迁
P1.1，P1.2	分别为粗碎时电动机的停止工作状态库所及电动机正常供电状态库所，同时体现颚式破碎机的耗电量
P1.5，P1.6	分别为冲洗时水泵的停止工作状态库所及水泵正常供水状态库所，同时体现冲洗机的耗水量
P1.32，P1.31	分别为干燥时热源的停止工作状态库所及热源正常供热状态库所，同时体现干燥阶段的耗能量
P1.9，P1.10，P1.13，P1.14	相关定义与上述模糊库所的定义相似

（续）

元素	约 束 说 明
P1.3，P1.4，P′1.4	为粗碎后的原料库所、废弃物库所及碳排放库所
P1.7，P1.8，P′1.8	分别为冲洗后的原料库所、废水及碳排放库所
P1.11，P1.12，P′1.12	分别为中碎后的原料库所、废弃物及碳排放库所
P1.25，P1.26，P′1.27	分别为软质原料（黏土）搅拌后所得原料的库所，碳排放库所及废弃物库所
P1.24	伴随搅拌后的物料输出的搅拌状态库所
P1.28	原料经过沉淀时间 d 后的泥浆状态库所
P1.32，P1.33，P1.34	分别为泥浆经过脱水及干燥后所得的精选软质原料库所，碳排放库所及废弃物库所
P1.15	为细碎后所得原料的库所
T1.8，T1.9	为粗碎时电动机的起、停动作模糊变迁，使能阈值均为1
T1.10，T1.11	为冲洗时水泵的启、停动作模糊变迁，使能阈值均为1
T1.26，T1.27	为干燥时热源的启、停动作模糊变迁，使能阈值均为1
T1.12，T1.13，T1.14，T1.15	相关定义与上述定义相似
P2.1，P2.2	分别为压滤时液压泵的停止工作状态库所及液压泵正常供液压油状态库所，同时体现压滤机的耗能量
P2.5，P2.6	分别为练泥时电动机的停止工作状态库所及电动机正常供电状态库所，同时体现真空练泥机的耗电量
P2.7，P2.8	分别为练泥时真空泵的停止工作状态库所及真空泵正常工作状态库所，同时体现真空练泥机的耗能量
P2.3，P2.4，P′2.4	分别为泥浆经过压滤后的泥料状态库所、废弃物排放库所以及碳排放库所
T2.1	体现压滤机的工作特性，为嵌套的模糊变迁（子模型略）
T2.2	体现真空练泥机的工作特性，为嵌套的模糊变迁，如图10-19所示
T2.3，T2.4	为压滤时液压泵的启、停动作模糊变迁，使能阈值均为1
T2.5，T2.6	为练泥时电动机的起、停动作模糊变迁，使能阈值均为1
T2.7，T2.8	为练泥时真空泵的启、停动作模糊变迁，使能阈值均为1
P5.3，P5.6	分别为干燥后的半成品经过施釉后，反映施过釉的半成品状态的库所、碳及废弃物排放库所
P5.1，P5.2，P5.4，P5.5	定义与前述定义方法相似
T5.1	体现施釉机械的工作特性，为嵌套的模糊变迁（子模型略）
T5.2	体现窑炉的工作特性，为嵌套的模糊变迁（子模型略）

（续）

元素	约 束 说 明
T1. 4. 1	球磨机输入原料的变迁，该连续型模糊变迁的点火速度 V1. 41 为球磨机的输入流量 q_o，$w=0$，$h_{1.41}=1$，$d_{r1.41}=1/V_{1.41}$，$\theta_{r1.41}=0$，其使能条件为 $m_{1.11}(t)>0 \wedge m_{1.32}(t)>0$，$m_{1.11}(t)$ 为库所 P1. 11 内原料的数量，$m_{1.32}(t)$ 为库所 P1. 32 内粉料的量，且 $f_{1.41}$ = 中碎后的粉料流入球磨机的流量/精选后的软质原料流入球磨机的流量（特定的流量比）
T1. 4. 2	球磨机输入料浆的变迁，该连续型模糊变迁的点火速度 V1. 42 为混合机的输入流量 q_o，$w=0$，$h_{1.42}=1$，$d_{r1.42}=1/V_{1.42}$，$\theta_{r1.42}=0$，其使能条件为 $m'_1(t)>0$，$m'_1(t)$ 为库所 P'1 内泥浆的数量
P'1	球磨机状态变量 V，即模糊库所 P'1 的标记数为球磨机容积 V 的值，其数学模型为 $dV/dt=q_i-q_o$，状态变量 V 是连续变量，是连续变化的，而球磨机工作所需电、水的供应以及紧急情况处理是离散事件
T'1	T'1 点火的条件是 $V \geqslant$ 阈限 τ_1 = 球磨机的容积上限 V_L，T'1 使能并激发，产生紧急停机操作
T2. 2. 1	真空练泥机搅拌腔内输入料浆的变迁，该连续型模糊变迁的点火速度 V2. 21 为练泥机的输入流量 q_i，$w=0$，$h_{2.21}=1$，$d_{r2.2.1}=1/V_{1.21}$，$\theta_{r2.2.1}=0$，其使能条件为 $m_{2.3}(t)>0$，$m_{2.3}(t)$ 为库所 P2. 3 内料浆的数量
T2. 2. 2	真空练泥机真空室内输入搅拌后的料浆的变迁，该连续型模糊变迁的点火速度 V2. 22 为练泥机真空室的输入流量 q_i，$w=0$，$h_{2.22}=1$，$d_{r2.2.2}=1/V_{1.22'}$，$\theta_{r2.2.2}=0$，其使能条件为 $m'_{2.1}(t)>0$，$m'_{2.1}(t)$ 为库所 P'2. 1 内料浆的数量
T'2. 1	T'2. 1 点火的条件是 $V \geqslant$ 阈限 $\tau'_{2.1}$ = 搅拌腔内的容积上限 V_L，T'2. 1 使能并激发，产生紧急停机操作
T'2. 2	定义与 T'2. 1 相似
P'2. 1	搅拌室内状态变量 V，即模糊库所 P'2. 1 的标记数为搅拌室内容积 V 的值，其数学模型为 $dV/dt=q_i-q_o$，状态变量 V 是连续变量，是连续变化的
P'2. 2	定义与 P'2. 1 相似
P'2. 3	伴随真空室内的泥料输出且反映泥料的脱气率的状态库所
G1	输入与门，控制硬质原料以及电能和热量等能源对原料处理的供应
G2	输出与门，控制原料处理输出物料、碳排放的流动
G3，G4，G'1. 1，G'1. 2	门集的定义与上类似，用于控制能源和物料的流动，以及消息令牌的路径选择

2. 模型网元素及约束说明

由上述描述可以看出，生产过程的主要变量和设备都包含在 CELC-FPN 模型中，能耗过程的动态变化体现为模糊库所内的标记变化和模糊变迁的点火。该模型不仅描述了连续性的能耗过程，还体现了生产过程中离散事件对整个能耗过程的影响。可通过此模型进行优化调度排产，根据不同的计划合理安排生产量，降低整个过程的能耗，减少故障的发生，还可以仿真模拟陶瓷企业能源消耗的动态行为，进一步合理安排生产流程以及陶瓷企业的余能回收利用，使得企业获得最大的经济和社会效益。

10.4.2 案例分析

为简化陶瓷企业过程系统的建模，在此采用分块建模的思想，即对每个操作单元分别建模，最后再组合在一起。这里以隧道窑和梭式倒焰窑两个典型的烧成系统为例，对建模的动态过程进行分析说明，同时分别计算两个烧成系统的碳排放量并加以比较，以验证所建模型的正确性。另外，为了便于描述整个动态过程和方便计算，需进行以下假设：①以一辆窑车（装有干燥后的坯体）为研究对象；②物料（坯体）在整个烧成传输过程中无损耗，即窑车平稳移动，无料垛倒塌等现象。所以，计算碳排放时，也以该研究对象为计算目标，但这并不影响模型的应用。

隧道窑和梭式倒焰窑是目前陶瓷烧结用得最多的窑炉。其中，隧道窑为连续式窑炉，与铁路山洞的隧道相似。将隧道窑划分为三带：预热带、烧成带、冷却带。干燥至一定水分的坯体入窑，首先经过预热带，受来自烧成带的燃烧产物（烟气）预热，然后进入烧成带，燃料燃烧的火焰及生成的燃烧产物加热坯体至一定的温度而烧成。燃烧产物自预热带的排烟口、支烟道、主烟道经烟囱排出窑外。烧成的产品最后进入冷却带，将热量传给入窑的冷空气，产品本身冷却后出窑，被加热的空气作为助燃空气送去烧成带。而梭式倒焰窑为间歇式窑炉，它与前者的区别在于间歇式窑是在冷态条件下装窑，然后加热烧结，冷却后再卸窑。基于 10.4.1 节建模方法及规则说明，可分别得到干燥后的坯体在上述两种窑的烧制过程模糊 Petri 网模型，如图 10-20、图 10-21 所示。

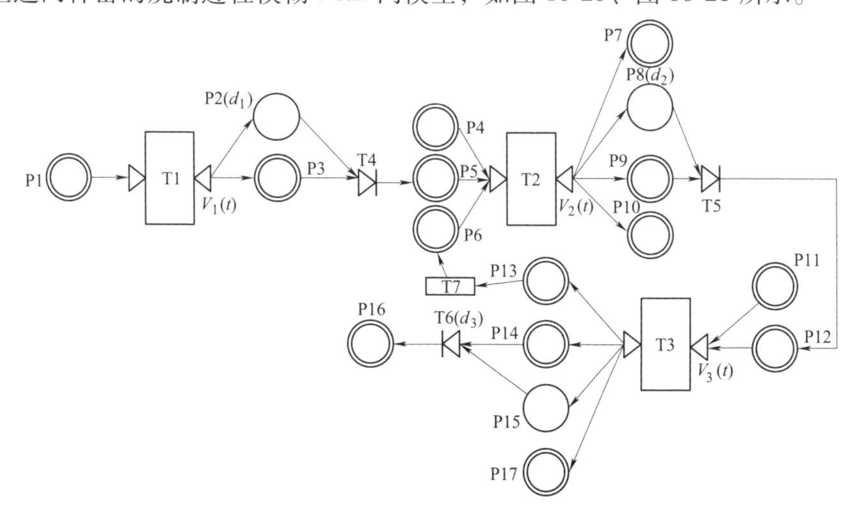

图 10-20 隧道窑模糊 Petri 网模型

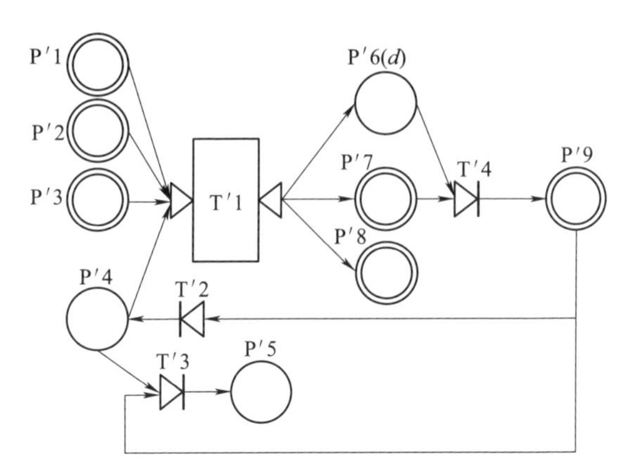

图 10-21　梭式倒焰窑模糊 Petri 网模型

在图 10-20 中，P1、P4 分别为坯体、天然气的输入库所；P6、P11 分别为风机供入空气的库所和供入冷空气的库所；P3、P9、P14 分别为预热、烧制、冷却过程中的坯体；P5、P12、P16 分别为预热、烧制、冷却后的坯体；P2、P8 分别为伴随预热、烧制时坯体的状态库所，且具有时延 d_1、d_2；P7 为烧成时产生的烟气，为预热带提供热量的库所；P15 为伴随坯体冷却时的状态库所；P10、P17 分别为烧制和冷却过程中的碳排放库所；P13 为被加热后的空气库所，通过模糊变迁 T7 作为助燃空气。假定初始标记 M0(P1)= 1t，M0(P4)= ∞，M0(P6)= ∞，M0(P11)= ∞，其他模糊库所的标记为 0，若是连续模糊库所，其标记表示的含义为资源（包括能源和非能源）数量，若是离散模糊库所，其标记表示的含义为伴随库所的状态。根据某企业的实际调研可知，该隧道窑的烧成周期为 15~16h。取 $d_1=2\text{h}$，$d_2=11\text{h}$，$d_3=2\text{h}$。

1）在初始标记 M0 下，$\tau_1=0$，$f_1=(\text{I}(\text{P1},\ \text{T1})>0)\hat{}(\text{I}(\text{P7},\ \text{T1})>0)$，模糊变迁 T1 发生，变迁 T1 的输入输出物料平衡方程为 $q_1:\text{O}(\text{P3},\text{T1})=\text{I}(\text{P1},\text{T1})$，变迁 T1 激发后，窑车以速度 $V_1(t)$ 运行，在运行过程中，坯体温度不断升高。

2）经过时间 d_1 后，$\tau_4=0$，$f_4=(\text{I}(\text{P3},\text{T4})>0)\hat{}(\text{M1}(\text{P2})==1)$，变迁 T4 发生，窑车开始进入烧制阶段。

3）$\tau_2=0$，$f_2=(\text{I}(\text{P5},\text{T2})>0)\hat{}(\text{I}(\text{P4},\text{T2})>0\hat{}(\text{I}(\text{P6},\text{T2})>0)$，变迁 T2 发生，且

$$q_2:\begin{cases}\dfrac{\text{dM2}(\text{P4})}{\text{d}t}=448.4\text{MJ}/(\text{t}\cdot\text{h})\\ \text{O}(\text{P9},\text{T2})=\text{I}(\text{P5},\text{T2})\\ \dfrac{\text{dM2}(\text{P6})}{\text{d}t}=75\text{kW}\end{cases}\tag{10-7}$$

窑车以速度 $V_2(t)$ 运行，在运行过程中，坯体温度不断升高，即烧制进行中，与此同时，产生碳排放 P10。式（10-7）中，$\text{dM2}(\text{P4})/\text{d}t$ 表示单位时间内烧制单位质量的坯体供入天然气所耗能量；$\text{dM2}(\text{P6})/\text{d}t$ 表示单位时间内烧制单位质量的坯体供入空气（包括冷却阶段被加热的空气）风机所耗能量。再根据天然气和电能的碳排放系数，可以计算该阶段碳排放为

$$
\begin{aligned}
CE_1 &= \{[dM2(P4)/dt]EF_{天然气} + [dM2(P6)/dt]EF_{电}\}d_2 \\
&= [448.4MJ/(t \cdot h) \times 0.06kgCO_2e/MJ + 75kW/t \times 1.63kgCO_2e/(kW \cdot h)] \times 11h \\
&= 1640.70kgCO_2e/t
\end{aligned}
$$

4）经过时间 d_2 后，$\tau_5=0$，$f_5=(I(P9,T5)>0)\hat{}(M3(P8)==1)$，变迁 T5 发生，窑车开始进入冷却阶段。

5）$\tau_3=0$，$f_3=(I(P11,T3)>0)\hat{}(I(P12,T3)>0)$，变迁 T3 发生，且

$$
q_3:\begin{cases}\dfrac{dM2(P11)}{dt}=0.75kW \\ O(P14,T3)=I(P12,T3)\end{cases} \tag{10-8}
$$

窑车以速度 $V_3(t)$ 运行，在运行过程中，坯体温度开始不断降低，即冷却进行中，与此同时，被加热的冷空气 P13 作为助燃空气通过变迁 T7 送入烧成带，以及产生碳排放 P17。式（10-8）中，$dM2(P11)/dt$ 表示单位时间冷却单位质量的坯体供入冷空气风机所耗能量。再根据电能的碳排放系数，可以计算该阶段碳排放为

$$
\begin{aligned}
CE_1 &= P_{冷风机}EF_{电}d_3 \\
&= 0.75kW/t \times 1.63kgCO_2e/(kW \cdot h) \times 2h \\
&= 2.445kgCO_2e/t
\end{aligned}
$$

6）$\tau_6=0$，$f_6=(I(P14,T6)>0)\hat{}(M5(P15)==1)$，由于变迁 T6 具有时延，经过时间 d_3后，制品温度降至 80℃，变迁 T6 发生，即得最终烧制产品 P16。

故可得整个烧成周期，单位质量的坯体碳排放量为

$$
CE = CE_1 + CE_2 = 1640.70 + 2.45 = 1643.15(kgCO_2e/t)
$$

在图 10-21 中，P′1、P′2、P′3 分别为供入空气、天然气、坯体的库所；P′4、P′5分别为存放梭式倒焰窑的供、停空气的状态标记；P′6 为伴随烧制时的状态库所；P′7、P′8 分别为烧制过程中的坯体与碳排放库所；P′9 为烧制结束后的产品库所。$M0(P'1)=\infty$，$M0(P'2)=\infty$，$M0(P'3)=1t$，$M0(P'5)=1$，其他模糊库所的标记为 0，若是连续模糊库所，其标记表示的含义为资源（包括能源和非能源）数量，若是离散模糊库所，其标记表示的含义为伴随库所的状态。经过该企业的实际调研可知，梭式倒焰窑的烧成周期为 11h，故取 $d=11h$。

1）其整个动态过程描述中，梭式倒焰窑在初始标记 M0 下，$\tau'_1=0$，$f'_1=(I(P'1,T'1)>0)\hat{}(I(P'2,T1)>0)\hat{}(I(P'3,T1)>0)\hat{}(M0(P'4)==1)$，模糊变迁 T′1 发生，且

$$
q_1\begin{cases}\dfrac{dM0(P'1)}{dt}=75kW \\ O(P9,T2)=I(P5,T2) \\ \dfrac{dM0(P'2)}{dt}=1140MJ/(t \cdot h)\end{cases} \tag{10-9}
$$

变迁 T′1 激发后，坯体温度不断升高，即烧制进行中，与此同时，产生碳排放 P′8。式（10-9）中，dM0(P′1)/dt 为单位时间内烧制单位质量的坯体供入空气风机所耗能量；dM0(P′2)/dt 为单位时间内烧制单位质量的坯体供入天然气所耗能量。再根据天然气和电能的碳排放系数，可以计算该阶段碳排放为

$$
\begin{aligned}
CE_1 &= \{[dM0(P'2)/dt] \times EF_{天然气} + [dM0(P'1)/dt]EF_{电}\}d_2 \\
&= [1140MJ/(t \cdot h) \times 0.06kgCO_2e/MJ + 75kW/t \times 1.63kgCO_2e/(kW \cdot h)] \times 11h \\
&= 2097.15kgCO_2e/t
\end{aligned}
$$

2）经过时间 $d=11h$ 后，$\tau'_4=0$，$f'_4=(I(P'7,T'4)>0)\hat{}(M1(P'6)==1)$ 变迁 T4 发生，即制品温度降低后得最终烧制产品 P′9。

3）T′2 为离散活动，表示供气操作，$\tau'_2=0$，$f'_2=(I(P'9,T'2)>0)\hat{}(M(P'5)==1)$，当其点火后，即供入空气；$T'_3$ 为离散活动，表示停止供气操作，$\tau'_3=0$，$f'_3=(I(P'9,T'3)>0)\hat{}(M(P'4)==1)$，当其点火后，即停止供气。

由上可知，隧道窑和梭式倒焰窑碳排放相比，隧道窑更具优势，这也与实际相符。通过该案例的分析，以及 10.4.1 节所阐述的建模思想及规则说明，表明此模型不仅能描述连续的能耗过程，还体现了生产过程中离散事件对整个生产过程的影响。

参 考 文 献

[1] 陶雪飞．陶瓷企业低碳制造系统模式及评估与建模方法［D］．重庆：重庆大学，2010.

[2] 李来胜，江峰，张秋云．陶瓷工业节能减排技术［M］．北京：化学工业出版社，2008.

[3] 曾令可，邓伟强，刘艳春，等．陶瓷工业能耗的现状及节能技术措施［J］．陶瓷学报，2006，27（1）：109-115.

[4] 冼志勇，刘树，曾令可．陶瓷行业应对节能减排的措施［J］．佛山陶瓷，2009（6）：13-16.

[5] 袁建新．我国建筑陶瓷及技术装备行业现状分析［J］．中国建设信息，2001（25）：33-36.

[6] 杨辉，郭兴忠，樊先平，等．我国建筑陶瓷的发展现状及节能减排［J］．中国陶瓷工业，2009，16（2）：20-23.

[7] 刘凯民．日用陶瓷工业的能耗现状和节能技术途径［J］．山东陶瓷，2000，29（3）：10-12.

[8] BARROS M C，BELLO P，ROCA E，et al. Integrated pollution prevention and control for heavy ceramic industry in Galicia：NWS pain［J］. Journal of Hazardous Materials，2007，141（3）：680-692.

[9] BARTUSCH R. Energy saving potentials in the ceramic industry［J］. International Ceramic Review，2004，53（5）：312-316.

[10] BOZKURT V，BASKAN O. Energy saving in the ceramic body mix preparation［J］. Industrial

Ceramics, 2007, 27 (2): 101-104.
[11] AMRITPHALE S, BHASIN S, CHANDRA N. Energy efficient process for making pyrophyllite-based ceramic tiles using phosphoric acid and mineralizers [J]. Ceramics International, 2006, 32 (2): 181-187.
[12] UNIDO, MITI. Output of a seminar on energy conservation in ceramic industry [C]. Bangladesh and Sri Lanka, 1994.
[13] 汤亮,戴胜利,杨明忠. 生命周期评价在建筑陶瓷节能评估中的应用 [J]. 武汉理工大学学报,2010,32 (4):149-152.
[14] 杨洪儒,苏桂军,曾明锋. 我国建筑卫生陶瓷工业能耗现状及节能潜力研究 [J]. 陶瓷,2005 (11):9-11.
[15] 张锐. 陶瓷工艺学 [M]. 北京:化学工业出版社,2007.
[16] KENNY T, GRAY N F. Comparative performance of six carbon footprint models for use in Ireland [J]. Environmental Impact Assessment Review, 2009, 29 (1): 1-6.
[17] MATTHEWS H S, WEBER C, HENDRICKSON C, T H, et al. Estimating carbon footprints with input-output models [C]. International Input. Output Meeting on Managing the Environment, Seville, Spain, 2008: 1-10.
[18] 中华人民共和国国家质量监督检验检疫总局,中国国家标准化管理委员会. 环境管理 生命周期评价原则与框架:GB/T 24040—2008 [S]. 北京:中国标准出版社,2008.
[19] 汪和平,樊斌,程家泰. 基于全厂系统能量平衡的建陶企业节能技术分析 [J]. 中国陶瓷工业,2009,16 (2):33-37.
[20] 国家统计局能源统计司,国家能源局综合司. 中国能源统计年鉴 [M]. 北京:中国统计出版社,2008.
[21] 吴晓东. 陶瓷厂工艺设计概论 [M]. 武汉:武汉大学出版社,1992.
[22] 李晓鹏,王志宏,龚先政. 我国卫生陶瓷典型企业生命周期评价研究 [J]. 中国建材科技,2009 (3):89-93.
[23] 陈庆文,马晓茜. 建筑陶瓷的生命周期评价 [J]. 中国陶瓷,2008,44 (7):35-39.
[24] 贾彩霞. 浅析焦炭生产的环境成本 [J]. 科技情报开发与经济,2008,18 (26):81-82.
[25] BOVEA MD, SAURA U, FERRERO J L, et al. Cradle-to-gate study of red clay for use in the ceramic industry [J]. Int. J LCA, 2007, 12 (6): 439-447.
[26] FUJISHIMA, YOSHIHIKO. Life cycle assessment (LCA) study of ceramic products and development of green (reducing the environmental impact) processes [J]. Annual Report of the Ceramics Research Laboratory Nagoya Institute of Technology, 2004 (3): 37-45.
[27] 张柏清,林去万. 陶瓷工业机械与设备 [M]. 北京:中国轻工业出版社,2005.

第 11 章

制造系统碳排放智能云管理系统及应用

11.1 低碳制造云管理系统总体设计

11.1.1 工厂低碳管理现状

当前车间加工正面临着低碳精益管控的挑战，车间碳排放管理还没有充分利用车间数字化、网络化技术，数字化、网络化、智能化程度还有待提高。为了帮助企业更精准地了解车间生产状况，开发出符合企业生产实际的车间低碳精益管理系统，更好地为车间碳排放管理和碳效率优化提供支持，通过对某企业现场进行实地调研，总结加工车间现状及挑战如图 11-1 所示。

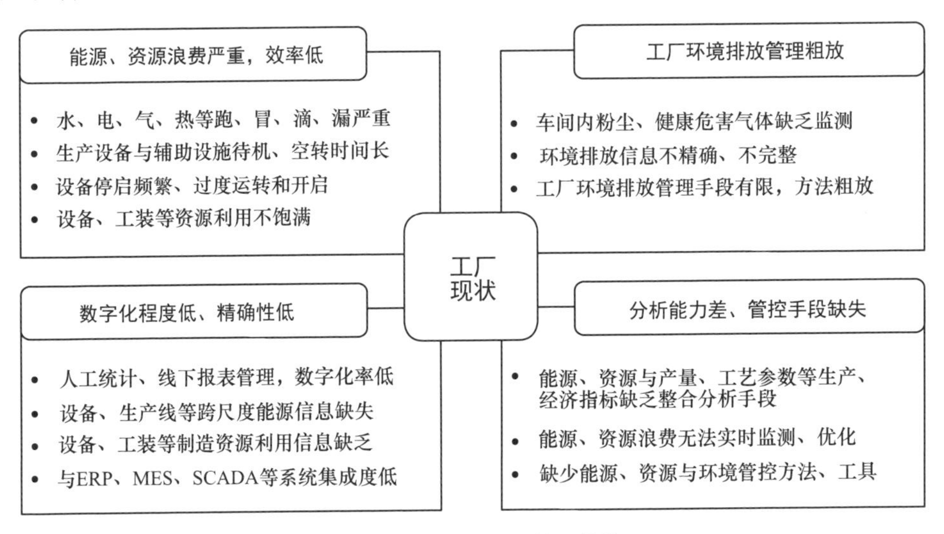

图 11-1 加工车间现状及挑战

11.1.2 低碳制造云管理系统功能需求

开发低碳制造云管理系统有利于打破车间生产信息孤岛及管理无序化现状，实现制造过程的信息化管理，无论是对支持目前车间决策优化，还是对后续与企业车间级和工厂级 MES 对接，推动车间生产线信息化管理均具有重大意义。当前，生产车间对于生产过程信息，如物料状态、设备能耗、设备运行状态等，均无法进行有效监测，对于生产结果信息，如加工件数、质量状况，则完全依靠手工填报的纸质工单进行记录，信息反馈滞后，易影响生产效率和加工质量。针对上述问题，急需开发一套车间生产信息管理系统。结合车间管理现状，并与车间管理人员、技术人员、物流部门人员、现场操作人员进行多次沟通后，确定系统基本功能如下：

（1）系统本地化

系统的总体设计方案需充分考虑企业现状，在企业现有硬件和软件环境基础上进行系统构建及开发。包括硬件安装方案需与企业现有设备布局和电气布局兼容；网络传输需在车间现有网络大环境下进行，不单独架设子网；系统业务逻辑与实际相符，尽量不影响员工现有操作习惯。

（2）系统可扩展

系统开发完成投入使用后，车间管理者会根据实际使用情况反馈新的需求，必然会修改或删除现有功能及增添新功能，系统需具备易扩展性，便于后期优化维护。

（3）系统可集成

企业对车间的精益管理需依靠多个信息化系统的支持，对于后续其他系统所需的存在于本系统中的相关数据，系统需能提供相应接口，便于实现系统集成，共同支持车间信息化建设。

11.1.3 低碳制造云管理系统体系架构

结合系统功能需求和现有相关研究，以 C/S 架构模型为基础，提出一种能实时监测车间生产信息，动态、可视化反映车间生产状态的低碳制造云管理系统，系统体系结构如图 11-2 所示。系统体系结构根据其职能可划分为四个层次，分别为数据采集层、数据传输层、数据存储与处理层及应用层。

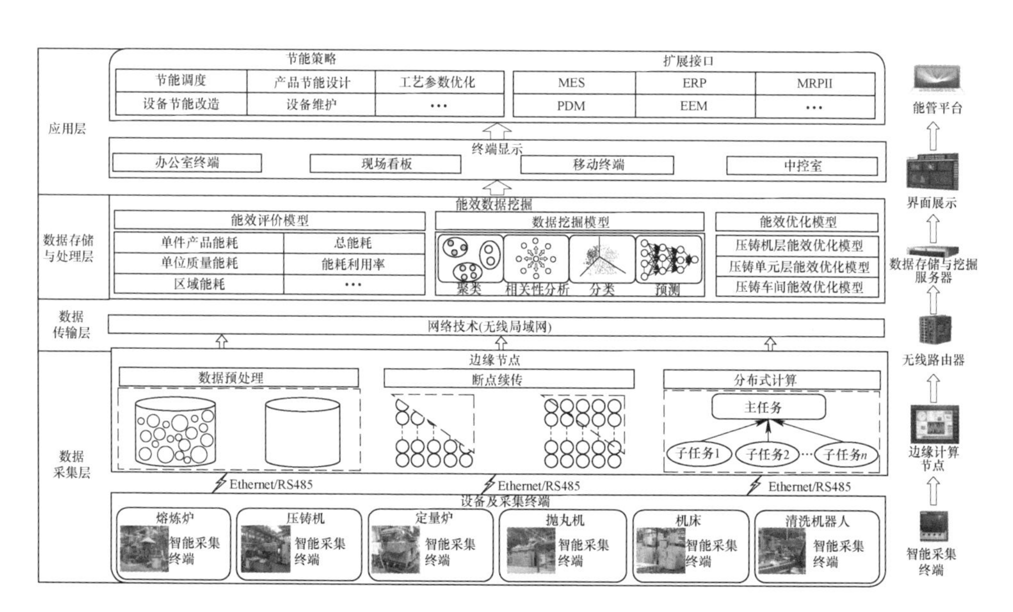

图 11-2 低碳制造云管理系统

1. 数据采集层

数据采集层为系统进行多种任务处理和运算提供数据支撑，是整个系统运行的前提和基础。运用物联感知技术，通过在车间所有加工单元的主要信息源处安装智能感知装置，构建车间生产信息源感知环境，实现关键生产设备与数据采集模块在物理层与信息层的互联互通。现场主要安装智能电能表进行加工单元功率信息的获取，并结合设备已有的PLC中的信息，进行关键状态的判断。安装智能采集模块用于读取感知装置中的多源异构生产信息，进行结构化处理并主动上传，实现对车间生产信息动态、主动、全方位的数据采集，其框架结构如图11-3所示。

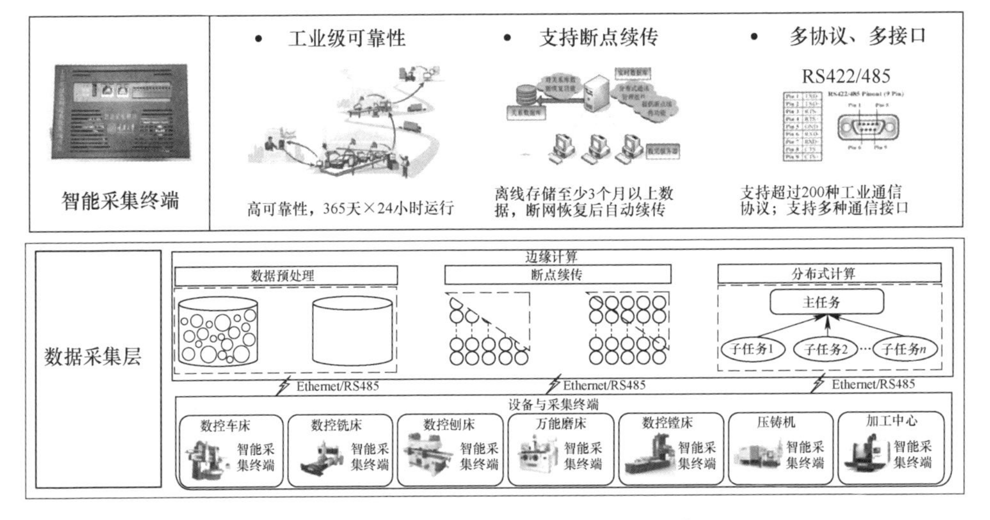

图 11-3 低碳制造云管理系统数据采集层框架

2. 数据传输层

数据传输层为系统进行数据的上传下达及查询提供网络环境和信息通道，是整个系统互联互通的基础。数据传输层通过架设的现场网络通道将数据采集层中采集到的结构化数据上传至服务器中，便于后续的运算和处理。根据加工车间空旷且关键生产设备后续工作位置会发生移动的现状，车间现场全部部署为无线网络，数据传输层需保证数据传输稳定可靠，系统响应及时，其架构如图11-4所示。

3. 数据存储与处理层

数据存储与处理层负责数据存储、复杂运算处理及系统业务逻辑的执行，是整个系统的核心层。数据存储与处理层是连接采集层与应用层之间的桥梁，

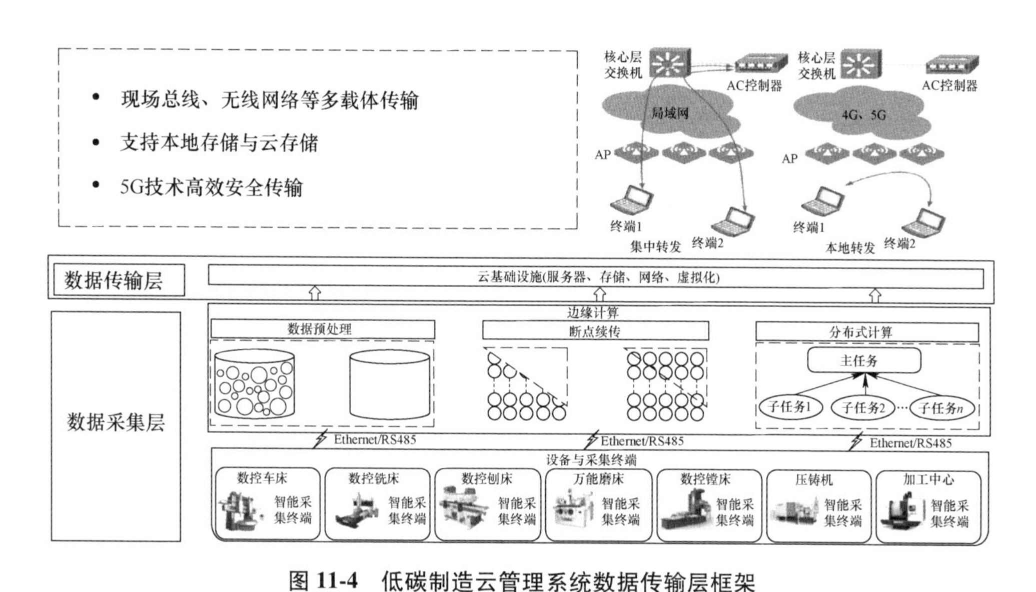

图 11-4　低碳制造云管理系统数据传输层框架

它负责将采集层中传输上来的多源异构数据，按照一定的算法、规则和业务逻辑进行分析处理和数据整合同时，负责响应应用层的任务请求，将任务结果返回给上层系统。此外，它通过数据视图提供内部数据的访问接口，便于实现与其他信息化系统的交互集成，其框架如图 11-5 所示。

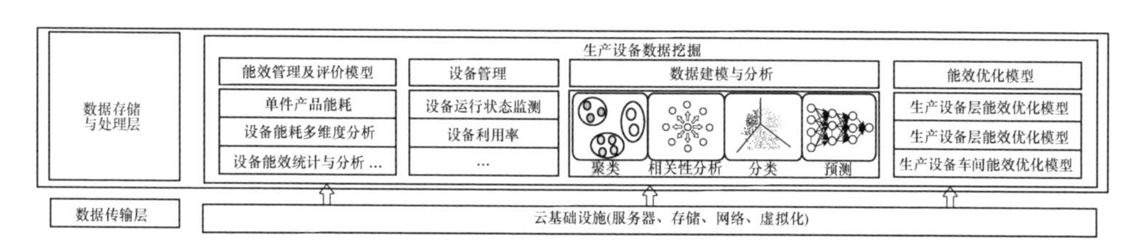

图 11-5　低碳制造云管理系统数据存储与处理层框架

4. 应用层

应用层是系统人机交互的窗口，它为不同角色的用户提供不同的功能界面和操作选项，响应用户的各种操作请求，并将结果返回。应用层中，所有的功能模块紧密联系，通过与数据存储与处理层的数据交互，实现压铸生产中物料、能源、设备、产品的动态可视化监控与追踪，是系统功能的直接体现，其架构如图 11-6 所示。

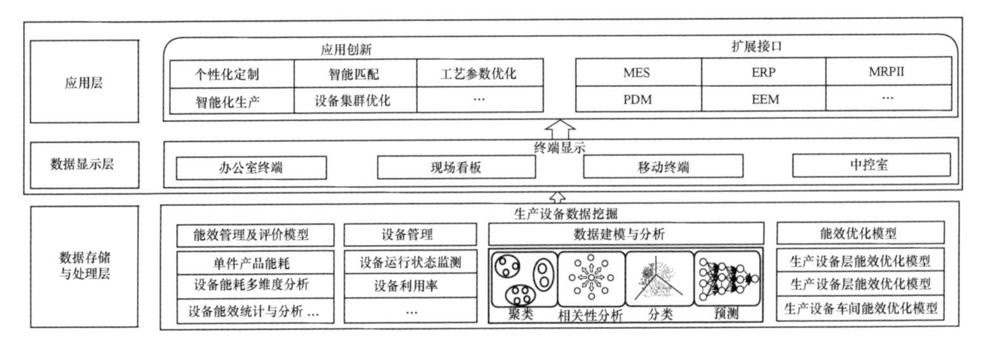

图 11-6　低碳制造云管理系统应用层框架

11.2　低碳制造云管理系统详细设计与实现

11.2.1　低碳制造云管理系统数据存储与处理层设计

1. 数据采集需求分析

根据设计低碳制造云管理系统的绿色评价指标，需要对获取相应指标的数据进行采集，要对厂区的能源消耗数据、环境数据和设备生产过程的关键信息等进行基础数据采集，在基础数据上运用数据分析技术获取生产过程关键信息并进行相应的指标计算，最终对生产过程的绿色性进行评价。结合工厂生产过程的实际调研，数据采集的需求如下：

1）开发数据采集智能终端。由于压铸工厂中生产的设备数量众多，需要进行数据采集的采集点较多，考虑工厂实际，需要开发通用和性价比高的数据采集智能终端。在工厂中，设备品牌和型号多样、通信协议众多，且数据采集系统为降低服务器端存储和运算压力，采集终端应具有一定的数据处理能力。如何根据采集数据的需求，开发出针对不同设备通用的智能采集终端，是缩短施工周期和降低成本的重要基础。

2）实现生产过程中能耗数据的全面采集。产品生产过程中消耗的能源多样、消耗环节多，通过对工厂中实际监测的需求调研，需要实现对电能、天然气和压缩空气等能耗的准确采集。在获取相关原始能耗数据的基础上，需要对工厂中区域、设备的能耗数据进行整理和分析，进一步获取设备的生产单耗等能耗数据。

3）对厂区环境主要污染源进行监测和评价。为了提升工厂制造过程的绿色性，需要对厂区的环境排放进行监测和评价。明确压铸工厂中的污染源，并构建合理的监测点，采用稳定可靠的传感器，实现对厂区主要污染源的实时监测。

在获取厂区环境数据的基础上，结合相应的环保标准或者企业要求建立相应的环境评价模型，对厂区的环境质量进行评价并预警。

2. 数据采集层设计

数据采集层为系统获取生产过程绿色制造信息提供基本数据支撑，是系统实现对基本生产数据监测和关键生产数据智能获取的前提和基础。运用物联感知技术，通过在生产过程所关注的信息源处安装智能感知装置或对相关数据源进行授权读取，构建了工厂信息源的感知环境，实现绿色制造过程中的设备和环境数据与数据采集模块在物理层与信息层的互联互通。安装智能采集终端用于读取和管理感知装置中的多源异构生产信息，进行结构化处理并按设定的方式进行数据上传，实现对工厂绿色制造过程数据主动、动态、全方位数据采集。

生产过程绿色制造信息数据采集主要包括生产中大量的消耗资源能源数据、环境排放数据和设备生产过程关键数据等，由于复杂的生产现场，所需获取的数据类型多样、获取方式不一。因此，如何准确、高效和低成本地采集所需数据是数据采集方案主要考虑的问题。常用的工业通信数据采集方式包括自主开发上位机软件采集，组态软件采集和工业智能网关采集三种。自主开发上位机定制性强，具有高效、稳定和安全等特性，但工作量大、开发时间长且后续调试维护困难；组态软件具有内置多种主流的工业通信协议、稳定可靠和无须编写采集程序等优势，但需依赖工控机等硬件设备，投资成本和软件授权费用较高；用工业智能网关进行数据采集具有高可靠性、低成本和多协议兼容性的特点，非常适合工业环境下的长时间数据采集。

电能是工厂中最主要的能源消耗，对于厂区电能的准确、全面监测是企业最重要的需求之一。同时，本系统的数据存储与处理层获取生产设备运行状态、生产节拍和产品单耗等生产信息都是基于设备的功率数据。经调研发现车间生产设备品牌和型号多样，采用的通信方式多样。因此，需要根据需求准确、全面和低成本地采集电能数据。

对于生产过程中重要的天然气和压缩空气消耗，由于其具有集中供应的特性，属于管道输送，以加装传感器的方式进行数据采集成本高，存在安全隐患，需停产施工，且施工周期长，因此，采用相关 PLC 接口授权采集的方式进行天然气和压缩空气相关数据的采集。

工厂具有环境排放大的行业特性，近年来随着环保压力的增加，企业管理者越来越重视企业生产过程中的环境排放问题，对于车间环境排放的准确掌握是企业管理者的迫切需求。系统基于车间调研和企业的实际需求，针对生产车间的温度、湿度、粉尘和噪声进行监测，并进行相应的绿色性评价和预警。选择多功能的环境传感器对相关环境数据进行监测，该传感器应具有灵敏度高、信号稳定、精度高等特点，可以适应各种环境的应用。

3. 数据传输层设计

数据传输层为系统进行数据的上传下达及查询提供网络环境和信息通道，是整个系统互联互通的基础。通过数据传输层构建的现场网络通道，由数据采集层获取的数据被存储至服务器中，用于后续的直接使用和处理。同时，构建的数据传输网络也为数据采集端的管理提供网络通道。根据工厂内的实际情况，考虑施工便利性和成本因素，工厂内全部部署为定制版的无线网络，以保证数据传输稳定可靠。

与有线网络相比，无线网络在数据传输的可靠性和实时性方面略有不足。为了保证数据实时、可靠地进行传输，通过现场调研，在企业已有大量AP点的基础上构建AC+AP的网络架构。如图11-7所示，该网络架构由接入层、汇聚层与核心层构成。在工厂中，接入层主要包括交换机与无线AP；汇聚层主要是实现接入层和核心层的数据交换，并具有实现网络隔离和分段的功能；核心层是高速网络交换主干，为实现整个网络稳定、高效的运行提供保障。

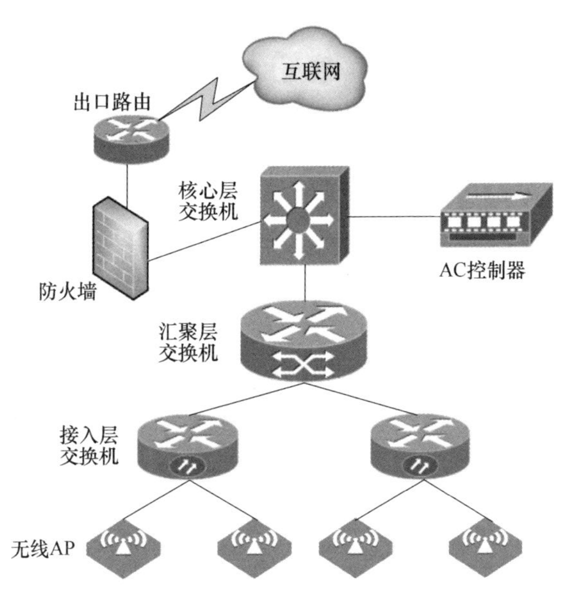

图11-7 车间三层网络架构模型

4. 数据库选择

数据库是本系统的核心部分，数据层采集的原始数据和在原始数据基础上进行处理之后的高价值数据都存储在数据库中，用于数据可视化和提供其他查询操作。本系统在监测压铸生产过程绿色制造相关数据时，数据采集点多、数据量大，对数据库的大数据处理能力和稳定性有较高要求，可以根据需要选择合适的数据库。SQL Server是Microsoft公司开发的一种成熟商用关系型数据库管理系统，可为用户提供一个集成的调试环境和数据系统解决方案，拥有丰富的SQL Server管理套件，可帮助用户自建管理系统，加快了开发周期，降低了后期维护成本。SQL Server可将数据同步到多台服务器上，可以实现数据的冗余，通过数据备份来保证安全性。在处理大数据方面有很好的扩展性，当系统数据库处理速度需求增大时，可以通过增加数据库服务器简单实现。同时，SQL Server

在强壮性、易用性能以及稳定性方面都有很好的优势。

5. 数据库功能设计

数据库主要用于存储数据并进行相应的增、删、改、查和一些简单的计算等基础操作。数据库功能设计是根据项目实施过程中的需求，设计相应的功能来保证数据库的稳定性和可靠性。如在本系统开发中，数据库功能设计包括根据数据采集和网络传输特性设定数据库防死锁、数据库去重、数据回删和数据备份功能。

（1）数据库防死锁

当多个事务对数据库进行操作时，会带来数据不一致的情况，可以用锁在多事务情况下保证数据库数据完整性和一致性。死锁是指两个或两个以上事务的进程在执行过程中，因争夺资源而造成的一种互相等待的现象，导致事务都不能进行下去。在本系统开发实施过程中，多个数据采集点并发实时上传数据到数据库原始表中，且由于现场的无线网络受到干扰不稳定，网络恢复后会集中上传数据，大量的数据操作可能导致数据库死锁，进而无法进行后序的事务。因此，本系统设计了数据库解死锁服务，该服务定时检测数据库是否有死锁，若有则解除死锁。

（2）数据库去重

本数据采集系统采集的电能、环境、天然气和压缩气体数据都是带有时间戳的时序数列，时间戳常作为时序数据搜索和查询的索引，所以，应保证其唯一性。在网络不稳定和出现断点续传的情况下，暂时存储在智能采集终端的数据会多次尝试上传数据库，在这个过程中，可能会出现部分数据多次在数据库存储，不仅导致数据存储量增加，还不利于后序对数据的分析。

（3）数据回删

为保证数据处理算法的准确性，系统的数据采集系统在采集设备功率数据时设计的采集频率为每秒 1 个数据。由于采集点较多，数据量较大，随着时间的推移，服务器上数据库的负荷越来越大，占用的服务器资源越来越大，导致服务器上的程序处理数据的速度和数据库的运行效率降低。设备的原始功率数据主要用于后续数据处理算法从其中挖掘设备运行状态、加工周期和加工数量等高价值信息，其本身对于用户没有多大实际意义。因此，本系统只保留处理后的结果和其他采集频率较低的数据，而对于设备的原始功率数据，通过在数据库中添加计划任务，每周一零点删除前一周的原始功率数据，大大降低了数据库运算负荷，保证了系统运行效率。原始功率数据定时删除任务运行记录如图 11-8 所示。

（4）数据备份

为避免数据库系统在使用过程中发生意外宕机造成数据丢失的情况，提高

加载日志 导出 刷新 筛选... 搜索... 停止 删除... 帮助

日志文件摘要(S)：基于以下条件筛选日志条目：发生在 2020/3/1 0:00:00 和 2020/3/31 0:00:00 之间

日期	步骤 ID	服务器	作业名称	步骤名称	通知	消息
2020/3/2 0:00:00		DESKTOP-61HKBOE	删除一周前功率数据			该作业成功
2020/3/9 0:00:00		DESKTOP-61HKBOE	删除一周前功率数据			该作业成功
2020/3/16 0:00:00		DESKTOP-61HKBOE	删除一周前功率数据			该作业成功
2020/3/23 0:00:00		DESKTOP-61HKBOE	删除一周前功率数据			该作业成功
2020/3/30 0:00:00		DESKTOP-61HKBOE	删除一周前功率数据			该作业成功

图 11-8　原始功率数据定时删除任务运行记录

系统的可恢复性和可靠性，系统采用数据库定时备份功能，在每周日凌晨执行数据库备份计划完整备份，数据库定时备份任务运行记录如图 11-9 所示。

加载日志 导出 刷新 筛选... 搜索... 停止 删除... 帮助

日志文件摘要(S)：基于以下条件筛选日志条目：发生在 2020/3/1 0:00:00 和 2020/3/31 0:00:00 之间

日期	日志源	服务器	作业名称	消息
2020/3/1 0:00:00	数据库备份	DESKTOP-61HKBOE	数据库备份	该作业成功
2020/3/8 0:00:00	数据库备份	DESKTOP-61HKBOE	数据库备份	该作业成功
2020/3/15 0:00:00	数据库备份	DESKTOP-61HKBOE	数据库备份	该作业成功
2020/3/22 0:00:00	数据库备份	DESKTOP-61HKBOE	数据库备份	该作业成功
2020/3/29 0:00:00	数据库备份	DESKTOP-61HKBOE	数据库备份	该作业成功

图 11-9　数据库定时备份任务运行记录

11.2.2　软件系统架构

系统开发的生产过程绿色制造信息获取系统用于获取生产数据并进行可视化，系统中的数据分为两类：一类是通过直接读取传感器检测的设备数据或设备控制系统中的数据；另一类是在获取生产过程基本数据的基础上，运用数据分析技术智能获取的高价值生产数据。在本系统架构中，数据库是核心，系统软件系统定时刷新直接获取的数据和调用算法处理数据，所有直接获取的原始数据和经过算法处理后的数据都存储在数据库中，客户端通过浏览器访问数据库中相应的数据，进而实现数据可视化。结合工厂生产实际需求，对软件架构的需求如下：

（1）解耦

本系统中实时监测和处理的数据量较大，特别是在获取高价值生产数据的处理过程中可能需要多种算法，甚至用到大数据和机器学习算法等，上述算法构写或相应的插件可能会用到多种语言和系统，即在数据处理程序端需要有极大的灵活性。

（2）异步

本系统在执行数据的刷新和处理任务时，按照定时执行相应的任务来实现，在同一时刻执行的任务较多则会对硬件造成较大的负担，影响执行效率，故而对于一些及时性要求不高的任务应该能够滞后执行。

（3）顺序

在利用算法进行数据处理的过程中，一些数据的获取需要利用相关的已处理后数据，如求额定设备能耗需要先求得该段时间的产品能量消耗和加工产品数量，即系统中的一些数据处理过程有先后顺序。

（4）冗余

由于生产过程绿色制造信息获取系统获取的数据对于生产过程的管理和决策制定有重要的指导意义，所以，需要保证系统按照设定的业务逻辑运行，不能少执行设定的任务。

11.2.3 软件系统详细设计

为了利用消息中间件解决软件开发中的需求，实现软件系统稳定、可靠地处理数据，系统将软件系统设计为消息生产者端、消息消费者端和监控端。消息生产者端主要是按需求生成执行指令，消息消费者端是接收消息指令并执行相应的操作，监控端则是保证消息生产者端和消息消费者端不受异常干扰，保证软件正常运行。

1. 编程语言选择

数据处理功能是压铸生产过程绿色制造信息智能获取系统的核心内容。软件系统通过调用智能数据处理算法，实现对原始数据中含有的高价值生产数据的获取。在软件系统设计中，充分考虑数据处理算法的实现、调用和部署的易行性，以及未来调用大数据智能模型处理原始数据的可能性，同时结合实际开发中的成本和开发周期等因素，系统采用 Python 语言为软件系统的编程语言。下面对其进行简单的介绍。

Python 语言诞生于20 世纪 90 年代初，是一种面向对象、解释型、动态数据类型的高级程序设计语言，其在系统管理任务的处理和 Web 编程中已有广泛应用。近年来，由于人工智能、大数据技术、图像分析和处理技术等的兴起和发展，Python 语言已被作为实现上述技术主流的程序语言。其优点有：

1）Python 语言的定位为简单、明确、优雅，其设计哲学为“用一种方法，最好是只有一种方法来做一件事”。

2）开发效率高。经过多年的发展，Python 语言已经拥有强大的第三方库，开发者所需的要求基本都能找到相应的功能库，使用者只需要在官网上进行下载使用或者在此基础上进行简单的开发。

3）可移植性。编写的程序基本可以跨系统使用，便于开发和部署。

4）可扩展性。可以根据需要用 C 或 C++编写一段关键代码，然后在 Python 程序中使用它们，这样可以提高执行速度和将关键算法保密。

特别地，在数据处理方面，Python 语言在数据收集、整理、分析和应用方面的表现相较于其他语言更优，它拥有丰富且功能强大的数据处理库，如 Numpy、pandas、sci-kit-learn 等，这些功能库在收集数据、清理数据集、提取重要特性、构建机器学习模型和使用图形可视化结果方面可帮助使用者更高效和准确地完成数据处理和分析任务。相较于 MATLAB，Python 语言具有免费、开源的特性，Python 的第三方库基本涵盖了 MATLAB 的主要功能，且其在文件处理、图像表达方面性能更优，同时，使用 Python 语言编写的程序更简洁、可读性强。本系统采用 Python 语言编写了软件系统的消息生产者端、消息消费者端和监控端。

2. 消息生产者端详细设计

消息生产者端主要是生成执行数据刷新、数据处理等指令，连接消息中间件 RabbitMQ 并发送生成的消息，消息被消息消费者端从消息中间件接收并执行。为了规范程序格式，保证消息消费者端与消息生产者端的良好对接以及消息的核验，本软件系统对消息的结构进行了统一的设计，如图 11-10 所示。消息结构对消息的来源、消息的接收者、消息的类型、消息的功能描述、消息执行包含的参数及消息的发送时间做了具体的规定。

```
CMD_Info = {
        'SendFrom': '',          # 消息从哪个消息生产者端发出
        'cmd': '',               # 消息执行者端的标识
        'type': '',              # 消息的类型（用于消息的分类）
        'description': '',       # 消息的功能描述
        'text': '',              # 消息执行包含的参数或者文本
        'SendTime': '',          # 消息发送的时间
        }
```

图 11-10　消息的结构

消息生产者端的工作流程为：

1）构建一个空的消息存储列表 List_M，该数据用于存储消息。

2）设计定时任务，按照业务需求定时生成相应的执行指令消息集 M1。同时，从数据库中的存储执行失败消息的表中获取执行失败的消息集 M2。

3）将得到的消息转换为通用的 json 格式。由于发送到 RabbitMQ 的消息只能支持 json 格式，所以要先将消息格式进行转换才能发送。

4）连接 RabbitMQ。消息生产者端先读取设定好的 RabbitMQ，如用户名、密码、通道名、队列名等参数，初始化并连接好服务端，为发送消息做好准备。

5）判定 List_M 是否为空。如果 List_M 中含有消息，则将其逐条取出并发送到 RabbitMQ 的服务端，直到 List_M 为空为止，同时，每当成功发送一条消息就在消息存储列表 List_M 中删除该条消息。消息生产者端流程图如图 11-11

所示。

3. 消息消费者端详细设计

消息消费者端主要是接收消息中间件 RabbitMQ 中特定的消息，将接收到的消息解码后进行格式转换，并根据消息中的指令执行相应的程序。在消费者端中，用于进行数据处理的程序是核心内容，为了实现各个程序的解耦，系统将每个可执行功能编写为可执行任务集 Tasks。表 11-1 为主要任务集 Tasks 的具体内容。

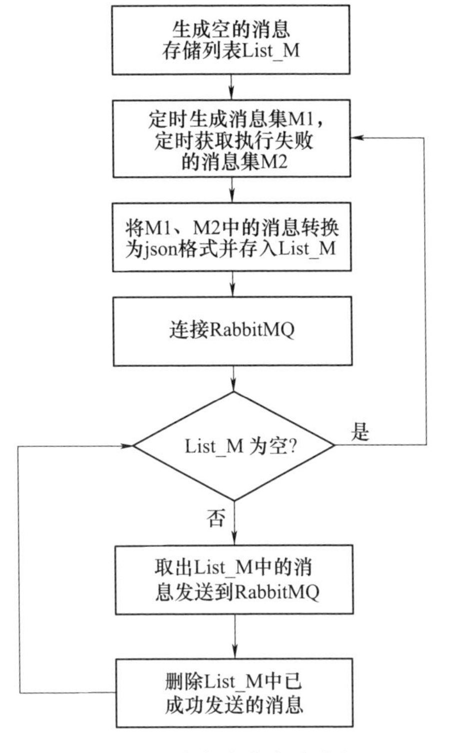

图 11-11　消息生产者端流程图

消息消费者端的工作流程为：

1）读取相关连接参数，连接消息中间件 RabbitMQ 并进行初始化。

2）监听指定的消息队列，获取消息。消息消费者端根据程序设定的 RabbitMQ 交换机名、队列名和监听方式等参数，监听指定的消息队列，获取相应的消息。

3）将 json 格式的消息进行转换。RabbitMQ 中以 json 格式传送命令，但由于 json 格式比较简单，无法被高级语言直接使用，所以应将消息转换为高级语言的对象。

4）分解消息，提取消息中的信息并进行验证。接收到的消息中包含多种信息，如该消息的被使用对象、执行该消息指令时应带有的参数等，应按照格式对相应的消息进行提取。同时，对转换后的消息格式和相关参数进行验证。

5）根据分解后的消息执行相应的任务。根据分解后消息中的参数，找到该消息的被执行任务，同时获取执行该任务所需要的参数。

6）判定消息是否执行成功。若消息执行成功，则将 RabbitMQ 中的该消息进行删除；若执行失败，系统将执行失败的消息存储在数据库中的执行失败消息存储表中，并将 RabbitMQ 中的该消息删除，这样既能避免 RabbitMQ 中消息的堵塞，又能保证消息不丢失，同时能够在数据库中对执行失败的消息进行管理。

消息消费者端的流程图如图 11-12 所示。

表 11-1　主要任务集 Tasks 的具体内容

任务名称	任务描述
task01	刷新展示的功率曲线数据
task02	刷新展示的环境曲线数据
task03	刷新熔炼炉参数
task04	计算设备的运行状态
task05	计算每小时设备的加工数量
task06	计算每小时空压站的压缩空气耗量
task07	计算每个班次设备的加工周期
task08	计算设备每小时的单耗
task09	计算设备每天的单耗
task10	计算设备运行、停机、待机时间
task11	计算环境评价结果
task12	计算绿色评价结果

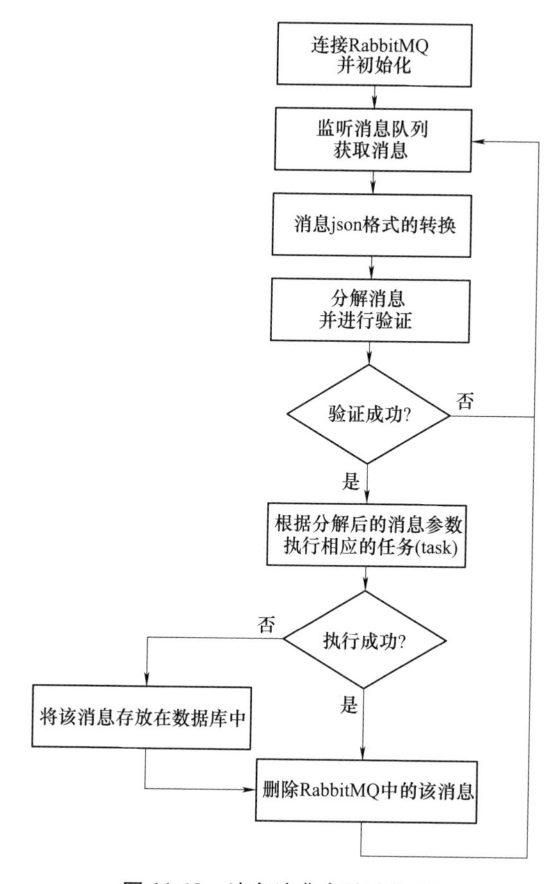

图 11-12　消息消费者端流程图

4. 监控端详细设计

监控端的功能是保证消息生产者端和消息消费者端的正常运行，在出现异常的情况下能够自动进行恢复。在生产实际中会遇到多种问题，如厂区断电、服务器故障等，都可能导致软件不能正常工作。为了保证本系统的软件系统能够稳定可靠地运行，减少维护工作，在消息生产端和消息消费端之外设计监控端，可保证两者正常运行。监控端被设定为开机自启，主要是监测消息生产者端和消息消费者端运行时的进程，如所监测的进程不存在时，监控端就找到两者的安装路径，启动程序。并且，监控端还会定时关闭并重启消息生产者端和消息消费者端，这样可重新释放一些服务器资源或解决两者可能出现的异常情况。

5. 软件系统的部署

通过 Python 语言编写了系统所需的数据处理程序，系统的消息生产者端、消息消费者端和监控端都直接部署在生产现场的服务器上，消息生产者端和消息消费者端以 Python 可执行文件的方式通过手动启动或者监控端启动。由于消息生产者端结构较简单，程序稳定性好，故在其中设计了监控端的监测自启程序，实现消息生产者端和监控端的相互监测，保证了消息生产者端、消息消费者端和监控端都同时运行，增强了系统的稳定性。

11.3 低碳制造云管理系统应用示例

通过上述详细设计，形成了结构清晰、功能明确的生产过程绿色制造信息智能获取系统的功能架构，明确了数据采集层、数据传输层、数据存储与处理层和应用层的具体实施细节。下面以西南某压铸工厂为例，进一步说明系统的应用情况。

11.3.1 车间低碳管理面临的问题分析

1）生产物料供应依靠人工判断决策，配送效率低。车间的三班连续工作特点对物料的及时供应要求很高，当前车间每套压铸单元的保温炉均装有表示炉内铝液质量状态的四色指示灯，不同颜色代表不同的质量范围。现场铝液配送采用专人现场巡检，通过记录指示灯状态并结合车间生产计划进行配送决策的模式进行。这种配送方式过于依赖人工，工作效率低，且易出现巡检不及时或铝液状态错记、混记而导致配送延误，降低了生产效率，同时造成了不必要的待机能源消耗。

2）设备运行状态信息不透明，无法进行有效监管。在现有的车间管理模式下，管理人员负责给每套压铸单元制定和下发生产计划，现场操作人员负责汇报生产进度，而加工过程中，设备的运行状态一直处于信息盲区，管理者无法获取设备的实际运行状况，无法对设备的生产贡献度进行有效评估，并据此找到设备生产瓶颈，进行合理优化调度，也无法根据设备历史运行数据，制订合适的维护保养方案，最大限度地保证设备的高效生产。

3）能耗管理不全面，产品能耗成本核算困难。压铸车间作为高耗能车间，其生产能耗信息是企业关注的敏感指标，当前对于压铸车间能耗数据的获取需通过人工抄取不同压铸区域对应的电能总表实现，数据实时性差，出错率高，且能耗数据无法细分到具体的压铸单元，造成设备能耗信息不透明，产品能耗成本核算困难，企业也无法根据能耗数据进行工艺优化和设备改造，实现生产的节能降耗。

4）生产任务完成情况通过纸质记录，信息滞后。在车间管理中，生产任务完成情况通过现场工人填写纸质工单的方式进行统计，信息反馈滞后，不规范，易造成信息传递的误解，也不便于统计汇总。此外，手工填报数据易出错，且易受工人主观因素影响，数据准确性无法有效保障。纸质文件也不便于保存、传递及查阅，易造成信息记录的孤立，无法进行有效分析、利用，重新录入电子文档转存又会带来新的录入可靠性风险，且信息录入烦琐，造成人力资源的浪费。

5）数据分析利用薄弱，无法支持科学管理决策。车间生产信息统计和数据收集相对孤立，缺乏对车间设备、质量、能耗等多源异构信息的关联性分析和处理，无法最大化发挥数据使用价值，挖掘其潜在价值。不能从车间生产管理的多个维度以图表等可视化方式向管理者展示数据分析处理结果，不便于管理者进行生产瓶颈和管理优化空间的查找，有针对性地进行科学管理决策。

11.3.2 系统总体框架介绍

针对当前压铸产品工序能耗和产品能耗复杂多变、无法实时采集和评价的技术难题，结合该厂的生产状况和现实需求，利用物联网技术开发了压铸生产过程绿色制造信息智能获取系统，实现了对压铸生产绿色制造过程中生产数据的监测和关键数据的智能获取，并进行了相应的绿色性评价。

基于物联网技术，构建的系统包括数据采集层、数据传输层、数据存储与处理层和应用层。在数据采集层，实现了对压铸产品全工序设备的监测，利用各种智能传感器对设备主要能耗和环境数据进行获取，图 11-13～图 11-15 为数据采集生产现场图。通过数据传输层的无线网络将数据传输至数据存储与处理层的服务器中，并在该层利用大数据技术和智能算法对原始数据进行分析和挖掘，得到高价值的生产制造数据。在应用层，利用可视化技术实现对采集和分析后数据的呈现，并通过多种终端对生产数据进行展示。基于本系统实现对生产过程的能耗数据、设备效能数据、环境排放数据的采集、分析和展现，为企业实现高效管理、绿色化生产提供数据支撑。根据该工厂的实际需求，系统开发了效能模块、能耗模块、环境监测与评价模块、报表与分析模块四大模块。图 11-16 为该系统的总览。

图 11-13　采集电能、天然气生产现场图

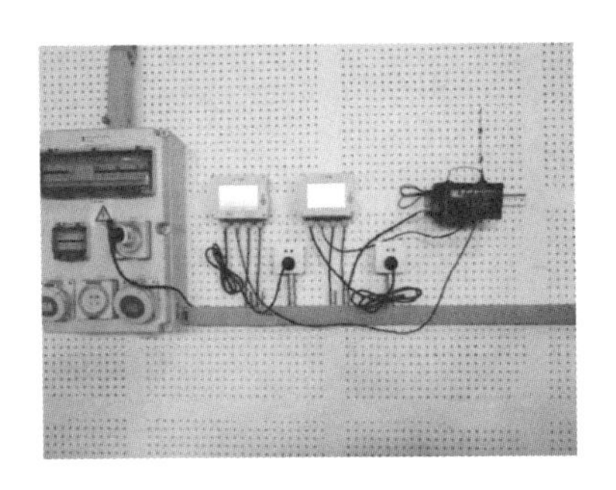

图 11-14　采集压缩空气生产现场图

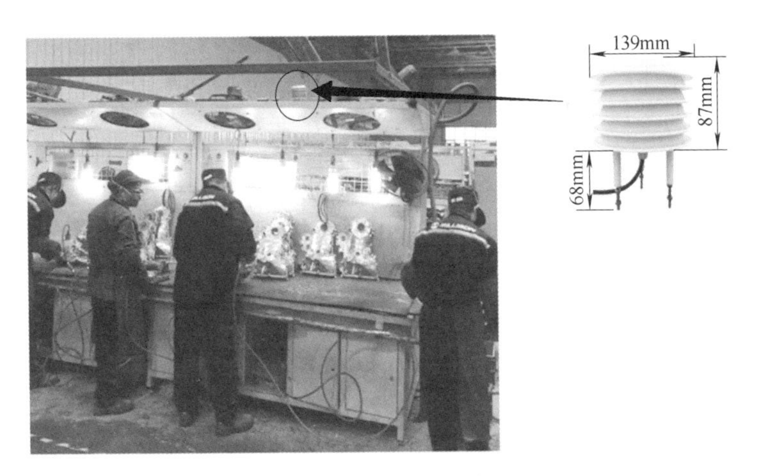

图 11-15　采集环境数据生产现场图

11.3.3　效能模块介绍

在制造工厂中常常存在设备运行信息不透明、生产关键数据难获取的生产问题，致使管理层无法根据设备运行状态、运行效率等信息对生产过程进行有效管理。针对上述难题，系统在获取生产设备功率数据的基础上，开发出了通用性好的智能算法，实现了对压铸机和加工中心效能数据的智能获取与分析，包括设备的运行状态、生产周期、合模次数及产品单耗等，进一步获取设备的

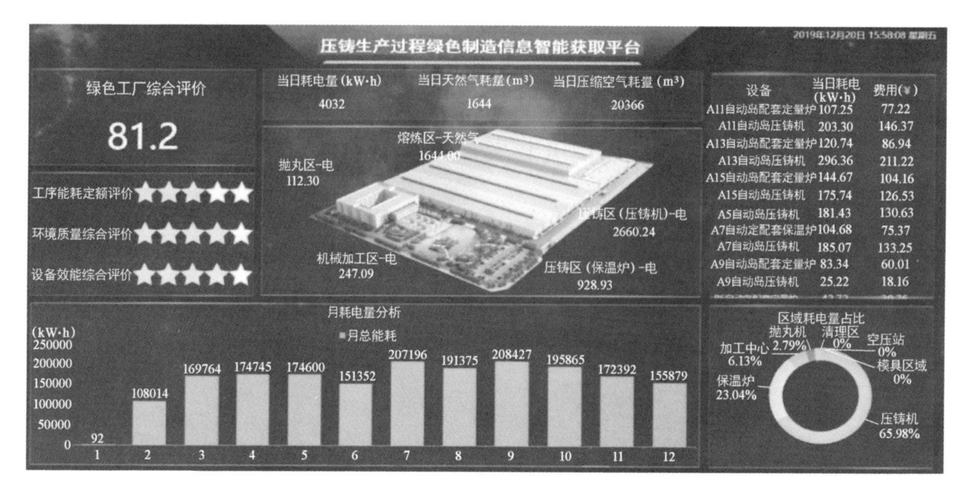

图 11-16　压铸生产过程绿色制造信息智能获取系统总览

生产进度、设备时间稼动率、设备性能稼动率、能量利用率、有效利用率、预防性维护次数等指标。图 11-17、图 11-18 为获取某产品（理论生产周期为 65s）生产过程关键数据的示意图。通过掌握设备的效能实时数据，指导生产管理者制订合理的加工生产计划，达到提升生产效率、降低能源浪费等目的。在获取产品单耗数据的基础上，实现对产品的绿色性评价和产品生产成本的评估，为企业实施绿色化改造提供数据支撑。

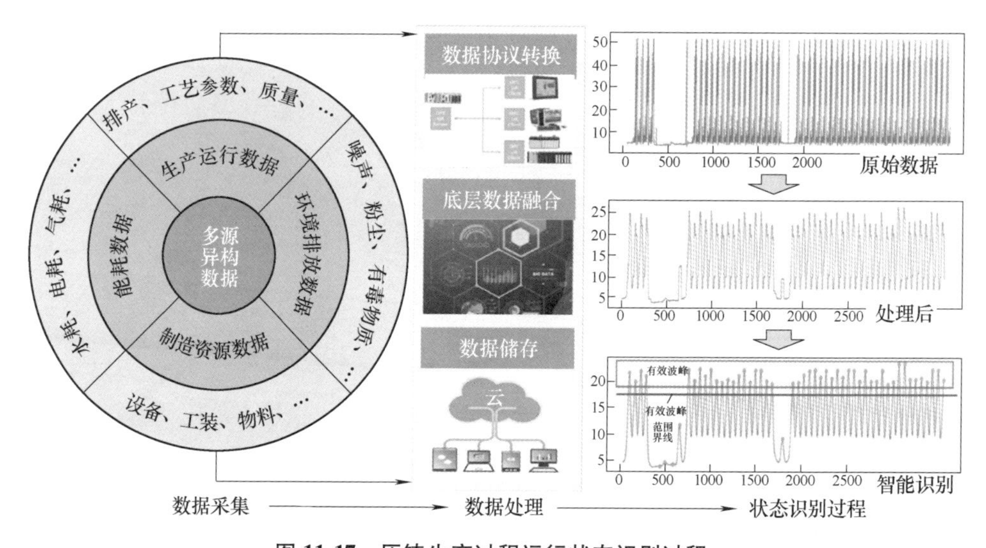

图 11-17　压铸生产过程运行状态识别过程

图 11-19、图 11-20 分别为设备效能总览和加工中心单台设备的效能监测。

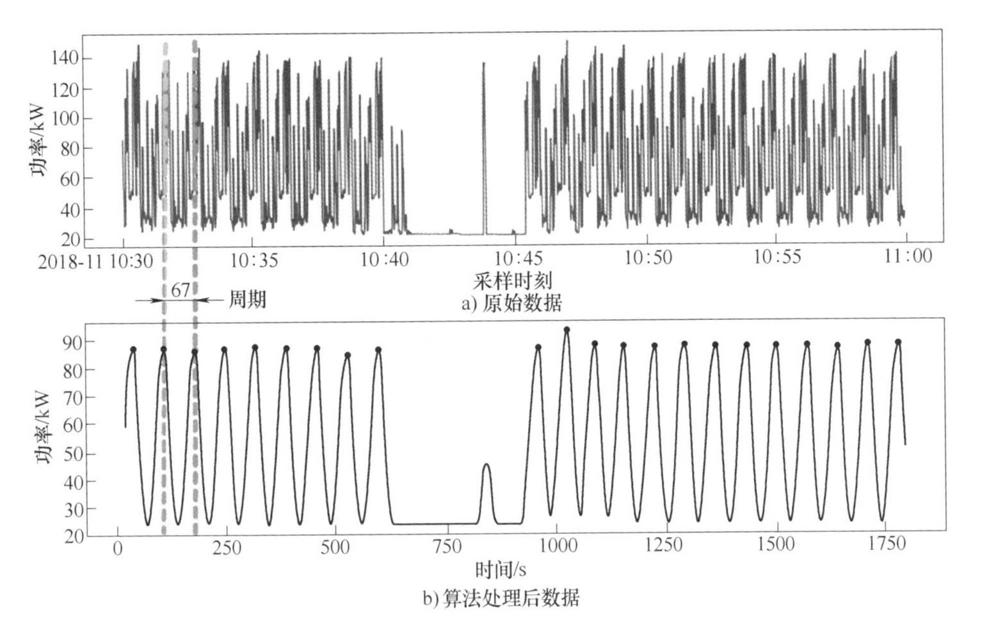

图 11-18　某产品的加工周期和加工数量智能获取示意图

管理者通过页面展示内容可方便地掌握设备当前的运行状态、当天的生产效能数据及进度、设备加工周期、设备的有效利用率、产品单耗、设备维护时间等关键信息，有力地帮助管理者发现生产设备的异常，提升设备的管理能力，提高生产效率。

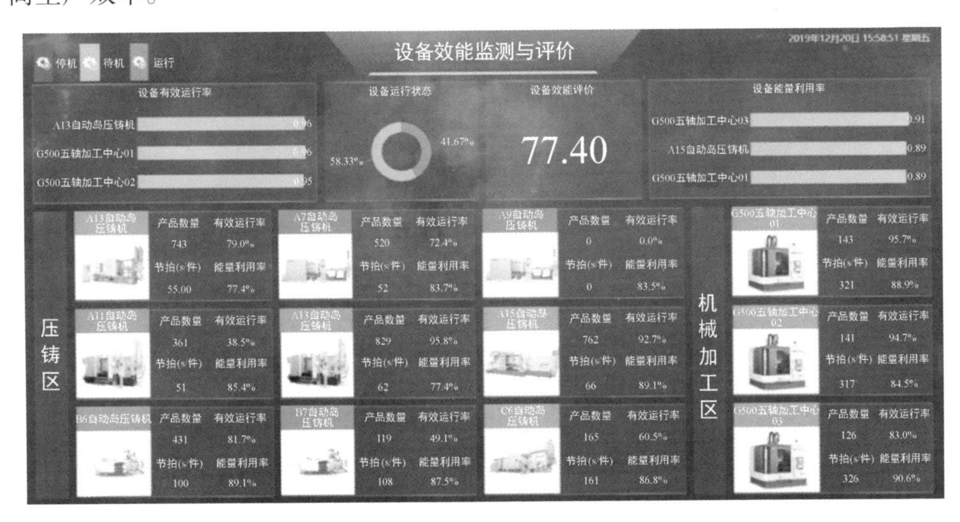

图 11-19　设备效能总览

图 11-21 为熔炼炉的监测页面。熔炼炉是熔炼工艺必不可少的设备，是压铸

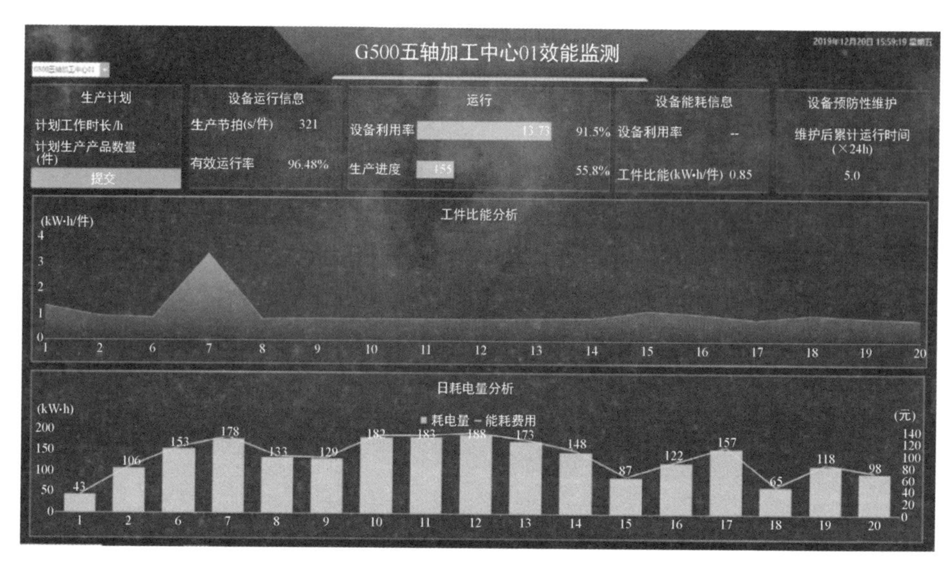

图 11-20　加工中心单台设备效能监测

企业重要的生产资料，具有生产参数多、设备价值高、设备可靠性高等特点，实现对熔炼炉生产过程中数据的实时监测对企业具有巨大的经济意义。熔炼炉监测页面显示了企业关注的熔炼炉的大部分参数和生产信息，如铝液实时温度、当前班次的铝液排放量、循环物资送料量（熔炼回收材料量）等。

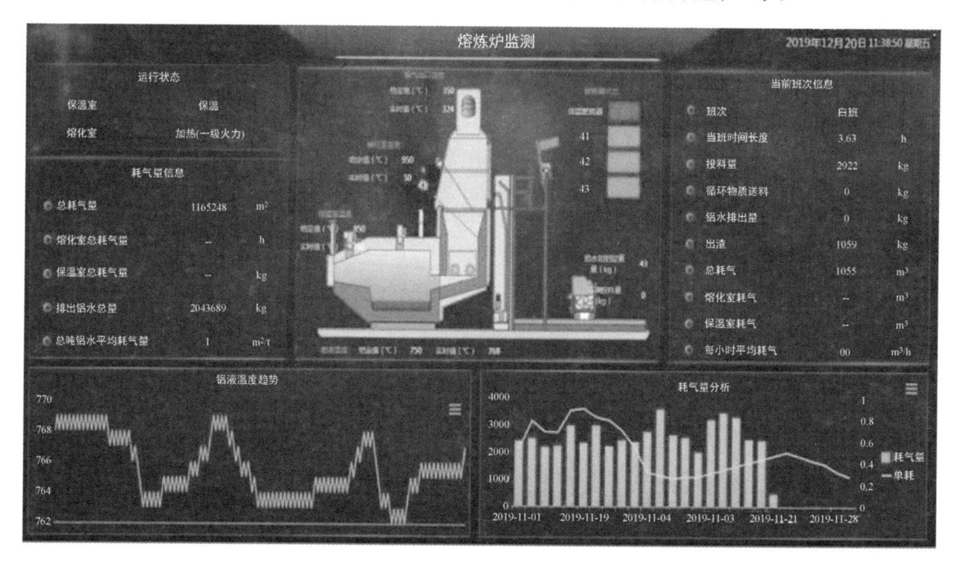

图 11-21　熔炼炉监测

11.3.4 能耗模块介绍

传统制造工厂实行厂区能源整体管理，各区域、高能耗设备能源消耗数据不透明，难以为节能降耗提供数据支撑。针对上述难题，本系统结合工厂实际需求，实现工厂能源数据按区域、按设备进行统计分析，帮助企业发现生产过程中的异常情况。能耗模块可提供区域和设备历史数据、均值等评价指标，指导企业生产。

图 11-22、图 11-23 为能耗监测页面，从中可以了解到当天厂区的主要能源消耗、能耗设备的排名及区域能耗占比等信息。同时，通过与每小时和每天能耗的对比分析，帮助管理者找到生产异常的设备和能源异常消耗的原因。

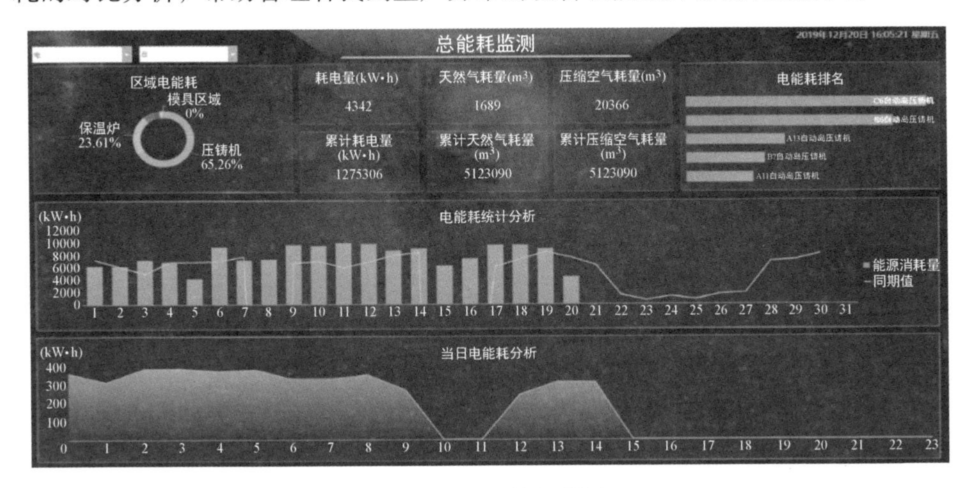

图 11-22 总能耗监测

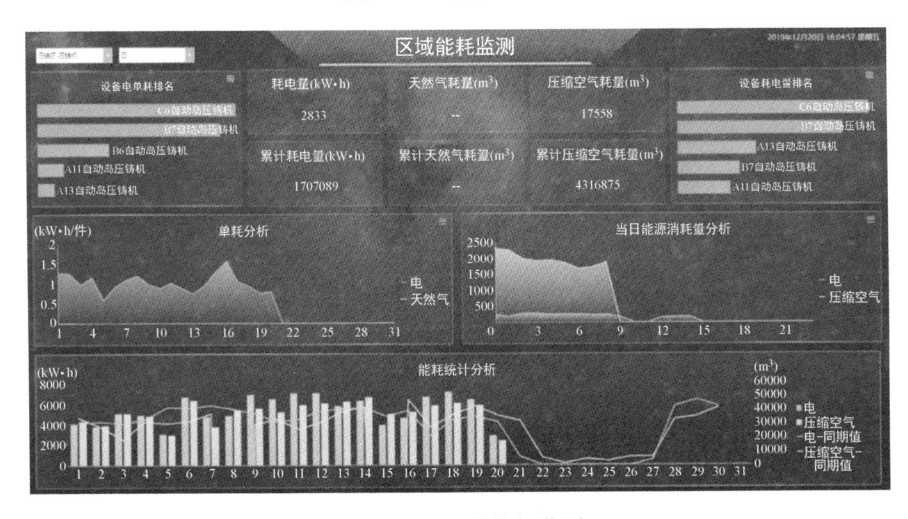

图 11-23 区域能耗监测

11.3.5 环境质量监测和评价介绍

针对压铸厂区环境污染严重的问题，通过对厂区关键污染排放监测点进行合理设置，实现对厂区噪声、温度、湿度、PM2.5、PM10 的实时监测。在环境数据实时可视化监测的基础上，通过查询相关环保标准或者厂区规定，建立了环境评价模型，实现了对环境质量的评价与预警，为实现绿色车间提供决策支撑。图 11-24 为清理线环境监测页面。

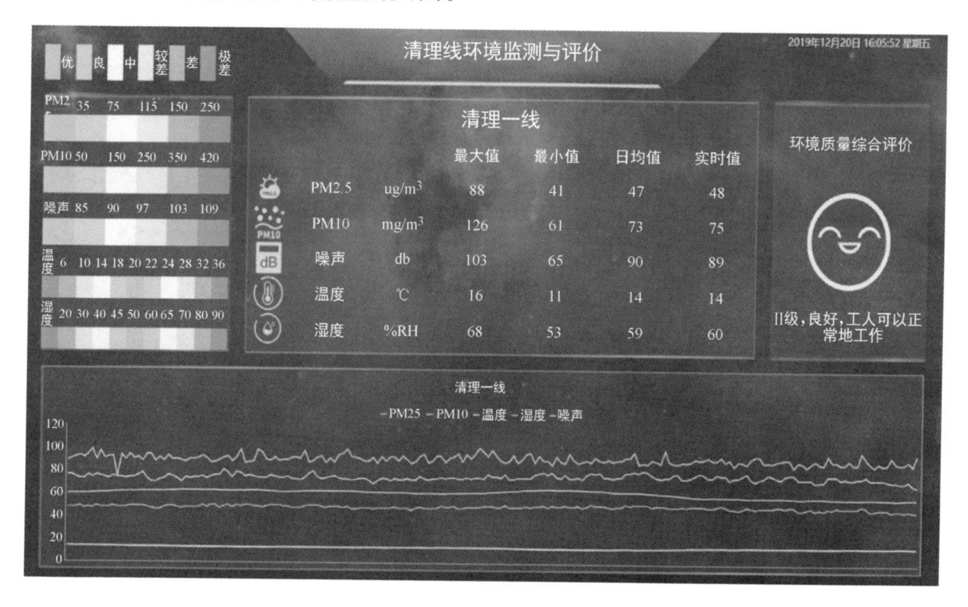

图 11-24 清理线环境监测

11.3.6 报表和分析模块介绍

在本系统开发实施之前，工厂仍然采取人工抄录汇总生产制造过程中消耗的各种能源数据，存在着工作量大、误记、漏记和关键数据无法获取等问题，并且所记录的数据大部分以纸质文档的形式保存和使用，生产管理人员在进行总结分析时仍需要二次信息录入，增加了工作量和工作难度。为此，系统针对生产实际情况，在对管理人员所关注的重要数据监测的基础上，开发了报表和分析模块，便于快速地对相关信息进行收集、整理和分析，大大节约了人力成本，提高了工作效率，保证了数据的完整性及准确性。利用报表和分析模块，可以对监测的相关区域或设备的能源消耗按所需条件进行查询、使用和分析，有效地帮助管理者进行生产管理。图 11-25～图 11-27 为相关页面。

时间维度：○小时 ⦿日 ○月 ○年　　区域：压铸区-压铸机

开始日期：2019-10-05　　查询

结束日期：2019-12-20

压铸区-压铸机能耗报表

时间	耗电量（kw·h）	电费(元)	天然气耗量	天然气费（元）	压缩空气耗量	压缩空气费（元）	总费用（元）
2019-10-05	2418.71	1741.47	--	--	0.00	0.00	--
2019-10-06	3343.95	2407.65	--	--	0.00	0.00	--
2019-10-07	5156.20	3712.46	--	--	0.00	0.00	--
2019-10-08	3072.70	2212.34	--	--	0.00	0.00	--
2019-10-09	5160.84	3715.81	--	--	0.00	0.00	--
2019-10-10	3668.58	2641.37	--	--	0.00	0.00	--
2019-10-11	3698.56	2662.96	--	--	0.00	0.00	--
2019-10-12	4375.04	3150.03	--	--	0.00	0.00	--
2019-10-13	1766.64	1271.98	--	--	0.00	0.00	--
2019-10-14	2050.78	1476.56	--	--	0.00	0.00	--
2019-10-15	4749.61	3419.72	--	--	0.00	0.00	--
2019-10-16	4162.43	2996.95	--	--	0.00	0.00	--
2019-10-17	3338.64	2403.82	--	--	0.00	0.00	--
2019-10-18	5590.69	4025.30	--	--	0.00	0.00	--
2019-10-19	5169.83	3722.28	--	--	0.00	0.00	--
2019-10-20	2438.00	1755.36	--	--	0.00	0.00	--
2019-10-21	4027.68	2899.93	--	--	0.00	0.00	--
2019-10-22	3521.53	2535.50	--	--	0.00	0.00	--
2019-10-23	4290.27	3089.00	--	--	0.00	0.00	--
2019-10-24	4450.38	3204.28	--	--	0.00	0.00	--
2019-10-25	5194.29	3739.89	--	--	0.00	0.00	--
2019-10-26	5091.42	3665.82	--	--	0.00	0.00	--
2019-10-27	2977.85	2144.05	--	--	0.00	0.00	--
2019-10-28	4479.10	3224.95	--	--	0.00	0.00	--
2019-10-29	5246.71	3777.63	--	--	0.00	0.00	--
2019-10-30	4765.06	3430.84	--	--	0.00	0.00	--
2019-10-31	5419.51	3902.05	--	--	0.00	0.00	--

图 11-25　区域能耗报表

设备能效报表

时间	设备	编号	节拍（S/件）	产品数量(件)	单耗（kw·h）	有效运行率	能量利用率
2019-10-05	B6自动岛压铸机	12101025	76.00	179.00	1.81	0.76	--
2019-10-06	B6自动岛压铸机	12101025	0.00	0.00	0.00	0.00	--
2019-10-07	B6自动岛压铸机	12101025	71.00	416.00	1.60	0.67	--
2019-10-08	B6自动岛压铸机	12101025	98.00	185.00	2.22	0.51	--
2019-10-09	B6自动岛压铸机	12101025	98.00	538.00	1.62	0.83	--
2019-10-10	B6自动岛压铸机	12101025	0.00	14.00	7.64	0.00	--
2019-10-11	B6自动岛压铸机	12101025	99.00	30.00	2.83	0.43	--
2019-10-12	B6自动岛压铸机	12101025	0.00	2.00	4.03	0.00	--
2019-10-13	B6自动岛压铸机	12101025	0.00	0.00	0.00	0.00	--
2019-10-14	B6自动岛压铸机	12101025	0.00	0.00	0.00	0.00	--
2019-10-15	B6自动岛压铸机	12101025	98.00	431.00	1.72	0.80	--
2019-10-16	B6自动岛压铸机	12101025	103.00	430.00	1.98	0.62	--
2019-10-17	B6自动岛压铸机	12101025	99.00	524.00	1.73	0.83	--
2019-10-18	B6自动岛压铸机	12101025	102.00	489.00	1.87	0.70	--
2019-10-19	B6自动岛压铸机	12101025	103.00	532.00	1.81	0.77	--
2019-10-20	B6自动岛压铸机	12101025	104.00	240.00	1.81	0.31	--
2019-10-21	B6自动岛压铸机	12101025	103.00	303.00	1.64	0.41	--
2019-10-22	B6自动岛压铸机	12101025	101.00	332.00	1.61	0.41	--
2019-10-23	B6自动岛压铸机	12101025	101.00	306.00	1.80	0.76	--
2019-10-24	B6自动岛压铸机	12101025	100.00	201.00	2.13	0.61	--
2019-10-25	B6自动岛压铸机	12101025	100.00	556.00	1.75	0.77	--
2019-10-26	B6自动岛压铸机	12101025	101.00	662.00	1.68	0.87	--
2019-10-27	B6自动岛压铸机	12101025	101.00	396.00	1.88	0.73	--
2019-10-28	B6自动岛压铸机	12101025	101.00	487.00	1.90	0.68	--
2019-10-29	B6自动岛压铸机	12101025	98.00	461.00	1.63	0.84	--
2019-10-30	B6自动岛压铸机	12101025	97.00	257.00	2.07	0.53	--
2019-10-31	B6自动岛压铸机	12101025	141.00	225.00	2.86	0.64	--
2019-11-01	B6自动岛压铸机	12101025	73.00	102.00	3.19	0.29	--
2019-11-02	B6自动岛压铸机	12101025	75.00	697.00	1.49	0.77	--

图 11-26　设备能效报表

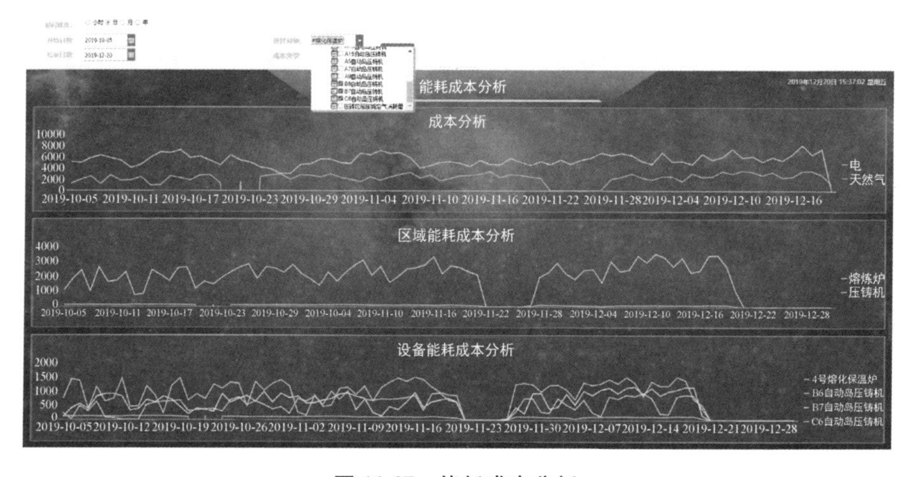

图 11-27　能耗成本分析